·教育部人文社会科学研究青年项目“《四库全书总目》清别集提要研究”（20YJC751027）最终成果

·聊城大学学术著作出版基金资助

《四库全书总目》清别集提要研究

王美伟◎著

中国社会科学出版社

图书在版编目(CIP)数据

《四库全书总目》清别集提要研究 / 王美伟著.
北京 : 中国社会科学出版社, 2024. 11. -- ISBN 978-7-5227-3945-8

Ⅰ. Z833

中国国家版本馆 CIP 数据核字第 2024RT3794 号

出 版 人　赵剑英
责任编辑　耿晓明
责任校对　冯英爽
责任印制　李寡寡

出　　版　中国社会科学出版社
社　　址　北京鼓楼西大街甲 158 号
邮　　编　100720
网　　址　http://www.csspw.cn
发 行 部　010-84083685
门 市 部　010-84029450
经　　销　新华书店及其他书店

印　　刷　北京明恒达印务有限公司
装　　订　廊坊市广阳区广增装订厂
版　　次　2024 年 11 月第 1 版
印　　次　2024 年 11 月第 1 次印刷

开　　本　710×1000　1/16
印　　张　22.75
插　　页　2
字　　数　330 千字
定　　价　118.00 元

凡购买中国社会科学出版社图书，如有质量问题请与本社营销中心联系调换
电话：010-84083683

序

门径既立，工夫可期

今年九月初的重庆，炎热罕有，胜似酷暑。上旬以来的十几天里，未见一丝雨光顾这座山城，立秋月余而秋意姗姗未至。过了白露几天后，才来了一场大雨，通宵达旦，酣畅淋漓，终于下出了一个快意的山城的秋。

雨下过了，新学期的师生见面会以及第39个教师节的往来访见、庆祝会、宴集忙完了，还有某刊要求的、烦琐的论文核校工作如引文、版权页的一一拍图、编序等等也大功告成了。

忙去“闲”来，见缝插针。此刻，一件搁置好些时日的事情浮上心头。袁枚《随园诗话》载诗云：“文魔字债轮番应，客到时闲客去忙。”（《补遗》卷五）讲到古代文人常有的“文字债”问题。当然，像八旗名宦、朝野雅流铁保那样的“轮番应”，一般人并无可能。或恰因这种“雅债”不常有的缘故，倒即是一桩未了也老是挂记于怀。

暑假前的一天，在山东工作的学生王美伟说，其博士学位论文《〈四库全书总目〉清别集提要研究》拟在近期出版，想求一篇序。自古以来，学生著述，其师序之，司空见惯，理所当然。而今天，博士论文出版，由导师作序，推荐一下作者及其著作，在学界基本上已属一种惯例。从传播学来说，这是一种人际传播方式的运用，这种传播方式被认为是“传统的、日常的、自然的、富有人性的、充满灵性的传播”（胡春阳《人际传播：理论与能力》），于学术传播来说似也是这个道理。因此，导师作序，主要不在“美言”的作用，而在于它本身更符合人类知识最基本的传播规则，同时也更符合“知人”的目的之达到而更有益于读其书者。

作者美伟，是我的博士学生，也是我的硕士学生。从学于我，前后算起来达七年之久。毕业后先任教于重庆的长江师范学院，后来回了家乡，就职于山东聊城大学。美伟是个进取的人，也是个踏实的人。这些年要读博士虽然竞争十分激烈，但就硕士毕业后愿意继续读博深造者的比例而言是并不高的。继续读博的同学，不一定说必定对学术有多么远大的追求，但可以肯定还是愿意做学术的，至少也是对读书有些兴趣而还不那么厌倦的。这其实就是一种进取，而一切未来可能的成就也正是由这种进取之心为之铺路的。美伟的进取心，再加上他为人、为学的踏实，不仅让他在硕士毕业之后顺利考入博士在我门下继续学业，而且在读博的四年里也能静下心来，绝少浮躁之气，故而能表现不俗，成绩突出。读博期间，其《总目》和易学研究的成果在《海南师范大学学报》《武汉理工大学学报》《图书馆工作与研究》《中国文学研究》《北京社会科学》等刊发表。作为学术起步阶段的这些成果，无疑都是他踏踏实实、勤勤恳恳的心血结晶。

美伟的博士论文选择《四库全书总目》清别集提要为研究对象。与一切清代文学研究一样，其难度不仅在于对象无比众多，而且在于问题更趋复杂。此如滚雪球一样，清代文学的“雪球”在越滚越大之同时，其组成成分也越来越多样。以此，治清代文学者，向来以难寻门径为苦，而其功力之勤亦须超出常人之想象。仅据柯愈春《清代诗文集总目提要》，清代诗文作者有达19700余家，诗文集超过4万种。试想，治清代之诗文，面对如此庞大的对象，从何入手？门径在哪里？就清诗而论，沈德潜、张维屏、徐世昌、邓之诚、钱仲联诸前贤之《清诗别裁集》《国朝诗人征略》《晚晴簃诗汇》《清诗纪事初编》《清诗纪事》，篇幅虽巨细不一，而要皆在披荆斩棘，各开路径。按龚自珍的说法，大体又都可归于“作史”“选诗”两路（《张南山国朝诗征序》）。上述诸家之著，对今之治清诗者来说不只是文献之参考，更在于门径之取法。而谈到研究门径，清中期以前的诗文集批评尤当以《四库全书总目》清别集提要为首选。张之洞《輶轩语·语学》曾说："将《四库全书总目提要》读一过，即略知学问门径矣。"具体落实到《总目》所涉每一部类，这种"门径"的意义都是存在的，自然也包括清别集之研究。但真正要形成切实的"学问"，仅靠"读一过"是远远不够的，唯有对《总目》提要深入的研究，方谈得上"知学问门径"。当然，《总目》提要如何研究，又有一个怎样探究其"门径"的问题。

近年来，门下博士的选题主要围绕《总目》展开，最初又以各历史时期别集提要为重心，各治一段，彼此照应，进而延伸到经、子各部之与文学相关的一些门类，如经部之诗类，子部之儒家、杂家、小说家等，亦分阶段专研，总的特色则集中于考辨之考辨、批评之批评，由文献辨证转而重在思想辨证，并将文献辨证与思想辨证相结合，要而归于版本、文献、观念、知识之还原，并在中国古代知识结构体系的总体架构中达到对具体对象的系统审视。这种研究对博士培养有其独特优长，主要体现在它能具体地将文献功夫与理论功夫的训练贯彻、落实在研究过程之中，同时既能培养宏大视野和系统思考能力，又能造就较为微观、具体的过硬之功，而且还能初步建立各自的研究领域。从培养情况来看，领域选择所体现的优长，也得到了实际的证实。

美伟的选题，属于我们总体规划中的一个分课题。他的研究基本体现了上述门径及特色，而成果的完成则主要归于他自己的独立思考和勤下功夫。尤为值得一提的是，他紧紧抓住《总目》提要对清别集批评的"当代性"特征，认识到代表清代官学倾向的《总目》借助清人诗文的采选、定位和批评以实现清代盛世文学图景建构之宗旨所在，可谓深得要领，论文也以此获得了一定的思想深度，并建立了纲举目张的表达逻辑。在外审和答辩的不同环节，得到专家们的一致好评，其中三份外审成绩全"A"，答辩结果获得"优秀"等级。现摘录匿名专家评语之一，既避免作为导师主观地给予溢美之词，又粗略了解美伟论文的主要价值：

> 《四库全书》所收清人别集繁多，这就关涉到别集提要如何运笔以及提要内容怎样措置等诸问题，因此，从提要的版本、文献、文学批评及其影响诸方面进行学术研究，则是一项极富创新性的科研课题。本篇博士论文将选题视角投放在这个学术点上，对清人别集提要作了全方位的考论和探究，提出了许多极富学术价值的思想观点，例如对别集提要版本信息的考辨，从版本来源、缺失诸方面进行宏观与微观考证，得出了许多令人信服的结论，又如《总目》中关于馆臣如何建构清代初期之文学的批评，本论文也进行了全新的关注，至于论及清人别集提要对“清初文学史”的书写所发生的影响，则更能自圆其说，观点新颖，别开一面。本文考据确凿，材料翔实，体例完备而条目清晰，研究方法科学严谨，结构合理而逻辑严密，无论从选题、学术价值、表达能力、科研水准、写作的规范性等方面，都可以说是对《四库全书总目》提要研究有开创性意义的学术论文，是对同类研究所作出的新贡献。

显然，评语中饱含评审专家的夸赞、褒扬和激励之意，而美伟实际做到的与这样的评价还是有些距离的。认识到这一点，对美伟是极有益的。心存感激而精益求精，学术的增进才成为可能。

美伟的博士论文，当时我是从头到尾整篇批改过的，记得有些章节还是在缙云山上看的。山上空气好，神清气爽，头脑明白，做事效率比山下高，时间利用往往更好。因此，硕、博论文常被带到山上去看。马中咀的路边，白云竹海的竹林里，山中公园的木凳上，都曾看过。犹记在马中咀，陪同的付老师将车停在路边宽敞处，我则备一杯茶，工作就在副驾位上进行，有时则在路边选一块石头坐下，将茶杯放在一边，也有带一条小靠椅坐着的。论文则每看一页，做些修改或批语，然后即时拍下，以微信传给学生，或当下用电话联系，交流修改意见和方法。这样的一幕幕至今仍记忆犹新。其中，就包括在山中给美伟打电话指导论文修改的情景，尽管已是好几年前的事情了。这次，考虑到美伟的论文要正式出版，我要美伟再将书稿打印寄来，暑假避暑重庆南边一座高山上——黑山谷时，又将书稿带到了山上，阅读了部分章节，并就某些内容如第五章，详细提出了进一步夯实、加工的建议，以期论文在原来基础上有所完善。

美伟博士毕业至今已有七年。此间，主持重庆市社科项目和教育部人文社科项目，学术研究有所推进。博士论文也根据当时外审专家和答辩委员会提出的宝贵意见和建议逐一进行了修改落实，现在拟将正式出版，算是此前研究一个阶段性的交代，更应该是此后研究一个新的起点。任何研究的真正提升，都是通过持续推进这一研究来达到，这便是渐行渐远，渐行渐明。学术的道路是漫长的，也必然是艰苦的。在此，我对美伟的勉励是：

门径既立，工夫可期！

何宗美

序于嘉陵江畔五有斋

秋分前三日又一场大雨后

目　　录

绪　论

中国学术发展至清代已进入全面总结阶段，在康熙、雍正以来国力日趋强盛、社会日益安定的基础上，至乾隆时期清政府耗时十余年撰修《四库全书》，从官方视角出发全面系统整理清代中期之前的历代著述。作为《四库全书》目录的《四库全书总目》（下文简称《总目》），不仅是古典目录学的巅峰之作，其阐明学术、考镜源流，更是中国传统学术的集大成之作。清人周中孚曾盛赞此著曰："自汉以后，簿录之书，无论官撰私著，凡卷第之繁富，门类之允当，考证之精审，议论之公平，莫有过于是编矣。"[①] 张之洞更是将其视为"读群书之门径"[②]。正是由于《总目》在学术史上的重要地位和成就，问世至今二百余年来一直被奉作读书指南，沾溉后学无数。

《总目》中的别集提要部分在叙录汉代至清中期之前的诗文著作的同时，更是归纳总结了历代文人的诗文特色及文学之演进，极具文学史意义，诚如朱自清先生所言："《四库全书总目提要》集部各条，从一方面看，也不失为系统的文学批评。"[③] 就本书研究对象——清别集提要而言，《总目》共叙录清别集620种（著录42种，存目578种）。关于《总目》所叙录诸别集作者的时间跨度，《四库全书简明目录》在介绍《四库全书》编撰体例时曾说："《四库》编纂之例，

---

① 周中孚：《郑堂读书记》卷三二，上海古籍出版社2009年版，第487页。

② 张之洞著，司马朝军详注：《輶轩语详注》，华东师范大学出版社2010年版，第139页。

③ 朱自清：《语文零拾》，岳麓书社2011年版，第23页。

自官撰诸书外，其人存者皆不录。”① 馆臣认为“文章公论，历久乃明”，而清别集“阅时未久，珠砾并存”②，故而对其存录之选择尤为严格。通观《总目》清别集提要所叙录诸作者中，时代最早之作者为刘余祐（1586—1655），其入清时已近六十岁，入清在世仅十一年。时代最晚者为邓汝功（？—1775）③，其离世于乾隆四十年，此时自乾隆三十八年四库馆开馆已过两年，此为馆臣所叙录清别集之上下限。由此可知，《总目》所叙录之清代别集主要为顺治、康熙、雍正及乾隆四十年之前已离世之文人的诗文集。通过这些诗文集的提要，馆臣向我们展示了清初文学发展的盛况，更从官方角度出发系统总结了清初文学的发展演进历程，这对今天的清代文学研究依然有着的重要的参考价值。

一 学术史回顾

《总目》蕴含着巨大的学术价值，自问世以来学者对它的批评和研究就不曾停止过，余嘉锡先生曾言：“乾、嘉诸儒于《四库总目》不敢置一词，间有不满，微文讥刺而已。道、咸以来，信之者奉为三尺法，毁之者又颇过当。”④ 受到时代环境的限制，乾嘉以来的清代学者主要是对《总目》进行补编，以阮元《四库未收书目提要》肇其端。这一时期最具代表性的著作莫过于被来新夏誉为“《四库提要》的续编”⑤ 的《郑堂读书记》，吴兴刘承幹在此著“跋”中载周中孚“见《四库书总目》，谓为学之涂径在是，于是遍求诸史艺文志，博

---

① 永瑢等：《四库全书简明目录》卷七，华东师范大学出版社 2012 年版，第 285 页。

② 纪昀等：《钦定四库全书总目》卷一四八，中华书局 1997 年版，第 1981 页。

③ 江庆柏先生有《〈四库全书总目〉所收卒年最晚作者考》一文，据其所考，《总目》所收卒年最晚作者为边连宝，其卒于乾隆三十七年（1772），此为四库开馆之前一年。而邓汝功则是卒于乾隆四十年（1775），此时四库已开馆两年。二者相较，邓汝功当为《总目》所收卒年最晚作者，是《四库》别集类收书之下限。江庆柏：《〈四库全书总目〉所收卒年最晚作者考》，《图书情报知识》2006 年第 1 期。

④ 余嘉锡：《四库提要辨证·序录》，中华书局 2007 年版，第 48 页。

⑤ 来新夏：《古典目录学》，中华书局 1991 年版，第 291 页。

考自汉迄唐存佚各书，钩玄提要，为《四库》之辅”[①]。《郑堂读书记》无疑是这一时期对《总目》提要进行补正的集大成之作。此著共叙录清别集133种，其中补正《总目》清别集提要93篇，补增《总目》之外别集40种。真正意义上对《总目》提要篇目进行详细考证并加以研究则是20世纪以来的事情。以余嘉锡《四库提要辨证》为开端，补正订误类、笺释疏正类、观念批评类著述和论文大量出现，推动《总目》研究日益多样化、深入化、细致化。具体到《总目》中的清别集提要，已有研究主要集中在两个方面：

（一）补正订误研究

目前已有涉及清别集提要的补订类著作主要有：余嘉锡《四库提要辨证》2则[②]；胡玉缙《四库全书总目提要补正》补正清别集提要25则[③]；李裕民《四库提要订误》（增订本）1则[④]；杨武泉《四库全书总目辨误》24则[⑤]；李坚怀《四库提要小传斠补》订误清别集提要39则[⑥]。此外，杜泽逊《四库存目标注》、魏小虎《四库全书总目汇订》、柯愈春《清人诗文集总目提要》等虽非专门订误类著述，然其中对提要舛误之处亦多有辨正。这些对《总目》提要进行专门考据性质的著述大都具有一个共同的特点，那就是着眼于整部《总目》，对经、史、子、集各部提要都作考证，不足之处就在于难以做到全面深入细致研究。在论文研究方面有陈恒舒博士学位论文《四库全书清人别集纂修研究》末附《清人别集提要辨证九则》[⑦]、顾诒硕士学位论文《〈四库全书总目〉明清别集类存目辨证》考证清别集提要85则[⑧]

① 周中孚：《郑堂读书记》卷七一，上海古籍出版社2009年版，第1181页。

② 余嘉锡：《四库提要辨证》，中华书局2007年版。

③ 胡玉缙撰，王欣夫辑：《四库全书总目提要补正》，上海书店出版社1998年版。

④ 李裕民：《四库提要订误》（增补本），中华书局2005年版。

⑤ 杨武泉：《四库全书总目辨误》，上海古籍出版社2001年版。

⑥ 李坚怀：《四库提要小传斠补》，上海古籍出版社2020年版。

⑦ 陈恒舒：《四库全书清人别集纂修研究》，博士学位论文，北京大学，2013年，第246—249页。

⑧ 顾诒：《〈四库全书总目〉明清别集类存目辨证》，硕士学位论文，南京师范大学，2015年，第20—47页。

等。除了单篇提要的考证外，还有一类研究是各阁本提要与浙本、殿本提要的比较研究。如北京大学陈恒舒博士论文《四库全书清人别集纂修研究》从文献学角度出发，以《四库全书》中清别集的采进、禁毁、别择、编校、删改等情况为研究对象。其中《清人别集提要的改定》一章，通过文渊阁库书提要、文溯阁本提要、文津阁本提要与浙本、殿本之间异同的比较来勾勒提要的发展轨迹。就本书的研究对象而言，上述所列著述对我们研究清别集提要提供了帮助，但也存在某些不足之处：一是考证数量依然较少，相较于《总目》中620篇清别集提要，上述诸研究者的考证尚未能全面清理其中存在的舛误；二是上述考证著述中，大都注重对作者生平、征引文献、馆臣考据方面所存在的失误进行考证，而对提要中所涉及的版本信息考证偏少，只有杨武泉《四库全书总目辨误》、陈恒舒《清人别集提要辨证九则》、顾诒《〈四库全书总目〉明清别集类存目辨证》有所涉及。在其他尚未经过考辨的提要中，难免还会存在各种疏漏或错误之处。已有考证篇目难以辨析出提要所有失误，尤其是对提要中版本信息缺乏考辨，更凸显了对清别集提要进行全面细致考证的必要性。

（二）文学批评研究

对《总目》清别集提要研究的另一重点是与清代文学批评相关的内容。现有的研究主要集中在这两个方面：一是对《总目》中清初文人或著作个案的相关研究，尤以王士禛为重点。曾守正《权力、知识与批评史图像——〈四库全书总目〉“诗文评类”的文学思想》以《总目》诗文评类为研究中心，其《祖宋与神韵：清朝批评史图像及其文学思想》一章对《总目》中“王士禛现象”的评价及清初作家的“在场”与“缺席”情况分析，皆涉及馆臣对清初文学的批评。①张传峰《〈四库全书总目〉诗学批评与王渔洋诗学》② 重在探讨《总

---

① 曾守正：《权力、知识与批评史图像——〈四库全书总目〉“诗文评类”的文学思想》，学生书局2008年版。

② 张传峰：《〈四库全书总目〉诗学批评与王渔洋诗学》，《苏州大学学报》2007年第2期。

目》诗学批评与王渔洋诗学间的关系。何宗美《〈四库全书总目〉王士禛批评舛误辨证——兼析馆臣提要撰写体例及主观缺失》[①]对《总目》叙录王士禛著述提要中的舛误进行了辨证，并从其撰写体例角度分析造成失误的主观原因。二是从整体上探讨《总目》对清代文学的批评，相关研究如孙纪文《〈四库全书总目〉对本朝诗歌的批评》[②]、付星星《〈四库全书总目〉对清代文学之批评》[③]等，这些研究侧重于《总目》文学批评的标准、批评形态、批评方法的探究。此外，周金标《从〈愚庵小集〉看〈四库全书〉对清初别集的著录标准》[④]一文，则重在分析《总目》别集著录之标准。

综上所述，现有学者对《总目》清别集提要的研究已经取得了较为丰硕的成果，为本书的研究提供了坚实的基础，具有重要参考价值。当然，综合已有的研究来看，对《总目》清代文学批评的研究尚有许多问题学界并未解决，如四库馆臣如何建构起官学视野下的清初文学图景，以及由此而延伸出来的相关话题，诸如馆臣如何处理清初文学与明代文学的继承性问题、如何看待清初文人多样的文学风格、如何评价清初诗坛复杂多变的唐宋诗之争的问题、《总目》清别集提要中的文学观念对近代以来的清代文学史书写的影响等。因此，本书希望在充分挖掘文献材料的基础上对提要进行全面考证，同时对《总目》中展现出的清官方的清代文学观念进行重点探讨。

二　研究价值

清别集提要作为集部提要的重要组成部分，其内容涵盖目录学、版本学、考据学、校勘学以及清代思想史、学术史、文学史等各学术

---

① 何宗美：《〈四库全书总目〉王士禛批评舛误辨证——兼析馆臣提要撰写体例及主观缺失》，《文学遗产》2015 年第 6 期。

② 孙纪文：《〈四库全书总目〉对本朝诗歌的批评》，《宁夏社会科学》2005 年第 3 期。

③ 付星星：《〈四库全书总目〉对清代文学之批评》，《图书馆理论与实践》2012 年第 8 期。

④ 周金标：《从〈愚庵小集〉看〈四库全书〉对清初别集的著录标准》，《图书馆工作与研究》2009 年第 10 期。

领域。将《总目》对清初文人、文学的批评置于乾嘉时期特定的时代背景下加以审视，不仅可以梳理《总目》官方视野下的文学思想，又可以为清代思想史、学术史、文学史的研究提供一定参考。

首先，《总目》的纂修体例“每书先列作者之爵里，以论世知人；次考本书之得失，权众说之异同，以及文字增删，篇帙分合，皆详为订辨，巨细不遗。而人品学术之醇疵，国纪朝章之法戒，亦未尝不各昭彰瘅，用著劝惩”①。简而言之，即一篇完整的提要基本是由作者信息、版本介绍、考证辨析和馆臣评价四部分构成，各部分中或多或少、或明或暗蕴含着馆臣对著述作者人品、学术的褒贬，由此使《总目》的“学术批评形成了一种以‘褒贬’评价为其特色的批评模式”②。四部分中作者信息主要包括作者字号、籍贯、仕履、人生行迹等；版本介绍主要包括著述卷次、各卷次具体名称、卷次内容等；考证辨析既有对著述作者行迹的考证，也有对作者著述中思想观念的辨析；馆臣评价主要是对文人品行、著述得失的评析。前二者多为客观陈述，后二者多主观评论。《总目》叙录著述浩繁，成于众手，又囿于官方政治意识的主导，使得《总目》提要不论是在作者简介、版本信息还是观念辨析、得失评价诸方面难免存在失误之处。因而，只有对清别集提要进行逐篇细致考证，肃清文献错误与观念缺失，才能正本清源，为使用者提供更为完善、更为可靠的信息来源。

其次，《总目》作为一部“官学”③性质的著述，“官学”思想贯穿于《总目》的方方面面，馆臣对清初文学的批评亦是建立在官学思想基础之上的。在此基础上建立起来的清代文学观也必然带有浓厚的政治色彩。

乾隆帝自言其编纂《四库全书》的目的在于“稽古右文”，以便

① 纪昀等：《钦定四库全书总目》卷首三《凡例》，中华书局1997年版，第32页。

② 何宗美：《〈四库全书〉体系中欧阳修“褒贬”问题揭析》，《文学遗产》2019年第1期。

③ 何宗美、刘敬：《明代文学还原研究——以〈四库总目〉明人别集提要为中心》，人民出版社2014年版，第308页。

于“嘉惠后学”①，但在修书过程中官方大肆对明清之际的著述进行禁毁、删改，借修书之机以消弭汉人之反清意志的目的更是昭然若揭。《总目》正是在清官方权力话语体系下完成的知识体系的建构，乾隆帝通过《总目》清别集提要对清初作者、作品的褒贬，清晰地向士人传达出一定的信息，这就是王汎森所称的“传讯系统”，他说：“从《四库全书》的编纂到《四库全书总目》完成，即形成了一个‘传讯系统’。四库总目中大致分为正编、存目、抽毁、全毁四种，它们形成了一个评价系统，使得人们知道古今的知识是有高下的；而各书的‘提要’中对各书内容的抑扬，也形成一个更为细致的传讯系统，广大的读书人便在这套传讯系统下奋其心智，激发潜能，或趋或退，形成一套管理自己、调动自己的机制，并隐然形成一种‘风’。”② 通过《总目》清别集提要这个“传讯系统”，我们可以明确地感知清官方所要传达的信息，诸如对清初遗民、贰臣的贬抑，对鸣盛之作的弘扬，对雅正风格的追求等。这些都是清官方借助其所掌握的权力话语体系，通过提要中的褒贬为士人树立写作的典范，体现出浓厚的官方意识形态的要求。

在官方思想统摄下，馆臣对清别集的甄选存录、提要的褒贬批评都比前代更为严格。在此背景下，对《总目》清别集提要中清初文人著述的选录标准、著书版本的选择、文献资料的择取、清代文学的建构等问题的研究，有利于呈现清官方文献使用策略和文学批评利弊，以廓清官方政治给清别集提要带来的学术缺失，从而“还原”清初文学的真实面貌。

再次，《总目》被学者视为“治学之门径”，被后人广为接受。《总目》的许多文学观念已深入人心，并深刻影响着近代以来的文学研究与文学史书写。然而，作为清官方意志的体现，《总目》对当朝文学的诸多批评并非从客观实际出发，馆臣有意识地彰显清代文学之

① 纪昀等：《钦定四库全书总目》卷首一《圣谕》，中华书局 1997 年版，第 1 页。

② 王汎森：《权力的毛细管作用——清代的思想、学术与心态》，北京大学出版社 2015 年版，第 428 页。

盛世，并主观贬低甚至禁毁遗民、贰臣群体之文学。故对《总目》文学观念加以审慎的辨析，可以为清代文学的研究和清代文学史的书写提供参考。

三　研究思路

业师何宗美先生以明别集提要为例，将《总目》的研究概括为"一种观念三大板块五大内容"，对《总目》的研究具有共同的指导意义。其中，"一种观念"即《总目》的官学性质，"三大板块"即版本研究、文献研究、批评研究，此三者与生成研究、影响研究构成了《总目》研究的"五大内容"[①]。本书正是以此为指导，将研究内容主要集中在此五大领域：提要生成研究、版本研究、文献研究、文学批评研究和影响研究。前三者属于考据研究，后二者属于思想研究。

四库馆臣对清初文学的批评与对其他朝代文学批评的一个显著区别就在于：《总目》清别集提要是清人的"当代文学"批评，是以当代人的视角来评价本朝作家、作品及文学发展演进状况。文学史的书写通常带有极大的主观性，作为官方学术代表的四库馆臣，在书写清初文学史时，其核心目的是建构出合乎官学思想的清初文学盛世图景，馆臣于清别集提要中的批评几乎都是以此为中心展开的。在此过程中，馆臣首先需要面对两个问题：一是如何处理清初文学与明代文学所存在的千丝万缕的联系；二是如何建构出符合官方需要的盛世文学图景。

馆臣在《总目》清别集提要中试图隔绝清初文学与明代文学之间的继承性关系。在《总目》的批评视野中，明代文学弊端丛生，是"一部走向倒退的文学史"，而《总目》的态度更是"经史子集全方位'斥明'"[②]。乾隆帝试图彻底断绝明代思想对清初文人的影响，从

---

① 何宗美：《四库学建构的思考》，《苏州大学学报》2017年第1期。

② 何宗美、刘敬：《明代文学还原研究——以〈四库总目〉明人别集提要为中心》，人民出版社2014年版，第2、379页。

而加强思想控制和重塑更具清代性的文学体系。馆臣除了极力批判明代文学以外，还对清初继承明代文学传统的文人进行了清算。更为严重的是，乾隆帝借修书之机，禁毁了清初遗民和贰臣的大量著述，而遗民和贰臣正是清初文学创作的主体。遗民群体以诗文抒写自己的民族气节，同时，他们的诗文也是其心灵史的表达。在思想方面，以顾炎武、黄宗羲、王夫之为代表的遗民成为“清学”之开山，梁启超甚至将顾炎武对晚明学风的反思称为“清学的‘黎明运动’”①。贰臣中的钱谦益、吴伟业等则是清初文学的领袖人物，《清史稿·文苑传》评清初文学时说：“明末文衰甚矣！清运既兴，文气亦随之而一振。谦益归命，以诗文雄于时，足负起衰之责；而魏、侯、申、吴，山林遗逸，隐与推移，亦开风气之先。”② 然而遗民、贰臣于清初文学的重要性，在《总目》中却未能得到全面呈现。馆臣出于政治目的的考量，将两大群体的诗文集大量删削或禁毁。不得不说，这是于由清官方政治思想所造成的《总目》清别集提要的一大缺失。

肃清明代文学影响的目的是建构官学视野下的清初文学。这表现在：

第一，馆臣对清初文学的态度与对待明代文学之态度可谓有着天壤之别。不同于对明代文学种种弊端的描绘，馆臣在《总目》清别集提要中的首要目的是彰显清初文学之盛状。为呈现清初文学的盛况，一方面，馆臣极力彰显清初国运之升平、文运之昌隆，如彭孙遹《松桂堂全集》提要中就说：“洪惟我圣祖仁皇帝武功耆定，六幕大同，黼黻升平，右文稽古，旁求俊乂，肇举制科。于是景运方隆，人文蔚起，怀才抱艺之士，云蒸鳞集，咸诣金门。”③《总目》在此所呈现出的清初之盛状恰与它所呈现的明代之乱象形成鲜明对比，从而直观地凸显出清初文学之兴盛。另一方面，与晚明文学之“纤佻”“幽冷”风格不同，《总目》所建构之清初文学，其风格则是以典雅、醇厚为

---

① 梁启超撰，朱维铮导读：《清代学术概论》，上海古籍出版社 2011 年版，第 9 页。
② 赵尔巽等：《清史稿》卷四八四，中华书局 1977 年版，第 13314—13315 页。
③ 纪昀等：《钦定四库全书总目》卷一七三，中华书局 1997 年版，第 2344 页。

主。此类文学风格的创作主体有两类：馆阁之臣、儒林学者。以馆阁之臣张英为例，《文端集》提要评价其诗文风格曰："英遭际昌辰，仰蒙圣祖仁皇帝擢侍讲幄，入直禁廷。簪笔雍容，极儒臣之荣遇，矢音赓唱，篇什最多，其间鼓吹升平，黼黻廊庙，无不典雅和平。"① 馆阁之臣的诗文长于歌咏升平、粉饰太平，最为合乎馆臣所要追求的治世之音。以朱鹤龄为代表的学者之文风格多"典雅醇实"②，馆臣对此类风格之文章的标榜更多的是以此与晚明空疏学风作区别。

第二，在《总目》著录的42种清别集中，清初帝王著述5种，台阁著述8种，儒家学者著述5种，忠臣、苦行之士著述5种，他们的著述占据了《总目》所著录清别集总数的一半以上。以今天的视角来看，他们并不能真正算是清初文学的代表。台阁文章多应制之作，以歌功颂德、粉饰太平为主，儒家学者往往并不以诗文取胜，而忠臣、苦行之士的著述更具"以人存文"的倾向。

由此来看，馆臣在清别集提要中所提出的论断，如人为地隔绝明清文学之间的联系、对醇雅文学风格的推崇、对遗民贰臣文学的贬斥等都明显是政治影响下的结果。在此基础上建构起来的清初文学图景自然存在各种弊端，但是我们并不能以此抹杀《总目》对清初文学的评价。馆臣在论述清初作家、作品方面多有真知灼见，这也是《总目》被后人广为接受的原因所在。

《总目》虽然存在各种疏漏之处，但其价值却不能因此而被否定，借用清代学术大师钱大昕《答王西庄书》中的话来说就是：

> 学问乃千秋事，订讹规过，非以訾毁前人，实以嘉惠后学。但议论须平允，词气须谦和，一事之失，无妨全体之善，不可效宋儒所云"一有差失，则余无足观"耳。郑康成以祭公为叶公，不害其为大儒；司马子长以子产为郑公子，不害其为良史。言之不足传者，其得失固不足辨，既自命为立言矣，千虑容有一失，

① 纪昀等：《钦定四库全书总目》卷一七三，中华书局1997年版，第2346页。
② 纪昀等：《钦定四库全书总目》卷一七三，中华书局1997年版，第2345页。

后人或因其言而信之，其贻累于古人者不少。去其一非，成其百是，古人可作，当乐有诤友，不乐有佞臣也。且其言而诚误耶，吾虽不言，后必有言之者，虽欲掩之，恶得而掩之！所虑者，古人本不误，而吾从而误驳之，此则无损于古人，而适以成吾之妄。王介甫、郑渔仲辈皆坐此病，而后来宜引以为戒者也。[①]

① 钱大昕：《潜研堂集》卷三五，上海古籍出版社 1989 年版，第 636 页。

第一章

《总目》清别集提要概述

中国古代多有盛世修书之传统，在官修著述中，总结历代文献最杰出的代表莫过于《四库全书》，而作为“四库”体系中重要组成部分的《总目》则集中反映了清代官方的学术思想。《总目》在叙录历代著述时，采取的是诸书次序“从其时代”[①] 的原则。那么，从清别集提要对明清易代文人的时代划分出发，我们可以了解清官方如何确立清代文学的起点问题。清初别集数量庞大，馆臣著录与存目的标准有哪些？在长达十余年的反复修改增删过程中，《总目》的清初文学观是如何一步步建构起来的？这些问题的厘清有助于为研究《总目》清初文学批评奠定基础。

第一节　《总目》对“清初”文人的判定

中国文学史的发展具有阶段性的特点，正所谓“凡一代有一代之文学”[②]，即使同一朝代的文学也往往会有不同的发展阶段，而各个前后阶段之间往往又存在着千丝万缕的联系。就清初文学而言，它与明末文学密不可分，近代以来学者大多将这一时期笼统地称为“明末清

---

① 纪昀等：《钦定四库全书总目》卷首三《凡例》，中华书局 1997 年版，第 32 页。

② 王国维撰，马美信疏证：《宋元戏曲史疏证 · 自序》，复旦大学出版社 2004 年版，第 1 页。

初”或“明清之际”。“明末清初”是一个笼统的时间段，“清初”亦是一个较为模糊的说法。“清初”文学的时间起始点、终止点在哪里？不同于史学上明确以1644年明崇祯皇帝自缢于煤山、其后满人入主中原作为明清易代的时间节点，文学史上的时代划分则要困难得多。由明入清之士人，大都怀有浓厚的遗民情结，与此同时，南明政权依然以大明正统自居，众多士人依然在为明王朝的复兴而奔走呼告。作为官学著述的《总目》，如何判断这一错综复杂形势下文人的时代身份，关系着清官方对清初文学起点的认识。

一　易代文人断限的复杂性

“凡是易代之际的文学，客观上都要涉及一个对跨朝代作家的身份认定的问题，同时也极易造成一些作家朝代归属上的异说”①，对跨代作家的处理往往代表着著述编纂者的时代断限思想。《总目》虽未明言其时代断限的根据，但通过对其所收录的清别集作者的研究，四库馆臣明清文学断代之划分，以及对跨代作家归属之判定的基本原则亦可得见。

早在《总目》之前，张廷玉等所编的《明史》、沈德潜《清诗别裁集》、朱彝尊《静志居诗话》等皆涉及对明清易代文人的朝代划分。从不同的立场出发，各著作对明清易代文人的朝代划分也不尽相同。

（一）张廷玉等《明史》

《明史》是清官方对有明一代历史兴亡总结评述的著述，其撰修始于顺治二年，直到乾隆四年刊行，历时九十五年，其“列传”记载了明代近三百年间的历史人物。在明清易代之际诸人物的划分方面，《明史》将追随明政权参与抗清运动的牺牲者全部归为明人，将入清之遗民、贰臣归为清人，是书不予收入。但是，有些人物的划分依然存在疑问，如：

---

① 何宗美、刘敬：《明代文学还原研究——以〈四库总目〉明人别集提要为中心》，人民出版社2014年版，第50页。

许誉卿，“国变，薙发为僧，久之卒”①。

华允诚，“国变后，屏居墓田，不肯薙发，与从孙尚濂骈斩于南京”②。

李世祺，“国变，杜门不出，久之卒”③。

姜埰，“国变后，流寓苏州以卒”④。

姜垓，阮大铖欲杀之，“垓乃变姓名，逃之宁波。国亡乃解”⑤。

熊开元，“汀州破，弃家为僧，隐苏州之灵岩以终”⑥。

詹尔选，“国变后，又十二年而终”⑦。

成勇，“福王时，起御史，不赴。披缁为僧，越十五年而终”⑧。

方孔炤，“马、阮乱政，归隐十余年而终”⑨。

在上述人物传记中，《明史》所采取的方法是详细叙述传记人物在明代的政治事迹，而对其人清之后的生平介绍则简略至极。《明史》之所以采用这样的书写方式，重在赞扬他们在明末奸臣掌权情况下作为臣子的直言精神，其在卷末的“赞”语云：“崇祯时，佥壬相继枋政，天下多故，事之可言者众矣。许誉卿诸人，抨击时宰，有直臣之风。然傅朝佑死杖下，姜埰、熊开元得重谴，而詹尔选抗雷霆之威，顾获放免。言天子易，言大臣难，信哉。”⑩《明史》以此为后世臣子

① 张廷玉等：《明史》卷二五八，中华书局1974年版，第6648页。
② 张廷玉等：《明史》卷二五八，中华书局1974年版，第6650页。
③ 张廷玉等：《明史》卷二五八，中华书局1974年版，第6662页。
④ 张廷玉等：《明史》卷二五八，中华书局1974年版，第6668页。
⑤ 张廷玉等：《明史》卷二五八，中华书局1974年版，第6668页。
⑥ 张廷玉等：《明史》卷二五八，中华书局1974年版，第6671页。
⑦ 张廷玉等：《明史》卷二五八，中华书局1974年版，第6675页。
⑧ 张廷玉等：《明史》卷二五八，中华书局1974年版，第6681页。
⑨ 张廷玉等：《明史》卷二六〇，中华书局1974年版，第6745页。
⑩ 张廷玉等：《明史》卷二五八，中华书局1974年版，第6683页。

树立榜样。对于降清之贰臣以及遗民中诸如顾炎武之类在清初依然有大量活动的士人，《明史》并未列入，《文苑传》也是止于张溥而已。

与传记相比，《明史·艺文志》的选择范围则更为广泛，遗民张次仲《周易玩辞困学记》、张镜心《易经增注》、来集之《读易偶通》、朱朝瑛《读书略记》等著述，甚至钱谦益的《开国群雄事略》《北盟会编钞》，吴伟业《绥寇纪略》都得以著录。由于钱、吴二人的诗文创作明亡之后并未停止，故而其别集并未被收录。上述著述有的成书于明代，有的成书于清代，甚至钱谦益的著述都得以叙录，一方面说明《明史》编纂之时的文化控制尚未达到乾隆时期的严苛程度，另一方面也说明了《明史》撰修者在易代文人著述时代划分时的矛盾。

（二）朱彝尊《静志居诗话》

《静志居诗话》最初是"朱竹垞先生缀于《明诗综》中，所以正钱牧斋之谬也"①，后另行刊印，专记有明一代之诗人。朱彝尊在《明诗综序》中说："入选者三千四百余家，或因诗而存其人，或因人而存其诗，间缀以诗话，述其本事，期不失作者之旨。明命既讫，死封疆之臣，亡国之大夫，党锢之士暨遗民之在野者，概著于录焉。"② 由此序来看，朱彝尊对明代诗人的选择范围较为宽泛，"亡国之大夫""遗民之在野者"之易代文人统统被视为明人。《静志居诗话》中明清易代之际文人主要存录于卷十八至卷二十二，现将其中遗民部分列举如下：黄景昉、熊开元、张次仲、董守谕（以上卷十八）。万寿祺、姜埰、陶汝鼐、吴本泰、凌世韶、万泰、巢鸣盛、方以智、姜垓、李公柱、徐孚远、朱一是、陈济生、陈洪绶（以上卷十九）。李之椿、黄周星、吴翻、杨彝、朱隗、沈寿民、徐树丕、李世熊、姚澣、赵士喆、周岐、王猷定、陈子升、顾苓、金俊明、陆圻、俞汝言、黄子锡、刘汋、侯泓（以上卷二十一）。朱茂晖、钱秉镫、顾绛（顾炎武）、张纲孙（张丹）、魏璧、范路、韩洽、王锡阐、戴笠、张

① 曾燠：《静志居诗话序》，朱彝尊《静志居诗话》，人民文学出版社1990年版，第2页。

② 朱彝尊：《明诗综序》，《明诗综》第1册，中华书局2007年版，第1页。

宗观、朱士稚、吴骐、朱鹤龄、归庄、陈三岛、徐晟、谈迁、沈谦、陆启浤、钱士馨、吴蕃昌、李标、沈起、吴系、黄宗炎、张家珍、陈忱、钟晓、夏古丹、屠廷楫、毛晋、董樵、蒋之翘、冯班、董说、张鹿征、杜睿、方文、韩纯玉、杨炤、顾超、周篔、陈恭尹、徐开任、朱茂曙、朱茂曜、朱茂晥、朱茂晭（以上卷二十二）等。该著广收遗民诗人，极大扩大了“明”代诗人的数量，“盖犹有表彰孑遗之微意也”[①]。但是在清初严苛的文化统治之下，朱彝尊不可能过分渲染清初诗人的遗民精神，因而对明遗民生平的介绍极为简略，如朱鹤龄“字长儒，吴江县学生。有《愚庵小集》”[②]。这与四库馆臣在《尚书埤传》中所记“鹤龄字长儒，别号愚庵，吴江人，前明诸生”[③]几乎完全一致。可见，朱彝尊的这种方法直接被后来的《总目》所继承。

朱彝尊介绍明遗民所采用的方法主要是详于在明之经历而忽略入清后之状况，如黄景昉“字太穉，晋江人。天启乙丑进士，改庶吉士，授编修，历中允，谕德，庶子，升少詹事，以詹事，掌翰林院。寻以礼部尚书，入直东阁，加太子少保，户部尚书，进文渊阁大学士”[④]。黄景昉入清后在世近二十年，其经历朱彝尊只字未提。即便言及入清后之事迹者也是以“兵后”之语笼统叙之，如顾炎武“兵后尽鬻其产，寄居章邱，别治田舍，久而为土人攘夺，乃又迁于山西，营书院一区，尽取家中所藏十四经二十一史，暨明累朝实录，插签于架……暇辄周览山川，考古今治乱之迹，证以金石铭碣，著书盈簏”[⑤]。又如“吴系”条曰：“方轮（注：吴系字方轮）兄弟九人，兵后存者率弃诸生不就试，邻壤隐君子相与往还，酬和篇章甚富。”[⑥]文中所纪，皆为顾炎武与吴系入清后之事迹，朱彝尊亦将他们全部列入明代。

---

① 黄俊坦：《静志居诗话点校说明》，朱彝尊《静志居诗话》，人民文学出版社1990年版，第1页。

② 朱彝尊：《静志居诗话》卷二二，人民文学出版社1990年版，第679页。

③ 纪昀等：《钦定四库全书总目》卷一二，中华书局1997年版，第160页。

④ 朱彝尊：《静志居诗话》卷一八，人民文学出版社1990年版，第558页。

⑤ 朱彝尊：《静志居诗话》卷二二，人民文学出版社1990年版，第672页。

⑥ 朱彝尊：《静志居诗话》卷二二，人民文学出版社1990年版，第686页。

（三）沈德潜《明诗别裁集》与《清诗别裁集》

沈德潜是王士禛之后的诗坛领袖，其编选的《明诗别裁集》和《清诗别裁集》对明代和清初诗歌的发展演进进行了总结，也就是沈德潜所说的诗歌的“升降盛衰之别”①。同是一朝或一时代的诗歌选集，沈德潜对明代诗歌和清初诗歌的选择标准比朱彝尊却是严格得多。以对清初诗歌的选择为例，其在《清诗别裁集·凡例》中所设立的规则有近二十条，诸如：

> 诗之为道，不外孔子教小子教伯鱼数言，而其立言，一归于温柔敦厚，无古今一也。自陆士衡有缘情绮靡之语，后人奉以为宗，波流滔滔，去而日远矣。选中体制各殊，要惟恐失温柔敦厚之旨。
>
> 是选以诗存人，不以人存诗。盖建竖功业者重功业，昌明理学者重理学，诗特其余事也。故有功业、理学可传，而兼工韵语者，急采之。否则人已不朽，不复登其绪余矣。
>
> 人必论定于身后。盖其人已为古人，则品量与学殖俱定。否则，或行或藏，或醇或驳，未能遽定也。集中采取，虽前后不同，均属已往之人。
>
> 诗必原本性情关乎人伦日用及古今成败兴坏之故者，方为可存，所谓其言有物也。若一无关系，徒办浮华，又或叫号撞搪以出之，非风人之指矣。尤有甚者，动作温柔乡语，如王次回《疑雨集》之类，最足害人心术，一概不存。
>
> 诗不能离理，然贵有理趣，不贵下理语……
>
> 唐诗蕴蓄，宋诗发露。蕴蓄则韵流言外，发露则意尽言中。愚未尝贬斥宋诗，而趣向旧在唐诗。故所选风调音节，俱近唐贤，从所尚也。②

---

① 沈德潜：《明诗别裁集序》，沈德潜、周准编《明诗别裁集》，上海古籍出版社 1979 年版，第 1 页。

② 沈德潜：《清诗别裁集·凡例》，上海古籍出版社 2013 年版，第 1—2 页。

在《明诗别裁集序》中沈德潜所述明诗选择的标准亦大体相同，如其言此著选得诗十二卷，凡一千一十余篇，“皆深造浑厚，和平渊雅，合于言志永言之旨；而雷同沿袭，浮艳淫靡，凡无当于美刺者屏焉”，“因诗存人，不因人存诗”① 等。这些强调温柔敦厚的诗教作用、以诗存人、在世者不录等标准的存在，极大削减了两部著作所选诗人的数量。即便如此，通过两部著述的比较，我们依然可以管窥作者对明清易代诗人朝代归属的划分。

沈德潜在《清诗别裁集·凡例》中曾清晰阐述了其对易代诗人的采录方法，其言曰：“前代臣工，为我朝从龙之佐，如钱虞山、王孟津诸公，其诗一并采入，准明代刘青田、危太朴例也。前代遗老而为石隐之流，如林茂之、杜茶村诸公，其诗概不采入，准明代倪云林、席帽山人例也。亦有前明词人，而易代以来，食毛践土既久者，诗仍采入。编诗之中，微存史意。”② 清初逃禅之遗民僧亦在沈德潜搜罗之列，“国初诗僧，有弃儒而逃入禅学者，诗自激昂顿挫，铮铮有声。其后多习口头禅说，以偈为诗，即有稍知向学者，亦只奉《弘秀集》一类为金针，于源流升降，茫然于中也。广为搜罗，共得四十四人。中有能读儒书通禅理者，格外赏之”③。以此来看，沈德潜选清诗所采用的方法是选录贰臣之诗，而对遗民则有所选择，除了“食毛践土既久者”外，遗民诗僧亦在其选择之列。

结合两部著作的具体情况来看，《清诗别裁集》卷一是以贰臣钱谦益、王铎、方拱乾、张文光、吴伟业、龚鼎孳为开端，紧接其后的卷二中贰臣还有曹溶、许承钦、陈之遴、周亮工、赵进美、彭而述、孙廷铨、李雯、高珩、宋之绳、梁清标、王崇简等。其中许承钦，入清后流寓泰州，为遗民而非贰臣，据《越缦堂诗话》载：“许承钦为

---

① 沈德潜：《明诗别裁集序》，沈德潜、周准编《明诗别裁集》，上海古籍出版社 1979 年版，第 2 页。

② 沈德潜：《清诗别裁集·凡例》，上海古籍出版社 2013 年版，第 2—3 页。

③ 沈德潜：《清诗别裁集·凡例》，上海古籍出版社 2013 年版，第 3—4 页。

湖广汉阳人，崇祯丁丑进士，官户部主事。国变后，居扬之泰州。”①卓尔堪所编《遗民诗》亦收录其诗作②。沈德潜将其置于贰臣序列中极有可能是对其身份判断失误。

沈德潜虽在《清诗别裁集·凡例》中明言“前代遗老而为石隐之流”者其诗概不采入，而在实际操作中，沈德潜却并未完全遵守此规则。其卷六后半部至卷八三卷中所选诗人绝大部分为清初遗民，诸如徐延寿、赵士喆、毛如瑜、徐振芳、陆元辅、余思复、冒襄、金人瑞、刘逢源、吴嘉纪、蒋平阶、李邺嗣、彭孙贻、王猷定、董以宁、陈子升、沈钦圻、韩纯玉、屈绍隆、陈恭尹、恽日初、柴绍炳、沈谦、毛先舒、张丹、王邦畿、卓尔堪等。即使是沈德潜所说的那些“食毛践土”者其中同样不乏遗民存在，卷十一、卷十二共选录二十四位康熙己未召试博学鸿词科的清初诗人，其中就包括尤侗、孙枝蔚、傅山等清初著名遗民。《明诗别裁集》同样是将“胜国遗老，广为搜罗”③，卷十至十二中录入了大批清初遗民，如万寿祺、姜垛、阎尔梅、方以智、黄周星、陈瑚、徐枋、陆圻、沈钦圻、顾梦游、钱秉镫、顾绛、韩洽、朱鹤龄、陈忱、屠爌、杜濬、方文、纪映钟、申涵光、费密、张纲孙、陈恭尹、徐夜、余怀等。在同一人编著的两部著作中，同样一批人物却被分派到了不同的两个朝代，甚至沈钦圻、张纲孙（张丹）、陈恭尹、屈大均（今种）等更是存在于两部著作中。沈德潜在易代文人朝代归属判断上存在的矛盾充分说明了易代文人断代问题的复杂性。

上述四部著述对明清易代文人的时代断限所采用的方法各不相同，亦都存在矛盾之处。《明史》不录钱谦益、吴伟业等人之传记，却在《艺文志》中叙录其著述；《静志居诗话》广收易代之遗民，却极尽简化其生平介绍；沈德潜编选之《明诗别裁集》与《清诗别裁

---

① 李慈铭：《越缦堂诗话》卷上，蔡镇楚编《中国诗话珍本丛书》第18册，北京图书馆出版社2004年版，第685页。

② 卓尔堪编：《遗民诗》卷一一，华东师范大学出版社2012年版，第717页。

③ 沈德潜：《明诗别裁集序》，沈德潜、周准编《明诗别裁集》，上海古籍出版社1979年版，第2页。

集》竟出现了一人而共存于两部著述的情况。四部著述中所表现出的种种情况表明了明清易代文人断限的复杂性。易代文人断限之所以会出现如此复杂的情况，从客观上来说，易代文人横跨两个朝代，其行迹往往错综复杂，本身就增加了断限的难度。更主要的是在主观方面，不同的编纂者对清初遗民的时代归属往往有着不同的认识，朱彝尊将遗民归入明代，即将其视为明人，而沈德潜却将他们大量收录于《清诗别裁集》，又有将其归为清人之意。上述四部著作都是馆臣在纂修《总目》时重要的参考文献，它们对易代诗人朝代归属的判断是否会对《总目》产生影响呢？

二 《总目》明遗民时代断限的矛盾性

四库馆臣论清代文学时首先需要解决的问题同样是易代文人的断限问题。《总目》所叙录明清易代文人有三类：为明殉节者、出仕新朝者、遗民归隐者。此三类人物中，馆臣在前二者的朝代归属问题上没有任何的疑问，而在对明遗民断限时却表现出了极大的矛盾性。

（一）为明殉节者

明清之际，众多士人在忠君爱国思想的指引下，与被视为夷狄的满族政权展开了不屈的斗争，直至为大明王朝殉节。如黄道周“明亡后，为唐王聿键礼部尚书，督师出婺源，师溃被执，不屈死”[①]；倪元璐“崇祯甲申殉难”[②]；何楷“唐王聿键起兵于闽，以为礼部尚书，旋为郑芝龙所轧，愤恚而卒”[③]；黄淳耀“南都破后，殉节死”[④]。《总目》卷一百七十二著录倪元璐、凌义渠、申佳胤、黄淳耀等人著述，卷一百八十存目黄端伯、涂伯昌、高名衡、陶琰、祝渊等人作品，他们或明亡殉节，或在与清军的交战中死难。在朝代归属方面，《总目》将他们全部归入明代，并从褒扬忠烈的角度高度重视他们对清代士人

① 纪昀等：《钦定四库全书总目》卷五，中华书局1997年版，第50页。
② 纪昀等：《钦定四库全书总目》卷五，中华书局1997年版，第51页。
③ 纪昀等：《钦定四库全书总目》卷五，中华书局1997年版，第52页。
④ 纪昀等：《钦定四库全书总目》卷七七，中华书局1997年版，第1042页。

的教化意义。以卢象升为例，“崇祯戊寅大兵下钜鹿，象升督师战败，殁于阵。乾隆四十一年赐谥忠肃。事迹据《明史》本传”。卢象升与清军对战而死，清官方不仅没有禁毁其著述，反而将其奉为忠烈加以表彰，“象升遗集至今留天地间，录而存之，亦圣朝敦崇风教、扶植纲常之义也。旧本题曰《忠烈集》，盖用明福王时旧谥。今既蒙特典褒荣，光垂千古，谨改题所赐新谥，昭表章之至意焉”①。再如高名衡，“崇祯辛未进士，官至监察御史，以城守功，晋兵部左侍郎，崇祯壬午大兵破沂州，名衡死之。事迹据《明史》本传。乾隆四十一年，赐谥忠节”。高名衡同样死于抗清之战争，而其所存诗作仅为八首，馆臣亦将其叙录，并说：“考《汉书·艺文志》诗赋类，虽一二篇亦著录。而世传张巡守睢阳作，亦仅二篇。是编虽止七言律诗八首，不成卷帙，而忠义之气，凛然简外。今圣朝大公至正，扶植纲常，凡胜国死节之臣，咸邀褒祀，名衡亦在其中。则此零章断简，实千古名教之所寄。谨特存其目，以昭表章之义焉。”②

褒扬前朝忠义是历朝历代之通例，故明诸臣虽与清为敌，在道德上却是忠君之表率，故乾隆帝在圣谕中称刘宗周、黄道周“立朝守正，风节凛然，其奏议慷慨极言，忠荩溢于简牍，卒之以身殉国，不愧一代完人”③。清官方出于扶植纲常之需要，将二人视为明人并加以表彰，将其视为忠君之榜样，其奏疏亦具有“使天下万世晓然于明之所以亡，亦可垂示方来，永为殷鉴”④ 之重要意义。

（二）出仕新朝者

易代之际的文人并不是人人都能遵从儒家忠君思想，忠于故朝。有些士人在为生存、为功名等思想的影响下或主动或被迫投靠新政权，出仕为官，成为贰臣。清初出现了一大批诸如钱谦益、吴伟业、龚鼎孳、陈名夏、曹溶、周亮工等著名的贰臣。《总目》将是否出仕

① 纪昀等：《钦定四库全书总目》卷一七二，中华书局 1997 年版，第 2337 页。
② 纪昀等：《钦定四库全书总目》卷一八〇，中华书局 1997 年版，第 2510 页。
③ 纪昀等：《钦定四库全书总目》卷首一《圣谕》，中华书局 1997 年版，第 5 页。
④ 纪昀等：《钦定四库全书总目》卷首一《圣谕》，中华书局 1997 年版，第 7 页。

新朝作为易代作家断代的重要标准，馆臣认为“既已谒帝金门，即属归诚新主，不能复以遗老称矣”①。与清官方对为明殉节者的大力表彰不同，《总目》对贰臣之人品与著述则是多以批判为主，更是将钱谦益、陈名夏等视为“立身盖不足称”②的反面教材以警示臣子。《总目》共叙录清初贰臣别集30余种，除吴伟业《梅村集》一部著录外，其余全部存目。

(三) 遗民归隐者

为明殉难者、归顺新朝者的时代断限较为容易，也不易产生异议。但是，在如何判定清初遗民的朝代归属方面，作为官方代表的《总目》同样表现出了极大的矛盾性。

与《总目》对宋遗民和元遗民朝代归属的处理方法相比，馆臣对明遗民朝代归属的划分却复杂得多。《总目》卷一百六十五将入元之宋遗民如王镃、邓牧、方凤、黄公绍、陈岩、陈深、陈杰、金履祥等全部归为宋人，卷一百六十八将王翰、吴海、吴当、许恕、张宪、金涓、丁鹤年、舒岫、李继本等入明之遗民全部归入元代。《总目》对宋遗民、元遗民朝代归属的处理方法是将其归入前朝。而在划分清初遗民的时候，馆臣却将他们绝大部分归入清代，卷一百七十三著录朱鹤龄《愚庵小集》，其余如刁包、李确、黄宗羲、杜越、顾景星、王余祐、申涵光等遗民著述全部存目于卷一百八十一。

然而，翻检明别集提要，其中亦可见明遗民之著述，这说明馆臣并未将明遗民全部归入清代。《总目》卷一百八十所叙录明末文人别集中就有入清之遗民存在，如《敬亭集》提要记载姜埰云：“崇祯辛未进士，授仪真县知县，擢授礼科给事中，以建言廷杖谪戍宣州卫。国亡后，流寓苏州，镌私印曰宣州老兵，临殁遗命葬宣城，以明帝未有赦命，不敢归也。事迹具《明史》本传。”③ 此则提要中馆臣已经提及姜埰入清之后的事迹，事实上姜埰生于万历三十五年（1608），

① 纪昀等：《钦定四库全书总目》卷一六九，中华书局1997年版，第2266页。
② 纪昀等：《钦定四库全书总目》卷一八一，中华书局1997年版，第2518页。
③ 纪昀等：《钦定四库全书总目》卷一八〇，中华书局1997年版，第2510页。

卒于康熙十二年（1673）[1]。《总目》将其归入明代，显然是依据了《明史》的断限方法。《明史》有《姜埰传》，其在明代事迹大致如提要所言，而入清之后，《明史》的记载却极为简略，仅言“国变后，流寓苏州以卒”[2] 而已。略早于《总目》编撰的《江南通志》在《人物传》中却将其归为清人，载曰：“国朝姜埰，字如农，莱阳人也。前明为礼科给事中，疏论周延儒，廷杖谪戍宣州卫，会国变，未赴，寓吴城西二十年，颜其室曰‘敬亭山房’，不忘戍所也。易箦时诫其子必舁葬宣城，其子奉遗命往葬焉。”[3]《江南通志》康熙二十二年初撰，雍正七年两江总督尹继善等奉诏重修，乾隆元年书成，收入《四库全书》。同是官修著述，对姜埰的时代划分却并不一致。

再如朱芾煌，馆臣在《文嘻堂诗集》提要中说：“明朱芾煌撰。芾煌字子衷，又字玉瑠，自号濡须江渔，无为州人。崇祯甲戌进士，官至兵部武选司郎中。”[4] 此提要给人以朱芾煌并未入清的错觉，而据宋荦在《文嘻堂诗集序》中的记载：“甲申之变，方官京师，能不污伪命，毁服南遁，再更沧桑，投老泉林，其人亦自足传。”[5] 尤侗在序言中更是直接称其为“胜国遗老”，并记其生平曰：“问其出身，则崇祯甲戌进士也；问其历官，则尚书兵部郎也；问其籍贯，则江南无为州也；问其春秋，则七十有六，卒于康熙壬寅也。”[6] 康熙壬寅即康熙元年（1662）。由此可知，朱芾煌入清在世十九年，但馆臣依然将其视为明人。

《东江集抄》提要云：“明沈谦撰。谦字去矜，仁和人。崇祯末，

---

① 江庆柏：《清代人物生卒年表》，人民文学出版社 2005 年版，第 582 页。

② 张廷玉等：《明史》卷二五八，中华书局 1974 年版，第 6668 页。

③ 赵宏恩等监修、黄之隽等编纂：《江南通志》卷一七二，文渊阁《四库全书》第 511 册，台湾商务印书馆 1986 年版，第 894 页。

④ 纪昀等：《钦定四库全书总目》卷一八〇，中华书局 1997 年版，第 2511 页。

⑤ 朱芾煌：《文嘻堂诗集》，《四库全书存目丛书》集部第 194 册，齐鲁书社 1997 年版，第 2 页。

⑥ 朱芾煌：《文嘻堂诗集》，《四库全书存目丛书》集部第 194 册，齐鲁书社 1997 年版，第 2—3 页。

杭州有西陵十子之称，谦其一也。”① 据《清史列传·文苑·陆圻传》载，圻“与陈子龙等为登楼社，世号西泠十子体。十子者，圻与同里丁澎、柴绍炳、毛先舒、孙治、张丹、吴百朋、沈谦、虞黄昊、陈廷会也”②。沈圣昭在《先府君行状》中记载沈谦生卒为：“先君生于万历庚申岁正月十九日子时，卒于康熙庚戌岁二月十三日子时，享年仅五十有一。”③ 万历庚申即1620年，康熙庚戌即1670年。据此行状所述可知，沈谦入清在世达二十七年之久。“西泠十子”中，另有柴绍炳、张丹、毛先舒之别集存目于卷一百八十一，《总目》在划分朝代归属时，将其全部纳入清代，称“国朝柴绍炳”“国朝张丹”“国朝毛先舒”④。同为“西泠十子”，馆臣却单独将沈谦视作明人。

《射堂诗抄》提要云：“明吴梦旸撰。梦旸字允兆，归安布衣，射堂其所居室也。”⑤ 吴梦旸生卒年待考，然其入《皇明遗民传》⑥。柯愈春《清人诗文集总目提要》叙录《射堂诗抄》，也以吴梦旸为“明遗民”⑦。作为遗民，其已入清是无疑的。

《诚斋文集》提要云：“明施璜撰。璜字虹玉，休宁人。”⑧ 施璜生卒年待考，但其于乾隆《江南通志》中被载为“国朝施璜”⑨，《清史稿》中亦有传⑩。施璜已入清无疑。

除了别集类外，《总目》在经、史、子部中同样存在将清初遗民视作明人现象，现将部分考证如下：

---

① 纪昀等：《钦定四库全书总目》卷一八〇，中华书局1997年版，第2512页。

② 王锺翰点校：《清史列传》卷七〇，中华书局1987年版，第5684—5685页。

③ 沈谦：《东江集抄》，《四库全书存目丛书》集部第195册，齐鲁书社1997年版，第277—278页。

④ 纪昀等：《钦定四库全书总目》卷一八一，中华书局1997年版，第2524—2525页。

⑤ 纪昀等：《钦定四库全书总目》卷一八〇，中华书局1997年版，第2512页。

⑥ 阙名朝鲜人：《皇明遗民传》，谢正光、范金民编：《明遗民录汇辑》，南京大学出版社1995年版，第223页。

⑦ 柯愈春：《清人诗文集总目提要》，北京古籍出版社2001年版，第91页。

⑧ 纪昀等：《钦定四库全书总目》卷一八〇，中华书局1997年版，第2512页。

⑨ 赵宏恩等监修、黄之隽等编纂：《江南通志》卷一六四，文渊阁《四库全书》第511册，台湾商务印书馆1986年版，第707页。

⑩ 赵尔巽等：《清史稿》卷四八〇，中华书局1977年版，第13116页。

1. 《卦变考略》一卷

明董守谕撰。守谕字次公，鄞县人。天启甲子举人。①

按，徐鼒《小腆纪传》载，董守谕“少受业于漳浦黄道周，讲学大涤山房，著有《擎兰集》。国亡，遁迹荒郊十九年，卒年六十九”②。由此可知，董守谕入清在世十九年。

2. 《周易玩辞困学记》十五卷

明张次仲撰。次仲字元岵，海宁人。天启辛酉举人。③

按，张次仲“生于万历十七年（1589），卒于康熙十五年（1676）”④。阮元《两浙輶轩录》“张次仲”条引朱文藻语曰：“《钦定四库全书》录张次仲所著《周易玩词困学记》十五卷、《待轩诗记》八卷，俱列于明代诸家之末。今以其卒于康熙丙辰，则入国朝已历三十余年之久，且其诗亦多在晚年所作，因与诸遗老并列之。”⑤ 二者相较而言，显然朱文藻的观点更为客观。

3. 《易经增注》十卷

明张镜心撰。镜心字用晦，磁州人。天启壬戌进士，官至兵部尚书。⑥

按，据《皇明遗民传》记载：“国亡，为清人所推荐，会丁父忧，

① 纪昀等：《钦定四库全书总目》卷五，中华书局1997年版，第51页。
② 徐鼒：《小腆纪传》卷四一，中华书局1958年版，第411页。
③ 纪昀等：《钦定四库全书总目》卷五，中华书局1997年版，第52页。
④ 柯愈春：《清人诗文集总目提要》，北京古籍出版社2001年版，第9页。
⑤ 阮元：《两浙輶轩录》卷二，《续修四库全书》集部第1683册，上海古籍出版社2002年版，第167页。
⑥ 纪昀等：《钦定四库全书总目》卷八，中华书局1997年版，第99页。

因谢守制，遂从不起。晚年闭户注《易》，与孙奇逢往复商榷，逍遥泉石，自称云隐居士。永历十年卒，年六十七。”① 永历十年即顺治十三年（1656）。张镜心入清在世有十三年，四库馆臣将其划入明代，应是遵从《明史》之例。《明史·艺文志》录有“张镜心《易经增注》十二卷”②。

4.《周易纂》六卷

明朱之俊撰。之俊字沧起，汾阳人。天启壬戌进士，官至翰林院侍讲。③

按，《山西通志》载：“朱之俊，字沧起，汾阳县人。前明壬戌进士，官国子司业。国朝起翰林秘书院侍读，充纂修国史副总裁，以终养归。”④ 以此来看，朱之俊为贰臣，其“官翰林院侍读”是入清之后的事情，此提要将降清之贰臣列为了明人。此提要之作者小传与馆臣对清初遗民之介绍相同，恐有馆臣将其误作遗民的嫌疑。

5.《周易广义》四卷

明郑敷教撰。敷教字汝敬，吴县人。崇祯庚午举人。⑤

按，《郑桐庵先生年谱》载郑敷教生于明万历二十四年（1596）四月十日，卒于康熙十四年（1675）闰五月，年八十。⑥ 郑敷教入清在世三十二年。

---

① 阙名朝鲜人：《皇明遗民传》，谢正光、范金民编《明遗民录汇辑》，南京大学出版社1995年版，第675页。

② 张廷玉等：《明史》卷九六，中华书局1974年版，第2351页。

③ 纪昀等：《钦定四库全书总目》卷八，中华书局1997年版，第100页。

④ 觉罗石麟等监修，储大文等编纂：《山西通志》卷一三七，文渊阁《四库全书》第546册，台湾商务印书馆1986年版，第670页。

⑤ 纪昀等：《钦定四库全书总目》卷八，中华书局1997年版，第101页。

⑥ 郑敷教编，沈明扬等补：《郑桐庵先生年谱》，《北京图书馆藏珍本年谱丛刊》第66册，北京图书馆出版社1998年版，第542页。

6.《尺木堂学易志》三卷

明马权奇撰。权奇字巽倩，会稽人。崇祯辛未进士，官兵部主事。[①]

按，生卒年待考，其生平事迹见于《皇明遗民传》[②]，其已入清无疑。

7.《读易略记》无卷数

明朱朝瑛撰。朝瑛字美之，号康流，又号罍庵，海宁人。崇祯庚辰进士，官旌德县知县。[③]

按，黄宗羲《朱康流先生墓志铭》载："登崇祯庚辰进士第，知旌德县，期年而以外艰归。旋遭丧乱，遂不复仕……生于某年乙巳九月，卒于某年庚戌三月，年六十有六。"[④] 以此来看，朱朝瑛生于万历三十三年（1605），卒于康熙九年（1670），[⑤] 入清在世二十七年。

8.《易发》八卷

明董说撰。说字雨若，湖州人，黄道周之弟子也。后为沙门，名南潜。[⑥]

按，董说是清初著名遗民，于顺治十三年（1656）削发为僧。[⑦]

---

① 纪昀等：《钦定四库全书总目》卷八，中华书局 1997 年版，第 101 页。

② 阙名朝鲜人：《皇明遗民传》，谢正光、范金民《明遗民录汇辑》，南京大学出版社 1995 年版，第 582 页。

③ 纪昀等：《钦定四库全书总目》卷八，中华书局 1997 年版，第 102 页。

④ 黄宗羲：《南雷诗文集》，《黄宗羲全集》第 10 册，浙江古籍出版社 1985 年版，第 347 页。

⑤ 江庆柏：《清代人物生卒年表》，人民文学出版社 2005 年版，第 155 页。

⑥ 纪昀等：《钦定四库全书总目》卷八，中华书局 1997 年版，第 104 页。

⑦ 柯愈春：《清人诗文集总目提要》，北京古籍出版社 2001 年版，第 140 页。

《总目》叙录董说著述五种：经部一种，即《易发》；史部一种，即《七国考》；子部两种，即《运气定论》《天官翼》；集部一种，即《汉铙歌发》。四部著述提要中皆言“明董说撰”。董说生于万历四十八年（1620），卒于康熙二十五年（1686），① 入清在世长达四十三年。

9.《周易时义注》无卷数

明章佐圣撰。佐圣字右臣，歙县人。②

按，《明遗民录》载：“甲申之变，遂归里，卖卜于市，后稍稍授生徒。未几岩栖。不知所终。”③

10.《周易辨正》一卷

明喻国人撰。国人字春山，郴州人。④

按，光绪《湖南通志》将喻国人归入“国朝”，并云：“喻国人，字春山，生时父璲梦仙人苏耽驱鹿入室，故小字鹿寿。少负轶才，习闻天人性命之旨。举明崇祯壬午乡试。鼎革后绝意仕进，隐居三十余年，慨然以斯道为己任。”⑤ 据此，喻国人入清在世“三十余年”。

11.《易经补义》四卷

明方芬撰。芬字舒林，歙县人。⑥

按，乾隆四十七年（1782），方芬之玄孙方国泰因隐藏其五世祖

① 江庆柏：《清代人物生卒年表》，人民文学出版社2005年版，第747页。

② 纪昀等：《钦定四库全书总目》卷八，中华书局1997年版，第105页。

③ 黄容：《明遗民录》，谢正光、范金民编《明遗民录汇辑》，南京大学出版社1995年版，第709页。

④ 纪昀等：《钦定四库全书总目》卷八，中华书局1997年版，第105页。

⑤ 卞赛第、李瀚章等修：《（光绪）湖南通志》卷一九七，《续修四库全书》第666册，上海古籍出版社2002年版，第357页。

⑥ 纪昀等：《钦定四库全书总目》卷八，中华书局1997年版，第106页。

《涛浣亭诗集》被安徽巡抚谭尚忠查出。谭请旨拟将方芬刨坟戮尸，方国泰拟斩立决。乾隆皇帝下旨：

据称查出方芬诗集内“征衣泪积燕云恨，林泉不共鸟啼新”，又“乱剩有身随俗隐，问谁壮志足澄清”，又“蒹葭欲白露华清，梦里哀鸿听转明”等句，虽隐跃其词有厌清思明之意，固属狂悖，不过书生遭际兵火迁徙逃避，为不平之鸣，并非公然毁谤本朝者可比，方芬老于贡生，贫无聊赖，抑郁不得志，诗意牢骚则有之，况其人已死，朕不为已甚，若如此即坐大逆之罪，则如杜甫集中穷愁之语最多，即孟浩然亦有“不才明主弃”之句，岂亦得谓之悖逆乎？此等失意之人在草泽中私自啸咏者甚多，若必一一吹求绳以律法，则诗以言志反使人人自危，其将何所措手足耶？①

谭尚忠所说的方芬诗文中隐含的“厌清思明”之意仅被乾隆帝视为“诗意牢骚”，而未加追究。谭在奏折中亦记载了方芬的生卒年，其言曰：“方芬系本朝岁贡生，生于明天启年间，殁于康熙二十九年。”②康熙二十九年系1690年，方芬入清后在世长达四十七年之久，即便是其生于天启元年（1621），至明清易代也不过刚过二十岁，其一生绝大多数时间生活于清代，但四库馆臣依然将其视为明人。

12.《诗触》四卷

明贺贻孙撰。贻孙字子翼，禾川人。③

按，贺贻孙生于万历三十三年（1605），卒于康熙二十七年

---

① 上海书店出版社编：《清代文字狱档》（增订本），上海书店出版社2011年版，第454—455页。

② 上海书店出版社编：《清代文字狱档》（增订本），上海书店出版社2011年版，第453页。

③ 纪昀等：《钦定四库全书总目》卷一七，中华书局1997年版，第225页。

(1688),[①] 入清在世长达四十五年之久。据《清史稿》载:“及明亡,遂不出。顺治初,学使者慕其名,特列贡榜,避不就。巡按御史笪重光欲举应鸿博,书至,贻孙愀然曰:‘吾逃世而不逃名,名之累人实甚。吾将从此逝矣!’乃剪发衣缁,结茅深山,无复能踪迹之者。晚年穷益甚。”[②] 贺贻孙在入清之后的这些行为都清晰地表明他的政治身份就是明遗民。《总目》共叙录贺贻孙著述三种,除《诗触》外,卷一百二十五子部杂家类存目《激书》,卷一百八十一集部别集类存目《水田居士文集》五卷。胡玉缙就已经发现“贻孙有《激书》,杂家类亦题明人;又有《水田居士文集》,别集类则题为国朝人,两处均称有《诗触》,是一人而分为两朝也,当以文集下所题为正”[③]。

13.《通雅》五十二卷

明方以智撰。以智字密之,桐城人。崇祯庚辰进士,官翰林院检讨。[④]

按,《总目》叙录方以智著述两种,一为《通雅》,二为《物理小识》,皆题为“明方以智撰”。方以智生于万历三十九年(1611),卒于康熙十年(1671),入清在世二十八年。《清史稿·遗逸》载其“行至平乐,被执。其帅欲降之,左置官服,右白刃,惟所择,以智趋右,帅更加礼敬,始听为僧。更名弘智,字无可,别号药地。康熙十年,赴吉安,拜文信国墓,道卒,其闭关高坐时也”[⑤]。乾隆《江南通志》卷一百六十七《人物志》则称“国朝方以智”[⑥]。

---

① 江庆柏:《清代人物生卒年表》,人民文学出版社 2005 年版,第 597 页。

② 赵尔巽等:《清史稿》卷四八四,中华书局 1977 年版,第 13334—13335 页。

③ 胡玉缙撰,王欣夫辑:《四库全书总目提要补正》卷五,上海书店出版社 1998 年版,第 121 页。

④ 纪昀等:《钦定四库全书总目》卷一一九,中华书局 1997 年版,第 1594 页。

⑤ 赵尔巽等:《清史稿》卷五〇〇,中华书局 1977 年版,第 13833 页。

⑥ 赵宏恩等监修,黄之隽等编纂:《江南通志》卷一六七,文渊阁《四库全书》第 511 册,台湾商务印书馆 1986 年版,第 801 页。

通过上述对清初士人生卒年的考证，我们可以发现《总目》对明清易代文人朝代断限的一些问题。同是遗民，有的被划入清代，有的被划入明代，甚至出现了像贺贻孙这样一人而分入两朝的情况。究其原因：

一是《总目》照搬了《明史》《静志居诗话》等著作的说法。《总目》把易代文人归于明代很大程度上是直接援引了《明史》传记或《艺文志》的记载。馆臣在介绍易代文人生平之时，凡是《明史》有载者，直接援引《明史》之记载，如方孔炤，《周易时论合编》提要曰："孔炤字潜夫，号仁植，桐城人。万历丙辰进士，官至右佥都御史，巡抚湖广。为杨嗣昌劾罢，逮治谪戍，久之释归。崇祯末起故官，屯田山东、河北，兼理军务。事迹附见《明史·郑崇俭传》。"① 有些易代文人，《明史》并无专门传记记载，而其著述载于《艺文志》者，《总目》亦以此将其归入明代。除《明史》外，《静志居诗话》也是四库馆臣择取文献的重要来源。朱彝尊将易代文人归为明人，不可避免地会对《总目》产生影响，如程观生，《四易通义》提要云："观生字仲孚，歙县人，流寓嘉兴。崇祯中知天下将乱，即弃去诸生，以相地之术自给。朱彝尊《静志居诗话》载其事迹颇详。"② 总之，《明史》和《静志居诗话》对易代文人朝代归属的划分方法为《总目》提供了必不可少的借鉴。

二是《总目》卷帙浩繁，其纂修并非一人一时之功。经、史、子、集各部提要的撰写者与主持者并不完全相同，而清初遗民著述分布于经、史、子、集各部，各部的纂修官对于遗民的时代划分并不一致，这也就造成了经部将某人归为明人，而集部则将其归入"国朝"现象的存在。

① 纪昀等:《钦定四库全书总目》卷八，中华书局1997年版，第97页。
② 纪昀等:《钦定四库全书总目》卷八，中华书局1997年版，第104页。

第二节 《总目》清别集叙录之标准

四库馆臣对清初文人别集甄选的严格程度远超前代，《四库全书》总裁官于敏中所制定的著述选择标准之一就是“旧书去取，宽于元以前，严于明之后”①。这一原则在《总目》中得到了贯彻，《凡例》中说：“前代藏书，率无简择，萧兰并撷，珉玉杂陈，殊未协别裁之义。今诏求古籍，特创新规，一一辨厥妍媸，严为去取。其上者，悉登编录，罔致遗珠。其次者，亦长短兼胪，见瑕瑜之不掩。其有言非立训，义或违经，则附载其名，兼匡厥谬。至于寻常著述，未越群流，虽咎誉之咸无，究流传之已久，准诸家著录之例，亦并存其目，以备考核。”②《别集类序》中也说：“集始于东汉，荀况诸集，后人追题也。其自制名者，则始于张融《玉海集》。其区分部帙，则江淹有前集、有后集，梁武帝有《诗赋集》、有《文集》、有《别集》……其体例均始于齐、梁。盖集之盛，自是始也。唐、宋以后，名目益繁，然隋、唐《志》所著录，《宋志》十不存一，《宋志》所著录，今又十不存一。新刻日增，旧编日减，岂数有乘除欤？文章公论，历久乃明……今于元代以前，凡论定诸篇，多加甄录，有明以后，篇章弥富，则删薙弥严。非曰沿袭恒情，贵远贱今，盖阅时未久，珠砾并存，去取之间，尤不敢不慎云尔。”③馆臣此语虽是在言历代别集之发展状况，却也说明了一个现实，即时代越久，所留存下来的别集数量越少，也就越珍贵。入清以来，在出版业兴盛等因素的影响下，文人别集大量出版，至四库馆开馆之时，馆臣能见到的清初文人别集数量当不少于五千种④。数量如此巨大的清初文人别集，被《总目》叙录

---

① 于敏中：《于文襄公（敏中）手札》，《近代中国史料丛刊》第22辑，文海出版社1987年版，第40页。

② 纪昀等：《钦定四库全书总目》卷首三《凡例》，中华书局1997年版，第31页。

③ 纪昀等：《钦定四库全书总目》卷一四八，中华书局1997年版，第1981页。

④ 陈恒舒：《四库全书清人别集纂修研究》，博士学位论文，北京大学，2013年，第7页。

的却只有620种，除了部分别集馆臣未能见到的因素外，甄选之严格亦是重要原因。

《总目》清别集著录数量与存目数量悬殊，馆臣对著述的取舍多受到诟病，郭伯恭就曾说："《四库》之取舍未为尽善，固不容讳言。"① 透过馆臣对清别集著录与存目的区分，可以管窥《总目》对清别集的取舍标准。

一 版本之优劣

馆臣在《总目·凡例》中介绍书籍采择之标准时说："诸书刊写之本不一，谨择其善本录之，增删之本亦不一，谨择其足本录之。"② 由此可见，馆臣在采辑书籍时，首选的是"善本""足本"。《总目》所著录的清别集中有近30种经过了精心删汰编订，即馆臣所言之"善本"。这些"善本"有的是作者晚年自己编定，如王士禛《精华录》、汪琬《尧峰文抄》、陈廷敬《午亭文编》、叶方蔼《读书斋偶存稿》、宋荦《西陂类稿》、赵执信《因园集》等。有的是其亲朋、门人等所编订，如魏裔介《兼济堂文集》为"詹明章裒辑诸本，简汰繁冗，合刊为一编者也"③，范承谟《忠贞集》"为清苑刘可书所编"④，吴绮《林蕙堂集》为"绮没之后，其子寿潜搜访遗稿，合而编之"⑤，彭孙遹《松桂堂全集》为其子景曾所刊刻，嵇永仁《抱犊山房集》为"其子曾筠编次付梓"⑥，毛奇龄《西河文集》是"康熙庚子其门人蒋枢所编"⑦，吴雯《莲洋诗抄》系蒲州府同知山东孙谔简汰重刊而成⑧，姜宸英《湛园集》系"黄叔琳所重编"⑨，李光地

① 郭伯恭：《四库全书纂修考》，岳麓书社2010年版，第200页。
② 纪昀等：《钦定四库全书总目》卷首三《凡例》，中华书局1997年版，第32页。
③ 纪昀等：《钦定四库全书总目》卷一七三，中华书局1997年版，第2342页。
④ 纪昀等：《钦定四库全书总目》卷一七三，中华书局1997年版，第2342页。
⑤ 纪昀等：《钦定四库全书总目》卷一七三，中华书局1997年版，第2342页。
⑥ 纪昀等：《钦定四库全书总目》卷一七三，中华书局1997年版，第2346页。
⑦ 纪昀等：《钦定四库全书总目》卷一七三，中华书局1997年版，第2346页。
⑧ 纪昀等：《钦定四库全书总目》卷一七三，中华书局1997年版，第2347页。
⑨ 纪昀等：《钦定四库全书总目》卷一七三，中华书局1997年版，第2349页。

《榕村集》系“乾隆丙辰其孙清植所校刊”①。其他如陆陇其《三鱼堂文集》、方苞《望溪集》、蓝鼎元《鹿洲初集》、汪由敦《松泉集》同样如此。这些别集或是自己修定或经其门人、亲友修定，有的更是历经多次简汰修定而成，是馆臣所能见到的最能代表作者诗文成就的善本。故而，它们能够著录《总目》。

“足本”同样是馆臣对清别集版本方面的要求，但馆臣所言之“足本”却并非作品不分优劣，面面俱到。在著录的清别集中，施闰章《学余堂集》、张玉书《张文贞集》二种就经过了馆臣的删削，《学余堂集》提要云：“又有别集四卷，其二卷为《蠖斋诗话》，二卷为《矩斋杂记》。诗话别择未精，瑕瑜参半。杂记颇涉神怪，尤为小说家言。今析出别存其目，兹不具录焉。”② 《张文贞集》提要云：“募疏、祭文之属，收载太滥，盖其后人遇稿即录，不暇持择，转为全集之累。今悉删除，而惟录其赋、颂以下诸篇，厘为十二卷，庶不以榛楛勿翦为将来论者所病焉。”③ “遇稿即录”“不暇持择”是“足本”《学余堂集》和《张文贞集》的不足之处，也往往是其他“足本”别集存在的问题。然而，他们的文学成就不及施闰章、张玉书，故而只能与那些“不全之本”一起入存目。现将《总目》清别集提要中由于版本因素而存目的情况详示如下：

表1-1 **《总目》清别集提要中因版本问题而列入存目的情况梳理**

序号	作者	别集名	提要	版本情况
1	彭宾	搜遗稿	殁后遗稿散佚，康熙后壬寅，其孙士超始从乱帙中掇拾残剩，录为此编	不全之本
2	曹溶	粤游草	已编入《静惕堂集》中，此乃其初出别行之本	初出之本
3	王岱	了庵文集	第八卷则全录《募疏》，殊失删汰	失于删汰

① 纪昀等：《钦定四库全书总目》卷一七三，中华书局1997年版，第2349页。
② 纪昀等：《钦定四库全书总目》卷一七三，中华书局1997年版，第2342页。
③ 纪昀等：《钦定四库全书总目》卷一七三，中华书局1997年版，第2348页。

续表

序号	作者	别集名	提要	版本情况
4	高珩	栖云阁诗略	未刻全集以前，其家录存之稿也	另有更优之本
5	王翃	二槐草存	殁后无子，遗稿多佚。是本乃朱彝尊所选定者也	不全之本
6	顾景星	白茅堂集	细大不捐，榛楛勿翦，其后人收拾遗稿，又不甚别裁	失于删汰
7	李颙	二曲集	刊集时并以编入……然卷帙繁重而无关颙之著作，殊为疣赘	失于删汰
8	梁春晖	云龛遗稿	初名《云龛吟稿》，尝谋锓板而力未逮。藏弆既久，不幸为虫鼠所戕，剥蚀断烂，至不可读。细加检录，得首尾完具者，仅十之一二。裒为一卷，颜曰《云龛遗稿》	不全之本
9	毛先舒	思古堂集	殆自以晚年定本，故用为弁冕耶？然所见与早年等也	另有更优之本
10	翟凤翥	涑水编	《制义》不知何人所删，目录内亦为镌去，故止存五卷云	不全之本
11	魏象枢	寒松堂集	其子学诚编此集时，意在于先人手泽，一字无遗，遂细大不捐，几盈百卷，未免有榛楛勿翦之憾耳	失于删汰
12	宋琬	安雅堂集	题《安雅堂拾遗诗》者……掇拾残剩，非但珠砾并陈，亦恐真赝莫别，均不足见琬之所长	失于删汰
13	刘子壮	屺思台集	寿序、贺序连篇累牍，而独不载其对策。恐所掇拾亦未必子壮意也	失于删汰
14	熊伯龙	熊学士诗文集	刻板漫漶，篇叶倒乱，遂至于断烂不可读	不全之本
15	沈珩	耿岩文选	每篇自为起讫，不相联属，疑校刊未竟之本，偶有印行，非其全也	不全之本
16	孙爽	容庵诗集	此本不知何人所抄，每卷或仅三四首，非出删节，即由掇拾，亦非其完本也	不全之本

续表

序号	作者	别集名	提要	版本情况
17	范承谟	画壁遗稿	仅存四十七首，承谟自为之序，已汇载入《忠贞集》中。此乃石门吴震方录入《说铃》之本也	已有著录之本
18	杨素蕴	见山楼诗文集	不分卷帙，不列目录，皆似乎随有所作，随以付雕	未竟之本
19	王士禄	司勋五种集	《表余堂诗存》未刻，刻者实止四种耳	不全之本
20	梅清	瞿山诗略	皆七十以前之作，板毁于火。故又取未刻三卷合而编之，以成此本	不全之本
21	汪琬	钝翁前后类稿	后琬复自芟择，取其惬意者为《尧峰诗文抄》，属林佶缮本刊行，世间多有其本，而《类稿》原刻遂不显矣	另有更优之本
22	吴兆骞	秋笳集	编次无序……随得随刊，故舛讹如是	失于删汰
23	陈廷敬	午亭集	盖刻在《文编》之前，犹未经删定之本也	失于删汰
24	冯甦	嵩庵集	先刻有《南中集》，会吴三桂作乱……遂毁于兵。归里后，诗文亦多散佚。此集乃其外孙洪承泽所刻	不全之本
25	张玉书	张文贞外集	当日删弃之余，而后人掇拾存之者	另有更优之本
26	孔尚典	孔天征文集	此本只二册，诗文杂编，又附以他人之诗，殆编次未成之稿欤？	失于删汰
27	沈受宏	白溇文集	《江南通志》载受宏《白溇集》十卷，而此本止四卷。核其目录，亦无阙佚，殆后人汰削之本耶？	不全之本
28	周纶	不碍云山楼稿	不题卷数，亦无目录及序跋，似为刊刻未竟之本	不全之本
29	丁嗣征	雪庵诗存	尝自订其集十卷……为盗者误持去，购之不获，乃掇拾残剩，重辑此集，故命曰《诗存》云	不全之本

续表

序号	作者	别集名	提要	版本情况
30	赵士麟	读书堂集	冠以序一卷，题词一卷，密行细字，凡八十二页，裒然自为一巨册。亦向来刻集者所未有也	失于删汰
31	曹贞吉	珂雪诗	士禛《感旧集》所选……诸诗亦皆不见集中，则全稿之散失者多矣	不全之本
32	石璜	匏庵遗集	据目录当为五卷，而此本仅三卷，盖不全之本也	不全之本
33	朱董祥	残本经史绪言	此卷亦非完本矣	不全之本
34	冯云骕	翠滴楼诗集	掇拾残剩，所存仅此云	不全之本
35	朱彝尊	竹垞文类	中有《曝书亭集》所未录者，皆悔其少作，自为删汰也	另有更优之本
36	吴雯	别本莲洋集	三本之中，刘本详备于孙本，此本又详备于刘本……今缮孙本入秘阁，而此本则存其目焉	另有更优之本
37	陈维岳	秋水阁文抄	此其传写残本，仅存赋十篇，杂文十五篇	不全之本
38	许汝霖	德星堂文集	授梓之时，举其平生手迹，一字不遗，未免不能割爱耳	失于删汰
39	金张	岕老编年诗抄	有录无书，不知为残缺，为未刻也？	不全之本
40	张笃庆	昆仑山房集	此集乃有文而无诗，疑编次未竟之本也	不全之本
41	朱璘	东湖文集	非完本也	不全之本
42	梁佩兰	药亭诗集	不但非其全集，即选本亦尚未刻竣矣	不全之本
43	田从典	峣山文集	非全本也	不全之本
44	黄百家	幸跌草	书首题曰《学箕五稿》，则卷帙尚多，此其稿中之一种耳	不全之本
45	姜宸英	湛园未定稿	此本为其未入书局以前所自定，不及大兴黄氏本之完备，以别行已久，姑附存其目	另有更优之本
46	姜宸英	真意堂文稿	其中年所作，初出问世之本也	初出之本

续表

序号	作者	别集名	提要	版本情况
47	陈祖范	司业文集	多收一切应俗之作。盖编录时务盈卷帙，一概登载，未免失于刊除。使简汰精华，十存三四，岂不翘然作者哉	失于删汰
48	黄永年	黄静山集	随刻随印，皆非完本云	不全之本

由上表来看，《总目》清别集提要中至少有48种别集因版本问题而存目。具体而言，主要有如下几种情况：第一种情况是馆臣所见之本并非全本，上表涉22种。原因有二，其一是古人著书流传不易，提要中提到梁春晖诗稿被虫鼠所噬、梅清诗稿毁于火、冯甦诗文稿毁于战争、丁嗣征诗文稿失于盗，凡此种种皆使得诗文集成为“不全之本”。况且，存留下来的部分也未必是作者的得意之作。其二是清初文人别集多随出随刻，部分别集刊刻并未全部完成，如王士禄《司勋五种集》虽名为“五种”，“然《表余堂诗存》未刻，刻者实止四种耳”①。第二种情况是馆臣所见之别集虽为全本，但是编刻者失于删汰，使得别集中内容良莠不齐、珠砾并陈，上表涉12种。如许汝霖《德星堂文集》中“《河工集》内《批高阳水灾详文》云‘仰速行确查，候抚部堂批示缴’之类，仅十二字，亦列之集中”②，虽然是出于对作者诗文的珍惜，但细大不捐，反而降低了作者的诗文成就。第三种情况是出现了更为优质的版本，上表涉10种，其中有的是初出之本，有的是刊刻之单本，更多的是有后经删汰编刻而成的更优质版本出现。如汪琬现有《钝翁前后类稿》一百一十八卷，晚年经其手自删汰，定为《尧峰诗文抄》五十卷。二者相较，后者更是作者得意之作的代表。故而，馆臣将《尧峰诗文抄》著录，而《钝翁前后类稿》存目。再如朱彝尊未入翰林时，编其行稿为《竹垞文类》，多为其少作，故馆臣将其存目，而将经其删汰而成的《曝书亭集》著录。

① 纪昀等：《钦定四库全书总目》卷一八二，中华书局1997年版，第2535页。
② 纪昀等：《钦定四库全书总目》卷一八三，中华书局1997年版，第2562页。

总之，《总目》著录之清别集大都为当时之“善本”或“足本”，馆臣所言之“足本”乃经过删汰之后最能体现作者文学成就的版本，而非要求无所不包、巨细靡遗。优质的版本是清别集得以著录的基本条件，但在官学因素的影响下，清别集是著录还是存目还有其他主观因素的限制。

二 人品定文品

以人品定文品是古典文学在儒家思想影响下形成的传统文学评判观念，早在《论语》中便有“有德者必有言”[①] 之说，西汉扬雄亦云：“言，心声也；书，心画也。声画形，君子小人见矣。”[②] 人品决定文品的观念对历代文人都产生了深远影响，四库总纂官纪昀在其文集中多次申明人品对文章之重要意义，如其在《诗教堂诗集序》中说：

> 诗之名始见《虞书》，“诗言志”之旨亦即见《虞书》。孔子删诗，传诸子夏。子夏之小序，诚不免汉儒之附益；其大序一篇，出自圣门之授受，反复申明，仍不出“言志”之意，则诗之本义可知矣。故后来沿作，千变万化，而终以人品、心术为根柢。人品高，则诗格高；心术正，则诗体正。陶诗无雕琢之工，亦无巧丽之句，而论者谓“如绛云在霄，舒卷自如”。李、杜齐名，后人不敢置优劣，而忠爱悱恻，温柔敦厚，醉心于杜者究多，岂非人品、心术之不同欤？[③]

在纪昀的文学观中，诗文之优劣是由作者的人品、心术决定的，其在解释“诗言志”之“志”时说：“盖志者，性情之所之，亦即人

---

① 杨伯峻译注：《论语译注》，中华书局 1980 年版，第 146 页。
② 汪荣宝撰，陈仲夫点校：《法言义疏》，中华书局 1987 年版，第 160 页。
③ 纪昀：《纪晓岚文集》（第一册）卷九，河北教育出版社 1991 年版，第 209 页。

品、学问之所见。”① 清代帝王极为注重士人的品行，乾隆帝曾多次就士风问题发布训诫说：“士人以品行为先，学问以经义为重。故士之自立也，先道德而后文章。国家之取士也，黜浮华而崇实学……为士者当思国家待士之重，务为端人正士，以树齐民之坊表。至于学问必有根柢，方为实学。治一经必深一经之蕴，以此发为文辞，自然醇正典雅。”② 在乾隆帝看来，士人当以品行为先，先道德后文章，良好的品行才能为世人树立榜样。

乾隆帝与纪昀的这种思想同样反映在《总目》中，馆臣于《凡例》中就曾直言：“文章德行，自孔门既已分科，两擅厥长，代不一二。今所录者，如龚诩、杨继盛之文集，周宗建、黄道周之经解，则论人而不论其书。耿南仲之说《易》、吴幵之评诗，则论书而不论其人。凡兹之类，略示变通，一则表章之公，一则节取之义也。至于姚广孝之《逃虚子集》、严嵩之《钤山堂诗》，虽词华之美足以方轨文坛，而广孝则助逆兴兵，嵩则怙权蠹国，绳以名义，非止微瑕。凡兹之流，并著其见斥之由，附存其目，用见圣朝彰善瘅恶、悉准千秋之公论焉。”③ 此段话语已经清晰地表明了著述是著录还是存目，不仅仅是根据作者的诗文成就决定的，像姚广孝、严嵩之诗文虽“词华之美足以方轨文坛”，但馆臣更注重的是其品行，故而只能将其存目。此外，四库馆臣在宋人俞德邻《佩韦斋文集》提要中也说：“文章一道，关乎学术、性情；诗品、文品之高下，往往多随其人品。”④ 此言有其合理性，正所谓“富贵之场，不能为幽冷之句；躁竞之士，不能为恬淡之词。强而为之，必不工；即工，亦终有毫厘差”⑤。可见，馆臣极为重视人品与文学的相关性。

《总目》清别集提要中以人存文的现象明显，其中明确以人品高低

---

① 纪昀：《纪晓岚文集》（第一册）卷九，河北教育出版社 1991 年版，第 192 页。
② 《高宗纯皇帝实录》卷七九，《清实录》第一〇册，中华书局 1985 年版，第 243—244 页。
③ 纪昀等：《钦定四库全书总目》卷首三《凡例》，中华书局 1997 年版，第 33 页。
④ 纪昀等：《钦定四库全书总目》卷一六五，中华书局 1997 年版，第 2192 页。
⑤ 纪昀：《纪晓岚文集》（第一册）卷九，河北教育出版社 1991 年版，第 192 页。

决定作品存废的有嵇永仁、潘天成。二人著述得以著录《总目》，皆因人品高洁。《抱犊山房集》提要评死难于耿精忠之乱的嵇永仁之诗文曰："闽人重其人品，录而传之……与范承谟画壁诸诗，同为忠臣、孝子之言，争光日月，不但以文章论矣。"[①]《铁庐集》提要评笃志苦行之士潘天成曰："人品高洁，类古所谓独行者。其精神坚苦，足以自传其文。"[②] 两篇提要已经明确指出二人文集被著录完全是因为他们"人品高洁"的缘故。另有三人亦因人品而使得其别集得以存目，彭鹏《古愚心言》提要云："康熙甲寅，耿精忠叛，逼胁受职。凡九拒伪命，卒不得污。贼平后，授三河县知县，后官至广东巡抚。其平生以气节著，故集中多誓神之文。其他奏疏、案牍亦皆辞气侃侃，无所挠屈。官三河时，与妻子书，皆以清苦刻厉相勉，足以见其为人。其他诗文则率臆而成，字句皆不入格矣。鹏行谊本末具载国史，至今妇女孺子人人能道其名，固不必以文章传也。"[③] 与彭鹏相似者，还有叶映榴，其死于夏包子作乱，《叶忠节遗稿》提要中馆臣引朱彝尊语曰："映榴之节，不待此区区之文以传。"[④]《克念堂文抄》提要中引《陕西通志》载雷铎事迹，称其"'事继母孝，负米他郡以养，遇水几溺。尝终日不食，不致母缺于供。家虽贫，养从兄弟及寡姊妹不少懈。朔望聚族人习礼讲法，以相劝勉。'盖亦笃行之士，其文章则以人存之耳"[⑤]。上述五人诗文集虽有诗文不合法度等缺点，但因其人品忠孝，故其诗文集得以叙录《总目》，这明显便是"以人存文"。

清初文人中也存在因人品问题而使其著述只能存目，甚至使其著述直接被禁毁的情况。因人品而存目者，其中很大一部分为清初遗民和贰臣，乾隆帝在谕旨中说："钱谦益在明已居大位，又复身事本朝，而金堡、屈大均则又遁迹缁流，均以不能死节，靦颜苟活，乃托名胜

① 纪昀等：《钦定四库全书总目》卷一七三，中华书局 1997 年版，第 2346 页。
② 纪昀等：《钦定四库全书总目》卷一七三，中华书局 1997 年版，第 2349 页。
③ 纪昀等：《钦定四库全书总目》卷一八二，中华书局 1997 年版，第 2542 页。
④ 纪昀等：《钦定四库全书总目》卷一八二，中华书局 1997 年版，第 2542 页。
⑤ 纪昀等：《钦定四库全书总目》卷一八四，中华书局 1997 年版，第 2571 页。

国，妄肆狂狺，其人实不足齿，其书岂可复存！”① 乾隆帝将以钱谦益、屈大均、金堡为代表的具有反清思想的易代文人视为品格“实不足齿”之人，正是以人品来否定他们的文品。钱谦益、屈大均、金堡只是清初易代文人的代表，《总目》所存目的清初遗民与贰臣别集何尝不是由于清官方对其人品的排斥。《四库全书》纂修期间禁毁、抽毁清别集460余种②，除了反清的因素外，馆臣对著述作者人品的否定也是重要原因。此外，清别集提要中还有一人虽非遗民、贰臣，却同样因人品而使其别集只能存目，此人即吴兆骞。《秋笳集》提要中馆臣认为其“诗天分特高，风骨遒上”。其诗本能够著录，却因“丁酉科场案”被发配宁古塔之事，被馆臣评为：“立身一败，万事瓦裂，其诗亦颇为当代所轻。特其自知罪重谴轻，甘心窜谪，但有悲苦之音，而绝无怨怼君上之意，犹为可谅，故仍存其目焉。如兆骞者，使其谨守防检，克保身名，岂非国初一作手哉。”③ 显然，馆臣对吴兆骞之诗歌极为赞赏，并为其身败而惋惜，使得其别集只能存目。

《总目》过分强调“人品”与“文品”的联系，其弊端正如周积明教授所言：“一味追求人品与文品的统一，也易于形成以‘人品’苛求‘文品’的批评误区，最终导致‘人品’的膨胀与‘文品’‘诗品’的湮灭。”④

三　有益于世道人心

《总目》的择书标准之一就是“有益于世道人心”⑤。作为官学著作，《总目》提要极为重视文学的教化作用，从而使得馆臣将某些文学性并不强的别集著录其中，力图为士人树立教化典范。

---

① 纪昀等：《钦定四库全书总目》卷首一《圣谕》，中华书局1997年版，第5页。

② 陈恒舒：《四库全书清人别集纂修研究》，博士学位论文，北京大学，2013年，第42页。

③ 纪昀等：《钦定四库全书总目》卷一八二，中华书局1997年版，第2539页。

④ 周积明：《文化视野下的〈四库全书总目〉》，中国青年出版社2001年版，第215页。

⑤ 纪昀等：《钦定四库全书总目》卷首一《圣谕》，中华书局1997年版，第3页。

（一）为官之榜样

《总目》所著录的42种清别集提要中有仕宦经历者高达30人。馆臣通过提要对清初官员品格进行奖掖，以期为后世官员树立榜样。其中，馆臣着重推奖的清初官员是魏裔介和于成龙。

魏裔介（1616—1686），字石生，号贞庵，柏乡人，顺治三年进士，官至保和殿大学士。魏裔介以敢言著称，《兼济堂文集》提要称："裔介立朝颇著风节，其所陈奏多关国家大体，诗文醇雅，亦不失为儒者之言。虽不以词章名一世，而以介于国初作者之间，固无忝焉。"①

于成龙（1617—1684），字北溟，永宁人，顺治十八年授广西罗城知县，官至江南江西总督。于成龙以清正廉洁著称，被康熙皇帝誉为"天下廉吏第一"②。《政书》提要曰："成龙以清节著名，而自起家令、牧，至两膺节钺，安民戢盗，诸政迹亦皆绰有成算，其经济颇有足传。今观是书，其平生规画，犹可见其本末也。"③

魏裔介与于成龙之别集中多为奏疏之类应用文体，但因其在清初之"政迹"典型，《总目》将其别集著录，以期树立榜样。

（二）忠君之楷模

清初社会危机重重，明遗民的不归顺、南明政权的存在、三藩的威胁等不安定因素使得清廷尤为重视士人的忠君思想。《总目》所叙录各清别集提要中，最能反映此种观念的莫过于范承谟与嵇永仁，二人殉难于耿精忠之乱，其忠烈之精神被馆臣视为"扶植纲常、风励臣节"的楷模。

范承谟（1624—1676），字觐公，号螺山，镶黄旗汉军，大学士范文程之子。耿精忠叛乱之时官福建总督，康熙十三年抗节死，朝廷赐谥忠贞。《忠贞集》提要曰："康熙五十七年其子时崇以《画壁遗稿》进呈，圣祖仁皇帝亲制序文，褒扬忠烈，宸章下贲，光逮幽泉。

① 纪昀等：《钦定四库全书总目》卷一七三，中华书局1997年版，第2342页。

② 王锺翰点校：《清史列传》卷八，中华书局1987年版，第548页。

③ 纪昀等：《钦定四库全书总目》卷一七三，中华书局1997年版，第2345页。

今敬谨录冠集端，用示我国家扶植纲常、风励臣节之至意。至承谟所上奏议，大都明白敷畅，多有关国计之言。诗文直抒胸臆，慷慨激昂，嚼龈裂眦之状，至今犹可想见。文以人重，承谟之谓矣。”[①]

嵇永仁（1637—1676），字留山，别号抱犊山农，无锡人，耿精忠叛乱时在范承谟之幕。《抱犊山房集》提要评价嵇永仁曰：“永仁以诸生佐幕，尚未授官，而抗节殒身，义不从逆，可以愧刘秉政等于九泉。”[②] 藩耿精忠叛时，刘秉政以巡抚降贼。馆臣在褒扬嵇永仁义不从逆的同时，并将尚未授官的嵇氏与从逆投敌的巡抚刘秉政进行对比，从而进一步突显嵇永仁的忠君精神。在此影响下，其诗文亦被《总目》称赞不已，提要云：“其所为诗文，皆缕述当时实事。狱中不得笔墨，以炭屑画于四壁。闽人重其人品，录而传之，得存于世。今诵其词，奕奕然犹有生气，与范承谟画壁诸诗，同为忠臣、孝子之言，争光日月，不但以文章论矣。”[③]

（三）士子之典范

清初不少士人生活清苦，但在艰苦环境中仍能坚持崇高的品格，这是馆臣极力弘扬的。《总目》清别集提要中所著录之潘天成便是这样的代表。潘天成被《总目》誉为“笃志苦行之士”。馆臣极力搜罗其事迹，《铁庐集》提要云：“天成字锡畴，溧阳人，寄籍桐城，为安庆府学生。《溧阳志》载其幼与父母避仇相失，年十五乞食行求，遇于江西界，百计迎归，佣贩以养，备极艰苦，以其间读书讲业，竟为积学。年七十四汔穷饿以死。《瞿源涞集》有《潘孝子传》，与《志》所言合，盖笃志苦行之士也。”[④] 馆臣以此为士人树立了一位生活艰苦、极尽孝行、勤学不辍的士子形象。更为《总目》所看重的则是其形象所具备的教化意义，“行谊者文章之本，纲常者风教之源。天成出自寒门，终身贫贱，而天性真挚，人品高洁，类古所谓独行

① 纪昀等：《钦定四库全书总目》卷一七三，中华书局1997年版，第2342页。
② 纪昀等：《钦定四库全书总目》卷一七三，中华书局1997年版，第2346页。
③ 纪昀等：《钦定四库全书总目》卷一七三，中华书局1997年版，第2346页。
④ 纪昀等：《钦定四库全书总目》卷一七三，中华书局1997年版，第2348—2349页。

者。其精神坚苦，足以自传其文，故身没嗣绝，而人至今重之。特录其集，俾天下晓然知圣朝立教，在于敦伦纪，砺名节，正人心，厚风俗，固不与操觚之士论文采之优劣，亦不与讲学之儒争议论之醇疵也”①。

综上所述，通过对人物的臧否来宣扬教化是《总目》提要的重要目的。在“文以人重”思想的影响下，“文采之优劣”已经不是馆臣看重的首要因素。以潘天成《铁庐集》为例，提要中对此集内容介绍道：“第一卷为《默斋训言》，天成述其师汤之锜语也。二卷为杂著，天成诗文也。三卷为语录，重炎与蒋师韩记天成语也。外集一卷，为《勿庵训言》，天成记其师梅文鼎语。二卷为杂著，亦天成遗文补刊者。后录一卷，则其墓记之类也。”《铁庐集》中仅语录就有三卷。至于其诗文，馆臣则认为：“其诗文皆抒所欲言，不甚入格。”② 可见，其文学成就并不高。《总目》在范承谟、于成龙等人别集提要中刻意突出其人品气节，意在向世人宣扬谨守“臣节”的重要性。诚如《总目·凡例》中所言：“人品学术之醇疵，国纪朝章之法戒，亦未尝不各昭彰瘅，用著劝惩。”③ 清官方借学术著作之编纂以达到思想控制之政治目的清晰可见。

四　“才”与“学”的平衡

才气是诗文创作优劣的关键要素，刘勰在《文心雕龙·体性》中说：“若夫八体屡迁，功以学成，才力居中，肇自血气；气以实志，志以定言，吐纳英华，莫非情性。”④ 才气是文人创作的先天因素。四库馆臣同样注意到了“才”对清初文人诗文创作的重要性。《总目》清别集提要中提及文人之“才”者多达54处，其中著录别集提要中出现9次，存目别集提要出现45次。

---

① 纪昀等：《钦定四库全书总目》卷一七三，中华书局1997年版，第2349页。
② 纪昀等：《钦定四库全书总目》卷一七三，中华书局1997年版，第2349页。
③ 纪昀等：《钦定四库全书总目》卷首三《凡例》，中华书局1997年版，第32页。
④ 刘勰著，范文澜注：《文心雕龙注》卷六，人民文学出版社1958年版，第506页。

在著录诸人之别集提要中以“才”著称的不乏其人，吴梅村“少作大抵才华艳发，吐纳风流，有藻思绮合、清丽芊眠之致”[①]，陈维崧“才力富健，风骨浑成”[②]。才气影响作家诗文的风格，吴伟业、陈维崧诗文的共同点就在于词采华茂。文人之才也会影响到其他文体，如吴绮《林蕙堂集》提要云：

> 其诗才华富艳，瓣香在玉溪、樊川之间。诗余亦颇擅名，有“红豆词人”之号，以所作有“把酒嘱东风，种出双红豆”句也。所作院本如《啸秋风》、《绣平原》之类，当时多被管弦，以各有别本单行，故仅以散曲九阕缀之集末。统而观之，鸿篇钜制，固未足抗迹古人，而跌宕风流，亦可谓一时才士矣。[③]

除了此篇提要所提及的诗、词、曲成就，吴绮在四六体创作方面同样闻名于世，“国初以四六名者，推绮及宜兴陈维崧二人”[④]。吴绮在各类文体都取得成就自与其“才”密不可分，是“一时才士”。馆臣在赞誉文人之“才”的同时也注意到了“才”给文学创作带来的弊端，如黄之隽《香屑集》提要论其诗时虽称“就诗论诗，其记诵之博，运用之巧，亦不可无一之才矣”，但也批评其诗存在“词皆艳冶，千变万化，不出于绮罗脂粉之间，于风骚正轨未能有合”[⑤]的缺点。

透过四库馆臣的论述，《总目》的“才学”观亦有迹可循。馆臣看重文人的才气，承认“天分各殊”[⑥]。在“才气”与文学创作关系的认识上，馆臣认为才气过盛与才气不足都不利于文学创作。即便是王士禛、赵执信这样的才学之士，其诗歌亦存在弊端，“王之规模阔

---

① 纪昀等：《钦定四库全书总目》卷一七三，中华书局1997年版，第2341页。
② 纪昀等：《钦定四库全书总目》卷一七三，中华书局1997年版，第2346页。
③ 纪昀等：《钦定四库全书总目》卷一七三，中华书局1997年版，第2343页。
④ 纪昀等：《钦定四库全书总目》卷一七三，中华书局1997年版，第2342页。
⑤ 纪昀等：《钦定四库全书总目》卷一七三，中华书局1997年版，第2353页。
⑥ 纪昀等：《钦定四库全书总目》卷一七一，中华书局1997年版，第2313页。

于赵，而流弊伤于肤廓，赵之才力锐于王，而末派病于纤小”①。那些才气过剩或才力不足之文人的别集只能被馆臣存目，如对黄之隽的评价，《总目》认为其“综览浩博，才华富赡，兴之所至，下笔不能自休，往往溢为狡狯游戏之文，不免词人之结习”②。再如周长发“诗才敏捷，操笔即成，故富赡有余，而亦微伤于快”③。可见，才气纵横易造成创作过快、陷于文字游戏等弊端。相反，才华不足则会使得创作存在题材狭窄、作品缺乏厚重感、风格纤巧等弊端，如孙蕙诗歌“边幅微狭，盖才分弱也”④，徐昂发诗歌“颇乏渟蓄深厚，则思锐而才狭之故也”⑤，再如诗僧湛性，其诗止于流连光景，源于其“聪明多而学问少”⑥。石庞“诗文皆纤仄佻巧，堕入魔趣”，其原因就在于“小有才而未读书，聪明过于学问”⑦。可见，在四库馆臣看来，“才气”固然可贵，而后天的“学问”更为重要，学问是弥补才气不足的关键因素，只有才与学相结合才能创作出抗迹古人的鸿篇巨制。

学问空疏是明代学术被清人诟病的主要弊端之一。清初朝野上下对明人“束书不观，游谈无根”的空谈展开了批判，甚至把这种空谈心性的学风视为明亡的重要原因，如顾炎武抨击理学家“不习六艺之文，不考百王之典，不综当代之务，举夫子论学、论政之大端一切不问，而曰一贯，曰无言，以明心见性之空言，代修己治人之实学”，结果导致“股肱惰而万事荒，爪牙亡而四国乱，神州荡覆，宗社丘墟”⑧。在乾嘉学风时代背景下撰修而成的《总目》从官学立场出发对这一风气展开了批判，故在四库馆臣的批评视野中，相较于“辞才华艳”，他们更看重的是深厚的学问。馆臣在《凡例》中就旗帜鲜明地指出官方反对“空言”的立场，其言曰：

---

① 纪昀等：《钦定四库全书总目》卷一七三，中华书局1997年版，第2350页。
② 纪昀等：《钦定四库全书总目》卷一八四，中华书局1997年版，第2579页。
③ 纪昀等：《钦定四库全书总目》卷一八五，中华书局1997年版，第2585页。
④ 纪昀等：《钦定四库全书总目》卷一八二，中华书局1997年版，第2542页。
⑤ 纪昀等：《钦定四库全书总目》卷一八四，中华书局1997年版，第2572页。
⑥ 纪昀等：《钦定四库全书总目》卷一八五，中华书局1997年版，第2590页。
⑦ 纪昀等：《钦定四库全书总目》卷一八三，中华书局1997年版，第2550页。
⑧ 顾炎武著，黄汝成集释：《日知录集释》卷七，花山文艺出版社1990年版，第310页。

> 圣贤之学，主于明体以达用，凡不可见诸实事者，皆属卮言。儒生著书，务为高论，阴阳太极累牍连篇，斯已不切人事矣。至于论九河则欲修禹迹，考六典则欲复周官，封建井田，动称三代，而不揆时势之不可行。至黄谏之流，欲使天下笔札皆改篆体；顾炎武之流，欲使天下言语皆作古音，迂谬抑更甚焉……凡斯之类，并辟其异说，黜彼空言，庶读者知致远经方，务求为有用之学。①

《总目》清别集提要中如李光地、朱鹤龄、陆陇其、蓝鼎元、储大文等人并非长于诗文，而是以学术精深见长。李光地《榕村集》提要云："光地所长在于理学经术，文章非所究心。然即以文章而论，亦大抵宏深肃括，不雕琢而自工，盖有物之言，固与鞶帨悦目者异矣。数十年来，屹然为儒林巨擘，实以学问胜，不以词华胜也。"② 正是因为李光地长于理学经术，为儒林巨擘，因此其虽不以文学胜，馆臣却依然将其文集著录，并认为其文"宏深肃括"。再如朱鹤龄《愚庵小集》提要云："鹤龄始专力于词赋，自顾炎武勖以本原之学，始研思经义，于汉唐注疏皆能爬梳抉摘，独出心裁。故所作文章亦悉能典雅醇实，不蹈剽窃摹拟之习。"③ 在四库馆臣看来，朱鹤龄文章之所以能够"典雅醇实"，就是其"研思经义"的结果。又如陆陇其"平生不屑为诗、古文辞，尤以滥刻文集为戒"④，故《三鱼堂文集》中多为奏议、公牍等实用文体，但《总目》认为"圣贤之道，本末同原，心法、治法，理归一贯"⑤，所以"学问深醇"的陆陇其的文集得以著录。李光地等人文集的著录显然不是因为其文学成就有多高，四库馆臣亦表明其所长不在文学，而是因为其学问根柢深厚。在所谓

① 纪昀等：《钦定四库全书总目》卷首三《凡例》，中华书局1997年版，第33页。
② 纪昀等：《钦定四库全书总目》卷一七三，中华书局1997年版，第2349—2350页。
③ 纪昀等：《钦定四库全书总目》卷一七三，中华书局1997年版，第2345页。
④ 纪昀等：《钦定四库全书总目》卷一七三，中华书局1997年版，第2350页。
⑤ 纪昀等：《钦定四库全书总目》卷一七三，中华书局1997年版，第2350页。

“本末同原”观念的支配下，其文学成就自然得到了馆臣的认可。馆臣在存目提要中，对根柢不足造成的弊端进行了批判，如《虎溪渔叟集》提要中批判刘命清史论多臆断，根源就在于学问未深。

综上来看，《总目》在决定清别集的存录时并不是单纯以文学成就的高下为评判标准，不论是对“人品”的肯定还是对“学问根柢”的重视，馆臣都意在建立一种规范。它清晰地向世人传达出只有那些“忠”于君主、人品高洁、学问深醇的士人之作才是清官方所提倡的，而文学性相比而言则退居次要地位了。

第三节 《总目》清初文学观念的形成

《总目》提要在对清初文学的评价过程中，形成了以台阁文学为清初盛世文学代表、重文学教化意义和崇实黜虚等文学观念。这些观念并不是在提要编撰之初就已经清晰呈现出来的，而是在其编修过程中不断完善、强化而最终形成的。《总目》提要的编纂是一个长期而复杂的过程，其源头可追溯到乾隆三十七年正月清高宗发布的购访遗书诏令，到乾隆四十六年完成，嗣后续有增改，如果算到乾隆六十年，武英殿本、浙本完成，则历时长达二十三年之久。从纂修官撰写提要稿开始到经纪晓岚删定最终定型，这一撰修历程不单单是对文字润饰增删的过程，更是《总目》清初文学观念不断趋于完善的过程。

一 翁方纲撰清别集提要稿中的个体文学观念

《总目》文学观念的形成是一个动态的、渐进的过程，是在撰修过程中不断得到强化完善的。清高宗在乾隆三十七年正月初四发布的《谕内阁著直省督抚学政购访遗书》上谕中要求：“各省蒐辑之书，卷帙必多，若不加之鉴别，悉行呈送，烦复皆所不免。着该督抚等先将各书叙列目录，注系某朝某人所著，书中要指何在，简明开载，具折奏闻。”① 以《江苏采辑遗书目录》所叙录的146种清别集为例，虽然各书目条下以记著者、卷次为主，但其中已有19种用按语的形式提及对作者文学特色的批评，这些按语为此后提要的书写提供了某些可供借鉴的观点，如施闰章《学余集》：“闰章诗以温柔敦厚，时有‘南施北宋’之称。”② 此观点虽未在《总目》提要中出现，但至少说明在进呈书目中已经涉及清初文人别集的文学批评。再如《尧峰文抄》：“翰林院编修长洲汪琬著。按：此书经解诸篇能独已见，余亦取裁务谨，自言文以从庐陵，非从庐陵出，有谓其源流派别出于南渡诸家者，琬深引为知己。此集共十八卷。”③ 馆臣在《尧峰文抄》提要中对汪琬文学风格“颇近于南宋诸家，庐陵、南丰固未易言”④ 的评价正与上述按语一脉相承。又如《秋笳集》：“吴江吴兆骞著。按：兆骞惊才绝艳，数奇沦落。此集诗文赋共八卷。”⑤《秋笳集》提要对吴兆骞的批评也是建立在对其“才”与“悲苦之音”的批评之上的。

《总目》提要的正式编纂始于各分纂官起草的提要稿，现存已知的清别集提要稿主要出自翁方纲之手。翁氏提要稿中清别集提要存有79种（其中《青溪遗稿》《痞堂集》《夕阳寮存稿稿续集》《查浦诗抄》4种只存抄录之材料，未见提要稿）。翁方纲所撰写提要稿的内容主要是“抄序目”“签禁毁”“撮大要”“拟等次”⑥，大体尚处于草创阶段。其中部分提要稿只有人物生平、著述概貌的大致介绍，最为核心的关于作者文学特色的评论还不多见，但提要稿中不少观点被馆臣接受，成为后来《总目》定稿中文学批评的核心内容。以施闰章

① 中国第一历史档案馆编：《纂修四库全书档案》，上海古籍出版社1997年版，第2页。

② 黄烈编：《江苏采辑遗书目录》，张升编《〈四库全书〉提要稿辑存》（四），北京图书馆出版社2006年版，第476页。

③ 黄烈编：《江苏采辑遗书目录》，张升编《〈四库全书〉提要稿辑存》（四），北京图书馆出版社2006年版，第477页。

④ 纪昀等：《钦定四库全书总目》卷一七三，中华书局1997年版，第2343页。

⑤ 黄烈编：《江苏采辑遗书目录》，张升编《〈四库全书〉提要稿辑存》（四），北京图书馆出版社2006年版，第484页。

⑥ 司马朝军：《〈四库全书总目〉研究》，社会科学文献出版社2004年版，第13—14页。

《学余堂文集》提要为例：

表 1－2 翁方纲撰《学余堂文集》提要与《总目》著录《学余堂文集》提要

翁方纲纂《学余文集》二十八卷《诗集》五十卷提要	《总目》著录《学余堂文集》二十八卷《诗集》五十卷《外集》二卷提要
闰章在国初，其诗名亚于新城王士禛。士禛极推许之，至有“天衣无缝”“园客独茧”之目，又尝取其五言近体为《摘句图》。同时钱唐洪昇述二家论诗大指，谓王如仙人，五城十二楼，缥缈在天际；施如作室者，瓴甓木石，一一就平地筑起。至今谭艺家举此为标的，若王虚而施实者。然士禛得路之正，洞见秘钥，尚非闰章步武所能骤跻。而其时学人有“南施北宋”之称，“宋”谓莱阳宋琬也。琬虽力若雄健者，然以闰章之所托深厚而节奏和平，视《安雅堂集》固为较优。大抵闰章诗优于文，五言优于七言，而卷前魏禧序专论其古文，盖禧特就所知者言之耳。今应芟去诗前一序，即以禧序为诗文总序，而并其文抄录之①	王士禛选《感旧》《山木》二集，所录闰章诗最多，又取其五言近体八十二联，为摘句图，见所撰《池北偶谈》。闰章尝语士禛门人洪昇曰：“尔师诗如华严楼阁，弹指即见。吾诗如作室者，瓴甓木石，一一就平地筑起。”士禛亦记于《居易录》。平心而论，士禛诗自然高妙，固非闰章所及，而末学沿其余波，多成虚响。以讲学譬之，王所造如陆，施所造如朱。陆天分独高，自能超悟，非拘守绳墨者所及。朱则笃实操修，由积学而渐进。然陆学惟陆能为之，杨简以下一传而为禅矣。朱学数传以后，尚有典型，则虚悟、实修之别也。闰章所论或亦微有所讽，寓规于颂欤？其《蠖斋诗话》有曰……②

翁方纲在撰写施闰章诗文集提要时所采用的方法：一是借助王士禛之推许；二是通过和与之齐名的宋琬相比较。翁氏以此凸显施闰章诗歌之深厚和平，从而彰显其在清初诗坛之地位与文学成就。其中翁氏所提出的核心观念是“王虚而施实”，这一点在《总目》中得到了进一步的深化。《总目》提要基本上就是围绕虚实之论而展开，除了进一步细化翁氏所提及的洪昇观点，又转引《蠖斋诗话》“言有物”的主张来强调“实修”思想，更是通过比较陆、朱讲学虚实之别造成的不同结果来强化四库馆臣所主张的崇尚实学、反对虚妄的观念。故而，此篇提要的核心观念源于翁氏提要稿确定无疑。

并不是所有翁氏提要稿中的观点都会被《总目》全盘接受，那些

① 翁方纲撰，吴格整理：《翁方纲纂四库提要稿》，上海科学技术文献出版社 2005 年版，第 996—997 页。

② 纪昀等：《钦定四库全书总目》卷一七三，中华书局 1997 年版，第 2342 页。

有别于《总目》的观点恰好是最能反映翁方纲自己文学思想的地方。现存翁方纲所撰清别集提要稿中有六部著述在存录意见方面与《总目》存在分歧，分别是张英《存诚堂集》、蓝鼎元《鹿洲初集》、姜宸英《真意堂文稿》、金农《冬心先生集》、李锴《睫巢集》、陈景元《陈景元诗稿》。除姜宸英《真意堂文稿》因为版本更换在此不作为举例外，我们通过其余五部著述提要稿与《总目》定稿的比较来认识二者在文学观念上的差异。

（一）对文学价值的不同判断

由于翁方纲与馆臣在关注的角度、对文学价值的判断等方面存在差异，使得翁氏提要稿与《总目》在作品是著录还是存目方面的看法存在明显的不同，如翁方纲提要稿与《总目》提要对张英的文学评价就存在差异：

表1－3 **翁方纲提要稿与《总目》提要对张英诗文集的评价**

翁方纲纂《存诚堂集》提要稿	《总目》著录《文端集》提要
《存诚堂集》总五十八卷，国朝桐城张英著。英字敦复。康熙丁未进士，官至文华殿大学士，谥文端。是集凡六种：《存诚堂诗集》二十五卷，《讲筵应制集》五卷，《笃素堂诗集》六卷，凡为诗者三十六卷；《笃素堂文集》十六卷，则杂著皆附焉；《易经衷论》二卷，《书经衷论》四卷，则其说经二种附刻于集后，皆不载经之原文，而以己意诠解之，《易》惟上下经而已。计六种，中惟诗之卷次为多。英遭际升平，便蕃优渥，而多怡情白、陆之词，与授简之篇并列焉。应存其目①	国朝张英撰。英有《易经衷论》，已著录。此乃其诗文全集，凡《存诚堂应制诗》四卷，《存诚堂诗集》二十五卷，《笃素堂诗集》七卷，《笃素堂文集》十卷。英遭际昌辰，仰蒙圣祖仁皇帝擢侍讲幄，入直禁廷。簪笔雍容，极儒臣之荣遇，矢音赓唱，篇什最多，其间鼓吹升平，黼黻廊庙，无不典雅和平。至于言情、赋景之作，又多清微淡远，抒写性灵。台阁、山林二体，古难兼擅，英乃兼而有之。其散体诸文，称心而出，不事粉饰，虽未能直追古人，而原本经术，词旨温厚，亦无忝于作者焉②

① 翁方纲撰，吴格整理：《翁方纲纂四库提要稿》，上海科学技术文献出版社2005年版，第998页。

② 纪昀等：《钦定四库全书总目》卷一七三，中华书局1997年版，第2346页。

《总目》定稿与翁氏提要稿相比：一是版本的卷数不同，馆臣重定集名为《文端集》，所附录的《易经衷论》《书经衷论》则另行著录于经部。二是文学评价不同，具体表现在三方面：首先，翁氏与馆臣的关注点存在差异。翁方纲关注的是张英“怡情白、陆之词”的山林文学，而馆臣重点强调的是其典雅和平的鼓吹升平之作。其次，二者对张英台阁文学的重视程度不同。在翁氏看来，张英生逢盛世，却多为山林文学，并未关注到张英的台阁文学成就，甚至将其台阁之作贬为“授简之篇”，定稿则是极力弘扬张英的鸣盛之作。最后，双方批评的侧重点不同。翁氏提要稿注重的是文学自身的价值，故只需将其列入存目即可。四库馆臣更注重的是对清初盛世文学的宣导作用，故而其著述得以著录。相似的情况还有蓝鼎元《鹿洲初集》提要：

表1－4　**翁方纲撰提要稿与《总目》提要对蓝鼎元诗集的评价**

翁方纲纂《鹿洲初集》提要稿	《总目》著录《鹿洲初集》提要
《鹿洲初集》二十卷，国朝蓝鼎元著。鼎元字玉霖，漳浦人。选拔贡生，预修《一统志》，官广东普宁知县。其所著文，于福建之台湾、广东之潮郡风土尤为详实。应存目①	国朝蓝鼎元撰。鼎元有《平台记略》，已著录。此集为其友旷敏本所编，初定于雍正丙午，越六年壬子，又合其续稿重汰定之，仍为二十卷。故前有敏本序，序后又有敏本纪，各述其始末。鼎元喜讲学，尤喜讲经济，于时事最为留心。集中如论闽粤黔诸省形势及征剿台湾事宜，皆言之凿凿，得诸阅历，非纸上空谈。至于所叙忠孝节烈诸事，亦点染生动，足裨风教。其中如论直隶水利之类，生长南方，不能达北方水性，未免掇拾陈言，《与顾太史书》之类，自雪冤谤，杂以轻薄谑詈，尤为所养不纯。然文笔条畅，多切事理，在近人文集之中，犹可谓有实际者也②

相比而言，翁方纲提要稿认为《鹿洲初集》文学价值不高，较为突出的是其对台湾、潮郡的风土描写，故只需存目即可。《总目》虽然承认蓝鼎元的文章存在“掇拾陈言”“所养不纯”等弊端，却依然

① 翁方纲撰，吴格整理：《翁方纲纂四库提要稿》，上海科学技术文献出版社2005年版，第999页。

② 纪昀等：《钦定四库全书总目》卷一七三，中华书局1997年版，第2353页。

将其著录。一般而言，《总目》对宋代以来的讲学活动是持强烈的批判态度的，认为讲学是造成党争的重要原因。然在此提要中，馆臣对蓝鼎元的讲学行为不仅未予以批判，反而称赞其留心时事，并大力肯定其文学成就，其原因在于馆臣认为其文章“有实际”，不是“纸上空谈”，有别于晚明以来文坛盛行的空疏学风。此外，蓝氏文集中“所叙忠孝节烈诸事”的教化功用亦是其得以著录的重要原因。故而，翁方纲与四库馆臣的分歧在于对《鹿洲初集》文学价值的判断不同，翁氏的判断更多的是从文学本身的意义出发，而馆臣的判断更多的则是以政治教化目的与时代风向为出发点。

（二）对文学风格的不同认识

与四库馆臣将儒家温柔敦厚风格作为文学的根本要求不同，翁方纲在提要稿中对诗文风格的批评却宽容得多，如翁氏所撰《冬心先生集》提要稿：

> 《冬心集》四卷，国朝金农著。农字寿门，钱塘人。前有自序。冬心其别号，取崔国辅诗“寂寥抱冬心”之句也。农诗有前集、续集，此四卷其前集也。农之诗自出机杼，虽以李商隐、陆龟蒙自况，而不专拟唐调，亦不落隐逸一流，其精密不及同时之厉鹗，而顿挫处往往过之。应抄录。①

金农是“扬州八怪”之一，翁方纲以其文学成就与浙诗派的厉鹗旗鼓相当，提出“应抄录”。但由于《总目》对宗宋的浙诗派存在偏见，故《冬心集》最终只能存目，并且翁方纲对金农诗歌的评价也被删除。再如翁氏所撰《睫巢集》提要：

> 《睫巢集》六卷，《后集》二卷，国朝李锴著。锴字铁君，汉军人，居盘山之鹰峰，故以“鹰青山人”自号。锴书法遒逸，诗

① 翁方纲撰，吴格整理：《翁方纲纂四库提要稿》，上海科学技术文献出版社 2005 年版，第 1045 页。

亦如之，不肯作晚唐以后语。后附《陈景元诗稿》一卷。景元号石闾，亦汉军人。工八分，其诗亦锴之类，此一卷即景元手书入梓者。二人皆布衣，同时友善，其诗皆能洗去浮词。应抄录之。①

此篇是李锴、陈景元二人著述提要的合成之作，《总目》予以分别存目，并在翁方纲提要稿的基础上，对二人诗风进行了论述，其中论李锴曰："锴卜居盘山，优游泉石以终。故其诗意思萧散，挺然拔俗，大都有古松奇石之态。而刻意求高，务思摆脱，亦往往有劖削骨立，斧凿留痕。"② 此观点出自沈德潜《清诗别裁集》，其言为："豸青系勋臣之后，当得大官，乃偕其配隐于盘山。有武攸绪风。既老，岁至京师，然一二日即归，人罕见其面。诗古奥峭削，自辟门径，高者胎源杜陵，次亦近孟东野。"③ 陈景元诗风与李锴相似，馆臣在其《石闾诗》提要中说："景元诗虽以汉为宗，而性既孤僻，思复刻峭，结习所近，乃在孟郊、贾岛之间。如米摹晋帖，矩度不失二王。波勒钩剔，乃时时露其本法。于汉人不雕不琢之意，未能全似也。"④ 不论是"劖削骨立""古奥峭削"还是"刻峭"，皆明显不及翁方纲"遒逸"之评语。李、陈二人诗风近于孟郊、贾岛，注重造语炼字，风格峭硬，此风格与翁方纲诗学江西诗派相近，故而翁氏对李、陈二人之诗极为喜爱，并建议抄录于《四库全书》。《总目》则从其官学立场出发，追求合乎儒家敦厚要求的雅正风格。再者，李、陈二人诗风亦不符合官方彰显盛世诗风之要求，故而馆臣只是将其存目而已。

翁氏提要稿与《总目》在上述三人著述存录方面的分歧，体现了翁方纲对清初文人诗文作品的认识，然而这种个性化的文学思想随着修纂过程中官学思想的不断强化而消失。

---

① 翁方纲撰，吴格整理：《翁方纲纂四库提要稿》，上海科学技术文献出版社2005年版，第1048页。

② 纪昀等：《钦定四库全书总目》卷一八五，中华书局1997年版，第2595页。

③ 沈德潜：《清诗别裁集》卷三〇，上海古籍出版社2013年版，第1257页。

④ 纪昀等：《钦定四库全书总目》卷一八五，中华书局1997年版，第2595页。

（三）提要稿背后折射出的思想差异

翁方纲所撰清别集提要稿还保存了大量原始材料，有的虽未被写入提要稿，但作为组织提要稿的基础，这些材料亦是作者文学观念的表达。

翁方纲在《学余文集》提要稿中对施闰章的评价基本被《总目》所接受并加以深化，翁氏提要稿中将王士禛与施闰章诗歌加以比较，从而得出了“王虚施实”的结论。四库馆臣则在此基础上进一步上升到“崇实黜虚”的高度。翁氏提要稿通过“南施北宋”文学的对比，突出施闰章的文学成就：“琬虽力如雄健者，然以闰章之所托深厚而节奏和平，视《安雅堂集》固为较优。”① 但是在提要稿之前的札记中，翁方纲却是毫不留情地揭露施闰章七言古诗的种种弊端，“自然七古更算不会，不比五古之尚有皮毛矣。七古则连皮毛亦俱不是”，“七古实多不成句处。俗极，竟似不知诗者”，“愚山诗竟是死物，按之不动，了无生气”，“五古、五律有形无神，七言古今体则形亦并非矣”② 等。翁氏所作札记与提要稿中对施闰章的评价为何存在如此巨大的差距呢？主要在于施闰章在清初诗坛的地位已经得到了广泛认同，就连诗坛宗主王士禛都认为“康熙以来，诗人无出‘南施北宋’之右”③，认为其五言诗“温柔敦厚，一唱三叹，有风人之旨。其章法之妙，如天衣无缝，如园客独茧”④。在此背景下，即便翁方纲认为施闰章的诗歌存在这样那样的弊端，也不可能在《总目》提要中大肆批判施闰章诗歌的缺点。

翁方纲对施闰章诗歌尤其是七言诗的不满，主要是源于二人文学观念的不同。翁方纲诗学主张“为学必以考证为准，为诗必以肌理为准”。肌理说强调的是“理”与“学”在诗歌创作中的重要作用，正如其针对诗坛之弊端提出的意见中所说：“欲救七言浮滥之弊，则惟

---

① 翁方纲撰，吴格整理：《翁方纲纂四库提要稿》，上海科学技术文献出版社2005年版，第996页。

② 翁方纲撰，吴格整理：《翁方纲纂四库提要稿》，上海科学技术文献出版社2005年版，第994、996页。

③ 王士禛：《池北偶谈》卷一一，《王士禛全集》（四），齐鲁书社2007年版，第3085页。

④ 王士禛：《池北偶谈》卷一三，《王士禛全集》（四），齐鲁书社2007年版，第3139页。

劝高才善学者先以治经为本，穷理养气为之根柢，而既言学诗则必上由三百篇积基，汉魏精熟，盛唐诸大家尤以杜诗为古今上下万法一源之处。人惟内养充实，则不医病而病自去矣。”① 在“穷理养气”“内养充实”的基础上，也要讲求诗法，“诗必能切己切时切事，一一具有实地，而后渐能几于化也。未有不有诸己，不充实诸己，而遽议神化者也。是故善教者必以规矩焉，必以彀率焉”②。这种诗法“很强调具体、切实、细密的叙写，对字句和收尾章节之间的过渡、衔接的紧密和严谨有相当高的要求，诗歌意绪跳跃空间往往受到‘实地’的牵引而相对减少”③。故而，翁方纲分析施闰章诗歌无神的原因时说：“总坐根柢未通，是以凡所拈出，皆成死句”④。而翁方纲式的诗歌创作对于诗风清醇似王、孟的施闰章显然是难以做到的。

无论是对著述存录的意见差异，还是对清初诗人的批评，都从不同程度上展现出了翁方纲个人的文学思想，呈现了馆臣所撰四库提要的最初状态，是时提要稿尚未形成明确统一的文学思想观念，提要撰写者的文学观念尚有保存。然而，随着提要稿的不断整合、删改，这种个性化的文学观念在此后的提要中逐渐消失，最终经纪晓岚删定、修改后，提要的个性化文学思想已被掩盖，正如郭伯恭所言：“《总目提要》之编纂，原为各纂修官于阅书时分撰之，嗣经纪昀增窜删改，整齐画一后，多人之意志已不可见，所可见者，纪氏一人之主张而已。”⑤

总之，翁方纲提要稿为我们呈现了《总目》清别集提要撰修过程中草创时期的状态，部分提要稿为《总目》提要的定型提供了借鉴，

---

① 翁方纲：《书李石桐重订主客图后二首》，《复初斋文集》卷一八，《清代诗文集汇编》第382册，上海古籍出版社2010年版，第195页。

② 翁方纲：《神韵说中》，《复初斋文集》卷八，《清代诗文集汇编》第382册，上海古籍出版社2010年版，第86页。

③ 王运熙、顾易生：《中国文学批评史新编》（下卷），复旦大学出版社2007年版，第282页。

④ 翁方纲撰，吴格整理：《翁方纲纂四库提要稿》，上海科学技术文献出版社2005年版，第996页。

⑤ 郭伯恭：《四库全书纂修考》，岳麓书社2010年版，第200页。

从中亦可见翁方纲对清初文学的批评观点。

二　《总目》官方文学思想的强化

从馆臣第一次进呈提要稿《四库全书初次进呈书目》起，各纂修官的个体文学特色便逐渐消失。通过成于此后的诸阁本提要（主要是文渊阁、文溯阁、文津阁提要）来看，其内容是不断变化的，通过阁本提要与成书于乾隆六十年的武英殿《总目》提要相比，官学背景下的《总目》清初文学观念演变之轨迹亦可窥见一斑。

以汪琬《尧峰文抄》提要为例。在乾隆三十九年（1774）至乾隆六十年（1795）的不断修改过程中，《尧峰文抄》提要亦在不断发生变化。较早的《四库全书初次进呈存目》在评价其文学时说："国初称古文者推宁都魏禧、商邱侯方域及琬三人。禧学近纵横，朝宗体兼华藻，惟琬经术湛深，言有根柢，尤为当代所重焉。"① 以清初"古文三大家"作为比较对象，从而突出汪琬"经术湛深""言有根柢"的这一批评思路被此后各版本提要所继承，成为《尧峰文抄》提要批评的基点。在文渊阁、文溯阁四库全书提要中内容则更为全面，在原有的基础上对清初"古文三大家"的比较批评进一步细化，并在之前加入对明末古文的批判。与此同时，又加入了对汪琬性格因素的批评，力求进一步突出汪琬的文章学问。然而在乾隆四十九年（1784）的文津阁四库全书提要中对其性格狷急、恒不满于人的部分予以删除。至乾隆六十年的浙本提要又回归到了文渊阁提要、文溯阁提要的状态，并在原有基础上进一步加强对中晚明代文学的批判。这一过程一方面说明了《总目》提要撰修过程之复杂，另一方面对明末古文批判等内容的加入也反映出了撰修过程中官学思想的不断加强。

随着《总目》提要的不断修改完善，从阁本提要到殿本、浙本提要的过程中，文学观念呈现出以下特点：

（一）"鸣盛"意识的不断强化

"鸣盛"是四库馆臣在提要中论及清初文学时的重要观念，因此

---

① 江庆柏等整理：《四库全书初次进呈存目》，人民文学出版社 2015 年版，第 451 页。

《总目》在撰修过程中不断强化这一思想，而对清初帝王文学的颂扬便是馆臣鸣盛的重要方式。《总目》所叙录历代别集中往往以帝王文集开篇，对于清代又有特别之处，因为馆臣把帝王诗文创作的发达作为清初文学之盛的重要标志之一。四库馆臣在提要撰修的过程中对清初帝王诗文著述的评价内容不断丰富，最后甚至达到了谄媚的地步。

在阁本系列提要中，五种清初帝王别集提要的主要内容以介绍各部、卷的基本情况为主（其中文溯阁本《御制文集》《御制诗集》已与殿本《总目》相同），现以乾隆帝《乐善堂全集》提要为例：

> 臣等谨案《御制乐善堂全集》定本三十卷，乾隆二十三年协办大学士尚书臣蒋溥等奉敕重编。我皇上诗文总萃，富有日新，雍正庚戌之秋始订为《文钞》十四卷，乾隆丁巳取《文钞》所载十之三，益以乙卯以前续著十之七，汇《文集》颁行宇内，至是复以初刻卷帙较繁，特诏内廷诸臣校阅删订，省去制义一卷，得旨刊布。盖我皇上日进无疆之学与圣不自圣之心并昭示无极矣。乾隆四十九年闰三月恭校上。①

乾隆四十年（1775）所校定之文渊阁本提要、乾隆四十七年（1782）所校定之文溯阁本提要、四十九年（1784）校定之文津阁本提要都是如此，主要是对该文集编撰过程的介绍。到乾隆六十年，除上述内容之外，馆臣更是极力渲染乾隆帝诗文集对士林影响之大，称“颁示海内，词林艺圃，弦诵相闻”，并对文集删除制义一体及乾隆帝学问之高深极力颂扬：“伏考今之制义，即宋之经义也。刘安节等皆载入别集，吕祖谦选《宋文鉴》，亦载入总集。初刻兼录制义，盖沿古例，而我皇上区分体裁，昭垂矩矱，俾共知古文、时文之分。睿鉴精深，逾安节、祖谦等之所见，不啻万倍。又考周必大所校欧阳修集，多至一百五十三卷，而修自定《居士集》原本，乃止五十卷。《文献通

---

① 《四库全书》出版工作委员会编：《文津阁四库全书提要汇编》集部七，商务印书馆2006年版，第810页。

考》引叶适之言，称其每篇阅至数十过，有累日去取未决者。所撰《集古录跋尾》，集本视真迹亦多所追改。我皇上奎章藻耀，笼括古今，逾修亦何啻万倍，而厘定旧制，必审必精。圣意之谨严，乃与修相近。天怀冲挹，尤亘古之所无矣。《易》曰：'日新之谓盛德'，又曰'日进无疆'。臣等伏读斯编，仰见谦抑之渊衷，信圣寿弥高，而圣学弥进，良有由也。"①"制义"一体不论是留还是存，馆臣都能找到合理的解释，并以欧阳修自定《居士集》之例来证明其编纂之严谨，奉承之意显而易见。如果此篇提要主要是证明乾隆皇帝著述体例之谨严，那么对其文学的评价则主要体现在《御制文集》与《御制诗集》提要之中。

> 臣等谨案《御制文初集》三十卷，凡五百七十余篇，先散行次韵语，为十有九门，门各以岁月为次，皆万幾之余，能复赞一词矣。乾隆四十九年九月恭校上。②

此提要撰写之时，《御制文集》尚未编纂完成，最终的定稿在《初集》三十卷基础上又增入《二集》四十四卷，并对历代帝王之文集予以考辨。馆臣认为三古以来帝王以文传者殊不多见，只散见于诸子百家，且大都为有韵之语。"两汉以后，诸帝王惟梁武帝有诗赋集，又有文集，其余亦无专以文传者。然武帝文集不过十卷，未为甚富，且六朝轻艳之词，亦未能阐圣贤之奥，媲典谟之体也。惟我皇上心契道源，学搜文海，题咏繁富，亘古所无。而古体散文亦迥超艺苑，凡阐明义理之作，多濂、洛、关、闽所未窥，考证、辨订之篇，多马、郑、孔、贾所未及。明政体之得失，则义深乎训诰，示世教之劝惩，则理准乎《春秋》。至于体裁尽善，华实酌中，则贾、董、崔、蔡以还，韩、柳、欧、曾以上，号为作者，无不包罗，岂特列朝帝王之所

① 纪昀等：《钦定四库全书总目》卷一七三，中华书局 1997 年版，第 2339—2340 页。

② 《四库全书》出版工作委员会编：《文津阁四库全书提要汇编》集部七，商务印书馆 2006 年版，第 811 页。

无！臣等上下千年，编摩四库，所谓词坛巨擘者，屈指而计，亦孰能希圣制之万一哉。”① 四库馆臣细数两汉以来的帝王诗文集就是为了论证自古以来帝王文集最富者莫过于乾隆，更重要的是乾隆帝的文章不论是阐明义理还是考证辨订皆发前人所未及。《御制诗集》提要话语亦大致如此。乾隆皇帝的文学成就是否如馆臣所言可另当别论，而“文采焕于星汉，苞涵富于山海”② 的清初帝王文学，在馆臣看来正是清初文学兴盛的重要表现。从阁本系统提要到定本《总目》，馆臣对清初帝王文学的评价不断完善，不只是内容更加全面，深层意义上来说，更有馆臣借助帝王文学以揭示其引导意义的作用。

（二）违碍著述的进一步规避

乾隆三十九年（1774）八月，高宗下令查办违碍书籍。③ 这一命令在《总目》提要稿中亦有所体现，《翁方纲纂四库提要稿》中雷士俊提要稿下就被标记“诗记一签，应削毁”④。经纪昀删定后的《总目》，对违碍书籍、语言的查禁力度进一步加强。沈德潜因在《清诗别裁集》中将钱谦益列为清诗第一而著述遭禁，致使《总目》在引述其观点时只能冠以“论者”之名，如汤右曾《怀清堂集》提要论浙中诗派云：“论者称浙中诗派，前推竹垞，后推西崖，两家之间，莫有能越之者。”⑤ 其中“论者”即沈德潜。此语出自《清诗别裁集》“汤右曾”条下，称“浙中诗派，前推竹垞，后推西厓。竹垞学博，每能变化，西厓才大，每能恢张，变化者较耐寻味也。后有作者，几莫越两家之外”⑥。此提要在文渊阁、文溯阁、文津阁提要则皆直接标明为“沈德潜”之语。可见，从阁本提要到定本提要的修定过程中，

① 纪昀等：《钦定四库全书总目》卷一七三，中华书局 1997 年版，第 2340 页。

② 纪昀等：《钦定四库全书总目》卷一七三，中华书局 1997 年版，第 2341 页。

③ 中国第一历史档案馆编：《纂修四库全书档案》，上海古籍出版社 1997 年版，第 239—240 页。

④ 翁方纲撰，吴格整理：《翁方纲纂四库提要稿》，上海科学技术文献出版社 2005 年版，第 1064 页。

⑤ 纪昀等：《钦定四库全书总目》卷一七三，中华书局 1997 年版，第 2351 页。

⑥ 沈德潜：《清诗别裁集》卷一六，上海古籍出版社 2013 年版，第 642 页。

馆臣对《总目》清别集提要的审查越来越严格。

（三）对易代文人的贬抑

《总目》对于易代文人，尤其是贰臣群体，从阁本提要到《总目》定稿的过程中，其态度呈现出由褒趋贬的倾向。以吴伟业《梅村集》提要为例，校定于乾隆四十六年（1781）的文渊阁本提要与文溯阁、文津阁本相同，而在乾隆六十年（1795）修定的武英殿本《总目》提要中则是由褒趋贬。

表1-5 文渊阁库本提要与《总目》提要对吴伟业诗集的评价

文渊阁库本提要	《总目》提要
伟业少时即以诗名江左，晚而坛坫益高，纸墨未干，远近已争相传诵，风流藻采足以照映一时。其诗调擪宫商，擩染丹碧，风神韵致，秀冶轶伦，为从来罕有之标格。而最善胜者尤在于七言歌行一体，观其缘情托兴、即事抒怀，促急管之繁声，动么弦之逸响，一唱三叹，别具炉锤，元白以还一人而已……然诸文类能称心而出，词旨雅赡，虽未可追蹑前修，要亦不失为才人之笔也。乾隆四十六年十月恭校上①	其少作大抵才华艳发，吐纳风流，有藻思绮合、清丽芊眠之致。及乎遭逢丧乱，阅历兴亡，激楚苍凉，风骨弥为遒上。暮年萧瑟，论者以庾信方之，其中歌行一体，尤所擅长。格律本乎"四杰"，而情韵为深，叙述类乎香山，而风华为胜。韵协宫商，感均顽艳，一时尤称绝调。其流播词林，仰邀睿赏，非偶然也。至于以其余技度曲倚声，亦复接迹屯田，嗣音淮海。王士禛诗称"白发填词吴祭酒"，亦非虚美……盖词人之作散文，犹道学之作韵语，虽强为学步，本质终存也。然少陵诗冠千古，而无韵之文，率不可读。人各有能有不能，固不必一一求全矣②

阁本提要对吴伟业在明末清初诗坛的风靡程度给予了形象的描绘，对其诗文特色更是以"从来罕有之标格""元白以还一人而已""不失为才人之笔"等话语对其极力褒扬，而这些话语在最终定稿中却被全部修改，其褒扬程度明显降低，尤其是对吴伟业散文的评价，馆臣虽为其极力辩护，但与文溯阁提要相比，已明显降低。《总目》提要对吴伟业评价之所以由褒趋贬，根本原因就在于吴伟业的贰臣身

① 吴伟业：《梅村集》，文渊阁《四库全书》第1312册，台湾商务印书馆1986年版，第2页。

② 纪昀等：《钦定四库全书总目》卷一七三，中华书局1997年版，第2341页。

份。四库馆臣从维护儒家节义观及以教化为目的的文学思想出发，不可能允许过度褒扬名节有亏的贰臣群体的现象出现。

总之，从翁方纲提要稿到各阁本提要，再到武英殿本、浙本《总目》提要最终确立，前后历时二十余年。虽然诸如有裨于世道人心、尚实黜虚等观念在编纂伊始便已存在，但更多的却是在撰修过程中不断丰富完善的。在这一过程中，前期各分纂官所作之提要稿尚有其思想个性之展现，而随着官学思想的趋严，经过纪昀的最后删改，个性化色彩逐渐减弱，而恰是清官方学术思想不断强化介入的过程，使得清别集提要对清初文学的总结带有浓重的政治意识。

第二章

《总目》清别集提要版本研究

清代古籍版本学繁荣，名家辈出，四库馆臣中的纪昀、陆锡熊、邵晋涵、周永年、戴震、翁方纲等著名学者在版本学领域造诣高深。他们从乾嘉考订学视角出发，在《总目》提要中或探究版本源流变化，或鉴定版本优劣真伪，形成了四库馆臣的“善本观”①。版本介绍是《总目》提要的重要组成部分之一，现有的研究大都集中在《总目》提要文献考据方面，而对于提要中版本叙录信息则关注极少，并未能作为一个专门性问题被提出。其实，与在文献方面的失误一样，《总目》提要在别集版本信息的描述方面同样存在各种各样的疏误。本章所讲的版本研究是指对提要中叙录的版本信息加以考辨，以去其疏误，辨其得失。

第一节　《总目》清别集提要版本信息情况概述

“版本”通常是指“同一部书因编辑、传抄、刻版、排版或装订形式等的不同而产生的不同的本子”②。按照不同的分类标准，版本类

① 司马朝军：《〈四库全书总目〉研究》，社会科学文献出版社2004年版，第251—264页。

② 中国社会科学院语言研究所词典编辑室编：《现代汉语词典》，商务印书馆2012年版，第35页。

别多样，除了最常见的如稿本、刻本、印本等。以出版者来分，有官刻本、私家刻本、书坊刻本。以刻印、抄写特点分类，有初刻本、原刻本、重刻本、翻刻本等。以版本的作用、价值来分，有善本、珍本、通行本等。①

《总目》清别集提要所叙录诸别集在版本方面涉及信息多种。从别集来源方面看，主要有四类：通行本 3 种、内府藏本 25 种、各省采进本 473 种、私人进呈本 119 种。从各别集具体情况来看，在涉及版本信息的诸篇提要中，以标示刊刻者为最多，如汪琬《尧峰文抄》乃“其门人侯官林佶为手写而刊之”②；陈廷敬《午亭文编》乃“其门人林佶缮写付雕”③。此种情况者大致有 150 种左右。其次是标示刊刻时间，有近 20 种，如《怀清堂集》“是集刻于乾隆乙丑”④；《桴庵集》“刊于顺治癸巳”⑤；《见山楼诗文集》“刻于康熙壬子”⑥ 等。也有同时标示刊刻者、刊刻时间的，大致有 10 种，如《思诚堂集》“旧无刊本，乾隆己丑，其乡人赵熟典裒而刻之”⑦。《中岩集》“乾隆辛未，女孙之子文昭官于福建，乃校刻之”⑧。其他如《安序堂文抄》《秋叶轩诗》《黑蝶斋诗抄》《墨澜亭集》《近道斋文集》《寒香阁诗集》《吾友于斋诗抄》《丰川全集》提要亦是此种情况。此外，清别集提要中还出现了抄本（如《栖云阁诗略》《兰雪堂诗集》《聿修堂集》等）、选本（如《榆墩集选》等）、不足本（如《瑜斋诗草》等）、重刊本（如《双树轩诗抄》等）等各种分类法。要查找某一版本之书籍，刊刻时间、刊刻者两大信息中至少要知其一，但是《总目》清别集提要中提供这些信息的篇目实在太少。馆臣往往使用大篇幅来介绍别集各卷次集名，更有甚者部分提要对版本信息只字不提，

① 严佐之：《古籍版本学概论》，华东师范大学出版社 1989 年版，第 14—17 页。
② 纪昀等：《钦定四库全书总目》卷一七三，中华书局 1997 年版，第 2343 页。
③ 纪昀等：《钦定四库全书总目》卷一七三，中华书局 1997 年版，第 2344 页。
④ 纪昀等：《钦定四库全书总目》卷一七三，中华书局 1997 年版，第 2351 页。
⑤ 纪昀等：《钦定四库全书总目》卷一八一，中华书局 1997 年版，第 2515 页。
⑥ 纪昀等：《钦定四库全书总目》卷一八二，中华书局 1997 年版，第 2534 页。
⑦ 纪昀等：《钦定四库全书总目》卷一八二，中华书局 1997 年版，第 2542 页。
⑧ 纪昀等：《钦定四库全书总目》卷一八一，中华书局 1997 年版，第 2543 页。

这些都对落实该别集版本的具体情况造成了一定的困难。

一 版本信息情况概述

在《总目》620篇清别集提要中，涉及版本叙录信息的篇目多达490余篇，有的甚至整篇提要就以版本描述为核心，如郭赵璧《瑜斋诗草》提要："赵璧字名瑾，侯官人。乾隆丙辰举人。是集乃赵璧殁后，其子文焕所编，后其子文海又搜求佚稿附益之，凡古今体诗一百十一首。盖赵璧喜吟咏，而不自收拾，故散失之余，所存仅此云。"[①]除去作者小传外，全文只有版本情况的介绍。有的提要甚至不惜长篇幅记录各集之名称，如张映斗《秋水斋诗集》提要："映斗字雪子，乌程人。雍正癸丑进士，官翰林院编修。是编凡十四集，首曰《或可存集》，次《江上集》、次《钓矶集》、次《云林集》、次《范湖集》、次《日下集》、次《水籯集》、次《新馆集》、次《内舍集》、次《新馆后集》、次《旧雨集》、次《清秘集》、次《瀛台集》、次《使星集》，皆其子守约、守愚所编。前有汤右曾序，作于康熙乙未。盖其早年即为右曾所赏识也。"[②]此一情况在清别集提要中有120余篇，主要集中在存目部分。

总体而言，《总目》清别集提要在著录部分虽同样包含大量与版本相关内容，但每篇提要都会对作者、作品进行评价，相比而言，观念评析在清别集存目部分则较为薄弱，120余篇提要只是由作者小传和版本信息构成。可以说，馆臣在著录部分更侧重于主观评价，在存目部分评论则相对较弱，而与版本相关的内容则占据较大篇幅。馆臣之所以在提要中以主要篇幅对著述版本进行详细介绍，一方面是通过对版本的介绍，为后世查找原有版本提供必要信息。另一方面，提要的撰写需要馆臣详细阅读各著述，在缺少专门评论著述可资借鉴的条件下，有限的时间内，馆臣恐难以完全实现这一目标，而抄录该集之卷次目录不失为一种方便快捷之手段。

---

① 纪昀等：《钦定四库全书总目》卷一八五，中华书局1997年版，第2593页。

② 纪昀等：《钦定四库全书总目》卷一八五，中华书局1997年版，第2587页。

从整体来看，清别集提要中所提供的版本信息主要有如下四种：

一是对作者著述情况的介绍。文人大都希望自己的作品能够流传后世，故而注重作品的保存与刊刻。清初随着出版业的发达，许多士人的诗文作品往往会随出随刊，以王士禛为例，顺治十八年刻《过江集》一卷，又于康熙元年刻《阮亭诗选》十七卷，收顺治十三年至十八年之诗。康熙八年刻《渔洋诗集》二十二卷，康熙二十三年刻《渔洋诗续集》十六卷。康熙三十四年刻《渔洋诗钞》十二卷。康熙四十七年刻《蚕尾集》十卷、《蚕尾续集》二卷、《后集》二卷。康熙间刻还有《南海集》《雍益集》《入吴集》各一卷。康熙四十六年又有《古夫于亭稿》。其文集则有康熙三十四年刻《渔洋山人文略》十四卷，康熙三十五年刻有《蚕尾文集》二十八卷。康熙四十九年，其门人程哲复将诸集删并为《带经堂集》九十二卷。[①] 馆臣在《精华录》提要中对王士禛著述的刊刻情况进行了大致介绍，曰："其诗初刻有《落笺堂集》，皆少作也。又有《阮亭诗》及《过江》、《入吴》、《白门》前、后诸集，后删并为《渔洋前集》，而诸集皆佚。嗣有《渔洋续集》、《蚕尾集》续集后集、《南海集》、《雍益集》诸刻。"[②] 再如《樊榭山房集》提要对厉鹗著述情况的介绍："生平博洽群书，尤熟于宋事，尝撰《宋诗纪事》一百卷、《南宋院画录》八卷、《东城杂记》二卷，又与同社作《南宋杂事诗》七卷，皆考证详明，足以传后。"[③] 馆臣在提要中对清初作家著述情况的介绍，大多数时候只是简单列举，选择的却是他们最具代表性的作品，也说明这些著述得到了清官方的认可。

二是著述版本之形成过程。《总目》对清别集版本的演变历程亦有一定的介绍，如汪琬《尧峰文抄》提要："初，琬自裒其文为《钝翁类稿》六十二卷，续稿五十六卷，晚年又手自删汰，定为此编。"[④]

---

① 柯愈春：《清人诗文集总目提要》，北京古籍出版社 2001 年版，第 244 页。
② 纪昀等：《钦定四库全书总目》卷一七三，中华书局 1997 年版，第 2343 页。
③ 纪昀等：《钦定四库全书总目》卷一七三，中华书局 1997 年版，第 2353 页。
④ 纪昀等：《钦定四库全书总目》卷一七三，中华书局 1997 年版，第 2343 页。

再如吴雯《莲洋诗钞》提要："其诗一刻于吴中，再刻于都下，三刻于津门。后士祯为删定，存千余首……因雯没之后未及刊行……乾隆辛未，汾阳刘组曾裒其全稿刻之，又以士禛所评者，别刊一小册并行。越十三年甲申，蒲州府同知山东孙谔始从雯侄敦厚得士禛所定原本，简汰重刊，详载士禛之评，并以刘本所遗者补刻于后，以所见墨迹补之。其士禛所删而刘本误刻者，咸为汰去，凡得古诗二卷，近体五卷，补遗一卷，诗余一卷，文一卷，冠以墓志，而附以同时唱和题咏之作，即此本也。"① 馆臣之所以以较大篇幅来介绍《总目》所选择之版本的形成过程，意在通过繁复的删汰过程表明此版本为馆臣择拣之善本。当然，并不是所有经过反复修订的著作都是值得著录的版本。《总目》清别集提要中也有些版本虽经过多次修订却只能存目的情况，如顾梦游《茂绿轩集》提要云："曹学佺刻《十二代诗选》，尝录其诗，题曰《偶存稿》。至顺治庚子，梦游既卒，施闰章又广为收辑，合学佺所刻，得五百四十二篇。删其什二，定为此本。"② 同是历经反复修订而成，顾梦游《茂绿轩集》却只能存目，除了文学成就因素外，更与其遗民身份有关。

清初文人为了自身的声誉，期望为世人留存下最能体现自己诗文特色的作品。因而，清初文人别集的刊刻，往往会经过作者本人或请名家代为删定，以此去芜存菁，保留精华。《总目》所著录的 42 种清别集中，王士禛、汪琬、陈廷敬、叶方蔼、彭孙遹、吴雯、宋荦、姜宸英等人的著述都是经过多次修订才能够成为善本得以著录。馆臣对著述版本选择的原则是"诸书刊写之本不一，谨择其善本录之，增删之本亦不一，谨择其足本录之"③。在此影响下，馆臣大张旗鼓地介绍清别集的不断完善，从而说明馆臣所著录《总目》的正是他们所要求的"善本"或"足本"。

三是提供著述的编订者、刊刻者等信息。《总目》清别集提要除

---

① 纪昀等：《钦定四库全书总目》卷一七三，中华书局 1997 年版，第 2347 页。

② 纪昀等：《钦定四库全书总目》卷一八一，中华书局 1997 年版，第 2522 页。

③ 纪昀等：《钦定四库全书总目》卷首三《凡例》，中华书局 1997 年版，第 32 页。

了介绍作者著述刊刻的大致情况外，在某些著述提要中，馆臣只注明了著述的刊刻者。如：

魏裔介《兼济堂文集》提要："乃詹明章裒辑诸本，简汰繁冗，合刊为一编者也。"①

汪琬《尧峰文抄》提要："其门人侯官林佶为手写而刊之。"②

陈廷敬《午亭文编》提要："其门人林佶缮写付雕。"③

彭孙遹《松桂堂全集》提要："孙遹没后五十年至乾隆癸亥，其孙景曾始为开雕。"④

李光地《榕村集》提要："是集为乾隆丙辰其孙清植所校刊，其门人李绂为序。"⑤

汤右曾《怀清堂集》提要："是集刻于乾隆乙丑。"⑥

此类信息最能体现《总目》所选择之版本，但此类并不是每篇提要中都会出现，在著录的42种清别集提要中只有17篇。

四是介绍该版本的内容信息。在馆臣所提供的各类版本信息中，对该版本著述内容的介绍所占比例最高，在著录的42部清别集提要中，此类就占26篇。通过馆臣在提要中对该著作总卷次数、各文体分占卷次、各卷次名称、各卷之内容简介等内容的详尽介绍，读者可以更为全面细致地了解该著作。以于成龙《政书》提要为例：

国朝于成龙撰。成龙有《于山奏牍》，已著录。是集皆其历任所纪，曰《罗城书》，令罗城时稿也。曰《合州书》，知合州

① 纪昀等：《钦定四库全书总目》卷一七三，中华书局1997年版，第2342页。
② 纪昀等：《钦定四库全书总目》卷一七三，中华书局1997年版，第2343页。
③ 纪昀等：《钦定四库全书总目》卷一七三，中华书局1997年版，第2344页。
④ 纪昀等：《钦定四库全书总目》卷一七三，中华书局1997年版，第2344页。
⑤ 纪昀等：《钦定四库全书总目》卷一七三，中华书局1997年版，第2349页。
⑥ 纪昀等：《钦定四库全书总目》卷一七三，中华书局1997年版，第2351页。

> 时稿也。曰《武昌书》，同知黄州、署武昌府时稿也。曰《黄州书》，知黄州府时稿也。曰《八闽书》，历任福建监司时稿也。曰《畿辅书》，巡抚直隶时稿也。曰《两江书》，总督两江时稿也。任监司以前，皆申详、条议、札檄、诫谕之作，任巡抚以后，始列奏疏，共七卷。其第八卷曰《吟咏书》，则其所作各体诗，并以文六首附于后。成龙以清节著名，而自起家令、牧，至两膺节钺，安民戢盗，诸政迹亦皆绰有成算，其经济颇有足传。今观是书，其平生规画，犹可见其本末也。[①]

此篇提要除后两句是对于成龙人物和该著的总体评价外，其余全部是对该著述各卷次内容的概括。

除此之外，《总目》清别集提要中尚有近 130 篇未提及任何与版本相关的信息。这主要是由于提要的篇幅所限，馆臣在提要中以较多文字进行考据或评论，其用于版本介绍的文字必然会精减，甚至全无。此外，也有可能是馆臣对该别集的版本信息了解甚少，无法作详细介绍。如汤斌《汤子遗书》提要中就将重点放在了陆陇其与汤斌两位“国初醇儒”之间学术异同的比较方面，对于馆臣所选之版本信息只字未提。再如沈彤《果堂集》提要全篇集中在论述沈彤“精于考据”[②] 方面，而对版本的介绍必然会缩减甚至被完全忽略。

二 《总目》清别集版本信息之来源

《总目》在清别集提要中往往介绍版本信息，其信息来源如何，此可从李振裕《别本白石山房稿》提要中得到端倪：“此本诗文各十三卷，与刻于江南者大同小异。前后无序跋，亦无目录，不知何时所刻也。”[③] 此则提要清晰地为读者揭示了馆臣所据版本信息之来源，主

---

① 纪昀等：《钦定四库全书总目》卷一七三，中华书局 1997 年版，第 2345 页。
② 纪昀等：《钦定四库全书总目》卷一七三，中华书局 1997 年版，第 2353 页。
③ 纪昀等：《钦定四库全书总目》卷一八三，中华书局 1997 年版，第 2553 页。

要有两种，即集前序跋和目录。如若集中二者缺失，即便是博学之馆臣亦难以判断其版本。

集前序跋是清别集提要叙录版本信息的重要来源，提要中明确标明转引序跋的有近 30 篇，甚至有的提要中相关版本的信息全部引自序跋，如《突星阁诗抄》提要中馆臣对此著作版本信息的总结即来自序跋，其言为："是集前有士禛序，云'出前后诗属予论序'。而戬自跋云：'排缵续集，合前集共十卷。'其侄楠跋云：'前五卷阮亭付梓，后九卷朱恺仲、董养斋所镌，末一卷则许谦次诸人所刻。'盖此本合前后诸刻汇辑成编也。"① 馆臣之所以如此重视集前序跋，是因为序跋中包含了与该著相关的众多信息。

有的提要援引序跋以揭示著述版本的演进过程，如《莲洋诗抄》提要在介绍吴雯诗集的流传过程时引赵执信《怀旧诗序》："莲洋卒后，阮翁为作《墓志》，且删定其集，迄今将二十年，未行于世。意其时阮翁耄而多忘，未几遂亡，未及归诸吴氏也。池北书库散失殆尽，莲洋集从可知矣。"②《莲洋诗抄》为王士禛删定，后孙谔即以此本为基础将之刊刻，即为《总目》所叙录之本。有的提要借助序跋以注明作者的著述情况，如《香草居集》提要对李符著述情况的介绍就是直接援引自其侄孙菊房跋，其言："所作诗词刻于滇南者曰《香草居诗》，刻于金陵者曰《耒边集》，未刻诗词曰《花南老屋集》，排偶之文曰《补袍集》《后补袍集》。寄于容城胡具庆家，遂亡其本。《花南老屋集》亦仅存诗一册。"③

但囿于书写体例，提要中众多与版本相关的内容，馆臣并未指明其出处。以魏裔介《兼济堂文集》提要为例，提要中对魏裔介著述情况的介绍为：

其平生著述刻于江南者，有《兼济堂集》十四卷，刻于荆南

① 纪昀等：《钦定四库全书总目》卷一八二，中华书局 1997 年版，第 2545 页。
② 纪昀等：《钦定四库全书总目》卷一七三，中华书局 1997 年版，第 2347 页。
③ 纪昀等：《钦定四库全书总目》卷一八三，中华书局 1997 年版，第 2560 页。

> 者有《兼济堂集》二十四卷，刻于京师者，有文选二集、上下二编，《崑林小品》上下二编，《崑林外集》一编，奏疏尺牍存余七卷，其刻于林下者，有文选十卷，《屿舫近草》五卷，诗集七卷，《樗林三笔》五卷。此集乃詹明章裒辑诸本，简汰繁冗，合刊为一编者也。①

上述提要话语实则出自集前詹明章所作的《兼济堂文集序》，而此序在抄入《四库全书》时已被馆臣删去，故仅从文渊阁《四库全书》本《兼济堂文集》中难以知晓其来源，而以康熙五十年龙江书院刻本为底本，经魏连科点校的《兼济堂文集》保留了此篇序言，其原文为：

> 总计篇目，其刻之江南也，有《兼济堂文集》一十四卷；其刻之荆南也，有《兼济堂文集》二十四卷；其刻之京邸也，有《文选二集》上下二编，《昆林小品》上下二编，《昆林外集》一编，奏疏一百一十九首，《尺牍存余》七卷；其刻之林下也，有《文选》十卷，《屿舫近草》五卷，《诗集》七卷，《樗林三笔》五卷。②

两段文字所记几乎完全相同，馆臣只是将"奏疏一百一十九首"中的篇数省去而已，其影响就在于容易使人误以为《奏疏》与《尺牍存余》是一体的，《总目》整理本之所以标点错误即源于此。与之情况相同的，再如《白茅堂集》提要对顾景星著述的介绍：

> 景星著述甚富。初有《童子集》三卷，《愿学集》八卷，《书目》十卷，皆崇祯壬午以前作，明末毁于寇。《顾氏列传》十五卷，《阮嗣宗咏怀诗注》二卷，《李长吉诗注》四卷，《读史

---

① 纪昀等：《钦定四库全书总目》卷一七三，中华书局1997年版，第2341—2342页。
② 魏裔介著，魏连科点校：《兼济堂文集》，中华书局2007年版，第8页。

集论》九卷，《赗池录》一百十八卷，《南渡集》《来耕集》共七十三卷，皆崇祯癸未以后作。康熙丙午毁于火，仅《南渡》、《来耕》二集存十之三四。乙酉、丙戌之间，又有《登楼集》、《避地泖澱集》，亦皆散佚。①

此则提要实际上改写自顾景星集前自序《白茅堂集叙》。据《四库全书存目丛书》影印福建省图书馆藏清康熙刻本《白茅堂集》，此序中言：

黄公自叙曰《三经蒙解》若干卷、《戒史》七十卷、《纪无行灾异学史》三十卷、《纪选举》《燕京物纪》十卷、《黓兄集》二卷、《茅轩集》三十八卷、《津门三书》四卷，先君子壬午以前作也。《童子集》三卷、《愿学集》八卷、《书目》十卷，景星壬午前作也。癸未正月癸亥丛先世遗集毁于寇。《石柜集》六卷、《五经论孟说》七卷、《读史平论》二十卷、《历代改元考》八卷、《蕲州志》六十卷、《素问灵枢直解》六卷、《针灸至道》三卷、《焦氏筮法》二卷、《玉京拾录道家言》一百卷，先君子癸未以后作也。《顾氏历代列传》五十卷，《阮嗣宗咏怀诗注》二卷，《李长吉诗注》四卷，《读史集论》九卷，《赗池录》百十八卷，《南渡》《来耕》二集七十三卷，盖岁有增者。景星癸未以后作也。丙午十二月壬子毁于火。《南渡集》有选钞在宣城施氏、梅氏，钱塘宋氏，山东郭氏……去取不同，历年增损复异。《阮诗注》有本，今在侯官许氏，《李诗注》镇江谈氏录数十条刻十家注于济南，当火作，室人取南渡来耕十之三。②

顾景星在《白茅堂集叙》中对其父子两代的著述有着详尽的介绍，也

---

① 纪昀等：《钦定四库全书总目》卷一八一，中华书局1997年版，第2520页。

② 顾景星：《白茅堂集》，《四库全书存目丛书》集部第205册，齐鲁书社1997年版，第529页。

表达出了著述保存之不易。《总目》提要只是将其父的著述省去，保留了顾景星的著述，语言上略作改变而已。

馆臣直接引述集前序跋版本信息固然便捷，但序跋中往往不会具体介绍集中各卷次之名。凡提要中详细介绍各卷次名称者，这些卷次名大都直接或间接抄录自集前所列目录。以万光泰《柘坡居士集》提要为例：

> 是集其所自定。卷一曰《南村草堂集》，卷二曰《栾于集》，卷三、卷四曰《闻渔阁集》，卷五曰《北郭草堂集》，卷六、卷七曰《江船集》，卷八曰《闻渔阁续集》，卷九曰《舡屋集》，卷十曰《江船续集》，卷十一曰《五上春司集》，卷十二曰《青乳轩集》。前有汪孟鋗序，称"循初计偕北上，以病卒。方病中，荟自定诗十二卷，一缄寄余，有'可存则付令子存之，不者毁之'之说"。又称"刻既成，取循初别字，题曰《柘坡居士集》。其古文、诗余极夥，闻手自毁去外，杂著十六种则皆其自定缄寄者，俟他日续刻"云云。①

此则提要版本信息来源由两部分构成，除了馆臣直接指出的援引序跋之语外，"是集其所自定"语亦出自汪孟鋗《柘坡居士集序》，序中有万光泰病逝前曾"自定诗十二卷一缄寄余"② 的记载。提要所列集中各卷次之名则出自《柘坡居士集目录》，据《四库全书存目丛书》影印乾隆二十一年汪孟鋗刻本所载，此目录以年次排定：卷一《南村草堂集》（乙巳至乙卯）诗七十五首；卷二《栾于集》（丙辰、丁巳）诗五十六首；卷三《闻渔阁集上》（戊午、己未）诗六十七首；卷四《闻渔阁集下》（庚申）诗六十八首；卷五《北郭草堂集》（辛酉、壬戌）诗八十首；卷六《江船集上》（癸亥）诗六十五首；卷七《江船

---

① 纪昀等：《钦定四库全书总目》卷一八五，中华书局 1997 年版，第 2594 页。

② 万光泰：《柘坡居士集》，《四库全书存目丛书》集部第 281 册，齐鲁书社 1997 年版，第 718 页。

集下》（甲子）诗六十首；卷八《闻渔阁续集》（乙丑）诗五十三首；卷九《瓠屋集》（丙寅）诗六十首；卷十《江船续集》（丁卯）诗五十七首；卷十一《五上春司集》（戊辰）诗六十二首；卷十二《青乳轩集》（己巳）诗六十五首。[①] 可见，提要中对各卷次名的介绍完全出自集前目录，而卷九当名为《瓠屋集》而非提要所称的《觚屋集》。不仅是此篇提要，大凡是馆臣在清别集提要中大篇幅描述各卷次名称的，其出处几乎就是各集前目录无疑。

第二节 《总目》清别集提要版本信息缺失考辨

《总目》清别集提要的撰写建立在各地进呈书目的基础上，由于各种主客观原因所限，不论是从整体上来看馆臣对清别集版本的选择还是从具体微观来看提要中的版本内容陈述，二者都不同程度地存在缺失之处。

一 整体观照

（一）清集入选数量偏少，版本视野受限

清初文学创作繁荣，诗文集大量出现。从数量上来看，四库馆开馆之时能够见到的清别集在数量上当不少于5000种[②]，而《总目》所叙录的清别集只有620种，差距缘何会如此巨大？

《四库全书》编纂过程中清别集的禁毁是一个最为直接的原因。乾隆帝借“稽古有文”之名行“寓禁于征”之实。乾隆三十八年，乾隆皇帝针对各地督抚在征书过程中恐涉文字违碍之事，在圣谕中信誓旦旦地说：“朕办事光明正大，可以共信于天下，岂有下诏访求

① 万光泰：《柘坡居士集》，《四库全书存目丛书》集部第281册，齐鲁书社1997年版，第719页。

② 陈恒舒：《四库全书清人别集纂修研究》，博士学位论文，北京大学，2013年，第7页。

遗籍，顾于书中寻摘瑕疵，罪及收藏之人乎？”[①] 然而，到三十九年时乾隆已要求各地督抚开始大张旗鼓地查禁违碍书籍，其在诏书中说：“其或字义触碍者，亦当分别查出奏明，或封固进呈，请旨销毁，或在外焚弃，将书名奏明，方为实力办理。乃各省进到书籍，不下万余种，并不见奏及稍有忌讳之书。岂有裒集如许遗书，竟无一违碍字迹之理？况明季末造野史者甚多，其间毁誉任意，传闻异词，必有诋触本朝之语，正当及此一番查办，尽行销毁，杜遏邪言，以正人心而厚风俗，断不宜置之不办。此等笔墨妄议之事，大率江浙两省居多，其江西、闽粤、湖广，亦或不免，岂可不细加查核？……若见有诋毁本朝之书，或系稗官私载，或系诗文专集，应无不共知切齿，岂有尚听其潜匿流传，贻惑后世？”[②] 轰轰烈烈的征书运动演变成征、禁并行。其中，明末清初之际的著述就是馆臣查禁的重点，乾隆帝在四十一年十一月十七日的上谕中说：“其中有明季诸人书集，词意牴触本朝者，自当在销毁之列……如钱谦益在明已居大位，又复身事本朝，而金堡、屈大均则又遁迹缁流，均以不能死节，靦颜苟活，乃托名胜国，妄肆狂狺，其人实不足齿，其书岂可复存！自应逐细查明，概行毁弃，以励臣节，而正人心。”[③] 在乾隆的指示下，“各省督抚，逢迎上意，举凡明末清初书籍之稍涉忌讳者，无不以违碍目之矣”[④]。就清初别集而言，纂修《四库全书》十余年间，抽毁、全毁者达 460 余种[⑤]，有的甚至演变成了大规模的文字狱。据《清代文字狱档》所载康乾时期因文字狱禁毁的著作有：

---

① 中国第一历史档案馆编：《纂修四库全书档案》，上海古籍出版社 1997 年版，第 68 页。

② 中国第一历史档案馆编：《纂修四库全书档案》，上海古籍出版社 1997 年版，第 239—240 页。

③ 纪昀等：《钦定四库全书总目》卷首一《圣谕》，中华书局 1997 年版，第 5 页。

④ 郭伯恭：《四库全书纂修考》，岳麓书社 2010 年版，第 21 页。

⑤ 陈恒舒：《四库全书清人别集纂修研究》，博士学位论文，北京大学，2013 年，第 42 页。

表2－1 **《清文字狱档》载康乾时期因文字狱而禁毁之诗文集**

时 间	案 名	原 因	禁毁著述
乾隆二十年二月	胡中藻《坚磨生诗钞》案	《卫哲治复奏查出胡中藻诗文折》：诗文摭拾子书中怪僻之语以自炫其新奇，并不归于清醇雅正。（第34页）［注：本表所引皆出自上海书店出版社编《清代文字狱档》（增订本），上海书店出版社2011年版。下同。］ 《胡中藻等俟拿解到京交大学士等审拟谕》：于语言吟咏之间肆其悖逆诋讪怨望如胡中藻者，实非人类中所应有。（第36页） 《八旗务崇敦朴旧规谕》：今检其（鄂昌）所作《塞上吟》词句粗陋鄙率，难以言诗，而其背谬之甚者，且至称蒙古为“胡儿”……此与自加诋毁者何异，非忘本而何？又如鄂昌家查出塞尔赫《晓亭诗钞》内有作明泰妾杜贞姬诗一首……（第48页）	《坚磨生诗钞》 《塞上吟》 《晓亭诗钞》
乾隆二十年九月	程鏊《秋水诗钞》案	程鏊所做《秋水诗钞》内有《避世吟》、《过高邮》诗、《大人先生歌》、《送王大》诗、《解嘲》诗、《古钗叹》诽谤悖逆……（第76页）	《秋水诗钞》
乾隆二十二年	陈安兆著书案	陈安兆性情乖僻，闻其著有《大学疑断》等书妄辟朱注，尚恐有不经之事，亲至该生家中将其书籍逐细检查，起出陈安兆自著《大学疑断》一部、《中庸理事断》一部、《痴情拾余》诗稿一部……（第82页）	《痴情拾余》
乾隆三十二年	蔡显《闲渔闲闲录》案	《高晋等奏查蔡显呈首审拟折》：该犯已刻之书共有七种，内《宵行杂识》二本、《红蕉诗话》一本、《潭上闲渔稿》二本、《闲渔剩稿》一本、《老渔尚存草》一本、《续刻红蕉诗话》一本、《闲渔闲闲录》二本，尚有未刻书《老渔尚存草》一本、《闲渔闲闲录余》一本……语含诽谤，意多悖逆，其余纰缪之处不堪枚举。（第85—86页）	《宵行杂识》 《红蕉诗话》 《潭上闲渔稿》 《闲渔剩稿》 《老渔尚存草》 《续刻红蕉诗话》 《闲渔闲闲录》

续表

时间	案名	原因	禁毁著述
乾隆三十二年十一月	齐召南跋齐周华《天台山游记》案	《苏昌等奏齐周华著书悖逆及审拟情形折》：齐周华在道旁将所刻《名山藏初集》古文二本、《诸公赠言》一本、《半山学步》时文一本恳求作序……语多悖逆谬妄，其人乃系恶类……所著书十二种，内《名山藏二集》一本、《华阳子诗稿》一本、《太平话》一本、《初学集》一本、《需郊录》一本、《老妪解》一本、《天台山志补遗》一本、《乐行草》一本，又《惭稿》一本、《黔行赋》一本、《补增志稿》一本、《课读日知》一本……（第93—94页） 《宋邦绥奏谢济世著有〈梅庄杂著〉折》：《梅庄杂著》诗文一本议论乖谬，语多怨怅。（第99页） 《吴绍诗奏请将办案失察隐匿之通判吴琠革职折》：李绂等诗文愤嫉狂悖……李绂所著《穆堂初集》、《续集》并京邸唱和诗及李伍瑛、傅占衡等各书本板片尽行查起销毁。（第115页）	《名山藏初集》 《半山学步》 《名山藏二集》 《华阳子诗稿》 《乐行草》 《惭稿》 《黔行赋》 《梅庄杂著》 《穆堂初集》 《穆堂续集》
雍正八年 乾隆三十九年	屈大均诗文及雨花台衣冠冢案	《傅泰奏屈明洪缴印投监折》：书坊竟有《屈翁山文外》、《诗外》、《文钞》及陈元孝、梁药亭诗集等书。查梁药亭诗文词无悖谬，而翁山元孝书文中多有悖逆之词，隐藏抑郁不平之气，又将前朝称呼之处俱空抬一字，惟屈翁山为最，陈元孝间亦有之。（第129页） 《李侍尧等奏据缴屈大均诗文折》：屈大均族人屈稔浈等收藏改犯原著《文外》书籍，又据番禺县童生沈士成缴出屈大均《诗外》一种及书铺潘明等缴出《广东新语》并岭南三家合刻诗集版片二分连刷成书十部。（第131页）	《翁山文外》 《翁山诗外》 《翁山文钞》
乾隆四十年	澹归和尚《遍行堂集》案	《椎毁澹归碑石并查缴其墨刻谕》：僧澹归《遍行堂集》语多悖谬，必应毁弃，即其余墨迹墨刻亦不应存，着李侍尧等逐一查明缴进，并将所有澹归碑石亦即派诚妥大员前往椎碎推仆，不使复留于世间。（第145页）	《遍行堂集》
乾隆四十一年	严谱私拟奏折请立正宫案	自著《瓦石集》一本……其奏底、奏折及禀启一纸狂诞不法，殊堪骇异。（第170—171页）	《瓦石集》

续表

时 间	案 名	原 因	禁毁著述
乾隆四十三年	黎大本私刻《资孝集》案	《李湖奏查办黎大本案缘由折》:《资孝集》系黎大本为母八十生辰亲族撰作诗文称贺,细核集中语句,将黎大本之母比之姬姜、太姒、文母,黎道魁跋内则称为女中尧舜,其他拟不于论、谬妄干分之处尚多,而向春锦诗内胆敢干犯圣祖仁皇帝庙讳上一字,尤为狂悖不法。(第221页)	《资孝集》
乾隆四十三年	陶煊张灿同辑《国朝诗的》案	《李湖奏查办违悖诗集折》:并有陶煊自著《石溪诗钞》、张灿自著《石渔诗钞》在内,又据呈出伊曾祖陶汝鼐所著《荣木堂集》二本……(第226页) 《军机处查检陶汝鼐等书奏》:据江西巡抚郝硕查获江西南昌人黎祖功所著《不已集》又黎祖功之父黎元宽所著《进贤堂集》等书……均有违碍语句,谨将原书缴进销毁。(第229页)	《石溪诗钞》 《石渔诗钞》 《荣木堂集》 《不已集》 《进贤堂集》
乾隆四十四年	李骕《虬峰集》案	《萨载等奏查出李骕诗集并审拟折》:据局书沈殿三购得《虬峰文集》一部计十四本,系国初人李骕所著,检阅集中诗句狂悖甚多……《虬峰集》同《楚吟集》等书应通饬各属逐加搜查,尽数解缴以绝根株。(第231—233页)	《虬峰集》 《楚吟集》
乾隆四十四年	石卓槐《芥圃诗钞》案	《郑大进奏查办石卓槐〈芥圃诗钞〉折》:石卓槐著有《芥圃诗钞》,内有"大道日以没,谁与相维持""斯养功名何足异,衣冠都作金银气"等语。(第262页)	《芥圃诗钞》
乾隆四十五年	魏塾妄批江统《徙戎论》案	《福隆安等奏魏塾俟质讯事竣即正法折》:山东巡抚国泰奏寿光县民人魏塾妄批江统《徙戎论》,实属悖逆,请照大逆凌迟处死律正法……并查有应禁之《澹园续集》等书籍。(第287页)	《澹园续集》

续表

时间	案名	原因	禁毁著述
乾隆四十五年	戴移孝《碧落后人诗》案	《闵鹗元奏查办〈碧落后人诗〉及〈约亭遗诗〉折》：应禁书内有历阳戴重所著《河村集》一书……戴重之子戴移孝所著《碧落后人诗》集一本，语多狂悖……戴移孝曾孙戴世道家查出《约亭遗诗》（戴世道祖父戴昆作）一本……内有数条语类狂悖。（第290页） 《袁守侗奏查出为戴移孝作序之鲁之裕并书籍折》：鲁之裕所著《式馨堂文集》《经史提纲》《书法彀》……其《式馨堂文集》内载有钱谦益、吴伟业等姓名……此等悖谬人所著之书亦不便存留。（第294页）	《碧落后人诗》 《约亭遗诗》 《河村集》 《式馨堂文集》
乾隆四十七年	卓长龄等《忆鸣诗集》案	《陈辉祖等奏查出逆诗多种无〈忆鸣诗集〉案》：卓铨能、卓与能著有《忆鸣诗集》合稿抄本，内有伪妄字句……在伊等家内逐一搜查，有刻板《高樟阁诗集》三本，内分《少悔集》一卷、《先庚集》四卷、《后庚集》三卷、《延缘集》一卷、诗余一卷，系卓天柱故祖卓长龄所著……又见《山堂学裘诗》抄稿二本，系卓天柱故叔卓敏即卓铨能所著，又《高樟阁学裘集》抄稿一本，系卓天柱已故本生父卓慎即卓与能所著，又《高樟阁学箕集》抄稿二本，系卓天柱故叔卓徵所著，又《高樟阁诗钞》一本，查系卓铨能所录，又本朝诗杂录一本，查系卓天柱故侄卓世忠所录，又《西湖杂录》一本、《红兰室诗赋》一本、杂抄三本，查系卓天柱已故族侄卓轶群写作……臣等逐一亲加检阅，其中多有狂谬悖妄之语……（第338—339页）	《忆鸣诗集》 《高樟阁诗集》 《山堂学裘诗》 《高樟阁学裘集》 《高樟阁学箕集》 《高樟阁诗钞》 《西湖杂录》 《红兰室诗赋》
乾隆四十六年	尹嘉铨为父请谥并从祀文庙案	《军机处应行销毁尹嘉铨书籍奏》"附应行销毁尹嘉铨书籍单"：《贻教堂文集》（即《随五草》）、《思诚轩奏疏》《随五草尺牍》《偶然吟》《二山尺牍》《偶然吟》续编、《真率集》《博陵唱和诗》《思诚轩杂著》《真率集》续编、《既见录》续编、《照华诗草》、《甘藩观风录》《甘肃杂咏》《既见录》《删后诗》……以上七十九种俱系尹嘉铨著述、编纂，应行销毁。 上恒山北岳诗（山西）、上照济庙诗（山西）、憩同乐亭诗（山西）、过三贤里诗（山西）、五贤祠碑记（山东）、甘藩存义记（甘肃）、重修兰山三台阁记（甘肃）以上石刻七种，各直省如有流传拓本俱应缴销，其竖碑摩崖之地该省应查明磨毁。（第378—382页）	《贻教堂文集》（即《随五草》）《思诚轩奏疏》《随五草尺牍》《偶然吟》《二山尺牍》《偶然吟》续编、《真率集》《博陵唱和诗》《思诚轩杂著》《真率集》续编、《既见录》续编、《照华诗草》（亦名《既见录》）、《甘藩观风录》《甘肃杂咏》《既见录》《删后诗》

续表

时 间	案 名	原 因	禁毁著述
乾隆三十四年	李超海《武生立品集》案	《德风奏武生李超海妄为著作谬论官常折》：《武生立品集》六册……策论铭四篇谬称“文武全材”“文武并重”及“储材防海”“酒友铭”名目，内如“天下武生可用与不获见用者莫此时为甚”，又“重为君重，轻为君轻，若何文重武轻，一言而失天下干城之心”等句语皆悖谬，实属妄诞不经……（第410页）	《武生立品集》
乾隆四十年	陆显仁《格物广义》案	《熊学鹏奏查出高熊徵陆显仁所著书籍缴毁折》：已故两浙盐运使高熊徵所著《郢雪斋文集》一部，语多谬妄，且每过为愤激以博美名，又所称昭义将军、顾内院等俱不知何名，不应留以贻惑后世。（第428页）	《郢雪斋文集》
乾隆四十年	韦玉振为父刊刻行述案	《杨魁奏韦玉振为父刊刻行述殊属狂妄折》：行述内叙其祖韦仪来著有《松西堂稿》，恐更有违悖之处。（第431页）	《松西堂稿》
乾隆四十六年	梁三川《奇冤录》案	《李湖奏盘获疯迷逆犯审明定拟折》：梁三川，随钉成册二本，一写《念泉奇冤录》、一写《念泉诗稿》……逞其臆说，狂悖僭妄，实属罪不容诛。（第444—445页）	《念泉诗稿》
乾隆四十七年	方国泰收藏《涛浣亭诗集》案	《谭尚忠奏查出悖逆遗书折》：方芬《涛浣亭诗》内有“征衣泪积燕云恨，林泉不共鸟啼新”，又“乱剩有身随俗隐，问谁壮志足澄清”，又“蒹葭欲白露华清，梦里哀鸿听转明”等句，语意狂悖。（第453页）	《涛浣亭诗集》
乾隆四十八年	戴如煌《秋鹤近草》案	《李世杰奏胡元杰诬告悖逆审明定拟折》：胡元杰见《秋鹤近草》内有《登平台》一首，起意讹诈，随指此诗谓隐存叛逆。（第464页）	《秋鹤近草》
乾隆二十六年	阎大镛《俣俣集》案	《高晋奏查获阎大镛〈俣俣集〉折》：《俣俣集》诗文一样二部，臣逐加检查，其中或讥刺官吏、或愤激不平，甚至不避庙讳，更有狂悖不经语句，推求其意悖逆显然。（第481页）	《俣俣集》
乾隆二十六年	余腾蛟诗词案	《胡宝瑔奏余腾蛟诗词讥讪亟宜诛殛折》：查得所写诗稿一本、已刻诗稿一本，更有杂稿一本，狂肆鄙琐，多不可辨，而诸诗中纵恣怪诞之句亦甚隐僻。（第484页）	诗稿 杂稿

续表

时间	案名	原因	禁毁著述
乾隆三十三年	王道定《汗漫游草》案	《永德奏盘获行踪妄僻诗句牢骚可疑之犯折》：诗稿一本题曰《汗漫游草》，内有十余首诗句字义隐跃诧异，不知所指。（第512页）	《汗漫游草》
乾隆四十三年	徐述夔《一柱楼诗》案	《着萨载等即派妥员严行搜查谕》：《一柱楼诗》稿内系怀胜国，暗肆诋讥，谬妄悖逆，实为最大恶极，虽其人已死，将来定案时仍当剖棺戮尸以伸国法。（第605页） 《萨载等奏追查逆书并解送人犯赴京审办折》：徐述夔所著之书……已刻之《一柱楼诗》六本、《小题诗》一本、《和陶诗》一本、《学庸讲义》一本，未刻之《蘧堂杂著》一本、《想贻琐笔》二本、《论语摘要》二本……（第611页）	《一柱楼诗》 《小题诗》 《和陶诗》
乾隆四十二年	王锡侯《字贯》案	《海成奏搜查王锡侯家并将人犯押解赴京折》"王锡侯著作杂稿清单"：诗文草稿一本，王锡侯作，内有悖谬诗句；诗文杂论草稿一束；（第667—668页） "查获王锡侯家存应存应毁书籍清单"：《明诗别裁》六本；《独漉堂集》七本；屈大均诗四本；《揭蒿庵文集》一本；《叩钵斋行厨集》十六本；《揭五经文集》即《揭蒿庵》二本；李卓吾秘书三本；《李穆堂初稿》九本；《古学指南集》即《古学要览》四本。（第669页）	王锡侯诗文稿 《独漉堂集》 《揭蒿庵文集》 《叩钵斋行厨集》 《揭五经文集》 《李穆堂初稿》
乾隆四十四年	王沅《爱竹轩诗》案	《戴第元奏咨会查办缘由折》：王沅《爱竹轩诗草》……诗甚平庸，序有怨天之语，殊失醇正。（第686页）	《爱竹轩诗草》
康熙五十年	戴名世《南山集》案	《哈山等审拟戴名世〈南山集〉案题本》：戴名世所作《南山集》、《孑遗录》……方孝标所作《钝斋文集》两册、《光启堂文集》一册、《滇黔纪闻》一册，俱交翰林院查看奏闻后销毁。（第956页）	《南山集》 《钝斋文集》 《光启堂文集》 《滇黔纪闻》
乾隆四十五年	王仲儒《西斋集》案	《袁守侗为〈西斋集〉事咨呈军机处文》：王仲儒所著《西斋集》四本，臣等详加阅看，其中狂悖指斥之处甚多，殊堪发指。（第1104页）	《西斋集》
乾隆四十九年	吴文世《云氏草》案	《富勒浑等参奏江山县知县王昭麟折》：逆书共二卷，上卷是序文论记，下卷是五七言诗，其中悖逆讪谤者不可胜数。（第1117页）	《云氏草》

在上表所录康熙至乾隆时期31起文字狱中，发生在《四库全书》纂修时期的就有21起，可以说，《四库全书》纂修之时，亦是清代禁书最严格之时。在这些文字狱中都伴随着数量不等的清初别集被禁毁，上表文字狱中所涉及的别集就有80余种，这是造成《总目》叙录清别集数量偏少的最直接原因之一。同时，有些别集在当时流传已稀，惧祸不敢进呈，各地官员只重视搜罗本地著述，各级官员对本朝别集的采进重视不够，馆臣尊古轻今、重经史轻诗文等原因都进一步限制了馆臣在清别集版本方面的视野。①

（二）版本信息缺失

《四库全书》及《总目》编纂的重要目的之一就是保存文献。版本信息清晰是保存文献的重要条件，但在清别集提要中有近130篇并未标明所叙录清别集版本的任何信息，后人无法得知《总目》所叙录相关别集的刊刻者、刊刻时间、版本状貌等，版本信息的不详对读者造成了文献认识上的困难，这也是《四库全书》及《总目》受到诟病的原因之一。《总目》所叙录之书，从版本来源看主要有六类，即敕撰本、内府本、永乐大典本、各省采进本、私人进献本、通行本。②单就《总目》所叙录的620种清别集提要而言，来源最多的当是各省采进本（473种），其次是私人进献本（119种）、内府本（25种）、通行本（3种）。但是，这只是透露出了著述版本的来源，并未提供相关著述的具体版本情况。在提要中，有些著述在著录《四库全书》之时，经过了馆臣的删改。之所以删改，是因为有些著作在馆臣看来有违风雅，如朱彝尊《曝书亭集》中原有《风怀》诗二百韵及《静志居琴趣》长短句，但馆臣认为二作“皆流宕艳冶，不止陶潜之赋《闲情》。夫绮语难除，词人常态，然韩偓《香奁集》别为篇帙，不入《内翰集》中，良以文章各有体裁，编录亦各有义例。溷而一之，

---

① 陈恒舒：《四库全书清人别集纂修研究》，博士学位论文，北京大学，2013年，第29—30页。

② 郭伯恭：《四库全书纂修考》，岳麓书社2010年版，第75—80页。

则自秽其书。今并刊除，庶不乖风雅之正焉”①。《风怀》与《静志居琴趣》有违风雅，馆臣直接将其删除。有的则是作品收载太滥，如张玉书《张文贞集》“惟募疏、祭文之属，收载太滥，盖其后人遇稿即录，不暇持择，转为全集之累。今悉删除，而惟录其赋、颂以下诸篇，厘为十二卷，庶不以榛楛勿翦为将来论者所病焉”②。据《江苏采辑遗书目录》载《张文贞集》采进时版本为“诗文不分卷，共八册（抄本）”③。显然，是馆臣在将《张文贞集》著录《四库全书》时把其卷次厘为“十二卷”。再如姜宸英《湛园集》“集末《札记》二卷，据郑羽逵所作宸英小传，本自单行，今亦别著于录，不入是集焉”④。这些经过馆臣删改后的著述已非其本来面貌。

（三）版本非善本

馆臣于《总目》所叙录著作，在版本方面要求选择“善本”“足本”。但是，清别集与前代别集相比，在版本方面存在明显的区别，即前代别集，尤其是明以前的，历经时间的洗礼，大都已经定型完备，而清别集则大多尚处于不断增补、删改阶段，再加上明清时期文人诗文随出随刊现象严重，使得馆臣对清别集“善本”“足本”的要求大打折扣。再加上，《总目》所叙录各著述之版本基本是建立在各省进呈书目的基础上，馆臣难以见到进呈之外的其他版本。故而，《总目》所叙录之清初别集往往并非馆臣所宣称的“善本”或“全本”。

以吴嘉纪《陋轩诗集》为例，此集前后凡十刻，在《四库全书》纂修之时，馆臣能见到的至少有六种版本：

> 最早为康熙初周亮工赖古堂所刻《陋轩诗》六卷，分体编

① 纪昀等：《钦定四库全书总目》卷一七三，中华书局1997年版，第2345页。

② 纪昀等：《钦定四库全书总目》卷一七三，中华书局1997年版，第2348页。

③ 黄烈编：《江苏采辑遗书目录》，张升编《〈四库全书〉提要稿辑存》（四），北京图书馆出版社2006年版，第479页。

④ 纪昀等：《钦定四库全书总目》卷一七三，中华书局1997年版，第2349页。

> 纂，收诗二百余首，止于康熙三年，有王士祯序，中国科学院图书馆藏。康熙六年汪芾斯重刻周本，录四百首，此为二刻。中国国家图书馆藏《陋轩诗》八卷，康熙初赖古堂刻大业堂增修本，当为此刻。康熙十八年方鸿逵裒其前后诗，刻为六卷，北京师范大学图书馆藏，此为三刻。康熙二十三年程岫、汪楫所刻亦为六卷，此为四刻，今不见存。陆廷棆为程岫《江村集》作序，称嘉纪集初皆散佚，岫为搜辑无遗，付其友汪悔轩梓行……嘉纪殁后不久，岳端尝刻其集，此为五刻。至乾隆三十年，陈璨依旧刻校补增刊，此为六刻。①

《总目》所存目《陋轩诗》只有四卷，不知所据何本。又如施闰章诗文集《总目》著录"《学余堂文集》二十八卷《诗集》五十卷《外集》二卷"，其实施闰章有《愚山全集》，"康熙四十七年，曹寅于维扬官廨刻《愚山全集》，有《学余文集》二十八卷、《诗集》五十卷、《外集》二卷、《遗集》六卷、《别集》四卷，文分类而诗分体，其子彦淳、彦格辑录，前有魏禧序，末有梅庚跋及其孙瑮书后，中国国家图书馆藏"②。显然，《四库全书》所抄入的施闰章诗文集并非全本，而曹寅所刻《愚山全集》更为全面。再如《总目》所存目的李元鼎《灌研斋集》四卷，其实馆臣也知道李元鼎"所著诗文凡三十卷，统名之曰《石园集》"③，《灌研斋集》只是其中之一种而已，但馆臣并未著录或存目三十卷本《石园集》。辽宁省图书馆藏有清康熙刻雍正修版印本《石园全集》三十卷，其中《灌研斋集》为八卷，据杜泽逊《四库存目标注》所记："前有康熙四十二年李振裕进书表云：'谨将原刻冒昧进呈'。"④ 又《江西巡抚海第三次呈送书目》载："《灌砚斋文集》四卷，清李元鼎著。四本。"⑤《武英殿第一次书目》

① 柯愈春：《清人诗文集总目提要》，北京古籍出版社2001年版，第120—121页。
② 柯愈春：《清人诗文集总目提要》，北京古籍出版社2001年版，第121页。
③ 纪昀等：《钦定四库全书总目》卷一八一，中华书局1997年版，第2514页。
④ 杜泽逊：《四库存目标注》（六）集部下，上海古籍出版社2007年版，第3080页。
⑤ 吴慰祖校订：《四库采进书目》，商务印书馆1960年版，第162页。

亦云："《灌研斋稿》四卷，清李元鼎著。四本。"[①] 可见，李元鼎别集在采进时即只有四卷本《灌研斋集》而已。柯愈春《清人诗文集总目提要》亦载李元鼎《石园全集》三十卷："此乃诗文合集，其子振裕编，前有宋荦序，又有熊文举、黎元宽、文德翼、陈弘绪、薛正平旧序，康熙四十一年其子振祺等刻于香雪堂，中国国家图书馆藏……《四库存目》仅著录《灌研斋集》四卷，是只见初集四卷，未见续集四卷。其余为《唱和初集》、《随笔》、《随草诗余》、《镜阁心声》、《随草续编》、《亦园嗣响》，凡八卷，皆元鼎与其妻朱中楣唱和之作。"[②] 显然，四库馆臣知道《石园集》三十卷本的存在，却未能叙录，其原因就在于馆臣未见其本。同样情况的还有李确，李确"现存《龙湫集》五卷，乾隆十七年宋景濂十二蕉亭刻，中国国家图书馆藏。《蜃园诗集》，凡前集五卷、后集五卷、续集二卷，以甲申年分前后集，雍正十一年刻、嘉庆十九年数峰草堂补刻，中国家图书馆藏。《四库存目》仅载其诗《梅花百咏》一卷、《九山游草》一卷"[③]。《九山游草》只是"纪游之作"，《梅花百咏》是其"甲申以后遁迹龙湫山中，一月之间咏梅花七律百首"[④]。显然，与《九山游草》《梅花百咏》相比，没有叙录的《龙湫集》《蜃园诗集》反而包含了更多的内容，也更能真正代表李确的文学成就。

由此可见，清初别集大都存在多种版本，《总目》所选择之版本往往并不是最佳，有的提要所叙录之著述只是足本中之一种。以邵远平之著作为例，提要存目《戒庵诗存》一卷，馆臣于提要中亦说"此卷乃其全集之一种耳"[⑤]，但其他何在？南开大学图书馆藏清康熙刻本邵远平著述则较为详尽，包括《戒山文存》不分卷、《诗存》二

① 吴慰祖校订：《四库采进书目》，商务印书馆1960年版，第189页。
② 柯愈春：《清人诗文集总目提要》，北京古籍出版社2001年版，第19—20页。
③ 柯愈春：《清人诗文集总目提要》，北京古籍出版社2001年版，第12页。
④ 纪昀等：《钦定四库全书总目》卷一八一，中华书局1997年版，第2519页。
⑤ 纪昀等：《钦定四库全书总目》卷一八三，中华书局1997年版，第2551页。

卷、《熙朝圣德诗》一卷、《河工见闻录》一卷。[1] 馆臣所叙录之清初别集有的也只是残本，如杜诏《云川阁诗集》，提要存目为《残本云川阁诗集》九卷，而此集全本现存有雍正九年刻本，含诗十四卷、词七卷[2]。此著在两江总督采进时即只“残存九卷”[3]。

选择别集善本、足本是馆臣对清初文人、文学评价的基础，但是《总目》清别集提要诸多评论并非建立在足本的基础上，单从某一部著述难以全面反映一个作家的特色与成就，馆臣对李确等人的评价难免有以偏概全之嫌。同时，大量别集未能进入馆臣视野以及禁毁的做法不利于使《总目》反映清初文学的真实状态，馆臣所致力于呈现的清初文学盛世也不免大打折扣。

二 微观辨析

《总目》清别集提要在具体叙录版本情况时同样存在一些疏误之处。现以中华书局 1997 年版整理本《钦定四库全书总目》（武英殿本）为中心，将著录之清别集提要与文渊阁《四库全书》相对照、存目之清别集提要与现存版本相对照，并参照文渊阁《四库全书》影印文渊阁所藏武英殿刻本《四库全书总目》、中华书局 1965 年版《四库全书总目》（浙本）等，将其中版本信息有误者考辨如下：

> （1）魏裔介《兼济堂文集》二十卷（直隶总督采进本）
>
> 是编奏疏二卷，序六卷，书牍二卷，传志二卷，祭文、论二卷，杂著二卷，乐府、古今体诗三卷，附《年谱》一卷……此集乃詹明章裒辑诸本，简汰繁冗，合刊为一编者也。[4]

按，除去附录部分，提要所列各卷数相加只有十九卷，不足二十

① 邵远平：《戒山文存》，《四库全书存目丛书》集部第 240 册，齐鲁书社 1997 年版，第 648 页。

② 柯愈春：《清人诗文集总目提要》，北京古籍出版社 2001 年版，第 415—416 页。

③ 吴慰祖校订：《四库采进书目》，商务印书馆 1960 年版，第 53 页。

④ 纪昀等：《钦定四库全书总目》卷一七三，中华书局 1997 年版，第 2341—2342 页。

卷之数。查文渊阁《四库全书》所著录之《兼济堂文集》，其内容包括奏疏二卷，序六卷，书牍二卷，传志二卷，祭文、论二卷，杂著二卷，乐府、古今体诗四卷，并无附录《年谱》一卷。显然，库书卷数与提要所述存在差异。要探究哪种说法更为准确，需查找馆臣所用之底本。提要言此集为詹明章所刊，此本即康熙五十年龙江书院刊本，此本现藏于首都图书馆。[①] 魏连科点校本《兼济堂文集》亦是以此为底本。此本共二十卷，卷一、卷二为奏疏，卷三至卷八为序文，卷九为书，卷十为尺牍，卷十一为传，卷十二为墓志铭，卷十三为祭文碑文，卷十四为论，卷十五、卷十六为杂著，卷十七至卷十九选录魏裔介所作各体诗歌，卷二十为魏裔介年谱。《总目》提要所述即以此版本所载。文渊阁本《兼济堂文集》将第二十卷《年谱》删去，又将第十九卷析为二卷，以足二十卷之数。[②] 由此可见，提要“乐府、古今体诗三卷”之说并无错误，只是《年谱》并非附录而已。

(2) 王士禛《精华录》十卷（山东巡抚采进本）

其诗初刻有《落笺堂集》，皆少作也。又有《阮亭诗》及《过江》、《入吴》、《白门》前、后诸集，后删并为《渔洋前集》，而诸集皆佚。[③]

按，王士禛著述颇丰，其“前后诸集”并未完全亡佚，据《清人诗文集总目提要》可知：王士禛先于顺治十八年刻《过江集》一卷。又于康熙元年刻《阮亭诗选》十七卷，收顺治十三年至十八年之诗，凡千二百余首，中国国家图书馆藏。《入吴集》一卷，康熙间刻，中国国家图书馆藏。[④] 李灵年、杨忠《清人别集总目》亦载：《阮亭诗选》十七卷，康熙元年自刻本（北图、南图、鲁图、赣图、中国科学

① 柯愈春：《清人诗文集总目提要》，北京古籍出版社 2001 年版，第 108 页。
② 魏连科：《兼济堂文集 · 前言》，魏裔介著，魏连科点校《兼济堂文集》，中华书局 2007 年版，第 15—16 页。
③ 纪昀等：《钦定四库全书总目》卷一七三，中华书局 1997 年版，第 2343 页。
④ 柯愈春：《清人诗文集总目提要》，北京古籍出版社 2001 年版，第 244 页。

院、北师大、中大、苏州、香港中文大学）；《入吴集》一卷，康熙刻本（北图、上海黄裳）。[1] 此外，《中国古籍善本书目》（集部）亦有此二本著述之记载。[2] 由此可见，《阮亭诗》等诸集并未全部亡佚。

（3）朱彝尊《曝书亭集》八十卷《附录》一卷（通行本）

此集凡赋一卷，诗二十二卷……词七卷，曰《江湖载酒集》，曰《茶烟阁体物集》，曰《蕃锦集》。杂文五十卷，分二十六体，附录《叶儿乐府》一卷，则所作小令也。[3]

按，提要所述各卷总数确为八十卷。其中词集部分，提要仅提及集名，未言具体卷数，细查文渊阁《四库全书》本《曝书亭集》，其收入朱彝尊词亦确为七卷，却比提要所列多了《静志居琴趣》一部。故库本《曝书亭集》录入词集实则包括《江湖载酒集》上中下三卷，《静志居琴趣》一卷，《茶烟阁体物集》上下二卷，《蕃锦集》一卷。若删去《静志居琴趣》之后，实只有六卷，不足提要所言七卷之数。四库馆臣在提要中解释其被删的原因时说："惟原本有《风怀》二百韵诗，及《静志居琴趣》长短句，皆流宕艳冶，不止陶潜之赋《闲情》。夫绮语难除，词人常态，然韩偓《香奁集》别有篇帙，不入《内翰集》中，良以文章各有体裁，编录亦各有义例。溷而一之，则自秽其书。今并刊除，庶不乖风雅之正焉。"[4]《静志居琴趣》因近香奁体，有违教化而遭到删毁，实则《静志居琴趣》并未被刊除，仍存库本《曝书亭集》中。

（4）于成龙《政书》八卷（山西巡抚采进本）

是集皆其历任所纪，曰《罗城书》，令罗城时稿也。曰《合州书》，知合州时稿也。曰《武昌书》，同知黄州、署武昌府时稿

---

① 李灵年、杨忠主编：《清人别集总目》，安徽教育出版社 2000 年版，第 88 页。

② 中国古籍善本书目编辑委员会：《中国古籍善本书目》（集部），上海古籍出版社 1993 年版，第 989 页。

③ 纪昀等：《钦定四库全书总目》卷一七三，中华书局 1997 年版，第 2344—2345 页。

④ 纪昀等：《钦定四库全书总目》卷一七三，中华书局 1997 年版，第 2345 页。

也。曰《黄州书》，知黄州府时稿也。曰《八闽书》，历任福建监司时稿也。曰《畿辅书》，巡抚直隶时稿也。曰《两江书》，总督两江时稿也。任监司以前，皆申详、条议、札檄、诫谕之作，任巡抚以后，始列奏疏，共七卷。其第八卷曰《吟咏书》，则其所作各体诗，并以文六首附于后。①

按，《总目》提要对《政书》版本的介绍，易让人误以为前七卷的卷次内容依次为《罗城书》《合州书》《武昌书》《黄州书》《八闽书》《畿辅书》《两江书》。实则不然，查文渊阁《四库全书》本《政书》，卷一包括《罗城书》《合州书》《武昌书》，卷二三四为《黄州书》，卷四《八闽书》，卷五《畿辅书》，卷六、七为《两江书》。其卷八《吟咏书》，除所作诗文外，亦有诗余八首。

(5) 宋荦《西陂类稿》三十九卷（两江总督采进本）

是编凡诗二十二卷，词一卷，杂文八卷，奏疏六卷。②

按，《总目》提要所列实则只有三十七卷，不足三十九卷之数。查文渊阁《四库全书》本《西陂类稿》，卷一至卷二十二为诗，卷二十三《枫香词》，卷二十四至卷三十一为杂文，卷三十二至卷三十七为奏牍，卷三十八、三十九为公移。提要缺“公移”二卷，致使卷数不足三十九卷。

(6) 田雯《古欢堂集》三十六卷附《黔书》二卷《长河志籍考》十卷（两江总督采进本）

是集凡文二十二卷，诗十四卷。③

---

① 纪昀等：《钦定四库全书总目》卷一七三，中华书局 1997 年版，第 2345 页。
② 纪昀等：《钦定四库全书总目》卷一七三，中华书局 1997 年版，第 2348 页。
③ 纪昀等：《钦定四库全书总目》卷一七三，中华书局 1997 年版，第 2349 页。

按，文渊阁《四库全书》本所抄录之《古欢堂集》前有《古欢堂集总目录》。此目录所录实有四十九卷，其中卷一至卷十五为诗，卷十六至卷三十七为文，卷三十八、三十九为《黔书》，卷四十至卷四十九为《长河志籍考》。[①] 文溯阁、文津阁《四库全书》提要皆作“《古欢堂集》四十九卷”，包括“文二十二卷，诗十五卷，《黔书》二卷，《长河志籍考》十卷”[②]。因此，提要所言“《古欢堂集》三十六卷”“诗十四卷”之说皆误，《古欢堂集》实则三十七卷，其中文二十二卷，诗十五卷。三十七卷本《古欢堂集》底本为康熙乾隆间刻德州田氏丛书本，《清代诗文集汇编》据其影印。

(7) 陆陇其《三鱼堂文集》十二卷，《外集》六卷（两江总督采进本）

是集为其门人侯铨所编，凡杂著四卷，书一卷，尺牍一卷，序二卷，记一卷，墓表、志、铭、圹记、传共一卷。外集六卷……[③]

按，依照提要所列各卷之卷数，其文集总计为十卷，不足题名所说十二卷之数。细查文渊阁库本《三鱼堂文集》发现，其卷次分别为杂著四卷、书一卷、尺牍二卷、序二卷，记一卷，墓表、志、铭、圹记、传共一卷，此外还有“祝文、祭文”一卷提要未能列出。对此集版本信息的介绍，文渊阁库本提要与文溯阁、文津阁本提要的表述更为准确，其言皆为：“是集为其门人侯铨所编，凡杂著四卷，书一卷，尺牍二卷，序二卷，记一卷，墓表志铭圹记传共一卷，祝文、祭文共

---

① 田雯：《古欢堂集》，文渊阁《四库全书》第1324页，台湾商务印书馆1986年版，第2—5页。

② 《四库全书》出版工作委员会编：《文津阁四库全书提要汇编》集部七，商务印书馆2006年版，第833页。金毓黻等编：《文溯阁四库全书提要》，中华书局2014年版，第3694页。

③ 纪昀等：《钦定四库全书总目》卷一七三，中华书局1997年版，第2350页。

一卷，外集六卷……”① 故，提要将“尺牍二卷”误作“一卷”，缺失“祝文、祭文一卷”。

(8) 查慎行《敬业堂集》五十卷（浙江巡抚采进本）

是编裒其生平之诗，随所游历，各为一集。凡《慎旃集》三卷……《甘雨集》、《西阡集》、《迎銮集》、《还朝集》、《道院集》各一卷……附载《余波词》二卷。②

按，《敬业堂集》于文渊阁库书题作《敬业堂诗集》，其所收录诸诗集中《西阡集》《迎銮集》共一卷，而非各一卷。《余波词》位于别集最末两卷，亦非附录，若除却此两卷则不足五十卷之数。另，周劭标点本《敬业堂诗集》五十卷，以清康熙刻本为底本，其《敬业堂诗集总目》中《西阡集》《迎銮集》亦共一卷，为第三十四卷。③

(9) 汪由敦《松泉文集》二十卷《诗集》二十六卷（工部侍郎汪承霈进呈本）

晚年遗稿颇夥，未及编次。其子工部右侍郎承霈谨加排次，都为二集，文集分二十三门，诗集自戊子迄丁丑凡五十年之作，共成四十六卷，缮本进呈。④

按，文渊阁库书题为《松泉集》，其文集二十卷，共分二十二门，而非二十三门，按书前目录所列为：卷一赋，卷二颂，卷三雅、乐章，卷四议，卷五表，卷六策问，卷七书、启，卷八至卷十序，卷十

---

① 陆陇其：《三鱼堂文集》，文渊阁《四库全书》第1325册，台湾商务印书馆1986年版，第1页。《四库全书》出版工作委员会编：《文津阁四库全书提要汇编》集部七，商务印书馆2006年版，第834页。金毓黻等编：《文溯阁四库全书提要》，中华书局2014年版，第3695页。

② 纪昀等：《钦定四库全书总目》卷一七三，中华书局1997年版，第2351页。

③ 查慎行：《敬业堂诗集·敬业堂诗集总目》，上海古籍出版社1986年版，第3页。

④ 纪昀等：《钦定四库全书总目》卷一七三，中华书局1997年版，第2353—2354页。

一、十二记，卷十三赞、箴、铭，卷十四至卷十八跋，卷十九传、书事、行状、行略、神道碑，卷二十说、杂。

(10) 胡世安《秀岩集》三十一卷（浙江巡抚采进本）

卷首别载所著书名，分逸目、存目。其逸目凡十六种，存目凡十九种，中已刻者十种。①

按，现存《秀岩集》之版本有三种：《秀岩集》三十一卷附《衍吃语》四卷，顺治十一年刻本。《秀岩集》三十一卷，康熙刻本。《秀岩集》五十四卷，顺治康熙刻本。②《总目》所叙录之版本当为康熙刻本。据《四库全书存目丛书》影印清初刻本康熙三十四年胡蔚先修补本《秀岩集》，前有《秀岩集总目》，分逸目十六种，存目十九种，其中存目部分如下：

《公车草》丁卯仲冬迄戊辰春诗一帙。
《衍吃语》戊午以后，共一帙。
《楚声》壬申奉使荣藩诗一帙，刻。
《和陶》甲戌以后，共一帙。刻。
《嶲规揶揄》己卯北上迄庚辰夏初。
《客行居》庚辰迄癸未，每年一帙。
《集句》自戊辰迄己卯存逸各半，余全。
《石芝集》甲辰以后，每年一帙。
《范驱余札》己卯以后文一帙。
《译峨籁续集》刻。
《龙乘》十三卷，刻。
《异鱼赞笺》笺四卷，补一卷。已刻。
《原易》刻。

---

① 纪昀等：《钦定四库全书总目》卷一八一，中华书局 1997 年版，第 2515 页。
② 李灵年、杨忠主编：《清人别集总目》，安徽教育出版社 2000 年版，第 1581 页。

《梦易》刻。

《操缦录》刻。

《禊帖综闻》刻。

《寒友编》刻。

《度除汇纪》刻。

《樊子句解》刻。①

由上述存目十九种著述来看，其中已刻者当为十二种，非十种。

(11) 薛所蕴《桴庵集》四卷（江苏巡抚采进本）

集刊于顺治癸巳。②

按，据《江苏采辑遗书目录》载："《桴庵诗集》，詹事府少詹事河阳薛所蕴著……此集共五卷，刊本。"③ 提要称此集"刊于顺治癸巳"，"癸巳"即顺治十年。据《清人别集总目》："《桴庵诗》五卷，顺治十年彭志古刻本。"④《清人诗文集总目提要》亦云"《桴庵诗集》五卷"⑤。《四库全书存目丛书》影印清华大学图书馆藏清顺治刻本《桴庵诗》五卷。故而，薛所蕴《桴庵集》当为五卷，杜泽逊以"《总目》殆误四册为四卷"⑥。

(12) 程正揆《青溪遗稿》二十八卷（浙江孙仰曾家藏本）

是集凡诗十六卷，文十一卷，序一卷，附《奇梦记》一卷。⑦

---

① 胡世安：《秀岩集》，《四库全书存目丛书》集部第196册，齐鲁书社1997年版，第415—416页。

② 纪昀等：《钦定四库全书总目》卷一八一，中华书局1997年版，第2515页。

③ 黄烈编：《江苏采辑遗书目录》，张升编《〈四库全书〉提要稿辑存》（四），北京图书馆出版社2006年版，第474—475页。

④ 李灵年、杨忠主编：《清人别集总目》，安徽教育出版社2000年版，第2426页。

⑤ 柯愈春：《清人诗文集总目提要》，北京古籍出版社2001年版，第32页。

⑥ 杜泽逊：《四库存目标注》（六）集部下，上海古籍出版社2007年版，第3082页。

⑦ 纪昀等：《钦定四库全书总目》卷一八一，中华书局1997年版，第2515页。

按，依提要所记，连同《奇梦记》在内《青溪遗稿》共二十九卷。二十八卷本《青溪遗稿》现存康熙三十二年吴琠刻本、康熙天咫阁刻本、康熙五十四年程大毕、程光珠刻本。① 查康熙天咫阁刻本《青溪遗稿》，有诗十六卷，序一卷（卷十七），文十卷（十八至二十七），卷二十八即为《奇梦录》。周中孚《郑堂读书记》所据康熙五十四年程光珠刻本所记“《青溪遗稿》二十八卷，康熙乙未刊本。国朝程正揆撰。《四库全书》存目。是集乃其孙光珠所重刊，自卷一至卷十六为诗，卷十七至卷二十五为杂文，卷二十六、二十七为杂著，皆属杂说，卷二十八为《奇梦录》，则记其生平所梦也”②。《清人诗文集总目提要》据亦康熙五十四年程氏家刻本，载是集“凡诗十六、序一、记一、传一、墓志铭一、启一、题跋三、像赞一、杂著二、奇梦录一，共二十八卷”③。两个版本在卷数分类方面是一致的。故《总目》所说的“文十一卷”是包括“序一卷”在内的。另，据《纪晓岚删定〈四库全书总目〉稿本》，以《奇梦录》作《奇梦记》系纪昀所改。④

(13) 陈宏绪《陈士业全集》十六卷（江西巡抚采进本）

是编凡分六种：《石庄初集》六卷，《塞崖近稿》二卷，《敦宿堂留稿》二卷，《鸿桷集》二卷，《鸿桷续集》二卷，《恒山存稿》二卷。⑤

按，《塞崖近稿》于浙本《总目》作《寒崖近稿》。⑥ 文渊阁《四库全书》影印武英殿本《总目》作《塞崖近稿》。⑦ 陈宏绪著述版本

① 李灵年、杨忠主编：《清人别集总目》，安徽教育出版社2000年版，第2225页。

② 周中孚：《郑堂读书记》卷七〇，上海书店出版社2009年版，第1132页。

③ 柯愈春：《清人诗文集总目提要》，北京古籍出版社2001年版，第46页。

④ 永瑢、纪昀等：《纪晓岚删定〈四库全书总目〉稿本》第8册，国家图书馆出版社2011年版，第8页。

⑤ 纪昀等：《钦定四库全书总目》卷一八一，中华书局2519页。

⑥ 永瑢等：《四库全书总目》卷一八一，中华书局1965年版，第1635页。

⑦ 纪昀等：《四库全书总目》卷一八一，文渊阁《四库全书》第4册，台湾商务印书馆1986年，第844页。

众多，康熙初刻《石庄初集》六卷，康熙二十六年刻《陈士业先生集》十四卷，康熙二十六年刻《陈士业先生集》十六卷，康熙二十六年刻雍正十二年重修本《陈士业先生集》十四卷《敦宿堂留书》二卷。[①]《总目》叙录之版本当为康熙二十六年刻本。查《四库全书存目丛书》影印之康熙二十六年陈玫刻本，作《陈士业先生集》十六卷，子目包括：《石庄初集》六卷，《寒崖近稿》二卷，《敦宿堂留书》二卷，《鸿桷集》二卷，《鸿桷续集》二卷，《恒山存稿》二卷。[②]故而，浙本提要无误，武英殿本《总目》所言之“《塞崖近稿》”当为《寒崖近稿》。

(14) 释本昼《直木堂诗集》七卷（浙江巡抚采进本）

此集乃其晚年所著。凡诗四百余首。[③]

按，此语出自集前李邺嗣《序》中“今岁寒泉子以《直木堂近集》相寄，余适患气，强起为选定得四百余首”[④]句。七卷本《直木堂诗集》现存康熙睡香庵刻本，[⑤]《清人诗文集总目提要》云：“《直木堂诗集》又名《寒泉子直木堂诗集》，李邺嗣、黄宗羲为之序，邺嗣先选其诗二卷，康熙间刻，清华大学图书馆藏。后益以晚年所作，选诗六百余首，编为七卷，康熙间睡香庵刻。”[⑥]然据此本集前所载目次：“卷一卷二：五言古八十二首、七言古十九首；卷三卷四：五言律一百一十七首；卷五卷六：七言律一百七首；卷七：五言排律六

---

① 李灵年、杨忠主编：《清人别集总目》，安徽教育出版社2000年版，第1274页。

② 杜泽逊：《四库存目标注》（六）集部下，上海古籍出版社2007年版，第3097页。另，陈弘绪：《陈士业先生集》，《清代诗文集汇编》第10、11册，上海古籍出版社2010年版。

③ 纪昀等：《钦定四库全书总目》卷一八一，中华书局1997年版，第2519—2520页。

④ 释本昼：《直木堂诗集》，《四库全书存目丛书》集部第205页，齐鲁书社1997年版，第58页。

⑤ 李灵年、杨忠主编：《清人别集总目》，安徽教育出版社2000年版，第2469页。

⑥ 柯愈春：《清人诗文集总目提要》，北京古籍出版社2001年版，第145页。

首、五言绝句二十四首、七言绝句三十三首。”① 以此来看，《直木堂诗集》所载诗共计三百八十八首，不足四百首，提要所言应为近四百首更为准确。

(15) 顾景星《白茅堂集》四十六卷（湖北巡抚采进本）

初有《童子集》三卷，《愿学集》八卷，《书目》十卷，皆崇祯壬午以前作，明末毁于寇。《顾氏列传》十五卷，《阮嗣宗咏怀诗注》二卷，《李长吉诗注》四卷，《读史集论》九卷，《灛池录》一百十八卷，《南渡集》、《来耕集》共七十三卷，皆崇祯癸未以后作。康熙丙午毁于火，仅《南渡》、《来耕》二集存十之三四。乙酉、丙戌之间，又有《登楼集》、《避地泖淀集》，亦皆散佚。②

按，此提要是由馆臣将集前顾景星《白茅堂集叙》与淮南陶澂《南渡集序》缀合而成。其中，除最后一句出自陶澂《南渡集序》外，其余皆出自顾景星自叙。提要错误之处在于：一是馆臣误将顾景星自叙中“《顾氏历代列传》五十卷”抄录成“《顾氏列传》十五卷”；二是《南渡集序》载“乙丙有《登楼集》《避地淀泖集》”③，馆臣将“《避地淀泖集》”误作“《避地泖淀集》”。

(16) 孙枝蔚《溉堂前集》九卷《续集》六卷《后集》六卷《诗余》二卷（陕西巡抚采进本）

《前集》十卷，各以体分。《续集》六卷，则起康熙丙午止戊午。④

---

① 释本昼：《直木堂诗集》，《四库全书存目丛书》集部第205页，齐鲁书社1997年版，第59页。

② 纪昀等：《钦定四库全书总目》卷一八一，中华书局1997年版，第2520页。

③ 顾景星：《白茅堂集》，《四库全书存目丛书》集部第205册，齐鲁书社1997年版，第532页。

④ 纪昀等：《钦定四库全书总目》卷一八一，中华书局1997年版，第2521页。

按，浙本《总目》所载与此相同。[①] 然标题与提要在《溉堂前集》是“九卷”还是“十卷”问题上存在矛盾之处。《清人诗文集总目提要》载：“《溉堂集》，康熙十八年初刻于北京，凡前集九卷、续集六卷、文集五卷、诗余二卷……康熙六十年增刻，于原刻二十二卷外，补后集六卷。”[②] 故而，提要所叙录之版本当为康熙六十年增刻本。《四库全书存目丛书》影印清华大学图书馆藏清康熙刻本，此本即康熙六十年增刻本，各集集名及其卷次为：《溉堂前集》九卷、《后集》六卷、《续集》六卷、《文集》五卷、《诗余》二卷。[③] 另，此集存有孙枝蔚子匡薰所作《序》，其言曰：“己未岁，以六科书云李公等疏名公荐，应上博学弘词之召，携所作稿本入都。会少宰玉峰赵公时为考功郎，相见欢甚，倾筒倒箧，校雠付梓。其刻于京邸者《溉堂前集》九卷、《续集》六卷、《文集》五卷、《诗余》二卷，久已流传海内矣。”[④] 可见，初刻时《溉堂前集》即为九卷，增刻时亦未增加，故提要所记“十卷”之说为误。《四库全书总目汇订》亦言“‘十卷’乃‘九卷’之误”[⑤]。

(17) 李颙《二曲集》二十二卷（浙江巡抚采进本）

集为其门人王心敬所编，每卷分标篇目。曰《悔过自新说》，曰《学髓》，曰《两庠汇语》，曰《靖江语要》，曰《锡山语要》，曰《传心录》，曰《体用全学》，曰《读书次第》，曰《东行述》、曰《南行述》，曰《东林书院会语》，曰《匡时要务》，曰《关中书院会约》，曰《盩厔答问》，曰《富平答问》，曰《观感录》，皆其讲学教授之语，或出自著，或门弟子所辑，凡十六种。本各

① 永瑢等：《四库全书总目》卷一八一，中华书局1965年版，第1636页。

② 柯愈春：《清人诗文集总目提要》，北京古籍出版社2001年版，第137页。

③ 孙枝蔚：《溉堂前集》，《四库全书存目丛书》集部第206册，齐鲁书社1997年版，第469页。

④ 孙枝蔚：《溉堂前集》，《四库全书存目丛书》集部第206册，齐鲁书社1997年版，第589页。

⑤ 魏小虎：《四库全书总目汇订》，上海古籍出版社2012年版，第6101页。

自为书，故卷前间录原序。其第十六至二十二卷则颙所著杂文。二十三卷以下曰《襄城记异》，乃颙父可从明末从汪乔年击流寇战殁，颙建祠襄城，有闻鬼语之事，各作诗文记之，而刘宗泗裒辑成帙。曰《义林记》，则记颙招魂葬父事，亦宗泗所辑。曰《李氏家乘》，曰《贤母祠记》，则皆为可从及颙母彭氏所作传记、诗文，而富平惠靇嗣汇次之。刊集时并以编入，盖用宋人附录之例。然卷帙繁重而无关颙之著作，殊为疣赘。①

按，提要中称“二十三卷以下”有《襄城记异》《义林记》《李氏家乘》《贤母祠记》。由此来看，《二曲集》显然不止二十二卷。《四库全书》纂修之前，《二曲集》版本有康熙三十三年刻本、康熙四十四年刻本、康熙刻本，三种版本皆为二十六卷。② 按照《四库全书存目丛书》影印康熙三十二年郑重高尔公刻本集前目录所记：卷一《悔过自新说》，卷二《学髓》，卷三《两庠汇语》，卷四《靖江语要》，卷五《锡山语要》，卷六《传心录》，卷七《体用全学》，卷八《读书次第》，卷九《东行述》，卷十《南行述》，卷十一《东林书院会语》，卷十二《匡时要务》，卷十三《关中书院会约》，卷十四《盩厔答问》，卷十五《富平答问》，卷十六、十七、十八《书》，卷十九《题跋、杂著》，卷二十《传》，卷二十一《墓志、行略、墓碣、赞》，卷二十二《观感录》，卷二十三《襄城记异》，卷二十四《义林记》，卷二十五《李氏家传》，卷二十六《贤母祠记》。③ 因此，《二曲集》实则有二十六卷，馆臣将前二十二卷叙录，而将后四卷作为附录，因后四卷“皆言颙之父母身后事，刊集时援宋人附录之例，以编入者，非颙之著作也”④，其杂文当在卷十六至卷二十一。

---

① 纪昀等：《钦定四库全书总目》卷一八一，中华书局 1997 年版，第 2521 页。

② 李灵年、杨忠主编：《清人别集总目》，安徽教育出版社 2000 年版，第 756 页。

③ 李颙：《二曲集》，《四库全书存目丛书》集部第 207 册，齐鲁书社 1997 年版，第 149—150 页。

④ 张舜徽：《清人文集别录》卷二，华中师范大学出版社 2004 年版，第 47 页。

(18) 申涵光《聪山集》十四卷(直隶总督采进本)

是编首列年谱、传志一卷,次文三卷,诗八卷,附《荆园小语》一卷,《荆国进语》一卷,皆所作语录也。[①]

按,《荆国进语》浙本提要作《荆园进语》[②]。文渊阁《四库全书》影印武英殿本《总目》作《荆国进语》。[③]《四库全书存目丛书》影印清康熙刻本《聪山集》中作《荆园进语》[④]。故《荆国进语》为《荆园进语》之误。

(19) 贺贻孙《水田居士文集》五卷(江西巡抚采进本)

国朝贺贻孙撰。[⑤]

按,杜泽逊《四库存目标注》载:《江西巡抚海第三次呈送书目》作《水田居文集》五本。南开、北图藏清康熙刻本,作《水田居文集》五卷。清华大学藏清敕书楼刻本,亦作《水田居文集》五卷。南京大学藏清道光至同治间刻《水田居全集》收有《水田居文集》五卷。上海图书馆藏清抄本,作《水田居士集》五卷。杜氏认为是书名,传世刊本及进呈目皆无"士"字,知系馆臣误增。至于上图抄本,当出《四库》之后,又据《总目》而加也。[⑥] 李灵年、杨忠主编《清人别集总目》亦载晋图、湘图、赣图、闽图、人大、南开等所藏康熙十六年敕书楼刻本称《水田居文集》五卷,北图所藏清敕书

① 纪昀等:《钦定四库全书总目》卷一八一,中华书局1997年版,第2521页。

② 永瑢等:《四库全书总目》卷一八一,中华书局1965年版,第1636页。

③ 纪昀等:《四库全书总目》卷一八一,文渊阁《四库全书》第4册,台湾商务印书馆1986年版,第847页。

④ 申涵光:《聪山集》,《四库全书存目丛书》集部第207册,齐鲁书社1997年版,第544页。

⑤ 纪昀等:《钦定四库全书总目》卷一八一,中华书局1997年版,第2522页。

⑥ 杜泽逊:《四库存目标注》(六)集部下,上海古籍出版社2007年版,第3111—3112页。

楼刻本亦称《水田居文集》五卷。唯上图所藏清抄本、日本静嘉图书馆所藏嘉庆刻本名为《水田居士集》五卷。[①]

贺贻孙此集名源自其居所，据其集中《水田居诗自序》："一十年前城南有宅，为心远堂，虽近市嚣哗，而读书甚乐。既而堂遭兵毁，复读书于厚田之水田居。厚田土瘠源浅，十日不雨，苗稼常焦，故厚田之田，犹石田也。今以水田名居何哉？……既名其居，复以名诗者。"[②] 其诗集《水田居存诗》集前有谌瑞云《永新贺子翼先生诗集序》，序中称"余向读其《水田居集》，见所著《激书》《史论》《诗触》《易触》皆卓然成一家"[③]。由此，贺贻孙著作集名《水田居集》，《水田居文集》当为其中一种。

《总目》提要题作《水田居士文集》概源自《江西巡抚海第三次呈送书目》，其所载为："《水田居士文集》五卷，清贺贻孙著。五本。"[④] 可见，采进书目时已题作《水田居士文集》，后来馆臣沿用此名，而之所以用此集名，或因贺贻孙号水田居士，故此。

(20) 魏象枢《寒松堂集》九十二卷（江苏巡抚采进本）[⑤]

按，《总目》所叙录为"江苏巡抚采进本"，据《江苏采辑遗书目录》载："《寒松堂全集》，都察院左都御史蔚州魏象枢著。按：此集奏疏诗文共十二卷。"[⑥] 杜泽逊《四库存目标注》除转引此文献外，还援引其他文献以证《寒松堂集》为十二卷。如《两淮商人马裕家呈送书目》："《寒松堂集》十二卷，国朝魏象枢，十二本。"辽宁大

---

① 李灵年、杨忠主编：《清人别集总目》，安徽教育出版社 2000 年版，第 1714 页。

② 贺贻孙：《水田居文集》卷三，《四库全书存目丛书》集部第 208 册，齐鲁书社 1997 年版，第 89 页。

③ 贺贻孙：《水田居存诗》，《清代诗文集汇编》第 21 册，上海古籍出版社 2010 年版，第 275 页。

④ 吴慰祖校订：《四库采进书目》，商务印书馆 1960 年版，第 162 页。

⑤ 纪昀等：《钦定四库全书总目》卷一八一，中华书局 1997 年版，第 2528 页。

⑥ 黄烈：《江苏采辑遗书目录》，张升编《〈四库全书〉提要稿辑存》（四），北京图书馆出版社 2006 年版，第 474 页。

学藏清康熙刻本，作《寒松堂全集》十二卷。故而，杜氏认为是书刻本及进呈目皆作十二卷，《总目》作九十二卷，恐误衍“九”字。[①] 而柯愈春则指出“四库载《寒松堂集》九十二卷，其子学诚编刊，毁于火。后辑为《寒松堂集》十二卷，凡奏疏四卷、诗三卷、文五卷，康熙四十七年刻，首都图书馆藏”[②]。

(21) 宋琬《安雅堂诗》《安雅堂拾遗诗》皆无卷数《安雅堂拾遗文》二卷附《二乡亭词》四卷（大理寺卿陆锡熊家藏本）

所谓《入蜀集》者，其后人亦无传本。[③]

按，《入蜀集》上下卷，有乾隆三十一年刻本，附于《安雅堂未刻稿》后，《续修四库全书》影印此本。其书前题“新城王士正贻上定”[④]，末题“孙永年敬刊，曾孙宇宜宁宣审校订”[⑤]。《入蜀集》二卷，现存顺治至乾隆刻安雅堂集本，川图、晋图、鲁图、山大、安徽师大、青岛等图书馆有存。[⑥] 可见“其后人亦无传本”之说不确。

(22) 赵吉士《万青阁全集》八卷（内府藏本）

是集为吉士所自编，凡杂文二卷，诗一卷，勘河诗纪等十三种，共一卷，制义一卷，平交山寇公牍诗文一卷，谳牍一卷。[⑦]

按，以提要所列卷数总计七卷，不足八卷之数。八卷本《万青阁

---

① 杜泽逊：《四库存目标注》（六）集部下，上海古籍出版社 2007 年版，第 3132—3133 页。

② 柯愈春：《清人诗文集总目提要》卷六，北京古籍出版社 2001 年版，第 115 页。

③ 纪昀等：《钦定四库全书总目》卷一八一，中华书局 1997 年版，第 2530 页。

④ 宋琬：《入蜀集》，《续修四库全书》集部第 1405 册，上海古籍出版社 2002 年版，第 260 页。

⑤ 宋琬：《入蜀集》，《续修四库全书》集部第 1405 册，上海古籍出版社 2002 年版，第 275 页。

⑥ 李灵年、杨忠主编：《清人别集总目》，安徽教育出版社 2000 年版，第 1062 页。

⑦ 纪昀等：《钦定四库全书总目》卷一八二，中华书局 1997 年版，第 2533 页。

全集》现存康熙赵继抃、赵景御等刻本。[①] 据《清人诗文集总目提要》载："此集凡文二卷、诗三卷、制义一卷、杂记二卷，康熙间赵继抃等刻。"[②]

(23) 梅清《天延阁诗前集》十六卷《后集》十三卷附《花果会唱和时》一卷《赠言集》四卷（内府藏本）

是编分前后二集，《前集》分十六编：一曰乐府，二曰稼园草，三曰新田集，四曰燕征草，五曰宛东草，六曰休夏草，七曰驱尘集，八曰越游草，九曰匣琴集，十曰寒江集，十一曰归舟集，十二曰岳云集，十三曰梅花溪上集，十四曰雪庐草，十五曰菊闲草，十六曰唱和诗。以一集为一卷，卷各有序。[③]

按，《花果会唱和时》于浙本提要作《花果会唱和诗》，殿本误；《休夏草》于浙本提要作《休夏集》[④]。《天延阁诗集》现存清康熙刻本，题为《天延阁删后诗》十五卷，集前存有原十六卷之目录，据此其卷六为《休夏集》，卷十一为《归舟草》，卷十五为《菊间草》。[⑤]《清人诗文集总目提要》亦云："《天延阁删后诗》又名《天延阁诗前集》，《四库存目》所载十六卷，今中国国家图书馆、上海图书馆所藏皆十五卷，盖卷十六《倡和诗》未计。约自崇祯十五年至康熙十三年诗，分《拟古乐府》、《稼园》、《新田》、《燕征》、《宛东》、《休夏》、《驱尘》、《越游》、《连琴》、《寒江》、《归舟》、《岳云》、《梅花溪上》、《雪庐偶存草》、《菊间》诸集，附《敬亭唱和诗》一卷。"[⑥]《清人诗文集总目提要》此处《连琴》当为《匣琴》，然此载

① 李灵年、杨忠主编：《清人别集总目》，安徽教育出版社2000年版，第1545页。
② 柯愈春：《清人诗文集总目提要》卷八，北京古籍出版社2001年版，第198页。
③ 纪昀等：《钦定四库全书总目》卷一八二，中华书局1997年版，第2535页。
④ 永瑢等：《四库全书总目》卷一八二，中华书局1965年版，第1645页。
⑤ 梅清：《天延阁删后诗》，《清代诗文集汇编》第85册，上海古籍出版社2010年版，第239页。
⑥ 柯愈春：《清人诗文集总目提要》卷七，北京古籍出版社2001年版，第163页。

亦证四库提要《菊闲草》当为《菊间草》。

(24) 汪琬《钝翁前后类稿》一百八十卷(内府藏本)

始琬请告以前所作诗文，自辑为《类稿》六十二卷，先刊板置之尧峰皆山阁。其归田后十三年之作，则辑为《续稿》三十卷。又取《明史列传稿》一百七十五首，附以《汪氏族谱》及其父行略为《别集》二十六卷。有周公贽者为校刻之。①

按，以上述提要所记卷数计算，《钝翁前后类稿》共一百一十八卷，而非题名所称之“一百八十卷”。据查此提要实则改写自周公贽跋《先府君事略》:“翁先是刻《类稿》六十二卷，藏之尧峰皆山阁矣。请告以来，复时时发为述作者几十有三年，得诗五百二十首，经解古文辞二百六十首，汇为三十卷，即今贽所校诗稿、文稿是也。中间曾应博学宏儒之选，入史馆者六十日，杜门称疾者一年，然后南归，在馆所拟《明史列传》一百七十五首，汇为二十四卷，即今贽所校《别稿》是也，而《汪氏族谱》《先府君事略》二卷附焉。合并刻《类稿》凡一百十有八卷。”② 另据《纪晓岚删定〈四库全书总目〉稿本》所载为“《钝翁前后类稿》一百十八卷”③，浙本提要亦作“《钝翁前后类稿》一百十八卷”④，文渊阁《四库全书》本《总目》同样为“《钝翁前后类稿》一百十八卷”⑤。故而，《钝翁前后类稿》当为一百一十八卷，“一百八十卷”之说乃中华书局整理本之误。

① 纪昀等:《钦定四库全书总目》卷一八二，中华书局1997年版，第2539页。

② 汪琬:《钝翁前后类稿》,《清代诗文集汇编》第94册，上海古籍出版社2010年版，第477—478页。

③ 永瑢、纪昀等撰:《纪晓岚删定〈四库全书总目〉稿本》第8册，国家图书馆出版社2011年版，第141页。

④ 永瑢等:《四库全书总目》卷一八二，中华书局1965年版，第1647页。

⑤ 纪昀等:《四库全书总目》卷一八二，文渊阁《四库全书》第4册，台湾商务印书馆1986年版，第873页。

(25) 李蕃《雪鸿堂文集》十八卷(山东巡抚采进本)
审编《徭役序》,极言派银杂费之患。①

按,“审编”浙本作“蕃编”②。《雪鸿堂文集》十八卷,现存康熙五十七年通江李氏刻本;《雪鸿堂文集》十八卷又四卷又二卷,康熙五十八年刻本,此刻本与其子钟峨、钟璧合撰。③《清代诗文集汇编》有康熙五十七年刻本,此刻本中“审编徭役序”名作“《编审均徭序》”④,故不论是武英殿本的“审编徭役序”还是浙本的“蕃编徭役序”皆误。

(26) 吴兆骞《秋笳集》八卷(江苏巡抚采进本)
此集前四卷为徐乾学所刊,后四卷为其子振所刊。⑤

按,浙本提要所记与此相同。⑥ 提要之言出自吴兆骞之子吴桭臣所作《秋笳集跋》,其言曰:“桭臣愚蒙不肖……爰就旧刊,增以家藏,析为八卷,汇成一集。其前四卷,系健翁所刻,后四卷,则桭臣所增也……雍正丙午秋八月,男桭臣谨跋。”⑦《跋》所言完全可以证明吴兆骞之子名为“吴桭臣”,而非单名“振”。胡玉缙《四库全书总目提要补正》已言:“汉槎子名桭臣,《提要》误为‘振’字单名,且误‘桭’为‘振’。”⑧

---

① 纪昀等:《钦定四库全书总目》卷一八二,中华书局1997年版,第2539页。
② 永瑢等:《四库全书总目》卷一八二,中华书局1965年版,第1648页。
③ 李灵年、杨忠主编:《清人别集总目》,安徽教育出版社2000年版,第756页。
④ 李蕃:《雪鸿堂文集》卷一,《清代诗文集汇编》第81册,上海古籍出版社2010年版,第28页。
⑤ 纪昀等:《钦定四库全书总目》卷一八二,中华书局1997年版,第2539页。
⑥ 永瑢等:《四库全书总目》卷一八二,中华书局1965年版,第1648页。
⑦ 吴兆骞:《秋笳集》附录四,上海古籍出版社2009年版,第358—359页。
⑧ 胡玉缙撰,王欣夫辑:《四库全书总目提要补正》卷五五,上海书店出版社1998年版,第1556页。

(27) 孙蕙《笠山诗选》五卷（山东巡抚采进本）

是集为汪懋麟所选定。①

按，《笠山诗选》现存康熙二十一年序刻本②，《四库全书存目丛书》影印此本。其卷一、卷三、卷五为“新城王士禛贻上选”③，卷二、卷四为“扬州汪懋麟季角选”④。可见，《笠山诗选》为王士禛、汪懋麟合选，并非由汪懋麟一人所选定。江庆柏等《四库全书初次进呈存目》对此问题亦有辨析：

此集今存，卷一、卷三、卷五之卷端题作“淄川孙蕙树百著，新城王士禛贻上选”，卷二、卷四之卷端题作“淄川孙蕙树百著，扬州汪懋麟季甪选”。是此集由王士禛、汪懋麟合选，且王士禛所选还多出汪懋麟一卷。此书王士禛《序》云：“君（指孙蕙）以予素知君深者，因并属予论次之。”所谓论次，即编选之意。可见王士禛自己亦说此集为自己所参与编选。《初目》、《总目》以汪懋麟一人所选，均非是。⑤

(28) 孔尚典《孔天征文集》无卷数（江苏巡抚采进本）

国朝孔尚典撰。尚典字天征，号汶林，江西新城人。⑥

按，提要作“江苏巡抚采进本”。杜泽逊《四库存目标注》辨析道：

---

① 纪昀等：《钦定四库全书总目》卷一八二，中华书局 1997 年版，第 2542 页。

② 李灵年、杨忠主编：《清人别集总目》，安徽教育出版社 2000 年版，第 631 页。

③ 孙蕙：《笠山诗选》，《四库全书存目丛书》集部第 232 册，齐鲁书社 1997 年版，第 451、467、488 页。

④ 孙蕙：《笠山诗选》，《四库全书存目丛书》集部第 232 册，齐鲁书社 1997 年版，第 459、475 页。

⑤ 江庆柏等整理：《四库全书初次进呈存目》，人民文学出版社 2015 年版，第 437 页。

⑥ 纪昀等：《钦定四库全书总目》卷一八二，中华书局 1997 年版，第 2546 页。

《江西巡抚海续购书目》："《孔天征集》二本。"按：《提要》云："今此本只二册，诗文杂编，又附以他人之诗，殆编次未成之稿欤？"知馆臣所见即江西呈本，尚典亦江西人，《总目》云"江苏巡抚采进本"，必江西之误也。①

(29) 汤之锜《偶然云集》十卷（江苏巡抚采进本）

是集冠以《约言》一卷……文录二卷，解《易》、《春秋》独多……诗录三卷，仿《击壤集》体。语录二卷，大抵衍先儒绪论。行录、行状其一卷。②

按，提要所记首《约言》一卷，文录二卷，诗录三卷，语录二卷，行录、行状共一卷。以此计算共为九卷，非标题所云十卷。《偶然云集》现存乾隆刻本③，《四库全书存目丛书》据此影印。按集前《偶然云总目》所记："卷一《静坐约言》；卷二《文录上》；卷三《文录中》；卷四《文录下》；卷五《诗录上》；卷六《诗录中》；卷七《诗录下》；卷八《语录上》；卷九《语录下》；卷十《行录》。"④以此来看，集中文录应为上、中、下三卷，而非提要所言的"文录二卷"。

(30) 陈炳《阳山诗集》十卷（浙江巡抚采进本）

是集分青桂岩稿、润州草、风蓬吟、楚游草、始间吟、宝华山稿、蕉雨闲房寓中稿、簷铃集、仙人塘上吟、竺坞遗稿，凡十集。⑤

---

① 杜泽逊：《四库存目标注》（六）集部下，上海古籍出版社2007年版，第3203页。
② 纪昀等：《钦定四库全书总目》卷一八二，中华书局1997年版，第2547—2548页。
③ 李灵年、杨忠主编：《清人别集总目》，安徽教育出版社2000年版，第576页。
④ 汤之锜：《偶然云集》，《四库全书存目丛书》集部第237册，齐鲁书社1997年版，第3页。
⑤ 纪昀等：《钦定四库全书总目》卷一八三，中华书局1997年版，第2549页。

按，《始间吟》浙本提要作《始闲吟》[1]，文渊阁《四库全书》本《总目》作《始间吟》[2]。十卷本《阳山草堂诗集》现存雍正刻本。[3]《四库全书存目丛书》影印此本，其集前《阳山草堂诗集总目》所列为：第一卷《青桂岩稿》、第二卷《润州草》、第三卷《风蓬吟》、第四卷《楚游草》、第五卷《始闲吟》、第六卷《宝华山稿》、第七卷《蕉雨闲房寓中稿》、第八卷《檐铃集》、第九卷《仙人塘上吟》、第十卷《竺坞遗稿》。[4] 柯愈春《清人诗文集总目提要》所列各卷次集名与此刻本相同。[5] 故而，提要所言之《始间吟》实为《始闲吟》。

(31) 王奂曾《旭华堂文集》十四卷《补遗》一卷《续编》一卷（山西巡抚采进本）

国朝王奂曾撰。奂曾字元亮，别字思显，号诚轩，山西太原人。康熙丙辰进士，官至湖广道监察御史。是集为其孙婿赵勋典所刊。[6]

按，"山西太原人"于浙本《总目》提要[7]、《纪晓岚删定〈四库全书总目〉稿本》[8] 皆作"山西太平人"。《四库全书总目汇订》根据清雍正《山西通志》卷七一《科目七》所载，明确王奂曾为太平人。[9] 另据康熙十六年赵勲典刻本《旭华堂文集》集前张若挚《序》载："公讳奂曾，字元亮，别字思显，诚轩其号也，平阳太平人，举

---

① 永瑢等：《四库全书总目》卷一八三，中华书局1965年版，第1654页。

② 纪昀等：《四库全书总目》卷一八三，文渊阁《四库全书》第4册，台湾商务印书馆1986年版，第889页。

③ 李灵年、杨忠主编：《清人别集总目》，安徽教育出版社2000年版，第1237页。

④ 陈炳：《阳山诗集》，《四库全书存目丛书》集部第237册，齐鲁书社1997年版，第579—580页。

⑤ 柯愈春：《清人诗文集总目提要》，北京古籍出版社2001年版，第299—300页。

⑥ 纪昀等：《钦定四库全书总目》卷一八三，中华书局1997年版，第2555—2556页。

⑦ 永瑢等：《四库全书总目》卷一八三，中华书局1965年版，第1658页。

⑧ 永瑢、纪昀等：《纪晓岚删定〈四库全书总目〉稿本》第8册，国家图书馆出版社2011年版，第238页。

⑨ 魏小虎：《四库全书总目汇订》，上海古籍出版社2012年版，第6185页。

康熙丙辰进士……历都察院湖广道监察御史，掌浙江、山西、山东、陕西等道事。”[①] 故，王奂曾当为“太平人”。

关于刊刻者，《四库存目标注》云：“刻书人赵熟典，《提要》误作赵勋典。”[②]《清人诗文集总目提要》载：“（王奂曾）所撰《旭华堂文集》十四卷，凡奏议一卷、杂文十三卷，前有阎廷玠、张若盔序，其子何编辑，孙婿赵熟典校刊。又有《补遗》一卷、《续编》一卷，后有赵熟典跋。此集有文无诗，陆续刊刻十余年，至乾隆十六年刻成，中国国家图书馆藏。赵熟典同时刊刻者，又有《旭华堂诗集》二卷，中国科学院图书馆藏。”[③]《四库全书存目丛书》影印清乾隆十六年赵熟典刻本，其目录下署名“孙婿赵熟典厚五校刊”[④]，末附《识》一篇，署名为“乾隆丁卯仲秋孙婿赵熟典厚五敬识”[⑤]。故王奂曾之孙婿应名“赵熟典”，而非“赵勋典”。

(32) 李良年《秋锦山房集》二十二卷（江苏巡抚采进本）
是编凡诗集十卷，词二卷，文集一卷。[⑥]

按，文渊阁《四库全书》本《总目》所载与此相同。[⑦] 提要所列加起来只有十三卷，与标题所称之“二十二卷”差距较大。现存康熙三十五年李潮偕刻乾隆二十四年金寿彭、金德舆续刻本为《秋锦山房集》二十二卷《外集》三卷[⑧]。从此版本《秋锦山房集》目录来看，

---

① 王奂曾：《旭华堂文集》，《四库全书存目丛书》集部第 247 册，齐鲁书社 1997 年版，第 2 页。

② 杜泽逊：《四库存目标注》（六）集部下，上海古籍出版社 2007 年版，第 3239 页。

③ 柯愈春：《清人诗文集总目提要》，北京古籍出版社 2001 年版，第 343 页。

④ 王奂曾：《旭华堂文集》，《四库全书存目丛书》集部第 247 册，齐鲁书社 1997 年版，第 4 页。

⑤ 王奂曾：《旭华堂文集》，《四库全书存目丛书》集部第 247 册，齐鲁书社 1997 年版，第 218 页。

⑥ 纪昀等：《钦定四库全书总目》卷一八三，中华书局 1997 年版，第 2558 页。

⑦ 纪昀等：《四库全书总目》卷一八三，文渊阁《四库全书》第 4 册，台湾商务印书馆 1986 年版，第 902 页。

⑧ 李灵年、杨忠主编：《清人别集总目》，安徽教育出版社 2000 年版，第 792 页。

卷一至卷十为古今体诗，卷十一、十二为词，卷十三至卷二十二为文集。[①] 浙本提要所载与康熙刻本目录相同："是编凡诗集十卷，词二卷，文集十卷。"[②] 以此来看，文集应为十卷，而非"一卷"。

(33) 邵廷采《思复堂集》十卷（浙江巡抚采进本）

是集刊于康熙壬辰，以龚翔麟所撰《墓志》，邵思渊所撰《墓表》，万经所撰《小传》冠诸编首。[③]

按，浙本《总目》所言与此相同。[④]《四库全书存目丛书》影印康熙刻本《思复堂文集》，卷首亦存提要所说诸文，《文学邵念鲁先生墓志铭》署名为"康熙五十有二载李冬之月仁和龚翔麟顿首拜撰"[⑤]，《理学邵念鲁先生传》署名为"康熙五十五年丙申夏四月甬江万经顿首拜撰"[⑥]，而《理学邵念鲁先生墓表》一文的署名却是"康熙癸巳嘉平月会稽后学陶思渊顿首拜撰"[⑦]。"康熙壬辰"为康熙五十一年，"康熙癸巳"乃康熙五十二年，此本与提要所言虽非一个版本，但各文之作者当不会变化。另据祝鸿杰校点本《思复堂文集》所附录之《理学邵念鲁先生墓表》，其署名亦为"会稽陶思渊"[⑧]。由此来看，《墓表》的作者当为"陶思渊"，而非"邵思渊"。《四库全书总目汇订》引何冠彪《从日本静嘉堂文库所藏〈邵念鲁文稿〉论邵廷采的文集》指出"壬辰为康熙五十一年，而陶思渊（非邵思渊）《墓

① 李良年：《秋锦山房集》，《四库全书存目丛书》集部第251册，齐鲁书社1997年版，第2—26页。

② 永瑢等：《四库全书总目》卷一八三，中华书局1965年版，第1660页。

③ 纪昀等：《钦定四库全书总目》卷一八三，中华书局1997年版，第2559页。

④ 永瑢等：《四库全书总目》卷一八三，中华书局1965年版，第1660页。

⑤ 邵廷采：《思复堂文集》，《四库全书存目丛书》集部第251册，齐鲁书社1997年版，第266页。

⑥ 邵廷采：《思复堂文集》，《四库全书存目丛书》集部第251册，齐鲁书社1997年版，第272页。

⑦ 邵廷采：《思复堂文集》，《四库全书存目丛书》集部第251册，齐鲁书社1997年版，第267页。

⑧ 邵廷采著，祝鸿杰校点：《思复堂文集》，浙江古籍出版社1987年版，第531页。

表》作于康熙五十二年”[1]。

(34) 王沛恂《匡山集》六卷(山东巡抚采进本)

是集凡文五卷，诗一卷。[2]

按，浙本提要所述与此相同。[3] 六卷本《匡山集》现存雍正十一年刻本。[4]《四库全书存目丛书》据此影印，其目录：第一卷为序记书跋二十六篇，第二卷诗《闲居草》，卷三诗《南游草》，第四卷诗《哀吟草》，第五卷诗《居山草》，第六卷诗《出山草》。[5] 可见，提要将诗与文卷数颠倒，实际应为“文一卷，诗五卷”。《清人诗文集总目提要》亦标注此著“文一卷、诗五卷”[6]。

(35) 沈季友《学古堂诗集》六卷(浙江巡抚采进本)

其集卷一至卷三曰《南旋集》，卷四至卷六曰《秋蓬集》，乃其孙钥所合刊。[7]

按，浙本提要所述与此相同。[8]《四库存目标注》云“：‘南疑集’《总目提要》误为‘南旋集’。其孙沈鑰，《四库提要》误作‘鑰’。”[9] 中华书局整理本按语：“《北京馆善本书目》有沈季友《南疑集》九卷。《总目》‘旋’字误，应作《南疑集》。”[10] 六卷本

① 魏小虎：《四库全书总目汇订》，上海古籍出版社 2012 年版，第 6194 页。

② 纪昀等：《钦定四库全书总目》卷一八三，中华书局 1997 年版，第 2564 页。

③ 永瑢等：《四库全书总目》卷一八三，中华书局 1965 年版，第 1663 页。

④ 李灵年、杨忠主编：《清人别集总目》，安徽教育出版社 2000 年版，第 135 页。

⑤ 王沛恂：《匡山集》，《四库全书存目丛书》集部第 255 册，齐鲁书社 1997 年版，第 3—8 页。

⑥ 柯愈春：《清人诗文集总目提要》，北京古籍出版社 2001 年版，第 376 页。

⑦ 纪昀等：《钦定四库全书总目》卷一八三，中华书局 1997 年版，第 2564 页。

⑧ 永瑢等：《四库全书总目》卷一八三，中华书局 1965 年版，第 1663 页。

⑨ 杜泽逊：《四库存目标注》(六) 集部下，上海古籍出版社 2007 年版，第 3266 页。

⑩ 纪昀等：《钦定四库全书总目》卷一八三，中华书局 1997 年版，第 2564 页。

《学古堂诗集》现存乾隆二十九年沈钥刻本，[①]《四库全书存目丛书》影印此刻本，此本前有《学古堂诗集目次》，卷一至卷三均名《南疑集》，卷三后并附《燕京春咏》。卷四至卷六名《秋蓬集》。[②]集后有乾隆二十九年《识》，署名“孙男鑰”[③]。故，提要《南旋集》确为《南疑集》之误。另，其孙名“沈鑰”，《总目》提要及《清人别集总目》皆误。

（36）《杕左堂诗集》六卷《词》四卷《续集》三卷（江西巡抚采进本）

国朝孙致弥撰……词凡三种，曰《别花余事》，曰《海洴》，曰《衲琴》，皆其门人楼俨所定。[④]

按，“《海洴》”浙本《总目》[⑤]、《纪晓岚删定〈四库全书总目〉稿本》皆作“《梅洴》”。据《清代诗文集汇编》影印清乾隆刻本《杕左堂词集》，其卷一《别花余事》，卷二、卷三《梅洴词》[⑥]，卷四《衲琴词》。故，《海洴》当为整理本之误。

（37）郑梁《寒村集》三十六卷（江苏周厚堉家藏本）

是编诗分十一集，一曰《见黄稿诗删》五卷，二曰《五丁诗稿》五卷，三曰《安庸集》一卷，四曰《玉堂集》一卷，五曰《归省偶录》一卷，六曰《还朝诗存》一卷，七曰《玉堂后集》一卷，八曰《宝善堂集》一卷，九曰《白云轩集》一卷，十曰

① 李灵年、杨忠主编：《清人别集总目》，安徽教育出版社2000年版，第1039页。
② 沈季友：《学古堂诗集》，《四库全书存目丛书》集部第255册，齐鲁书社1997年版，第108页。
③ 沈季友：《学古堂诗集》，《四库全书存目丛书》集部第255册，齐鲁书社1997年版，第175页。
④ 纪昀等：《钦定四库全书总目》卷一八三，中华书局1997年版，第2564—2565页。
⑤ 永瑢等：《四库全书总目》卷一八三，中华书局1965年版，第1664页。
⑥ 孙致弥：《杕左堂词集》，《清代诗文集汇编》第159册，上海古籍出版社2010年版，第348页。

《南行杂录》一卷，十一曰《高州诗集》二卷；文分四集，一曰《见黄稿》二卷，二曰《五丁集》二卷，三曰《安庸集》二卷，四曰《寒村杂录》二卷，补一卷。又《半生亭集》一卷，《息尚编》四卷，则诗文合刻也。①

按，浙本《总目》与此相同。② 总计提要中所列之卷数，实为三十四卷，而非三十六卷。据《清人诗文集总目提要》载："此《寒村诗文选》三十六卷，黄宗羲鉴定，其诗曰《见黄稿诗删》五卷、《五丁诗稿》五卷、《安庸集》一卷、《玉堂集》一卷、《归省偶录》一卷、《还朝诗存》一卷、《玉堂后集》一卷、《宝善堂集》二卷、《白云轩集》二卷、《南行杂录》一卷、《高州诗集》二卷，其文曰《见黄稿》二卷、《五丁集》二卷、《安庸集》二卷、《杂录》二卷、《杂录补》一卷，诗文合者曰《半生亭集》一卷、《息尚编》四卷，康熙五十二年紫蟾山房自刻。"③ 据《清人别集总目》载三十六卷本《寒村诗文选》现存版本有：康熙二十四年二老阁刻本、康熙三十七年紫蟾山房刻本、康熙四十八年刻本、康熙五十二年刻本、康熙紫蟾山房刻本。诸版本下有"按：本书收安庸集 1 卷、见黄稿诗删 5 卷、归省偶录 1 卷、玉堂后录 1 卷、白云轩集 2 卷、高州诗集 2 卷、五丁集 2 卷、杂录 2 卷、半生亭集 1 卷、五丁诗稿 5 卷、玉堂集 1 卷、还朝诗存 1 卷、宝善堂集 2 卷、南行杂录 1 卷、见黄稿 2 卷、安庸集 2 卷、杂录补 1 卷、息尚编 4 卷"④。诸三十六卷本中皆为《宝善堂集》二卷，《白云轩集》二卷。另外，《四库全书存目丛书》影印清康熙刻本，卷前有《寒村诗文选总目》，其所列目录为：《见黄稿诗删》五卷，《五丁诗稿》五卷，《安庸集》一卷，《玉堂集》一卷，《归省偶录》一卷，《还朝诗存》一卷，《玉堂后集》一卷，《宝善堂集》二

① 纪昀等：《钦定四库全书总目》卷一八三，中华书局 1997 年版，第 2565 页。
② 永瑢等：《四库全书总目》卷一八三，中华书局 1965 年版，第 1664 页。
③ 柯愈春：《清人诗文集总目提要》，北京古籍出版社 2001 年版，第 265 页。
④ 李灵年、杨忠主编：《清人别集总目》，安徽教育出版社 2000 年版，第 1490 页。

卷,《白云轩集》二卷,《南行杂录》一卷,《高州诗集》二卷（已上诗选)。《见黄稿》二卷,《五丁集》二卷,《安庸集》二卷,《杂录》二卷,《杂录补》一卷（已上文选)。《半生亭集》一卷（诗文合)、《息尚编》四卷（诗文合)。[①] 综合诸本来看，提要所言之《宝善堂集》应为二卷,《白云轩集》应为二卷，提要中两集各少一卷。《四库存目标注》亦言“《四库提要》列其子目,《宝善堂集》二卷、《白云轩集》二卷，均误为一卷”[②]。

(38) 许尚质《酿川集》十三卷（浙江巡抚采进本）

是集赋一卷，杂文一卷，诗五卷，词五卷。[③]

按，上述提要所列只有十二卷，浙本提要作“是集赋一卷，杂文二卷，诗二卷，词五卷”[④]，共计只有十卷，皆不足“十三卷”之数。十三卷本《酿川集》现存康熙刻本,[⑤] 查《四库全书存目丛书》清刻本《酿川集》，实为赋一卷，文二卷，诗五卷，词五卷。[⑥]《清人诗文集总目提要》亦言：“此集凡赋一卷、文二卷、诗五卷、词五卷。”[⑦] 中华书局整理本按语曰：浙、粤本“诗二卷”,“二”当为“五”之误刻；而武英殿本《总目》中的“杂文一卷”当为“杂文二卷”[⑧]。

(39) 陈鹏年《陈恪勤集》三十九卷（浙江巡抚采进本）

是集凡分十编。曰《耦耕集》者，以舍北耦耕堂而名也。《水东集》者，以其先人陇墓所在也。《蒿庐集》者，忧居前后

① 郑梁：《寒村诗文选》,《四库全书存目丛书》集部第256册，齐鲁书社1997年版，第5页。

② 杜泽逊：《四库存目标注》（六）集部下，上海古籍出版社2007年版，第3270页。

③ 纪昀等：《钦定四库全书总目》卷一八四，中华书局1997年版，第2567页。

④ 永瑢等：《四库全书总目》卷一八四，中华书局1965年版，第1665页。

⑤ 李灵年、杨忠主编：《清人别集总目》，安徽教育出版社2000年版，第603页。

⑥ 许尚质：《酿川集》,《四库全书存目丛书》集部第258册，齐鲁书社1997年版。

⑦ 柯愈春：《清人诗文集总目提要》，北京古籍出版社2000年版，第388页。

⑧ 纪昀等：《钦定四库全书总目》卷一八四，中华书局1997年版，第2567页。

所作也。《浮石集》、《朐山集》、《淮海集》者，皆宦游地也。《于山集》、《香山集》、《武夷集》者皆往来游息处也。末附《喝月词》五卷，则诗余也。[1]

按，浙本《总目》所载与此相同。[2] 提要虽云“是集凡分十编”，却只列有九编。《陈恪勤公诗集》三十三卷《唱月词》六卷现存乾隆三十七年序刻本，[3]《四库全书存目丛书》据此本影印。此本《浮石集》卷后尚有《秣陵集》四卷，其《秣陵即事和韬谷韵二首》其一为：“宦迹萧然海上鸥，布帆初挂秣陵游。争闻圣主求民莫，喜见黔黎拥道周。六代山川依旧国，五城台榭半荒丘。轻桡暗渡秦淮水，那得风谣橐尽收。”[4]《秣陵集》当亦是提要所谓之“宦游地”之作。《郑堂读书记》载曰：“其诗凡《水东集》三卷、《武夷集》二卷、《蒿庐集》三卷、《耦耕集》五卷、《于山集》二卷、《香山集》二卷、《浮石集》七卷、《淮海集》三卷、《朐山集》二卷、《秣陵集》四卷，附以《喝月词》六卷。”[5] 合为十编三十九卷。《清人诗文集总目提要》载：“《陈恪勤集》计分《耦耕集》五卷、《武夷集》二卷、《于山集》二卷、《香山集》二卷、《朐山集》二卷、《淮海集》三卷、《浮石集》七卷、《秣陵集》四卷、《水东集》三卷、《蒿庐集》三卷、《喝月词》六卷，共三十九卷。”[6] 可见，提要缺失《秣陵集》一编，附《喝月词》当为六卷。

(40) 高孝本《固哉叟诗抄》八卷（浙江巡抚采进本）

是编分十七集：曰《趋庭集》、曰《江汉集》、曰《径山

---

① 纪昀等：《钦定四库全书总目》卷一八四，中华书局1997年版，第2569页。

② 永瑢等：《四库全书总目》卷一八四，中华书局1965年版，第1666—1667页。

③ 李灵年、杨忠主编：《清人别集总目》，安徽教育出版社2000年版，第1322页。

④ 陈鹏年：《陈恪勤集》，《四库全书存目丛书》集部第259册，齐鲁书社1997年版，第642页。

⑤ 周中孚：《郑堂读书记》卷七〇，上海书店出版社2009年版，第1161页。

⑥ 柯愈春：《清人诗文集总目提要》，北京古籍出版社2001年版，第401页。

集》、曰《琴溪集》、曰《岭南集》、曰《秦游集》、曰《大鄣集》、曰《葛园集》、曰《晋游集》、曰《津门集》、曰《南州集》、曰《幔亭集》、曰《海岱集》、曰《黄梅集》、曰《台雁集》，皆孝本七十八岁所自编，为雍正丙午以前诗。至丁未，又编其病中所作为《维摩澙》，附十七集后，故自序但列十七集云。①

按，浙本提要中《维摩澙》为《维摩集》②，其余皆相同。文渊阁《四库全书》本《总目》亦作《维摩集》③。提要虽讲“是编分十七集”，而其所列却只有十五集。八卷版本《固哉叟诗抄》现存乾隆三十一年刻本，④《四库全书存目丛书》据此影印。集前列有《总目》，集名、每集所作时间、诗作背景皆有介绍，在《黄梅集》与《台雁集》之间，尚有《桂林集》《愚斋集》二集馆臣未能列出。另，高孝本病中所作《维摩集》，附于十七集后，⑤非提要所书《维摩澙》。《郑堂读书记》载：“是编凡分《趋庭》、《江汉》、《径山》、《琴溪》、《岭南》、《秦游》、《大鄣》、《葛园》、《晋游》、《津门》、《南州》、《幔亭》、《海岱》、《黄梅》、《桂林》、《愚斋》、《台雁》、《维摩》十八集。前有总目，各载小引。”⑥综合来看，提要十七集中缺失《桂林集》《愚斋集》。而将十七集后所附《维摩集》写成《维摩澙》则当是整理者的错误，浙本、武英殿本提要皆无误。

（41）蒋锡震《青溪诗偶存》十卷（江苏巡抚采进本）

是集分二十二种：曰《辍耕草》、《北征集》、《渡河集》、

① 纪昀等：《钦定四库全书总目》卷一八四，中华书局1997年版，第2569—2570页。

② 永瑢等：《四库全书总目》卷一八四，中华书局1965年版，第1667页。

③ 纪昀等：《四库全书总目》卷一八四，文渊阁《四库全书》第4册，台湾商务印书馆1986年版，第918页。

④ 李灵年、杨忠主编：《清人别集总目》，安徽教育出版社2000年版，第1926页。

⑤ 高孝本：《固哉叟诗抄》，《四库全书存目丛书》集部第260册，齐鲁书社1997年版，第172—174页。

⑥ 周中孚：《郑堂读书记》卷七〇，上海书店出版社2009年版，第1162页。

《赘疣集》、《北游草》、《楚游草》、《还山草》、《汗漫吟》、《北行草》、《归耕草》、《章江草》、《还山草》、《后北游草》、《涉江草》、《洛游草》、《灌园草》、《游燕草》、《庐中吟》、《后章江草》、《还山吟》、《金台草》、《学制集》。自己巳至壬寅，凡三十四年之作，皆以年编次。①

按，提要中《还山草》出现了两次，中华书局整理本于此提要下注“疑作‘后还山草’”，然整理者并未细查原著，实属猜测。十卷本《青溪诗偶存》现存雍正悠然楼刻本，②《四库全书存目丛书》据此影印。集前有“青溪诗卷目次”，其所列为：卷一，起己巳至丙子，《辍耕草》；卷二，自丁丑至己卯，《辍耕草》；卷三，自己卯至壬午，《北征集》《渡河集》《赘疣集》；卷四，自壬午至甲申，《北游草》《楚游草》《还山吟》；卷五，自乙酉至戊子，《汗漫吟》《北行草》《归耕草》《章江草》《还山吟》；卷六，自戊子至庚寅，《后北游草》《涉江草》；卷七，自辛卯至壬辰，《洛游草》《灌园草》；卷八，自壬辰至乙未，《游燕草》《庐中吟》；卷九，自丙申至戊戌，《后章江草》《还山吟》《金台草》；卷十，自戊戌至壬寅，《学制集》。③ 将其与提要对比发现，目次中列有二十三集，由于前两卷皆为《辍耕草》，馆臣将之合并。而提要中所列《还山草》《还山吟》二集，在刻本中皆名《还山吟》，《总目》原文和整理本所改皆误。

(42) 唐绍祖《改堂文抄》二卷 (江苏巡抚采进本)

国朝唐绍祖撰……此集乃晚年手自删定，仅存四十三篇，皆其生平得意之作也。④

---

① 纪昀等：《钦定四库全书总目》卷一八四，中华书局 1997 年版，第 2575 页。

② 李灵年、杨忠主编：《清人别集总目》，安徽教育出版社 2000 年版，第 2203 页。

③ 蒋锡震：《青溪诗偶存》，《四库全书存目丛书》集部第 264 册，齐鲁书社 1997 年版，第 437 页。

④ 纪昀等：《钦定四库全书总目》卷一八四，中华书局 1997 年版，第 2575 页。

按，《江苏采辑遗书目录》作“《改堂文钞》，刑部郎中江都唐继祖著。按：此集共二卷”①。此载作者“唐继祖”说误。《改堂先生文抄》现存乾隆十八年吴嗣爵刻本，②《四库全书存目丛书》影印此本。据该刻本集前目录统计，实存四十四篇。现将其目录所列篇目抄录如下：

卷上：《史黄门过江二集序》《送少司农汪东川先生归里序》《送汪庾齐入都谒选序》《送查德尹编修南归序》《送汪庾齐之任金华序》《金华留别小序》《送李苍存之任唐县序》《贞女马母汪太夫人旌表录序》《送李近修序》《王蘧庄觳音草序》《榕村诗选后序》《吴大中丞六十寿序》《马母洪太夫人六十寿文》《同年徐坛长七十寿序》《归安董生文稿序》《汉北海孔公祠记》《萧孝子祠记》《迂阁记》《湖州驿西桥记》《献陈泽州相国书》《与汪武曹太史书》《答友人求序文书》《与汪篪先论文书》《跋祝允明书》《书所作时文后》《题悔斋汪夫子抱膝图》《蔗村说》《改堂说》《勃村说》。

卷下：《文学徐先生墓志铭》《通奉大夫内升福建布政使加二级汪公墓志铭》《户部新安汪公墓志铭》《魏孝廉墓志铭》《徐室人墓志铭》《俞孝子传》《琼州郡佐郭君传》《苹园小传》《谢隐君传》《张节妇传》《许孺人小传》《祭同年吴云斋文》《祭伯兄文》《祭四弟文》《祭三弟文》。③

(43）梁机《三华集》四卷（兵部侍郎纪昀家藏本）

是集机所自编，分四子部。一曰《入洛志胜》，多题咏古迹之作。一曰《燕云诗抄》，随侍其父宦游京邸之作。皆王士禛选定。④

---

① 黄烈编：《江苏采辑遗书目录》，张升编《〈四库全书〉提要稿辑存》（四），北京图书馆出版社2006年版，第497页。

② 李灵年、杨忠主编：《清人别集总目》，安徽教育出版社2000年版，第1960页。

③ 唐绍祖：《改堂先生文抄》，《四库全书存目丛书》集部第265册，齐鲁书社1997年版，第387—388页。

④ 纪昀等：《钦定四库全书总目》卷一八四，中华书局1997年版，第2576页。

按，《清人诗文集总目提要》云："所著《三华集》，《四库存目》著录四卷，皆自编定。一曰《入洛志胜》，多题咏古迹之作；一曰《燕云诗抄》，随侍其父宦游京邸之作，王士祯选定；一曰《征草》，乾隆元年荐举鸿博时入都应试之作；一曰《还草》，则归途所作。"[①] 据江西省图书馆藏清刻本《三华集》，《入洛志胜》卷前署"新城王阮亭夫子鉴定，外舅王或菴先生评"[②]；《燕云诗抄》卷前署"外舅王或菴先生评选"[③]。据此，《入洛志胜》为王士禛所选定，而《燕云诗抄》则是由其岳父王源评选，并非提要所言"皆王士禛选定"，亦非柯愈春提要所言《燕云诗抄》为王士禛选定。

(44) 王懋竑《白田草堂存稿》二十卷（两江总督采进本）

是集凡文二十卷，诗四卷，末附行状一篇，其学长于考证，故全集以杂著为冠。[④]

按，提要所记卷数为二十四卷，与标题所列之"二十卷"不符。此本现存乾隆十七年序刻本、乾隆二十七年序刻本、清万堂刻本，皆为二十四卷。[⑤]《四库全书存目丛书》影印清乾隆十七年刻本《白田草堂存稿》，为二十四卷。[⑥] 浙本提要亦作"二十四卷"[⑦]。据《江苏采辑遗书目录》："《白田草堂存稿》，翰林院编修宝应王予中著。按：此集奏疏诗文共二十四卷，刊本。"[⑧] 可见，《白田草堂存稿》当为二十四卷，而非二十卷。

---

① 柯愈春：《清人诗文集总目提要》，北京古籍出版社 2001 年版，第 471 页。

② 梁机：《三华集》，《四库全书存目丛书补编》第 7 册，齐鲁书社 2001 年版，第 528 页。

③ 梁机：《三华集》，《四库全书存目丛书补编》第 7 册，齐鲁书社 2001 年版，第 560 页。

④ 纪昀等：《钦定四库全书总目》卷一八四，中华书局 1997 年版，第 2578 页。

⑤ 李灵年、杨忠主编：《清人别集总目》，安徽教育出版社 2000 年版，第 189 页。

⑥ 王懋竑：《白田草堂存稿》，《四库全书存目丛书》集部第 268 册，齐鲁书社 1997 年版，第 172 页。

⑦ 永瑢等：《四库全书总目》卷一八四，中华书局 1965 年版，第 1672 页。

⑧ 黄烈编：《江苏采辑遗书目录》，张升编《〈四库全书〉提要稿辑存》（四），北京图书馆出版社 2006 年版，第 496 页。

(45) 王植《崇德堂集》八卷(直隶总督采进本)

国朝王植撰。[①]

按,王植文集现存《崇德堂稿》十卷,抄本;《崇德堂稿》四卷,乾隆十一年刻本;《崇雅堂稿》八卷,乾隆十一年刻本、乾隆二十四年刻深泽王氏所著书本。[②]《四库全书存目丛书》影印清乾隆刻本《崇雅堂稿》八卷,此著虽名《崇雅堂稿》,版心、卷首处《崇雅堂稿》《崇德堂稿》皆有称,目录作《崇德堂稿》。此版本之形成,据其子王炯目录后所题《识》云:

> 右全稿于论、辨、考、议、记、序各体之外,并及案牍之文。有疑其不类者,然义理为经济之根本,政事即道学之实际,体用相资,政学相印,原非二理也。故但分初稿、外稿以清界阈,而外稿则愚所为,补遗者居多家训云,文之无关人心世道者不必作,事之无益国计民生者不必为,此又全稿之纲要云。男炯谨识。[③]

此语与《提要》所称"集中所载,多居官案牍之文"相合。故而,王植文集初名《崇德堂稿》,植殁后,其子炯在王植原自订初稿六卷基础上,补遗其奏折、案牍等文为外稿二卷,[④] 文集名亦更改为《崇雅堂稿》。

(46) 朱缃《橡村集》四卷(山东巡抚采进本)

是集分四种:曰《风香集》,曰《吴船书屋集》,曰《观稼楼

---

① 纪昀等:《钦定四库全书总目》卷一八四,中华书局1997年版,第2580页。

② 李灵年、杨忠主编:《清人别集总目》,安徽教育出版社2000年版,第70页。

③ 王植:《崇雅堂稿》,《四库全书存目丛书》集部第272册,齐鲁书社1997年版,第126页。

④ 柯愈春:《清人诗文集总目提要》,北京古籍出版社2001年版,第487页。

诗》，曰《云根清壑集》。自《吴船书屋》以下，皆士禛之所评定。①

按，浙本提要所记如此同。② 然据《清人别集总目》，提要所言之《风香集》实为《枫香集》，其中一卷本《枫香集》现存康熙三十三年刻本、济南朱氏诗文汇编本。二卷本《枫香集》现存康熙刻本。③《清人诗文集总目提要》亦言朱缃有《枫香集》一卷，有田雯、李兴祖、张贞、梁佩兰序，凡诗百又三首，康熙三十四年刻，中国国家图书馆藏。④ 二书皆未见《风香集》之记载。田雯《古欢堂集》有《枫香集序》，其中有“子青《枫香集》一卷”⑤ 之语。综合来看，提要所言之《风香集》当为《枫香集》。《四库全书存目丛书》影印山东大学图书馆藏清道光刻济南朱氏诗文汇编本《云根清壑山房诗》（《四库全书存目丛书》目次中将此作名误书为《雪根清壑山房诗》）一卷《观稼楼诗》二卷《吴船书屋诗》一卷《枫香集》一卷。⑥ 故《风香集》当为《枫香集》之误。

（47）吴爚文《朴庭诗稿》十卷（编修吴寿昌家藏本）

国朝吴爚文撰……前四卷其友人严遂成所选，后六卷则晚年所自订也。⑦

按，十卷本《朴庭诗稿》现存乾隆十二年刻本，⑧《四库全书存目丛书》影印清乾隆十二年刻本十八年补刻本《朴庭诗稿》，集前存

---

① 纪昀等：《钦定四库全书总目》卷一八四，中华书局 1997 年版，第 2582 页。

② 永瑢等：《四库全书总目》卷一八四，中华书局 1965 年版，第 1675 页。

③ 李灵年、杨忠主编：《清人别集总目》，安徽教育出版社 2000 年版，第 408 页。

④ 柯愈春：《清人诗文集总目提要》，北京古籍出版社 2001 年版，第 431 页。

⑤ 田雯：《古欢堂集》卷二四，文渊阁《四库全书》第 1324 册，台湾商务印书馆 1986 年版，第 249 页。

⑥ 朱缃：《云根清壑山房诗》，《四库全书存目丛书》集部第 273 册，齐鲁书社 1997 年版，第 137 页。

⑦ 纪昀等：《钦定四库全书总目》卷一八五，中华书局 1997 年版，第 2589 页。

⑧ 李灵年、杨忠主编：《清人别集总目》，安徽教育出版社 2000 年版，第 924 页。

有吴炏文自序，其言曰："仆诗自丁未至癸亥凡十七年，王弇山师选定十卷。迨丁卯岁，友人严海珊为合后四年作，共辑六卷付梓，忽忽又十六年矣。方觉少作可悔敢谓老而惭，细顾年来所历之境及离合悲喜之情略见于斯，聊用纪年，不忍割弃，续成四卷，命儿子璜录而存之。黄琢山人吴炏文。"[①] 据此，前六卷为严遂成所选，后四卷为作者晚年自定。《四库存目标注》亦指出《提要》此句"前四卷当作前六卷，后六卷当作后四卷"[②]。

（48）方观承《薇香集》一卷《燕香集》二卷《燕香二集》二卷（内阁中书方维甸家藏本）

旧所著有《东园剩稿》、《入塞诗》、《怀南草》、《竖步吟》、《叩舷吟》、《宜田汇稿》、《看蚕词》、《松漠草》，共八种。皆编入《述本堂诗集》中，已别著录。[③]

按，浙本提要亦作《东园剩稿》[④]。《述本堂诗集》现存乾隆十九年桐城方氏刻本，《清代诗文集汇编》影印此本。其集前有《述本堂诗集目录》，所列集名依次为：《东闾剩稿》《入塞诗》《怀南草》《竖步吟》《叩舷吟》《宜田汇稿》《看蚕词》《松漠草》。[⑤] 柯愈春《清人诗文集总目提要》叙录之《述本堂诗集》所列各集中亦称《东闾剩稿》。[⑥]《清人别集总目》载乾隆二十年桐城方氏刻述本堂诗集本，各卷分别为：《东闾剩稿》一卷、《入塞诗》一卷、《怀南草》一卷、《竖步吟》一卷、《叩舷吟》一卷、《宜田汇稿》一卷、《看蚕词》一卷、《松漠草》一卷、《薇香集》一卷、《燕香集》二卷、《二

① 吴炏文：《朴庭诗稿》，《四库全书存目丛书》集部第277册，齐鲁书社1997年版，第614页。

② 杜泽逊：《四库存目标注》（六）集部下，上海古籍出版社2007年版，第3350页。

③ 纪昀等：《钦定四库全书总目》卷一八五，中华书局1997年版，第2590页。

④ 永瑢等：《四库全书总目》卷一八五，中华书局1965年版，第1680页。

⑤ 方观承：《述本堂诗集》，《清代诗文集汇编》第287册，上海古籍出版社2010年版，第45—57页。

⑥ 柯愈春：《清人诗文集总目提要》，北京古籍出版社2001年版，第558页。

集》二卷。[①]《四库存目标注》亦指出"'园'字当作'間'"[②]。由此可见，提要中所说的《东园剩稿》实为《东间剩稿》。

三 考辨总结

根据对《总目》清别集提要中相关版本信息的考辨，不难发现，其错误主要集中在如下几个方面：

（一）数据错误

《总目》提要中往往会对著述的卷数、集数、篇数等信息进行介绍，然而馆臣统计的相关数据却时有错误，此类错误主要存在如下两种情况：

第一，标题卷数与提要所呈现之卷数不符。以顾景星《白茅堂集》四十六卷为例，提要云："是集为其子畅所辑，而其子昌编次音释之。凡赋骚一卷，乐府一卷，诗二十二卷，文二十卷。"[③] 提要所列各卷次数量只有四十四卷，不足四十六卷。据《清人诗文集总目提要》载："《白茅堂集》，凡楚辞乐府四卷、诗二十二卷、文二十卷，康熙四十三年初刻于粤东，中国国家图书馆藏。首都图书馆藏乾隆间其子昌补刻本。"[④]《四库全书存目丛书》影印福建省图书馆藏清康熙刻本，为"畅收辑、昌编次音释"，与提要所述相同，以此本集前《白茅堂集总目》所列：赋、楚辞，卷之一；乐府，卷之二至卷之四；诗编年，卷之五至卷之二十六；奏疏、议、策、经论、辨、志论，二十七卷至三十二卷；序三十三卷至三十六卷；记、传、铭、诔，三十七卷至三十九卷；祭文、哀词、跋、尺牍，四十卷至四十二卷；赞、铭、杂著、四六，四十三卷至四十四卷；家传，四十五卷至四十六卷。共四十六卷。[⑤] 以此来看，当为赋骚一卷，乐府三卷，诗二十二

① 李灵年、杨忠主编：《清人别集总目》，安徽教育出版社2000年版，第234页。

② 杜泽逊：《四库存目标注》（六）集部下，上海古籍出版社2007年版，第3354页。

③ 纪昀等：《钦定四库全书总目》卷一八一，中华书局1997年版，第2520页。

④ 柯愈春：《清人诗文集总目提要》，北京古籍出版社2001年版，第147页。

⑤ 顾景星：《白茅堂集》，《四库全书存目丛书》集部第205册，齐鲁书社1997年版，第538页。

卷，文二十卷，共四十六卷。”故而，提要所言之“乐府一卷”实为“乐府三卷”①。

再如《总目》存目倪国琏《春及堂诗集》四十三卷，其具体卷次提要云：“是集乃乾隆壬辰其子承宽所刊。凡《竹立园集》一卷，《南隐山房小草》一卷，《橘山游草》二卷，《文杏馆集》一卷，《浮湍集》一卷，《枫花草》一卷，《松鳞书屋唱和诗》一卷，《庚子诗草》一卷，《剡东游草》一卷，《庐江游草》二卷，《西江游草》三卷，《南游草》二卷，《湖南吟稿》二卷，《燕云集》一卷，《竹窗集》三卷，《滇行集》八卷，《春闱诗》一卷，《星沙奉使集》二卷，《潞河吟》一卷，《庚申南行集》三卷，《嘉荫书屋集》三卷。皆国琏严自删汰，惟存其得意之作。故每卷多者不过四十余首，少者或十余首云。”② 以上述提要所提供卷数计算，共计为四十一卷，而非四十三卷。浙本提要所记与上述提要相同。③ 提要称此集刻于乾隆三十七年，《四库全书存目丛书》影印本即为乾隆三十七年刻本。提要对《春及堂诗集》卷名、卷数之描述，完全是对该书目录的抄录。此本《春及堂诗集目录》所列为：“卷一《竹立园草》二十七首、卷二《南隐山房小草》三十三首、卷三《橘山游草》四十三首、卷四《橘山游草》三十八首、卷五《文杏馆集》四十六首、卷六《浮湍集》二十九首、卷七《浮湍集》三十六首、卷八《枫花草》二十八首、卷九《松鳞书屋唱和诗》十七首、卷十《庚子诗草》三十一首、卷十一《剡东游草》二十九首、卷十二《庐江游草》三十二首、卷十三《庐江游草》二十五首、卷十四《西江游草》三十九首、卷十五《西江游草》六十一首、卷十六《西江游草》二十一首、卷十七《南游草》十九首、卷十八《南游草》十五首、卷十九《湖南吟稿》二十三首、卷二十《湖南吟稿》三十六首、卷二十一《燕云集》三十六首、卷二

① 顾怡：《〈四库全书总目〉明清别集类存目辨证》，硕士学位论文，南京师范大学，2015年，第23页。

② 纪昀等：《钦定四库全书总目》卷一八五，中华书局1997年版，第2585—2586页。

③ 永瑢等：《四库全书总目》卷一八五，中华书局1965年版，第1677页。

十二《竹窗集》三十四首、卷二十三《竹窗集》三十七首、卷二十四《竹窗集》二十三首、卷二十五《竹窗集》四十三首、卷二十六《滇行集》二十五首、卷二十七《滇行集》二十九首、卷二十八《滇行集》二十五首、卷二十九《滇行集》二十首、卷三十《滇行集》十五首、卷三十一《滇行集》二十七首、卷三十二《滇行集》四十三首、卷三十三《滇行集》四十六首、卷三十四《春闱诗》十一首、卷三十五《星沙奉使集》四十八首、卷三十六《星沙奉使集》三十一首、卷三十七《潞河吟》三十七首、卷三十八《庚申南行集》三十九首、卷三十九《庚申南行集》四十五首、卷四十《庚申南行集》二十六首、卷四十一《嘉荫书堂稿》二十五首、卷四十二《嘉荫书堂稿》二十三首、卷四十三《嘉荫书堂稿》三十三首。"[①] 通过二者对比发现《浮湍集》为二卷、《竹窗集》为四卷,[②] 提要所列各少一卷。

其他如李良年《秋锦山房集》提要、《西陂类稿》提要、《三鱼堂文集》提要、《溉堂集》提要、《二曲集》提要、《寒村集》提要、《酿川集》提要、《陈恪勤集》提要、《白田草堂存稿》提要等已存在此类失误。

第二，有些提要标题所列之卷数与提要正文所列之卷数虽一致，但翻检原著却发现提要的描述与著作并不完全一致。在所著录的清别集中，馆臣往往会自行删改原集，以魏裔介《兼济堂文集》为例，提要所列之版本采用的是康熙五十年龙江书院刊本，但在抄入《四库全书》时，馆臣却将附录之《年谱》一卷删去，并将第十九卷析为两卷，以凑足二十卷之数。再如《曝书亭集》提要中说将《静志居琴趣》删除，然而在《四库全书》中却依然保留。田雯《古欢堂集》提要列"三十六卷"，而文渊阁《四库全书》中所录却有三十七卷。

① 倪国琏：《春及堂诗集》，《四库全书存目丛书》集部第275册，齐鲁书社1997年版，第217—219页。

② 顾怡：《〈四库全书总目〉明清别集类存目辨证》，硕士学位论文，南京师范大学，2015年，第43页。

查慎行《敬业堂集》提要中则是把一集视作两集。显然，某些著述在抄录入《四库全书》时，馆臣对其进行了修改，而提要中却未能与之同步进行修订，造成了二者相脱离的现象。

在存目清别集提要中，此类情况依然存在，如凌树屏《瓠息斋前集》二十四卷，提要云："是集赋一卷，诗二十三卷，分十二集，大抵才情奔放之作。"① 浙本《总目》所言亦如此②。《瓠息斋前集》现存乾隆二十四年刻本，③ 其书前目录对概述内容有详细介绍，现依次誊录如下：卷之一《赋集》古律赋八首，卷之二《彀音集》（起庚子讫丁未）古今体诗四十二首，卷之三《鼠腊集》（起戊申讫壬子）古今体诗三十九首，卷之四《后庚集》（起癸丑讫丙辰）古今体诗六十五首，卷之五《前挤壁集》（丁巳戊午）古今体诗三十三首，卷之六《后挤壁集》古今体诗四十五首，卷之七《天光云影斋集一》（辛酉）古今体诗三十五首，卷之八《天光云影斋集二》（壬戌上）古今体诗三十八首，卷之九《天光云影斋集三》（壬戌下）古今体诗四十一首，卷之十《天光云影斋集四》（癸亥上）古今体诗四十六首，卷之十一《天光云影斋集五》（癸亥下）古今体诗五十一首，卷之十二《攫余集》（甲子）古今体诗四十七首，卷之十三《北庄集》（乙丑）古今体诗五十八首，卷之十四《白洋集一》（丙寅）古今体诗五十九首，卷之十五《白洋集二》（丁卯）古今体诗七十八首，卷之十六《白洋集三》（戊辰）古今体诗六十一首，卷之十七《争席集》（己巳）古今体诗四十二首，卷之十八《南湖市隐集》（庚午上）古今体诗四十五首，卷之十九《冬瓜集》（庚午下）古今体诗三十九首，卷之二十《庐屋集》（辛未上）古今体诗五十首，卷之二十一《水明楼集》（辛未下）古今体诗五十一首，卷之二十二《倚篷集》（壬申上）古今体诗五十首，卷之二十三《缁衣集》（壬申下）古今体诗三十七

① 纪昀等：《钦定四库全书总目》卷一八五，中华书局 1997 年版，第 2593 页。

② 永瑢等：《四库全书总目》卷一八五，中华书局 1965 年版，第 1682 页。

③ 李灵年、杨忠主编：《清人别集总目》，安徽教育出版社 2000 年版，第 1969 页。

首，卷之二十四《关中集》（起癸酉讫丙子）古今体诗四十九首。[①]由此来看，集中诗二十三卷，分十七集[②]，而非《总目》所说的“十二集”。此类情况尚有《青溪遗稿》提要、《秀岩集》提要、《直木堂诗集》提要、《蚕尾集》提要、《偶然云集》提要、《双溪草堂诗集》提要、《匡山集》提要、《秋水斋诗集》提要、《朴庭诗稿》提要等。

此外，提要对别集中篇数、诗文数量等数据统计的失误，与著述中的实际数量同样存在偏差，如《改堂文抄》提要、《松泉文集》提要和《南陔堂诗集》提要等。

（二）集名舛误

馆臣在别集提要中抄录序跋或目录有关信息时，时有将集名、篇名等记误者，如许汝霖《德星堂文集》八卷《续集》一卷《河工集》一卷《诗集》五卷提要云：“《诗集》五卷，而分为八编：曰《祥献集》、曰《应制集》、曰《冰衔集》、曰《使旋集》、曰《河干集》、曰《还朝集》、曰《归田集》、曰《酬应集》。”[③] 此集浙江图书馆藏清康熙刻本，其集前目录所列与提要所述完全相同。然《诗集》卷一题曰《拜献集》[④]。再如金敞《金暗斋集》十二卷提要载其各卷次曰：“是书首载家训纪要，次默斋汤先生述略，次共学山居会约，次自知日录，次读史笔记，次古今体诗，次杂著，次可凡编，次客窗偶记，次师古约言，次宗约宗范。”[⑤] 浙本《金暗斋集》提要亦如此言[⑥]。《金暗斋集》现存康熙三十九年刻本[⑦]，提要中对《金暗斋集》各卷次的排列完全抄录自集前《金暗斋先生集总目》，现将集前《总目》

---

① 凌树屏：《瓠息斋前集》，《四库全书存目丛书》集部第281册，齐鲁书社1997年版，第257—258页。

② 顾怡：《〈四库全书总目〉明清别集类存目辨证》，硕士学位论文，南京师范大学，2015年，第46页。

③ 纪昀等：《钦定四库全书总目》卷一八三，中华书局1997年版，第2562页。

④ 许汝霖：《德星堂文集》，《四库全书存目丛书》集部第253册，齐鲁书社1997年版，第243页。

⑤ 纪昀等：《钦定四库全书总目》卷一八四，中华书局1997年版，第2580页。

⑥ 永瑢等：《四库全书总目》卷一八四，中华书局1965年版，第1674页。

⑦ 李灵年、杨忠主编：《清人别集总目》，安徽教育出版社2000年版，第1416页。

抄录如下：卷之一《家训纪要》，卷之二《默斋汤先生述略》，卷之三《共学山居会约》，卷之四《自知日录》，卷之五《读史笔记》，卷之六《古体诗》，卷之七《今体诗》，卷之八《杂文》，卷之九《可风编》，卷之十《客窗偶记》，卷之十一《师古约言》，卷之十二《宗约》《宗范》。[①] 二者对比发现，提要所言之《可凡编》在刻本中实为《可风编》[②]。再如徐以升《南陔堂诗集》提要对集中所收著述的记载，"是编为其孙天柱、天骥所刊，分年编次。曰《学步集》、《雪泥集》、《湘滩集》、《梦华集》、《忽至草》、《黄楼草》、《崛山围草》、《南还集》、《黔游草》、《烟江叠嶂集》、《闲闲集》，凡十二种"[③]。此提要所列只有十一种，文渊阁《四库全书》本《总目》所列各集与此相同。[④] 浙本提要在《湘滩集》后另有《秋帆集》，足十二种之数。[⑤]《南陔堂诗集》现存乾隆二十六年刻本，[⑥]《四库全书存目丛书》据此影印。其集前《南陔堂诗集目录》为："卷一《学步集》诗七十五首；卷二《雪泥集》，诗一百三十首；卷三《湘漓集》，诗九十二首；卷四《秋帆集》，诗七十首；卷五《梦华集》，诗四十七首；卷六《忽至草》，诗六十一首；卷七《黄楼草》，诗八十首；卷八《崛山围草》，诗九十一首；卷九《南还集》，诗七十八首；卷十《黔游草》，诗五十一首；卷十一《烟江叠嶂集》，诗七十九首；卷十二《闲闲集》，诗八十一首。"[⑦] 据此可知，武英殿本提要脱《秋帆集》，

---

① 金敞：《金暗斋先生集》，《四库全书存目丛刊补编》第 8 册，齐鲁书社 1998 年版，第 133—134 页。

② 顾怡：《〈四库全书总目〉明清别集类存目辨证》，硕士学位论文，南京师范大学，2015 年，第 41 页。

③ 纪昀等：《钦定四库全书总目》卷一八五，中华书局 1997 年版，第 2583 页。

④ 纪昀等：《四库全书总目》卷一八五，文渊阁《四库全书》第 4 册，台湾商务印书馆 1986 年版，第 938 页。

⑤ 永瑢等：《四库全书总目》卷一八五，中华书局 1965 年版，第 1675 页。

⑥ 李灵年、杨忠主编：《清人别集总目》，安徽教育出版社 2000 年版，第 1871 页。

⑦ 徐以升：《南陔堂诗集》，《四库全书存目丛书》集部第 273 册，齐鲁书社 1997 年版，第 609—610 页。

浙本、殿本提要皆将《湘漓集》误作《湘滩集》①。

其他，如《陈士业全集》提要中误将《寒崖近稿》作《塞崖近稿》，《聪山集》提要将《荆园进语》误作《荆国进语》，贺贻孙《水田居文集》作《水田居士文集》，《完玉堂诗集》提要中误将《鹤南集》作《鹊南集》，王士禧《抱山集选》误作《抡山集选》，《阳山诗集》中《始闲吟》误作《始间吟》，《健松斋集》提要将《四游诗》误作《旧游诗》等。从这些出错的集名来看，大多是因为字形相近之故，使得馆臣誊录之时，由于疏忽大意而造成错误。

（三）刊刻者信息错误

馆臣对清初别集刊刻者信息的介绍同样存在错误之处，其中彭孙遹《松桂堂全集》提要最具代表性，馆臣在此提要中说："孙遹所著《南洲集》、《香奁倡和集》、《金粟集》、《延露词》，俱先有刊本，惟全集未刊。孙遹没后五十年至乾隆癸亥，其孙景曾始为开雕，并以旧刊《南洲集》、《延露词》附录于后云。"② 彭孙遹卒于康熙三十九年，距乾隆癸亥（八年），只有四十三年而已，不足五十年。③ 且彭景曾为彭孙遹之子，而非其孙。④ 同样情况的还有《旭华堂文集》提要中将"赵熟典"误作"赵勋典"，《秋笳集》提要将吴兆骞之子"吴振臣"写作"吴振"等。

（四）版本存佚臆断

由于版本视野所限，使得馆臣在《提要》中所言之某某著述亡佚之论断往往不确。如王士禛《阮亭诗选》《过江集》《入吴集》等，《精华录》提要中称"诸集皆佚"。事实上，顺治十八年刻本《过江集》、康熙元年刻本《阮亭诗选》、康熙间刻本《入吴集》皆存世，馆臣未能见到诸集，便轻下论断。又如宋琬《入蜀集》，提要称其后

① 顾怡：《〈四库全书总目〉明清别集类存目辨证》，硕士学位论文，南京师范大学，2015 年，第 43 页。

② 纪昀等：《钦定四库全书总目》卷一七三，中华书局 1997 年版，第 2344 页。

③ 杨武泉：《四库全书总目辨误》，上海古籍出版社 2001 年版，第 250—251 页。

④ 陈恒舒：《四库全书清人别集纂修研究》，博士学位论文，北京大学，2013 年，第 247 页。

人无传本，然乾隆三十一年刻本便是其孙宋永年刊刻、其曾孙校订。可见，提要“诸集皆佚”之说法不确。

《总目》清别集提要在版本信息方面出现一些疏误的原因主要有如下两个方面：

首先，四库馆臣对清别集的选择主要是建立在各省采进、私人进呈的基础上，馆臣所能见到的清别集实则数量有限。清初文学创作繁荣，别集类书目数量庞大，进入四库馆的却仅为少数。版本视野受限，是造成馆臣对别集版本记载存在主观臆断的重要原因。

其次，《总目》清别集提要在集名、卷数、刊刻者姓名等细节方面出错误与馆臣及相关编纂人员的疏忽不无关系。《总目》由众人前后历时近十年编纂而成，其间屡次增补删改，“历经十数年工作岁月，敬业精神，自更难期始终贯彻。因而在纂修漫长过程中，舛误脱漏，轻忽草率等情形，时有所闻，所肇致之错误，实不止于鲁鱼亥豕一端而已！”[①] 余嘉锡先生对馆臣在提要中出现种种失误的原因解释得更为详尽：“古人积毕生精力，专著一书，其间抵牾尚自不保，况此官书，成于众手，迫之以期限，绳之以考成，十余年见，办全书七部，荟要二部，校勘鲁鱼之时多，而讨论指意之功少，中间复奉命纂修新书十余种，编辑佚书数百种，又于著录之书，删改其字句，销毁之书，签识其违碍，固已日不暇给，救过弗遑，安有余力从容研究乎？且其参考书籍，假之中祕，则遗失有罚，取诸私室，则藏弆未备，自不免因陋就简，仓促成篇……《四库》所收，浩如烟海，自多未见之书。而纂修诸公，绌于时日，往往读未终篇，拈得一义，便率尔操觚，因以立论，岂惟未尝穿穴全书，亦或不顾上下文理，纰缪之处，难可胜言。又《总目》之例，仅记某书由某官采进，而不著明板刻，馆臣随取一本以为即是此书，而不知文有异同，篇有完阙，以致《提要》所言，与著录之本不相应。”[②] 有些别集甚至由于馆臣的疏忽，而导致文献的丢失。以丁咏淇《二须堂集》为例，《四库全书初次进呈存目》

① 吴哲夫：《四库全书纂修之研究》，台北“国立故宫博物院”1990年版，第277页。

② 余嘉锡：《四库提要辨证·序录》，中华书局2007年版，第49—50页。

叙录《二须堂诗集》十二卷《文集》二卷，提要云："国朝丁咏淇撰。咏淇，字瞻武，号菉滨，钱塘人。诗文皆无可称。其自序诗云'得意处直欲与古人争千秋'，未免过自矜诩矣。"① 而在武英殿《总目》提要中却未叙录《诗集》十二卷，只保留了《文集》二卷，评价也变成了"文虽不甚入古格，而颇以扶持名教为主……又有《菉滨诗抄序》，为其诗集，今皆未见"②。《总目》中《二须堂诗集》的消失，便是由于馆臣在撰修其间诗集遗失，不得不重新拟定了提要。③

① 江庆柏等整理：《四库全书初次进呈存目》，人民文学出版社 2015 年版，第 436 页。

② 纪昀等：《钦定四库全书总目》卷一八五，中华书局 1997 年版，第 2589 页。

③ 陈恒舒：《四库全书清人别集纂修研究》，博士学位论文，北京大学，2013 年，第 40 页。

第三章

《总目》清别集提要文献研究

《总目》提要的作者小传、版本简介、考证辨析和馆臣评价四部分共同构成了馆臣文学批评的主体内容，提要中的文学批评是建立在文献基础上的。可以说，文献是四库馆臣构建其思想体系的基石，我们通过馆臣作者小传的书写、相关资料的征引、馆臣的评语可以窥测出馆臣的思想取向。然由于撰修时间所限、成于众手、屡经增删修改等原因，《总目》提要不论是馆臣自撰还是援引文献往往会有存在失误之处。

第一节 《总目》清别集提要文献来源考

《总目》提要中往往会大量征引文献以增强其立论的可信度。在清之前的别集提要有较集中的文献资料供馆臣征引，如唐别集提要所征引之文献多出自《旧唐书》《新唐书》《唐诗纪事》等；宋别集提要大量援引《宋史》《直斋书录解题》《文献通考》等；元别集提要中的文献多出自《元史》《元诗选》等；明别集提要所引述之文献多来自钱谦益《列朝诗集小传》，朱彝尊《明诗综》《静志居诗话》以及《明史》等。然在《总目》纂修之时，除了沈德潜《国朝诗别裁集》外，集中对整个清代文人、清代文学评价的专门性著述尚属少见，而沈德潜的《国朝诗别裁集》因将钱谦益视为清诗第一人，被乾隆帝列为禁毁书。故而，《总目》清别集提要在征引文献时只能多方搜罗，也使得清别集提要中文献的来源更加多样、更加复杂。综观清别集提要中所用文献，其来源大致有如下两种：

一 集中序跋、墓志、传记等

在缺乏可借鉴的现有文献的前提下，著述本身所蕴含的信息价值就显得尤为重要。在清别集提要中，馆臣征引诸如序跋、墓志铭、传记这类源自著述本身的文献数量最多，在近130篇提要中明确提及对此类文献的引用。同时，限于清人当时的学术习惯，虽征引了文献却未能注明的亦不在少数。清别集提要援引本集中序跋等语有三个最主要的用途：一是人物的生平简介。《总目》纂修之时记载清初文人生平历程的大型、完整的纪传性质的文献尚未出现，而序跋、集前小传等往往包含了大量作者信息。因此，序跋、传记、墓志铭等便成为馆臣记述清初文人生平信息的重要来源。如彭师度《彭省庐文集》提要云："师度字古晋，号省庐，华亭人。崇祯戊寅吴下诸人为千英之会，毕集于虎丘。师度年十五，即席成《虎丘夜宴同人序》。吴伟业有江左三凤凰之目，盖谓师度及吴兆骞、陈维崧也。"①此段文字实则出自师度之子彭士超所撰《家序》："先君讳师度，字古晋，别号省庐……崇祯戊寅岁，诸名士为千英之会，毕集文人于虎丘，时先君年甫十五，即席立成《虎丘夜宴同人序》，高华典瞻。吴梅村先生于千人石抚掌称绝，诸名士争为识荆，以故梅村先生有'江左三凤凰'之目，盖谓先君与吴先生汉槎、陈先生其年也。"②二者的内容和文字表述几乎相同，提要援引自彭士超《家序》即为事实。又如释通复《冬关诗抄》提要："少与曹溶同学，晚乃托迹于缁服。溶赠以诗，有'共排流俗论，重起杜陵人'之句，盖其宗

① 纪昀等：《钦定四库全书总目》卷一八一，中华书局1997年版，第2524页。

② 彭师度：《彭省庐文集》，《四库全书存目丛书》集部第209册，齐鲁书社1997年版，第628页。

尚如此。"[①] 此语改写自集前盛远所作《序》："东关沙弥时，与曹侍郎秋岳同里塾，相劘切，侍郎与师诗云：'共排流俗论，重起杜陵人。'"[②] 吴雯《莲洋诗抄》提要中关于吴雯一家定籍蒲州的原因介绍出自王士禛《吴征君天章墓志铭》，而馆臣并未在提要中注明。王余佑《五公山人集》提要曰："余祐本姓宓，先世为王氏，后因不复改，字申之，一字介祺，直隶新城人。明末避乱易州五公山，因号五公山人，后流寓献县，子孙遂为献县人。余祐在前明为诸生，受知于桐城左光斗，故喜谈气节。"[③] 据《四库全书存目丛书》影印之康熙三十四年刻本《五公山人集》，此语皆出自集前《五公山人传》，馆臣将其简化为提要中语，然《传》中称五公山人"名余佑"[④]。

馆臣征引本集中序跋等材料的另一个重要用途是解释某一名称的由来，尤以释集名为最多。古人往往喜欢以斋名来命名其著述，清人亦不例外，馆臣不可能花费大量精力去考证其名的具体由来，而集中的序跋等材料便提供了极大便利。如毛先舒《东苑文抄》提要释"东苑"曰："先舒尝读书杭州之东园，即宋东苑故址，因以名其诗文。"[⑤] 其说实出自集前毛甡《东园诗钞序》："而此以苑名识所居也，稚黄尝读书东园矣。东园者，宋东苑也。"[⑥] 馆臣在其另一别集《蕊云集》提要中解释"蕊云"名称由来时说："其曰'蕊云'者，取古织锦词'蕊乱云盘相间深，此意欲传传不得'语也。"[⑦] 此语出自集前毛先舒自题《蕊云集引》，曰："古织锦词云'蕊乱云盘相间深，此意欲传传不得'，余何意当复何传，第笔涩舌蹇，思藏不能竟吐，

---

① 纪昀等：《钦定四库全书总目》卷一八一，中华书局1997年版，第2527页。

② 释通复：《冬关诗抄》，《四库全书存目丛书》集部第211册，齐鲁书社1997年版，第633页。

③ 纪昀等：《钦定四库全书总目》卷一八一，中华书局1997年版，第2521页。

④ 王余佑：《五公山人集》，《四库全书存目丛书》集部第207册，齐鲁书社1997年版，第2—3页。

⑤ 纪昀等：《钦定四库全书总目》卷一八一，中华书局1997年版，第2525页。

⑥ 毛先舒：《东苑文抄》，《四库全书存目丛书》集部第211册，齐鲁书社1997年版，第24页。

⑦ 纪昀等：《钦定四库全书总目》卷一八一，中华书局1997年版，第2526页。

窃比于女工纂组，怀制斐然，而杼与手乖，间错盘乱，余放笔之后，不复能自解矣。遂题之曰《蕊云集》云。”① 再如刘体仁《七颂堂集》提要中馆臣解释“七颂堂”的由来时说：“其曰‘七颂堂’者，体仁尝慕成连、陆贾、司马徽、桓伊、沈麟士、王绩、韦应物之为人，人为之颂。故以名堂，因以名集。”② 其实，这段文字出自徐乾学为该集所作的序言：“七颂堂者，先生雅慕成连、陆贾、司马徽、桓伊、沈麟士、王绩、韦应物之为人，图而颂之，以颜其斋，因以名其集。呜呼！是可以见先生之风矣。”③ 通过上述三组文献的对比可以发现，《总目》提要对著述名称解释的根据大都来自集中的序、引之类的文献，馆臣只是对其中的话语稍加变化而已。由于当时的书写习惯，提要所征引的这些文字大都并未注明其来源，往往会使得后人错误地认为此类信息都是馆臣考证而来。

提要征引序跋等文献的第三个目的，也是最主要目的是借以支持馆臣文学批评的观点。序跋的作者大都为亲朋、师友等熟悉之人所作，对作者的评价也几乎全为褒扬之辞。这些褒扬之辞有时被馆臣用作提要评语的辅证。在彭而述《读史亭诗集》提要中，馆臣为了证明彭而述文章存在“才多之患”④ 而转引朱彝尊序中所说的“所谓人所应有尽有，人所应无不必尽无者也”⑤ 之句，并认为朱彝尊之评语十分精准。有时序中评语过于拔高作者的文学成就，往往会成为馆臣反驳的对象，如彭志古在《桴庵集跋》评薛所蕴“古诗创辟似王建，蕴藉似张籍，豪纵似李白，悲壮似杜甫”⑥。不过在馆臣看来，这不过

---

① 毛先舒：《蕊云集》，《四库全书存目丛书》集部第 211 册，齐鲁书社 1997 年版，第 86 页。

② 纪昀等：《钦定四库全书总目》卷一八二，中华书局 1997 年版，第 2539 页。

③ 刘体仁：《七颂堂诗集》，《清代诗文集汇编》第 39 册，上海古籍出版社 2010 年版，第 262 页。

④ 纪昀等：《钦定四库全书总目》卷一八一，中华书局 1997 年版，第 2517 页。

⑤ 彭而述：《读史亭诗集》，《四库全书存目丛书》集部第 200 册，齐鲁书社 1997 年版，第 529 页。

⑥ 薛所蕴：《桴庵诗》，《四库全书存目丛书》集部第 197 册，齐鲁书社 1997 年版，第 212 页。

是“弟子尊师之词”① 而已。其实在《澹友轩集》提要中馆臣已对薛的文学特色做出评价，即其文虽“典质”，但“谨守绳墨”“未能神明于规矩之外也”②，馆臣一针见血地指出薛所蕴文章最大的缺点在于缺乏创见，而彭志古之言只是尊师之语而已。

二 专门著述

清别集提要也较集中地征引学界大家、文坛宗主的著作或说法，这方面最具代表性的人物莫过于王士禛。王士禛作为清初诗坛得到官方认可的宗主，其对清初诸家之评价往往被馆臣奉为圭臬。馆臣在《精华录》提要中对王士禛在康熙朝“声望奔走天下，凡刊刻诗集，无不称‘渔洋山人评点’”③ 的情景大书特书，故王士禛的观点成为被馆臣引述的重要对象，如《后圃编年稿》提要引王士禛评李嶟瑞“纵横有奇气”之语，并认为“今观其诗，士禛之说不谬”④。据粗略统计，王士禛著述在清别集提要中仅明确表明出处被引述就有20余次：《居易录》9处、《池北偶谈》6处、《渔洋诗话》3处、《古夫于亭杂录》1处、《感旧集》1处。四库馆臣以王士禛清初诗坛盟主的身份话语来增强提要自身论断的合理性。

引述个人著述排名第二位的是赵执信《谈龙录》6处。《总目》刻意强调赵执信、王士禛之间的恩怨，所引6处《谈龙录》中涉及此事的就占一半（王士禛《精华录》、汪懋麟《百尺梧桐阁集》、赵执端《宝菌堂遗集》）。其余3处（朱彝尊《曝书亭集》、田雯《古欢堂集》、王士禛《南海集》）主要是对清初文人的评论，如赵执信认为清初文学大家当数朱彝尊与王士禛，而二人之区别在于“王之才高而学足以副之，朱之学博而才足以运之。及论其失，则曰朱贪多，王爱好”⑤。馆臣极为认可赵执信对二人的评价，并以此为基础，在朱彝尊《曝书亭

① 纪昀等：《钦定四库全书总目》卷一八一，中华书局1997年版，第2515页。
② 纪昀等：《钦定四库全书总目》卷一八一，中华书局1997年版，第2515页。
③ 纪昀等：《钦定四库全书总目》卷一七三，中华书局1997年版，第2343页。
④ 纪昀等：《钦定四库全书总目》卷一八二，中华书局1997年版，第2545页。
⑤ 纪昀等：《钦定四库全书总目》卷一七三，中华书局1997年版，第2345页。

集》提要中从诗、文各方面比较朱、王二人之优劣。赵执信同样作为清初诗坛的领袖人物，其影响力虽不及王士禛，但在馆臣看来，二人之诗法各有利弊，他们对清初文学、文人的评价亦往往被视为公论。

除了上述二人外，沈德潜的著作亦是馆臣引述的对象，如《梅村集》提要中所称吴伟业之诗"暮年萧瑟，论者以庾信方之"[①]；汤右曾《怀清堂集》提要中所说："论者称浙中诗派，前推竹垞，后推西崖，两家之间，莫有能越之者。"[②] 两篇提要中的"论者"皆为沈德潜，前者出自其《书吴梅村诗集后》[③]，后者出自《清诗别裁集》[④]。《总目》隐去其出处，仅以"论者"称之，说明馆臣对文献的去取受政治因素影响的痕迹极为明显。

《总目》清别集提要在文献方面还引用了各种笔记、诗话等。主要有王晫《今世说》（4 次）、杭世骏《榕城诗话》（2 次）、施闰章《蠖斋诗话》（1 次）、陆廷灿《南村笔记》（1 次）、曾敏行《独醒杂志》（1 次）、朱彝尊《静志居诗话》（1 次）、毛奇龄《西河诗话》（1 次）、刘廷玑《在园杂志》（1 次）等。除了某些书名、斋名的释义外，主要目的在于记述清初文人的生平事迹或历史典故。如《灌研斋集》提要为考证"灌研斋"名称的由来，从而引述宋人曾敏行《独醒杂志》中关于"灌婴庙瓦为古研"的记载，从而说明"灌研斋"的由来并不是李元鼎所自创。又如《二槐草存》提要中转引王晫《今世说》中关于王翃自学作诗的历程，从而揭示了其诗属"姚士粦之流"[⑤] 的原因。

《总目》清别集提要引用较多的文献还有各类地方志。初步统计，此类文献有 11 处，其中《江南通志》5 处、《陕西通志》1 处、《溧阳志》1 处、《淳熙三山志》1 处、《新城县志》1 处、《平原县志》1 处、《苏州府志》1 处。引用的作用大致有三种：一是援引方志对清

---

① 纪昀等：《钦定四库全书总目》卷一七三，中华书局 1997 年版，第 2341 页。
② 纪昀等：《钦定四库全书总目》卷一七三，中华书局 1997 年版，第 2351 页。
③ 沈德潜：《沈德潜诗文集》，人民文学出版社 2011 年版，第 403 页。
④ 沈德潜：《清诗别裁集》卷一六，上海古籍出版社 2013 年版，第 642 页。
⑤ 纪昀等：《钦定四库全书总目》卷一八一，中华书局 1997 年版，第 2519 页。

初文人言行的记载。如《江南通志》称顾嗣立风流文雅，常集四方名士觞咏无虚日，并撰《元诗选》，从而证明其诗往往似元人之作。《溧阳志》中对潘天成孝行的记载与《陕西通志》雷铎“事继母孝”[①] 的记载，正符合《总目》所追求的“敦伦纪，砺名节，正人心，厚风俗”[②] 的教化目的。二是援引方志对清初文人著述的记载。地方志对本地区文人著述情况的记载较为详细，故馆臣在提要中往往将之与馆臣所收集到的著述进行对比。如《江南通志》载沈受宏有《白溇集》十卷，而《总目》收录的却只有四卷，故而馆臣发出“核其目录，亦无阙佚，殆后人汰削之本耶”[③] 的疑惑。实则，此著现存有康熙四十四年刻本《白溇集》十卷，康熙四十四年增刻本《白溇集》十二卷，[④] 沈受宏“殁后其子起元官河南按察使时，重编《白溇文集》四卷，削去纪事表幽之作，乾隆三年刻于学易堂”[⑤]。由此说明馆臣并未见到康熙四十四年刻本《白溇集》。三是援引其对地方胜景的记载。地方志对当地的自然景观、人文景观大都会有细致的描述，文人多喜山林之乐，其著述也常以山水之名来命名。清别集提要中在解释此类文集名时，除了序跋之外，地方志也是最好的文献依据。如梁春晖《云龛遗稿》提要援引《淳熙三山志》对云龛山诸胜景的记载，从而说明梁春晖晚年卜居云龛山，便命名其集为《云龛吟稿》。[⑥]

《总目》征引文献或明引或暗引，更有的只取其意而已。馆臣不论是引述获得公论的当世名家之论，还是征引笔记、方志中相关的文献，都是为其提要撰写服务的。在此基础上构建起来的提要文本，又受制于官方意识指导下的思想。因而，文献的使用与书写同样是官方意志的体现。

① 纪昀等：《钦定四库全书总目》卷一八四，中华书局 1997 年版，第 2571 页。
② 纪昀等：《钦定四库全书总目》卷一七三，中华书局 1997 年版，第 2349 页。
③ 纪昀等：《钦定四库全书总目》卷一八三，中华书局 1997 年版，第 2549 页。
④ 李灵年、杨忠主编：《清人别集总目》，安徽教育出版社 2000 年版，第 1040 页。
⑤ 柯愈春：《清人诗文集总目提要》，北京古籍出版社 2001 年版，第 308 页。
⑥ 纪昀等：《钦定四库全书总目》卷一八一，中华书局 1997 年版，第 2522 页。

第二节 《总目》清别集提要文献考释

自余嘉锡《四库提要辨证》以来，杨武泉《四库全书总目辨误》、李裕民《四库提要订误》、李坚怀《四库提要小传斠补》等著作已对清别集提要多有考辨。然《总目》清别集提要在作者小传、馆臣援引文献等方面仍存在不同程度的缺失之处，现以中华书局1997年整理本《钦定四库全书总目》（武英殿本）为中心，并与中华书局1965年版《四库全书总目》（浙本）相对照，对清别集提要中的作者小传、所引述文献等加以考释，以明其出处，订其疏误。

一 清别集提要文献考释

1. 吴伟业《梅村集》四十卷（通行本）

其少作大抵才华艳发，吐纳风流，有藻思绮合、清丽芊眠之致。及乎遭逢乱世，阅历兴亡，激楚苍凉，风骨弥为遒上。暮年萧瑟，论者以庾信方之，其中歌行一体，尤所擅长。①

按，此处所言“论者”概为沈德潜，沈德潜有《书吴梅村诗集后》诗，云：“蓬莱班里旧仙卿，辞却青山悔远行。拟作祤阳离别赋，江南愁杀庾兰成。”②

2. 吴绮《林蕙堂集》二十六卷（浙江巡抚采进本）

章藻功《与人论四六书》曰：“吴园次班香宋艳，接仪短兵；陈其年陆海潘江，末犹强弩。”其论颇公。③

① 纪昀等：《钦定四库全书总目》卷一七三，中华书局1997年版，第2341页。

② 沈德潜：《沈德潜诗文集》，人民文学出版社2011年版，第403页。

③ 纪昀等：《钦定四库全书总目》卷一七三，中华书局1997年版，第2343页。

按，此语出自章藻功《与吴殷南论四六书》，原文为："吴园次班香宋艳，只有短兵；陈其年陆海潘江，不无强弩。"[①] 吴殷南，即吴中衡，字殷南，安徽歙县人，著有《乌澜轩文集》二卷。

3. 吴雯《莲洋诗抄》十卷（两江总督采进本）

国朝吴雯撰。雯字天章，本辽阳人，顺治六年，其父允升任蒲州学正，卒于官，雯兄弟孤，弱不能归，遂寄籍于蒲州。康熙己未荐举博学鸿词，不中选。其卒也，刑部尚书王士禛为志墓，称初见其诗有"泉绕汉祠外，雪明秦树根"，"浓云湿西岭，春泥沾条桑"，"至今尧峰上，犹见尧时日"诸句，吟讽不绝于口。[②]

按，上述文字出自王士禛《吴征君天章墓志铭》，其文为："君讳雯，字天章，其先辽阳人也。父允升，中顺治二年顺天乡试，六年授蒲州学正，十二年赐同进士出身，明年卒。卒后几年，吏部按籍铨授知临颍县。君幼孤，母朱有节操，抚君及弟霞等皆成立，遂籍于蒲……予一日过同年荣工部洞门，见其诗云：'泉绕汉祠外，雪明秦树根。'又云：'浓云湿西岭，春泥霑条桑。至今尧峰上，犹上尧时日。'大异之，曰：'此非今人之诗也！'吟讽不绝于口。"[③] 除了提要所引之诗出自这篇墓志铭外，吴雯生平之文字亦出此篇，只是馆臣将原文进行了压缩简化。

4. 宋荦《西陂类稿》三十九卷（两江总督采进本）

王士禛《池北偶谈》记其尝绘轼像，而己侍立其侧，后谒选，果得黄州通判，为轼旧游地。又施元之《苏诗注》久无传

① 章藻功：《思绮堂文集》卷八，《清代诗文集汇编》第198册，上海古籍出版社2010年版，第726页。

② 纪昀等：《钦定四库全书总目》卷一七三，中华书局1997年版，第2347页。

③ 王士禛：《蚕尾续文集》卷十七，《王士禛全集》（三），齐鲁书社2007年版，第2250—2251页。

本，荦在苏州重价购得残帙，为校雠补缀，刊板以行，其宗法可以概见……士禛寄荦诗有曰“尚书北阙霜侵鬓，开府江南雪满头。当日朱颜两年少，王扬州与宋黄州”。言二人少为卑官，即已齐名，不自长蘅合刻始，所以释赵执信之议也。①

按，宋荦刻施元校雠《苏诗注》之事出自《居易录》，其原文为：“宋牧仲荦中丞寄所刻施注《苏文忠公诗集》四十三卷，宋司谏吴兴施元之德初与吴郡顾禧景繁同撰。元之子宿，字武子，增补。见陆游《渭南集》。此书牧仲得之吴中藏书家，阙十二卷，牧仲偕幕中文士某某共为补之，始为完书。”② 王士禛寄宋荦诗，文渊阁《四库全书》本《西陂类稿》所记与《总目》略有不同，“尚书北阙霜侵鬓，开府江南雪满头。谁识朱颜两年少，王扬州与宋黄州”③。王士禛《蚕尾续诗集》载此诗名《叹老口号寄宋牧仲开府》，诗中所记亦是“谁识朱颜两年少”④。

5. 查慎行《敬业堂集》五十卷（浙江巡抚采进本）

集首载王士禛原序，称黄宗羲比其诗于陆游，士禛则谓奇创之才慎行逊游，绵至之思游逊慎行，又称五、七言古体有陈师道、元好问之风。⑤

按，文渊阁《四库全书》本《敬业堂诗集》前存有王士禛《敬业堂诗集原序》，序中所言为：“姚江黄晦木先生常题目其诗，比之剑南。余谓以近体论，剑南奇创之才，夏重或逊其雄，夏重绵至之思，

---

① 纪昀等：《钦定四库全书总目》卷一七三，中华书局1997年版，第2348页。

② 王士禛：《居易录》卷三二，《王士禛全集》（六），齐鲁书社2007年版，第4336页。

③ 宋荦：《西陂类稿》卷十七，文渊阁《四库全书》第1323册，台湾商务印书馆1986年版，第185页。

④ 王士禛：《蚕尾续诗集》卷五，《王士禛全集》（二），齐鲁书社2007年版，第1314页。

⑤ 纪昀等：《钦定四库全书总目》卷一七三，中华书局1997年版，第2352页。

剑南亦未之过，当与古人争胜毫厘。若五七言古体，剑南不甚留意，而夏重丽藻络绎，宫商抗坠，往往有陈后山、元遗山风。"① 由此可知，将查慎行之诗比于陆游者为黄宗炎，而非黄宗羲。

6. 薛所蕴《桴庵集》四卷（江苏巡抚采进本）

国朝薛所蕴撰。是编乃其诗集，其子奋生等所录。奋生即王士禛诗所谓"十载雕虫稍擅名，未曾缚袴学长征。他年我若登三事，但乞萧郎作骑兵"者是也。②

按，此提要存在张冠李戴之误。所引之诗确是为薛奋生而作，但作者并非提要所说为王士禛，此诗载于王士禛《池北偶谈》卷二十一"排调"条："同年薛给事（奋生）以才气自许，常在淮阴，酒间谓予云：'子文士耳，异日终依我幕下。'予答曰：'恨吾子非严郑公耳。'汪苕文亦有诗调之云：'十载雕虫稍擅名，未曾缚袴学长征。他年若得登三事，但取萧郎作骑兵。'"③ 由此可见，作此诗者为汪琬，而非王士禛，只是王士禛《池北偶谈》载有此事，馆臣便以为是王士禛所作。

7. 彭宾《搜遗稿》四卷（江苏周厚堉家藏本）

国朝彭宾撰。宾字燕又，一字穆如，华亭人。前明崇祯庚午举人，入国朝，官汝宁府推官，宾少入几社，与夏允彝、陈子龙友善，而文章则各成一格。殁后遗稿散佚，康熙后壬寅，其孙士超始从乱帙中掇拾残剩，录为此编，凡文三卷，诗一卷。④

① 查慎行：《敬业堂诗集》，文渊阁《四库全书》第1326册，台湾商务印书馆1986年版，第3页。

② 纪昀等：《钦定四库全书总目》卷一八一，中华书局1997年版，第2515页。

③ 王士禛：《池北偶谈》卷二一，《王士禛全集》（五），齐鲁书社2007年版，第3354—3355页。

④ 纪昀等：《钦定四库全书总目》卷一八一，中华书局1997年版，第2515页。

按，此提要由李元度《序》与彭士超《家序》缀合而成。李元度《序》中云："先生生有明之季，与陈黄门、夏考功倡为古学，振起颓风，三人交甚笃，独其文章则各建标树轨，必不肯苟合，时称'三君'。"① 彭宾之孙彭士超《家序》又云："先祖燕又公中崇祯庚午榜，与同郡夏瑗公、陈大樽两先生为几社词坛主，海内尊仰称为三君……越艰难之后，遗稿已十不存一，况先祖为时已久，散失更甚，兹就乱帙中所拣得及壬申文选中所已刊者，汇录一册……康熙壬寅秋仲不肖孙男士超敬书。"②

8. 程正揆《青溪遗稿》二十八卷（浙江孙仰曾家藏本）

王士禛序称其《江山卧游图》散在人间者有数百本，士禛亦藏其二，又有题正揆画诗，盖当时亦重其笔墨也。③

按，提要此句有"序称其《江山卧游图》"与"题正揆画诗"皆出自王士禛之意。实则，"序称其《江山卧游图》散在人间者有数百本"者确为王士禛，相关记载见王士禛《程侍郎青溪遗集序》，其中云："青溪先生《江山卧游图》，散在人间，合有数百本。予在金陵，日访之，才得二卷。其一长可丈许，江流山色，映带远近，烟岚云气，鱼庄蟹舍，风帆沙鸟，出没于烟波窅霭之间，与王诜《烟江叠嶂图》相似；其一如王摩诘《嘉陵江小簇》，长仅尺许，而江山辽阔，居然有万里之势，皆奇作也。二卷藏之箧中数十年矣。"④

"题正揆画诗"者实为周亮工，而非王士禛。据《纪晓岚删定〈四库全书总目〉稿本》所载，此句原为："王士祯序，称其《江山

---

① 彭宾：《彭燕又先生文集》，《四库全书存目丛书》集部第197册，齐鲁书社1997年版，第319页。

② 彭宾：《彭燕又先生文集》，《四库全书存目丛书》集部第197册，齐鲁书社1997年版，第321页。

③ 纪昀等：《钦定四库全书总目》卷一八一，中华书局1997年版，第2516页。

④ 王士禛：《蚕尾续文集》卷一，《王士禛全集》（三），齐鲁书社2007年版，第1989页。

卧游图》散在人间者，有数百本，士祯亦藏其二，又有为周亮工题正揆画诗，盖当时亦重其笔墨也。”[①] 其中，“为周亮工”四字遭纪昀删除。《四库全书》原著录周亮工《闽小记》《读画录》《印人传》《书影》《同书》，另《总目》存目其《赖古堂诗集》，然乾隆五十二年八月在复勘文渊阁等所藏四库全书时，详校官祝堃发现其《读画录》存在违碍猥亵之处。[②] 乾隆五十三年十月二十四日《军机大臣奏查四库书内应行撤出销毁各书》清单中有周亮工《读画录》《闽小记》《印人传》，其中《读画录》下注：“此书系周亮工撰。因诗内有‘人皆汉魏上，花亦义熙余’，语涉违碍，经文源阁详校签出，奏请销毁，并将周亮工所撰各书一概查毁。此系文渊阁缮进之本，其违碍语句，已经原办之总校挖改。全书应毁。”[③] 正是由于周亮工著述的撤出、禁毁，提要中周亮工相关信息的删除，才造成此提要中歧义的出现。

9. 陈之遴《浮云集》十一卷（江苏周厚堉家藏本）

> 国朝陈之遴撰。之遴字素庵，海宁人。《太学进士题名》作海盐人，疑其寄籍也。前明崇祯丁丑进士，授编修，升中允。入国朝，官至宏文院大学士。顺治十三年，以交结近侍拟斩，免死谪戍尚阳堡。[④]

按，据沈德潜《清诗别裁集》所载：“陈之遴，字彦升，浙江海宁人。崇祯丁丑赐进士第二人，国朝官至大学士。”[⑤]《清史稿》载：“陈之遴，字彦升，浙江海宁人。”[⑥]《清诗纪事初编》亦云：“陈之遴，字彦升，号素庵，海宁人。”[⑦] 故而，陈之遴，字彦升，号素庵，

---

① 永瑢、纪昀等：《纪晓岚删定〈四库全书总目〉稿本》第8册，国家图书馆出版社2011年版，第9页。

② 中国第一历史档案馆编：《纂修四库全书档案》（下），上海古籍出版社，第2057页。

③ 中国第一历史档案馆编：《纂修四库全书档案》（下），上海古籍出版社，第2145页。

④ 纪昀等：《钦定四库全书总目》卷一八一，中华书局1997年版，第2516页。

⑤ 沈德潜：《清诗别裁集》卷二，上海古籍出版社2013年版，第43页。

⑥ 赵尔巽等：《清史稿》卷二四五，中华书局1977年版，第9635页。

⑦ 邓之诚：《清诗纪事初编》卷七，上海古籍出版社2012年版，第776页。

馆臣以其号为字，误。此一错误李坚怀《四库提要小传斠补》亦有订正。[①] 关于其交结近侍的时间，据《清史列传·贰臣传》载：“（顺治）十五年，之遴以贿结内监吴良辅，鞫讯得实，拟即处斩。得旨：‘陈之遴受朕擢用深恩，屡有罪愆，叠经贷宥，以前犯罪应置重典，特从宽以原官徙居盛京，复不忍终弃，令还旗下。乃不知痛改前非，以图报效，又以贿赂，结交犯监，大干法纪。本当依拟正法，姑免死，著革职流徙，家产籍没。’后死徙所。”[②]《清史稿》云：“（顺治）十五年，复坐贿结内监吴良辅，鞫实，论斩，命夺官，籍其家，流徙尚阳堡，死徙所。”[③]《清诗纪事初编》亦言：“十五年以贿结内监吴良辅，免死革职籍没，全家移徙盛京。康熙初，没于戍所。”[④] 可见，陈之遴因贿结吴良辅被革职流徙的时间当在顺治十五年，《总目》作顺治十三年，误。

10. 王岱《且园近集》四卷《且园近诗》五卷（江苏周厚堉家藏本）

国朝王岱撰……入国朝，官随州学正，康熙己未尝荐举博学鸿词。[⑤]

按，《清诗纪事初编》记：“入清，屡赴公车不第，选安乡教谕，迁随州学正，顺天府教授。举康熙十八年鸿博不第。二十二年迁澄海知县，卒于官。事具《湘潭县志》。”[⑥] 查《湘潭县志》，其载为：“岱字山长，崇祯末举人，顺治初安乡教谕迁随州学正、京卫教授。康熙中举博学鸿词，报罢还本任，俄迁澄海令。”[⑦] 光绪《潮州府志》亦

---

① 李坚怀：《四库提要小传斠补》，上海古籍出版社 2020 年版，第 318 页。
② 王锺翰点校：《清史列传》卷七九，中华书局 1987 年版，第 6572 页。
③ 赵尔巽等：《清史稿》卷二四五，中华书局 1977 年版，第 9636 页。
④ 邓之诚：《清诗纪事初编》卷七，上海古籍出版社 2012 年版，第 776 页。
⑤ 纪昀等：《钦定四库全书总目》卷一八一，中华书局 1997 年版，第 2516 页。
⑥ 邓之诚：《清诗纪事初编》卷八，上海古籍出版社 2012 年版，第 928 页。
⑦ 陈嘉榆等修，王闿运等纂：《湘潭县志》卷八，成文出版社 1970 年版，第 1048 页。

载："王岱号山长，湘潭举人，由京卫教授升澄海知县。"① 由此可见，王岱官至澄海知县。在作者小传中，馆臣之通例是记作者最高官职或最后官职，故王岱官至澄海知县。

11. 郑宗圭《山围堂集》二十三卷（福建巡抚采进本）

国朝郑宗圭撰。宗圭字圭甫，号瞻亭。前明崇祯壬午举人，入国朝，官乌程县知县。②

按，提要缺郑宗圭籍贯。据乾隆《福州府志》载："郑宗圭，字圭甫，闽县人，明崇祯壬午举人，国朝知乌程县。沉酣经史，著《读史卮言》十卷，又有《山围堂集》及《续读史》诸篇，年九十五卒。"③ 关于郑宗圭之字号、仕履，《清人诗文集总目提要》云："郑宗奎撰。宗圭字奎甫，号瞻亭，福建晋安人。崇祯十五年举人，入清官浙江乌程县教谕。"④《总目》当无误，《清人诗文集总目提要》误。

12. 白允谦《东谷集》三十四卷《归庸集》四卷《桑榆集》三卷（山西巡抚采进本）

国朝白允谦撰。允谦有《学言》，已著录。⑤

按，《东谷集》作者名为白胤谦，为避雍正帝之讳而作"允"。另，《总目》子部存目其《学言》，题曰："国朝白胤谦撰。"⑥

---

① 周硕勋纂修：光绪《潮州府志》卷三三，成文出版社1970年版，第820页。

② 纪昀等：《钦定四库全书总目》卷一八一，中华书局1997年版，第2517页。

③ 乾隆《福州府志》卷六十，《中国地方志集成·福建府县志辑》第2册，上海书店出版社2000年版，第207页。

④ 柯愈春：《清人诗文集总目提要》，北京古籍出版社2001年版，第160页。

⑤ 纪昀等：《钦定四库全书总目》卷一八一，中华书局1997年版，第2519页。

⑥ 纪昀等：《钦定四库全书总目》卷九七，中华书局1997年版，第1273页。

13. 谢文洊《谢程山集》十八卷（江西巡抚采进本）

是集初只《日录》三卷，《讲易义》三卷，书三卷，乃其门人甘京、黄采所编……甘京序称其“早习举子业……自订所体验者《日录》三卷……”云云。①

按，据清道光三十年刻《谢程山先生全书》本集前《谢程山集总目》，《讲易义》实作《讲义》；另，提要十八卷集前所载甘京《序》云：“自订所体验者为《日录》二卷。”② 提要“三卷”之说当为抄录错误。

14. 沈起《学园集》二卷《续编》六卷（浙江巡抚采进本）

朱彝尊《静志居诗话》称：“起尝拟撰明书，绝笔于成化之设东厂。”而曾王孙作起《墓志》，述其所撰书又有《测杜少陵诗》一卷，《今国语》八卷，《宗门近录》二卷，今皆未见。③

按，浙本提要所言与此完全相同。④ 此提要错误有二：第一，《静志居诗话》卷二十二“沈起”条云：“尝拟撰《明书》，谓明不亡于流寇，而亡于厂卫，断自成化十二年秋，始设西厂，绝笔焉。”⑤ 从时间上来看，东厂设立于明永乐时期，成化年间设立的当为西厂。曾王孙《故明秀才墨庵沈公塔铭》亦载：“君常曰‘明之亡也，不亡于闯贼，而亡于东厂’，因作《明书》，传集更原祸始，绝笔于成化十二年秋，始设西厂。”故而，故提要援引文献抄录错误，“东厂”当为“西厂”。第二，提要所言曾王孙所作墓志，盖即《故明秀才墨庵沈

---

① 纪昀等：《钦定四库全书总目》卷一八一，中华书局 1997 年版，第 2523 页。

② 谢文洊：《谢程山集》，《四库全书存目丛书》集部第 209 册，齐鲁书社 1997 年版，第 8 页。

③ 纪昀等：《钦定四库全书总目》卷一八一，中华书局 1997 年版，第 2526 页。

④ 永瑢等：《四库全书总目》卷一八一，中华书局 1965 年版，第 1639 页。

⑤ 朱彝尊：《静志居诗话》卷二二，人民文学出版社 1990 年版，第 685—686 页。

公塔铭》。据《塔铭》中所载，沈起著述主要有："《学园集》八卷，《大易测》《诗逆》《春秋经传引》《四书慎思录》各一卷。《测杜少陵诗》一卷，授余子安世，及君病革，复邮寄安世《评国语》八卷《续集》一卷，《诗存》《资暇录》各一卷，《宗门近录》二卷。"① 据此，"《今国语》八卷"当为"《评国语》八卷《续集》一卷"。

15. 徐世溥《榆墩集选》文九卷诗二卷（江西巡抚采进本）

是集前有熊人霖序，称"仅存十之一"，盖选本也。②

按，据《四库全书存目丛书》影印清康熙舫斋刻本《榆墩集》，其集前确有熊人霖所作《新建徐巨源集选序》，然全文未见提要所说之语。此言实则出自熊人霖所作《徐巨源征君传》，其原文为："巨源工书法，解四经，属草。仅《夏小正》刻成亦烬于燹矣。《榆溪文稿》仅存十一，并近稿选十之四，而旧诗亦止存十一，新诗古体则选十之二，近体选十之五，属景甥先刻以行，其旧时七言古法初唐者甚佳，竟不复可得。"③ 熊人霖所作《序》与《传》相邻，盖馆臣是将二者混淆了。

16. 释元璟《完玉堂诗集》十卷（浙江巡抚采进本）

又如"一笛破寒渚，千帆凑夕阳"，"船如米家小，水似瀼西偏"，"秋思啼螀集，归心落叶知"，"吟诗不闭梅花阁，怀古独登文选楼"，"才堪与世作蓍草，道在忘情似木鸡"等句，王士禛亦摘入《居易录》中。④

---

① 曾王孙：《清风堂文集》卷四，《清代诗文集汇编》第95册，上海古籍出版社2010年版，第204页。

② 纪昀等：《钦定四库全书总目》卷一八一，中华书局1997年版，第2526页。

③ 徐世溥：《榆墩集选》，《四库全书存目丛书》集部第211册，齐鲁书社1997年版，第106页。

④ 纪昀等：《钦定四库全书总目》卷一八一，中华书局1997年版，第2527页。

按，王士禛《居易录》确实对释元璟之“秀句”多有摘入，但提要中所提及的十句中却只有第一、二句被摘入《居易录》，其余八句并未被摘入。《居易录》所载为：

会稽释子元璟，字借山，平湖人，投诗为贽，颇有秀句，如：“相思若鸥鸟，咫尺隔风烟。”“临衲司吟卷，门生致酒钱。”“风曳鹅黄浅，寒吹鸭绿平。”“坐看春艓子，吟到阖闾城。”“清钟来木末，白鸟落风湍。”“人家收柏子，枫树著霜花。”“晚菘分竹圃，秋水绕篱根。”“烟中多翡翠，花里又钩辀。”“一笛破寒渚，千帆凑夕阳。”“懒呼猿引客，闲许鹿参禅。”“试看青菡萏，倒浸碧玻璃。”“卜筑精篮似净名，爱君三绝擅平生。”“桑条绿满门前径，客到幽禽啼数声。”“瘦策冲泥访铁厓，铜坑小吃雨前茶。无端搅乱春愁客，屋角一枝山杏花。”“玉削群峰抱一村，甘泉如乳出云根。负薪伐竹扶犁叟，多是杨家十叶孙。”①

17. 魏象枢《寒松堂集》九十二卷（江苏巡抚采进本）

国朝魏象枢撰。象枢字环极，蔚州人。②

按，魏象枢之字在各类文献中存在不同之记载，《清诗别裁集》作：“魏象枢，字环极，山西蔚州人。”③《四库全书存目丛书》影印康熙刻本《寒松堂全集》前有熊赐履作《寒松堂全集序》，序中称魏象枢为“云中魏环溪先生”④。《读书斋偶存稿》卷四有叶方蔼诗《同魏侍郎环溪先生寄李学士厚庵二首》⑤。《国朝先正事略》载：“公讳象枢，

① 王士禛：《居易录》卷十七，《王士禛全集》（五），齐鲁书社 2007 年版，第 4011 页。

② 纪昀等：《钦定四库全书总目》卷一八一，中华书局 1997 年版，第 2528 页。

③ 沈德潜：《清诗别裁集》卷二，上海古籍出版社 2013 年版，第 60 页。

④ 魏象枢：《寒松堂全集》，《四库全书存目丛书》集部第 213 册，齐鲁书社 1997 年版，第 106 页。

⑤ 叶方蔼：《读书斋偶存稿》卷四，文渊阁《四库全书》第 1316 册，台湾商务印书馆 1986 年版，第 830 页。

字环溪，一字庸斋，山西蔚州人。"[①]《清史稿》则为："魏象枢，字环极。"[②]《清诗纪事初编》："魏象枢，字环极，一曰环溪，号昆林，又曰庸斋，蔚州人。"[③] 由此来看，"环极""环溪"当皆为其字。

18. 冯溥《佳山堂集》十卷（山东巡抚采进本）

国朝冯溥撰。溥字易斋，益都人。顺治丁亥进士，官至大学士。[④]

按，冯溥中进士之时间不同文献记载存在差异，《国朝先正事略》中载："公讳溥，字孔博，一字易斋，山东益都人。顺治三年丙戌进士，丁亥补廷试，选庶吉士，寻授编修。"[⑤]《清史列传》中亦言："顺治三年进士。四年，补殿试，改庶吉士。六年，授编修。"[⑥] 而《清朝进士题名录》载冯溥为"顺治四年丁亥科"[⑦] 进士。《清诗别裁集》记为"顺治丁亥进士"[⑧]。邓之诚《清诗纪事初编》与钱仲联《清诗纪事》同样也认为是"顺治四年（丁亥）进士"[⑨]。盖《国朝先正事略》《清史列传》以其参加进士科考试之年论，提要以其补殿试之年而论。

19. 徐宇昭《拟故宫词》一卷（浙江巡抚采进本）

国朝徐宇昭撰。宇昭，不知何许人。是集凡诗四十首，序称

---

① 李元度辑：《国朝先正事略》卷三，《续修四库全书》第538册，上海古籍出版社2002年版，第71页。

② 赵尔巽等：《清史稿》卷二六三，中华书局1977年版，第9905页。

③ 邓之诚：《清诗纪事初编》，上海古籍出版社2012年版，第729页。

④ 纪昀等：《钦定四库全书总目》卷一八一，中华书局1997年版，第2529页。

⑤ 李元度辑：《国朝先正事略》卷三，《续修四库全书》第538册，上海古籍出版社2002年版，第76页。

⑥ 王锺翰点校：《清史列传》卷七，中华书局1987年版，第487页。

⑦ 江庆柏：《清朝进士题名录》，中华书局2007年版，第21页。

⑧ 沈德潜：《清诗别裁集》卷二，上海古籍出版社2013年版，第64页。

⑨ 邓之诚：《清诗纪事初编》卷六，上海古籍出版社2012年版，第662页。钱仲联主编：《清诗纪事》（顺治朝卷），江苏古籍出版社1987年版，第1707页。

顺治丁亥春月，寓止燕都，遇长春寺僧，乃明宦者，因从闲话得故宫遗事四十条。其词不甚工，注亦止寥寥数条。①

按，《四库全书存目丛书》影印南京图书馆藏清抄本《拟故宫词》一卷，其集前序言所述亦如本条提要所言，然序末署名却是“唐宇昭”，而非“徐宇昭”。《序》曰：“丁亥春月寓上燕郊，遇长春禅寺，邂逅一老僧，乃昔御用监内侍也。因从闲话，得故宫轶事四十条。归鞍追忆一一占之，敢云宫体效颦，聊以寄铜驼荆棘之感。传自中官余论，庶可释禁掖深邃之疑耳。毗陵半园外史唐宇昭纪。”② 据此可知，《拟故宫词》作者当为唐宇昭。

关于唐宇昭的生平，《清人诗文集总目提要》云：“《拟故宫词》一卷，唐宇昭撰。宇昭生于万历三十年（1602），卒于康熙十一年（1672）。宇一作禹，字孔明，一字雪谷，又字云客，号半园，江苏武进人。《四库存目》作徐宇昭。崇祯九年举人，孙慎行门人，与恽格为金石交。入清与弟宇量偕隐，人称‘唐氏二难’。工诗善画。顺治初旅北京，成《拟故宫词》四十首。”③ 由此来看，唐宇昭为明遗民，而《拟故宫词》四十首更是明遗民之实录。胡玉缙《四库全书总目提要补正》云：

吴氏《拜经楼藏书题跋记》有钞本四十首，云：“唐宇昭作。先君子题云：‘唐宇昭字孔明，家富藏书，毛斧季尝闻其有宋椠赵梦奎《分类唐诗》一百卷……’”郑翼谨案：唐宇昭亦作禹昭，一字云客，号半园，荆川玄孙，明崇祯举人，入清不仕，工诗善书画，有《半园集》、《拟故宫词》。④

① 纪昀等：《钦定四库全书总目》卷一八一，中华书局1997年版，第2531页。

② 唐宇昭：《拟故宫词》，《四库全书存目丛书》集部第216册，齐鲁书社1997年版，第751页。

③ 柯愈春：《清人诗文集总目提要》，北京古籍出版社2001年版，第39页。

④ 胡玉缙撰，王欣夫辑：《四库全书总目提要补正》卷五五，上海书店出版社1998年版，第1553页。

20. 刘子壮《屺思台文集》八卷《诗集》一卷（湖北巡抚采进本）

国朝刘子壮撰。子壮字克猷，黄冈人。[①]

按，《四库全书存目丛书》影印湖南图书馆、南京图书馆藏清康熙刻本，题作《屺思堂文集》八卷《诗集》不分卷，集前蒋永修等序言中称“《屺思堂遗稿》”[②]。金德嘉《屺思堂诗集序》云：“屺思堂者，刘稚川太史之堂也。”[③] 乾隆《黄冈县志》亦载其“有《屺思堂集》行于世”[④]。《四库存目标注》引《湖北巡抚呈送第二次书目》《翰林院检讨萧交出书目》，书名皆称“屺思堂（文）集”[⑤]。《清代诗文集总目提要》亦叙录《屺思堂集》十卷[⑥]。据此，刘子壮集名当为《屺思堂文集》。

21. 熊伯龙《熊学士诗文集》三卷（湖南巡抚采进本）

国朝熊伯龙撰。伯龙字次侯，号钟陵，汉阳人。[⑦]

按，浙本《总目》亦作“湖南巡抚采进本”[⑧]。《两江第一次书目》载：“《熊学士诗文集》三卷，汉阳熊伯龙著。六本。”《湖北巡抚呈送第三次书目》载有：“《熊学士诗文集》三卷，清熊伯龙著。

---

① 纪昀等：《钦定四库全书总目》卷一八一，中华书局1997年版，第2531页。

② 刘子壮：《屺思堂文集》，《四库全书存目丛书》集部第216册，齐鲁书社1997年版，第759页。

③ 刘子壮：《屺思堂文集》，《四库全书存目丛书》集部第216册，齐鲁书社1997年版，第849页。

④ 乾隆《黄冈县志》卷八，《中国地方志集成·湖北府县志辑》第16册，江苏古籍出版社2001年版，第219页。

⑤ 杜泽逊：《四库存目标注》（六）集部下，上海古籍出版社2007年版，第3143页。

⑥ 柯愈春：《清人诗文集总目提要》，北京古籍出版社2001年版，第68页。

⑦ 纪昀等：《钦定四库全书总目》卷一八一，中华书局1997年版，第2531页。

⑧ 永瑢等：《四库全书总目》卷一八一，中华书局1965年版，第1643页。

三本。”[①] 熊伯龙为湖北汉阳人，《总目》作“湖南巡抚采进本”，疑为“湖北”之误。

22. 许缵曾《宝编堂集》五卷（浙江巡抚采进本）

国朝许缵曾撰。[②]

按，《宝编堂集》浙本提要作“《宝纶堂集》”[③]。文渊阁《四库全书》本《总目》作“《宝编堂集》”[④]。《四库全书存目丛书》影印南京图书馆藏清稿本《宝纶堂集》十二卷。集前有王熙与王日藻所作《宝纶堂集序》，王日藻序中说：“（康熙）戊寅蒲月，余方抱病掩阕，公走尺一以《宝纶堂集》示余，读未竟，不觉跃然起曰：‘此真可以愈我疾者。’时尚未付梓。”[⑤]《郑堂读书记》卷七十载《宝纶堂稿》十二卷（前四卷原刊本，后八卷补抄本）附《定舫杂咏》二卷（原刊本），而《四库全书》存目者，当即此编之第二卷至第五卷及《定舫杂咏》也。[⑥] 故而，许缵曾集名为《宝纶堂集》无疑，武英殿本提要误。

23. 范承谟《画笔遗稿》一卷

康熙壬子，承谟总督闽浙。值逆藩耿精忠谋反……[⑦]

按，此处提要存在错误有三：其一，中华书局整理本所言之《画

① 吴慰祖校订：《四库采进书目》，商务印书馆1960年版，第33、168页。

② 纪昀等：《钦定四库全书总目》卷一八一，中华书局1997年版，第2532页。

③ 永瑢等：《四库全书总目》卷一八一，中华书局1965年版，第1643页。

④ 纪昀等：《四库全书总目》卷一八一，文渊阁《四库全书》第4册，台湾商务印书馆1986年版，第863页。

⑤ 许缵曾：《宝纶堂集》，《四库全书存目丛书》集部第218册，齐鲁书社1997年版，第446页。

⑥ 周中孚：《郑堂读书记》卷七〇，上海书店出版社2009年版，第1139页。

⑦ 纪昀等：《钦定四库全书总目》卷一八二，中华书局1997年版，第2534页。

笔遗稿》，浙本提要作《画壁遗稿》[①]，文渊阁《四库全书》本《总目》作“《画笔遗稿》”[②]。《总目》卷一七三《忠贞集》提要有“康熙五十七年其子时崇以《画壁遗稿》进呈”[③]之语，《郑堂读书记》亦作《画壁遗稿》一卷[④]。据此，范承谟之作为《画壁遗稿》而非“《画笔遗稿》”，殿本提要误；其二，耿精忠叛乱发生在康熙十三年，即康熙甲寅，而非康熙壬子，即康熙十一年，此一点杨武泉在《忠贞集》提要辨误中已有考证[⑤]。其三，范承谟当时官福建总督，而非闽浙总督，况且顺治十五年朝廷分置福建总督和浙江总督，已无闽浙总督一职。此一点陈恒舒在《忠贞集》提要辨证中有辨析。[⑥]另据《四库全书存目丛书》影印清康熙刻本《画壁遗稿》，其集前康熙皇帝《御制序文》中称其“福建总督范承谟”，卷首署“原任福建总督加赠太子少保兵部尚书谥忠贞臣范承谟著”[⑦]。

24. 王士禧《抡山集选》一卷（山东巡抚采进本）

国朝王士禧撰。士禧字礼吉，山东新城人。[⑧]

按，王士禧著述之名，文渊阁《四库全书》本《总目》作《抡山集选》[⑨]，《纪晓岚删定〈四库全书总目〉稿本》亦作《抡山集选》[⑩]，

---

① 永瑢等：《四库全书总目》卷一八二，中华书局1965年版，第1644页。

② 纪昀等：《四库全书总目》卷一八二，文渊阁《四库全书》第4册，台湾商务印书馆1986年版，第866页。

③ 纪昀等：《钦定四库全书总目》卷一七三，中华书局1997年版，第2342页。

④ 周中孚：《郑堂读书记》卷七〇，上海书店出版社2009年版，第1141页。

⑤ 杨武泉：《四库全书总目辨误》，上海古籍出版社2001年版，第250页。

⑥ 陈恒舒：《四库全书清人别集纂修研究》，博士学位论文，北京大学，2013年，第246页。

⑦ 范承谟：《画壁遗稿》，《四库全书存目丛书》集部第221册，齐鲁书社1997年版，第2、5页。

⑧ 纪昀等：《钦定四库全书总目》卷一八二，中华书局1997年版，第2538页。

⑨ 纪昀等：《四库全书总目》卷一八二，文渊阁《四库全书》第4册，台湾商务印书馆1986年版，第873页。

⑩ 永瑢、纪昀等：《纪晓岚删定〈四库全书总目〉稿本》第8册，国家图书馆出版社2011年版，第140页。

浙本提要同样作《抡山集选》①。《四库存目标注》亦云“书名‘抱山’《总目》误作‘抡山’”②。《四库全书存目丛书》影印清康熙刻王渔洋遗书本《抱山集选》一卷，集前有王士禛《刻抱山诗选序》，其中有言曰：“曰‘抱山’者，兄少日所居堂，因以自名其诗，盖取诸孟东野句云。”③ 民国《重修新城县志》亦载王士禧“著有《抱山堂诗集》行世”④。据此，“抱山”乃王士禧堂名，集以此名，故“抡山”误。

25. 刘体仁《七颂堂集》十四卷（安徽巡抚采进本）

其曰“七颂堂”者，体仁尝慕成连、陆贾、司马徽、桓伊、沈麟士、王绩、韦应物之为人，人为之颂。故以名堂，因以名集。⑤

按，据《清代诗文集汇编》影印清康熙十七年刻本《七颂堂集》，此语出自徐乾学为《七颂堂集》所作《序》，其原文为：“七颂堂者，先生雅慕成连、陆贾、司马徽、桓伊、沈麟士、王绩、韦应物之为人，图而颂之，以颜其斋，因以名其集。呜呼！是可以见先生之风矣。”⑥

26. 宋振麟《中岩集》六卷（江西巡抚采进本）

文昭序则称“郭明府九芝延居余园书馆，昆山顾亭林、二曲李中孚皆执弟子礼”⑦。

① 永瑢等：《四库全书总目》卷一八二，中华书局1965年版，第1647页。
② 杜泽逊：《四库存目标注》（六）集部下，上海古籍出版社2007年版，第3173页。
③ 王士禧：《抱山集选》，《四库全书存目丛书》集部第227册，齐鲁书社1997年版，第421页。
④ 民国《重修新城县志》卷一七，《中国地方志集成·山东府县志辑》第28册，凤凰出版社2004年版，第171页。
⑤ 纪昀等：《钦定四库全书总目》卷一八二，中华书局1997年版，第2539页。
⑥ 刘体仁：《七颂堂诗集》，《清代诗文集汇编》第39册，上海古籍出版社2010年版，第262页。
⑦ 纪昀等：《钦定四库全书总目》卷一八二，中华书局1997年版，第2543页。

按，据《四库全书存目丛书》影印清乾隆十六年王文昭刻本《中岩文介先生文集》，细查宋振麟外曾孙王文昭所撰《序》，其文为："郭明府九芝先生延公于镜园书馆，昆山顾亭林、二曲李中孚二先生及百里内诸名士皆执弟子礼。"[①] 依此序所言，郭九芝延宋振麟所居之地名为"镜园书馆"。

27. 陈祚明《稽留山人集》二十卷（浙江巡抚采进本）

国朝陈祚明撰。祚明字允倩，钱塘人。[②]

按，此集前有王崇简、顾豹文所作《序》，文中皆称陈祚明为"胤倩"[③]（"胤"字缺笔），由此来看，陈祚明当字胤倩，为避雍正皇帝讳而写作"允倩"。

关于其籍贯，《四库全书存目丛书》影印清雍正刻本《稽留山人集》，卷前题"武水陈祚明胤倩甫著"[④]。《千顷堂书目》卷二十八作"字嗣倩，仁和人"[⑤]。《清诗纪事》亦载："陈祚明，字胤倩，仁和人，有《稽留山人集》二十一卷。"[⑥]

28. 冷士嵋《江冷阁诗集》十四卷（浙江巡抚采进本）

国朝冷士嵋撰。士嵋字又湄，丹徒人，居傍大江，其读书之阁曰江冷，故以名集。[⑦]

---

① 宋振麟：《中岩集》，《四库全书存目丛书》集部第233册，齐鲁书社1997年版，第90页。

② 纪昀等：《钦定四库全书总目》卷一八二，中华书局1997年版，第2543页。

③ 陈祚明：《稽留山人集》，《四库全书存目丛书》集部第233册，齐鲁书社1997年版，第436、446页。

④ 陈祚明：《稽留山人集》，《四库全书存目丛书》集部第233册，齐鲁书社1997年版，第457页。

⑤ 黄虞稷：《千顷堂书目》卷二八，上海古籍出版社2001年版，第687页。

⑥ 钱仲联主编：《清诗纪事》（明遗民卷），江苏古籍出版社1987年版，第736页。

⑦ 纪昀等：《钦定四库全书总目》卷一八二，中华书局1997年版，第2547页。

按，《江泠阁诗集》于浙本《总目》作“《江泠阁诗集》”，“其读书之阁”浙本《总目》作“江泠”；又，下篇《江泠阁文集》提要，浙本《总目》亦作“《江泠阁文集》”[①]。《四库全书总目汇订》指出“‘江泠’，殿本作‘江冷’，误”[②]。《四库全书存目丛书》影印上海图书馆藏清康熙刻本《江泠阁诗集》、上海图书馆吉林大学图书馆藏《江泠阁文集》。又，提要中集名由来一句出自何絜《江泠阁集序》：“《江泠阁集》者，吾友冷子又湄所著也。又湄性淡洁疏达，居傍大江，因名其读书之阁曰‘江泠’。”[③] 故而，冷士嵋诗文集当为《江泠阁诗集》《江泠阁文集》，其读书之阁当名“江泠”，殿本提要误。另，《四库存目标注》云：“冷士嵋字又嵋，《提要》作‘又湄’疑误。”[④] 据清康熙刻本《江泠阁诗集》集前魏禧、笪重光、宗元豫、何絜序中皆称“又湄”，诗集、文集卷首皆题“京江冷士嵋又湄氏著”[⑤]。由此来看，冷士嵋，字又湄，提要当无误。

29. 丁嗣征《雪庵诗存》二卷（浙江巡抚采进本）

国朝丁嗣征撰。嗣征字集虚，嘉善人。[⑥]

按，《雪庵诗存》作者浙本《总目》亦作“丁嗣征”[⑦]。《清人诗文集总目提要》叙录《雪庵诗存》二卷，作者“丁嗣澂”[⑧]；《清人别集总目》作“丁嗣澄”[⑨]；《四库存目标注》称《雪庵诗存》“著者丁

---

① 永瑢等：《四库全书总目》卷一八三，中华书局1965年版，第1653页。
② 魏小虎：《四库全书总目汇订》，上海古籍出版社2012年版，第6165页。
③ 冷士嵋：《江泠阁诗集》，《四库全书存目丛书》集部第236册，齐鲁书社1997年版，第321页。
④ 杜泽逊：《四库存目标注》（六）集部下，上海古籍出版社2007年版，第3206页。
⑤ 冷士嵋：《江泠阁诗集》，《四库全书存目丛书》集部第236册，齐鲁书社1997年版，第325、456页。
⑥ 纪昀等：《钦定四库全书总目》卷一八三，中华书局1997年版，第2550页。
⑦ 永瑢等：《四库全书总目》卷一八三，中华书局1965年版，第1655页。
⑧ 柯愈春：《清人诗文集总目提要》，北京古籍出版社2001年版，第450页。
⑨ 李灵年、杨忠主编：《清人别集总目》，安徽教育出版社2000年版，第13页。

嗣澂，《总目》误作丁嗣徵”①。据《四库全书存目丛书》影印福建省图书馆藏清雍正丁桂芳刻本《雪庵诗存》集前署名“弟裔沆”《雪庵兄小传》载：“仲兄集虚，讳嗣澂，雪庵其号也。”② 故而，《雪庵诗存》作者当为“丁嗣澂”，字集虚，号雪庵。

30. 邵远平《戒庵诗存》一卷（浙江巡抚采进本）

国朝邵远平撰。远平本名吴远，字戒三，仁和人。③

按，浙本提要所载与此相同。④《郑堂读书记》载：“远平，字吕璜，号戒山，仁和人。”⑤《四库全书存目丛书》影印南开大学图书馆藏清康熙刻本《戒山文存》《戒山诗存》，卷前有其自序，皆署名为“仁和邵远平戒山识”⑥ 字样。即便是提要所说的“此集首下署曰《京邸集》”，康熙刻本中《京邸集》卷次前亦署集名为《戒山诗存》⑦。故而，邵远平当字吕璜，号“戒山”，而非“戒三”，其诗集当名为《戒山诗存》。

31. 赵申乔《赵龚毅剩稿》八卷附录《裘萼剩稿》三卷（两江总督采进本）

国朝赵申乔撰。申乔字松伍，武进人。⑧

---

① 杜泽逊：《四库存目标注》（六）集部下，上海古籍出版社 2007 年版，第 3218 页。

② 丁嗣澂：《雪庵诗存》，《四库全书存目丛书》集部第 238 册，齐鲁书社 1997 年版，第 754 页。

③ 纪昀等：《钦定四库全书总目》卷一八三，中华书局 1997 年版，第 2551 页。

④ 永瑢等：《四库全书总目》卷一八三，中华书局 1965 年版，第 1655 页。

⑤ 周中孚：《郑堂读书记》卷一八，上海书店出版社 2009 年版，第 334 页。

⑥ 邵远平：《戒山文存》，《四库全书存目丛书》集部的 240 册，齐鲁书社 1997 年版，第 648 页。

⑦ 邵远平：《戒山诗存》，《四库全书存目丛书》集部的 240 册，齐鲁书社 1997 年版，第 764 页。

⑧ 纪昀等：《钦定四库全书总目》卷一八三，中华书局 1997 年版，第 2553 页。

按，据申乔之子赵熊诏《先考户部尚书谥龚毅松伍君暨先妣龚夫人行述》载："府君讳申乔，字慎旃，松伍其号也。"① 据此，赵申乔，字慎旃，号松伍。《总目》以其号为字，误。

32. 徐倬《苹村类稿》三十卷附录二卷（编修徐天柱家藏本）

国朝徐倬撰。倬字方虎，苹村其号也，德清人。康熙癸丑进士，官至翰林院侍读……元正字子贞，号静园，康熙乙丑进士，官至工部尚书。②

按，元正即徐倬之子，《清史列传》记载："元正，字子贞。康熙四十八年进士，由编修官至工部尚书。著有《清啸楼草》一卷、《鸾坡存草》一卷。徐氏五世翰林，倬其第二世，元正其第三世云。"③ 提要中所说的"康熙乙丑"为康熙二十四年，康熙四十八年当为"己丑"年。浙本《总目》所亦为"康熙乙丑进士"④。文渊阁《四库全书》本《总目》所载同样为"康熙乙丑进士"⑤。故而，提要将"己丑"误作"乙丑"。

33. 金德嘉《居业斋文集》二十卷《别集》十卷（湖南巡抚采进本）

国朝金德嘉撰。德嘉字会公，广济人。康熙壬戌进士，官翰林院检讨。⑥

按，《湖北巡抚呈送第三次书目》载："《居业斋全集》三十卷，

---

① 赵熊诏：《赵裘萼公剩稿》，《四库全书存目丛书》集部的 244 册，齐鲁书社 1997 年版，第 638 页。

② 纪昀等：《钦定四库全书总目》卷一八三，中华书局 1997 年版，第 2554 页。

③ 王锺翰点校：《清史列传》卷七〇，中华书局 1987 年版，第 5766 页。

④ 永瑢等：《四库全书总目》卷一八三，中华书局 1965 年版，第 1657 页。

⑤ 纪昀等：《四库全书总目》卷一八三，文渊阁《四库全书》第 4 册，台湾商务印书馆 1986 年版，第 897 页。

⑥ 纪昀等：《钦定四库全书总目》卷一八三，中华书局 1997 年版，第 2561 页。

清金德嘉著。十二本。”[①] 故杜泽逊于《四库存目标注》中认为：“是书见湖北进呈书目，著者系湖北广济人，《总目》作‘湖南巡抚采进本’，恐为湖北之误。”[②]

34. 汪灏《倚云阁诗集》一卷（山东巡抚采进本）

国朝汪灏撰。灏字文漪，一字天泉，临清人。康熙乙丑进士，官至贵州巡抚。[③]

按，汪灏之官职，《清人别集总目》载“官至河南巡抚”[④]；《清人诗文集总目提要》载“官至贵州巡抚”[⑤]。据《词林辑略》载：“汪灏，字文漪，号畏菴，山东临清人。散馆授编修，官至河南巡抚，罢。著有《倚云阁集》。”[⑥] 又据民国《临清县志》记载：“汪灏，字文漪，号畏菴，晚号天泉。生负异质，工诗文，擅书法，事亲尽孝。中康熙戊午举人，乙丑进士，选庶吉士，授编修。癸酉典试陕西……至癸未晋阁学兼礼部侍郎，督山陕学政，盖异数也。报竣，巡抚河南，清徭赋、饬官常、整军伍、弭寇盗……丁亥，河决黄堌等口，灏昼夜巡阅河工，积劳成疾，乞归。卒年六十七，所著有《倚云阁集》。”[⑦] 据此，汪灏，字文漪，号畏菴，晚号天泉，官至河南巡抚。

35. 安箕《绮树阁稿》一卷（山东巡抚采进本）

国朝安箕撰。箕字青士，寿光人，致远之次子。[⑧]

---

① 吴慰祖校订：《四库采进书目》，商务印书馆1960年版，第168页。

② 杜泽逊：《四库存目标注》（六）集部下，上海古籍出版社2007年版，第3258页。

③ 纪昀等：《钦定四库全书总目》卷一八三，中华书局1997年版，第2563页。

④ 李灵年、杨忠主编：《清人别集总目》，安徽教育出版社2000年版，第990页。

⑤ 柯愈春：《清人诗文集总目提要》，北京古籍出版社2001年版，第364页。

⑥ 朱汝珍辑：《词林辑略》，周骏富辑《清代传记丛刊·学林类》第18册，明文书局1985年版，第58页。

⑦ 民国《临清县志》，《中国地方志集成·山东府县志辑》第95册，凤凰出版社2004年版，第279页。

⑧ 纪昀等：《钦定四库全书总目》卷一八三，中华书局1997年版，第2564页。

按，《四库全书存目丛书》影印南开大学图书馆藏清康熙刻本《绮树阁赋稿》一卷《诗稿》一卷，署名均作“安篔”[①]。民国《寿光县志》卷十二《文苑》有《安篔传》[②]。《清人诗文集总目提要》：“《四库总目》误‘安篔’为‘安箕’。”[③]《四库存目标注》亦云：“‘安箕’乃‘安篔’之讹。”[④]

36. 陶季《舟车初集》二十卷（浙江巡抚采进本）

王士禛《渔洋诗话》记其与莱阳董樵同以“一字”为字，因而赋诗定交者是也。平生足迹半天下，诗多于舟车得之，因名《舟车集》。[⑤]

按，陶季与董樵同以“一字”为字之记载见于《池北偶谈》，而非《渔洋诗话》。《池北偶谈》卷二十一“一字字”条载：“今文士有宝应陶澂字季，莱阳董樵字樵，二人皆以布衣游于都门，初不相识，予为介之曰：‘二君非但诗笔相当，即一字字亦绝对也。’二君遂赋诗定交。”[⑥]提要文献出处记载错误。《舟车集》名称的由来出自乔莱于著前所作序：“足迹及天下太半，其所著诗多于舟车得之，因名《舟车集》。”[⑦]

37. 朱径《燕堂诗抄》八卷（户部尚书王际华家藏本）

国朝朱径撰。径字恭亭，宝应人。[⑧]

---

① 安篔：《绮树阁赋稿》，《四库全书存目丛书》集部第255册，齐鲁书社1997年版，第68、78页。

② 民国《寿光县志》，《中国地方志集成·山东府县志辑》第34册，凤凰出版社2004年版，第338页。

③ 柯愈春：《清人诗文集总目提要》，北京古籍出版社2001年版，第327页。

④ 杜泽逊：《四库存目标注》（六）集部下，上海古籍出版社2007年版，第3265页。

⑤ 纪昀等：《钦定四库全书总目》卷一八四，中华书局1997年版，第2568页。

⑥ 王士禛：《池北偶谈》卷二一，《王士禛全集》（五），齐鲁书社2007年版，第3346页。

⑦ 陶季：《舟车集》，《四库全书存目丛书》集部第258册，齐鲁书社1997年版，第117页。

⑧ 纪昀等：《钦定四库全书总目》卷一八四，中华书局1997年版，第2568页。

按，《燕堂诗抄》作者浙本提要亦书作“朱径”①。《燕堂诗抄》作者为“朱经”，而非“朱径”。中华书局整理本《总目》以按语标注“当作朱经，‘径’字误”。《四库全书存目丛书》影印上海图书馆藏清康熙刻本《燕堂诗抄》，其署名“宝应朱经恭亭”②。故而，提要以《燕堂诗抄》作者为“朱径”，误。《四库存目标注》云：“著者朱经《总目》误作朱径。”③《四库提要小传斠补》亦考订撰者为“朱经”④。关于其字号，据民国《宝应县志》载：“朱经，字叙九，号恭亭，克简次子。”⑤故，“恭亭”为朱经之号，而非其字。

38. 刘廷玑《葛庄诗抄》十三卷（内府藏本）

《在园杂志》尝自记其“呼童不至自生火，待饮未来还读书”一联，或以为剿袭陆游“童去自埋生后火，饭来还掩读残书”句。自辨其用意不同，是固诚然。然夺胎换骨，要不能谓不出于游也。又自记有人评其诗，曰“此亦出入于香山、剑南之间而未纯者”，自以为允，可谓自知矣。⑥

按，“呼童不至自生火，待饮未来还读书”一联出自陆游《幽居遣怀》，原句为“呼童不应自生火，待饭未来还读书”⑦。《在园杂志》卷二“变意”载：“余诗‘童去自埋生后火，饭来还掩读残书’，或谓直抄放翁，然陆句‘呼童不应自生火，待饭未来还读书’，余变其意，非直抄也。”⑧此提要恰把陆游与刘廷玑的诗句颠倒了，应为“《在园杂志》尝自记其‘童去自埋生后火，饭来还掩读残书’一联，或以为剿

① 永瑢等：《四库全书总目》卷一八四，中华书局1965年版，第1665页。
② 朱经：《燕堂诗抄》，《四库全书存目丛书》集部第258册，齐鲁书社1997年版，第315页。
③ 杜泽逊：《四库存目标注》（六）集部下，上海古籍出版社2007年版，第3280页。
④ 李坚怀：《四库提要小传斠补》，上海古籍出版社2020年版，第332—333页。
⑤ 民国《宝应县志》卷一六，《中国地方志集成·江苏府县志辑》第49册，江苏古籍出版社1991年版，第244页。
⑥ 纪昀等：《钦定四库全书总目》卷一八四，中华书局1997年版，第2570页。
⑦ 陆游著，钱仲联校注：《剑南诗稿校注》，上海古籍出版社1985年版，第3857页。
⑧ 刘廷玑：《在园杂志》，中华书局2005年版，第65页。

袭陆游‘呼童不至自生活，待饭未来还读书’句”。浙本提要无误。[①]“有人评其诗”句，出自《在园杂志》卷二“春阳先生”云：“偶于友人案头见拙刻《葛庄集》朱批：‘此亦出入《香山》、《剑南》间而未纯者。’曲阜东塘尚任乃曰：‘宋人之句，唐人之调。’余则何敢。”[②]

39. 怀应聘《水斋文集》四卷（浙江巡抚采进本）

国朝怀应聘撰。应聘字莘皋，秀水人。是编刊于康熙癸酉，盖所自编。[③]

按，文渊阁《四库全书》本《总目》作《水斋文集》[④]。浙本提要作《冰斋文集》[⑤]，《纪晓岚删定〈四库全书总目〉稿本》亦作《冰斋文集》[⑥]。《四库全书存目丛书》影印北京图书馆藏清康熙刻本《冰斋文集》四卷，集前琮执升所作《序》中亦有“先生所著《冰斋文集》见示”[⑦]语。故，怀应聘所著集名当为《冰斋文集》。

40. 李钟璧《雪鸿堂文集》四卷（山东巡抚采进本）

国朝李钟璧撰。钟璧号鹿岚，通江人，检讨蕃之子也。康熙丙子举人，官平南县知县。[⑧]

按，《四库全书存目丛书》影印北京大学图书馆藏清康熙五十七年刻雪鸿堂全集本《雪鸿堂文集》四卷，其目录、卷首页均题“通

---

① 永瑢等：《四库全书总目》卷一八四，中华书局1965年版，第1667页。

② 刘廷玑：《在园杂志》，中华书局2005年版，第57页。

③ 纪昀等：《钦定四库全书总目》卷一八四，中华书局1997年版，第2570页。

④ 纪昀等：《四库全书总目》卷一八四，文渊阁《四库全书》第4册，台湾商务印书馆1986年版，第918页。

⑤ 永瑢等：《四库全书总目》卷一八四，中华书局1965年版，第1667页。

⑥ 永瑢、纪昀等：《纪晓岚删定〈四库全书总目〉稿本》第8册，国家图书馆出版社2011年版，第320页。

⑦ 怀应聘：《冰斋文集》，《四库全书存目丛书》集部第260册，齐鲁书社1997年版，第716—717页。

⑧ 纪昀等：《钦定四库全书总目》卷一八四，中华书局1997年版，第2570页。

江李钟璧鹿岚著"①。《四库存目标注》亦有辨正著者为"李钟璧"②。《四库提要小传斠补》订提要云："李钟璧，字鹿岚，一字元修。康熙丁卯举人，官至刑部主事。"③ 然《四库提要小传斠补》所引李钟峨《伯兄元修先生墓志铭》一文中实书作"李钟璧"，称"先生讳钟璧"④，故《四库提要小传斠补》中书作"李钟璧"亦误。

41. 李钟峨《雪鸿堂文集》二卷（山东巡抚采进本）

国朝李钟峨撰。钟峨号芝麓，通江人。康熙丙戌进士，官翰林院检讨。⑤

按，道光《通江县志》卷七《选举志》"进士科"载："李钟峨，字雪原，一字芝麓，懒菴先生次子，康熙癸酉科举人，遵义仁怀县教谕。丙戌科进士，清书庶吉士，授职检讨，提督福建学政。历翰林院讲读、詹事府左右庶子、春坊掌坊、日讲起居注官、太常寺少卿充康熙壬辰科会试同考官……著有《垂云亭集》。"同卷"举人"科亦载："李钟峨，字雪原，康熙癸酉，蕃次子，太常寺少卿。"⑥ 卷九《艺文志》有《芝麓自志行略》云："芝麓，李氏，名钟峨，字雪原……四十五岁中康熙丙戌科三甲进士……四十七岁授职翰林院检讨……六十三岁转太常寺少卿。"⑦ 据此，李钟峨，字雪原，号芝麓，官太常寺少卿。

另，《总目》叙录李蕃、李钟璧、李钟峨父子别集，皆名《雪鸿

① 李钟璧：《雪鸿堂文集》，《四库全书存目丛书》集部第261册，齐鲁书社1997年版，第461、464页。

② 杜泽逊：《四库存目标注》（六）集部下，上海古籍出版社2007年版，第3289页。

③ 李坚怀：《四库提要小传斠补》，上海古籍出版社2020年版，第334页。

④ 道光《通江县志》卷九，《中国地方志集成·四川府县志辑》第63册，巴蜀书社1992年版，第216页。

⑤ 纪昀等：《钦定四库全书总目》卷一八四，中华书局1997年版，第2574页。

⑥ 道光《通江县志》卷七，《中国地方志集成·四川府县志辑》第63册，巴蜀书社1992年版，第162、164页。

⑦ 道光《通江县志》卷九，《中国地方志集成·四川府县志辑》第63册，巴蜀书社1992年版，第218—219页。

堂文集》。馆臣称其体例“钟峨父蕃有《雪鸿堂集》，其兄钟璧集袭用其名，钟峨又袭用其名，殊不可解。如以为家乘之总名，则又各为卷次，例亦难通也”。李钟璧、李钟峨兄弟诗文集分别名《燕喜堂集》《垂云亭集》，清康熙五十七年刻雪鸿堂全集本《雪鸿堂文集》，李钟璧《雪鸿堂文集》版心处雪鸿堂文集后分别另有“燕喜堂”“垂云亭”以示区别。

42. 王珻《王石和文集》无卷数（山西巡抚采进本）

国朝王珻撰。珻字石和，又字韫辉，盂县人。①

按，山西大学图书馆藏清乾隆六年江西重刻本，集前黄祐序载“先生字韫辉，石和其别号”。《三立祠传》亦云：“王先生珻，字韫辉，号石和。”② 据此，王珻，字韫辉，号石和。其籍贯，浙本《总目》作“孟县人”③，误。

43. 黄越《退谷文集》十五卷《诗集》七卷（两江总督采进本）

国朝黄越撰。越字际飞，上元人。康熙己丑进士，改庶吉士。④

按，清雍正五年光裕堂刻本《退谷文集》十五卷《诗集》七卷，集前有《纪略》，全称《黄检讨名越，字际飞，号退思，晚号退谷，江宁府上元县人。予告在籍，康熙丁丑拔贡，通省贡元，乙酉科举

① 纪昀等：《钦定四库全书总目》卷一八四，中华书局 1997 年版，第 2574 页。
② 王珻：《王石和文》，《四库全书存目丛书》集部第 264 册，齐鲁书社 1997 年版，第 95、97 页。
③ 永瑢等：《四库全书总目》卷一八四，中华书局 1965 年版，第 1670 页。
④ 纪昀等：《钦定四库全书总目》卷一八四，中华书局 1997 年版，第 2575 页。

人，己丑科进士，钦点翰林院庶吉士授检讨加一级行实纪略》[①]；集后附其子黄白麟所撰《皇清敕授文林郎翰林院检讨加一级武英殿纂修官予告乡饮大宾显考退谷府君行述》："府君讳越，字际飞，号退思，晚号退谷。"[②] 道光《上元县志》卷十六《儒林》亦载："黄越，字际飞，康熙己丑进士，官检讨。"[③] 据此，黄越，字际飞，号退谷，官翰林院检讨。

44. 吕谦恒《青要集》十二卷（浙江巡抚采进本）

国朝吕谦恒撰。谦恒字天益，河南新安人……谦恒尝读书青要山，因以名集。其诗纯作宋格，疏爽有余，而亦颇伤朴直。[④]

按，集前张汉《传》载吕谦恒之号，可作提要之补充，云："先生讳谦恒，字天益，号洞樵，河南新安人。"其集名由来方苞《序》中有载："青要山在新安东北隅，洞樵吕公读书其中，因以名诗集。"[⑤]

吕谦恒诗歌宗尚问题，方苞《序》中说"公诗格调不袭宋以后"。集前录有方苞、沈用济、万邦荣、刘荪、朱超、恽源濬、王汝骧、李本澧、范咸评语，大都称其诗以宗唐为主，如方苞评"《青要集》兼初盛唐人之长，而风骨酷肖子美"。万邦荣评"《青要集》五言高古渊雅出入汉魏晋宋之间，开宝以降便不肯涉笔，诚今日之广陵散也。七言原本杜、韩，而变化之纵横如意，不名一体，自是当代一大作手"。刘荪评"《青要集》气味得于汉魏，格调取之唐人"。朱超

---

① 黄越：《退谷文集》，《四库全书存目丛书》集部第264册，齐鲁书社1997年版，第564页。

② 黄越：《退谷文集》，《四库全书存目丛书》集部第265册，齐鲁书社1997年版，第209页。

③ 道光《上元县志》，《中国地方志集成·江苏府县志辑》第3册，江苏古籍出版社1991年版，第303页。

④ 纪昀等：《钦定四库全书总目》卷一八四，中华书局1997年版，第2575页。

⑤ 吕谦恒：《青要集》，《四库全书存目丛书》集部第265册，齐鲁书社1997年版，第220、222页。

评“《青要集》祖述三百，根本陶、杜”。恽源濬称其“诸体气味音节悉本唐贤”①。邓之诚《清诗纪事初编》称其“与兄履恒，同官禁近，白头昆弟，以诗文相砥砺。又与孟津王氏，世为婚姻，以文采相尚。方苞称其诗不袭宋以下格调，而王摅评其兄弟诗，皆渊源七子。《四库提要》乃谓纯作宋格，非笃论也”②。

45. 陶成《吾庐遗书》无卷数（江西巡抚采进本）

是集为其子其慷所编，皆所作杂文。③

按，《清人诗文集总目提要》亦言“此集乃其子其慷所编，皆所作杂文”④，明显是沿袭《总目》提要观点。《四库全书存目丛刊补编》影印清华大学图书馆藏清抄本《吾庐遗书》，书前录有编校者姓氏，其中有“孙其忱、其性、其怀、其慷、其志”，卷首有“孙其慷简夫编次”⑤。据此，陶其慷为陶成之孙，而非其子。二种提要皆误。《四库存目标注》亦云“其子当作其孙”⑥。

46. 帅念祖《树人堂诗》七卷（江西巡抚采进本）

是集前有吴焯序，称“念祖塞上所作，有多博吟”。今未见。⑦

按，浙本提要作“是集前有何焯序”⑧。《清人诗文集总目提要》“先自编官陕西时所作《树人堂诗》七卷，有何焯序，《四库存目》

① 吕谦恒：《青要集》，《四库全书存目丛书》集部第265册，齐鲁书社1997年版，第224—225页。

② 邓之诚：《清诗纪事初编》，上海古籍出版社2012年版，第912—913页。

③ 纪昀等：《钦定四库全书总目》卷一八四，中华书局1997年版，第2575页。

④ 柯愈春：《清人诗文集总目提要》，北京古籍出版社2001年版，第479页。

⑤ 陶成：《吾庐遗书》，《四库全书存目丛刊补编》第7册，齐鲁书社1998年版，第343、344页。

⑥ 杜泽逊：《四库存目标注》（六）集部下，上海古籍出版社2007年版，第3305页。

⑦ 纪昀等：《钦定四库全书总目》卷一八五，中华书局1997年版，第2583页。

⑧ 永瑢等：《四库全书总目》卷一八五，中华书局1965年版，第1675页。

著录"①。《四库全书总目汇订》亦云："'何焯'，殿本作'吴焯'，误。清光绪奉新帅氏绿窗刻《帅氏清芬集》本此集前有何焯序。"②查《四库全书存目丛书》影印之清光绪奉新帅氏绿窗刻帅氏清芬集本《树人堂诗》，集前确有序，其署名为"山阴后学何晫念修"③，序中未见"念祖塞上所作，有多博吟"句。集后有何晫"跋"，跋中云："兰皋先生出藩西秦，谪居塞外，风干草枯之地，极目萧条。思从中来，每一诗成，宜其激昂歔欷慷慨悲壮，入于少陵沉郁之词而不自知，乃手辑自制多博吟一帙寄阮铨部卓山。"④据此，不论是武英殿本"吴焯"还是浙本、《清人诗文集总目提要》《四库全书总目汇订》"何焯"皆误，当为"何晫"。另，提要援引之句实非出自集前之"序"，而是集后之"跋"。

47. 金志章《江声草堂诗集》八卷（浙江巡抚采进本）

国朝金志章撰。志章字绘卣，仁和人。雍正癸卯举人，官至口北道。⑤

按，清乾隆十九年刻本《江声草堂诗集》卷前署名"钱唐金志章绘卣"⑥。乾隆《杭州府志》载："金志章，初名士奇，字绘卣，号江声，钱塘人。雍正癸卯举人，由中书选侍读，出为口北道。"⑦《清史列传》亦记为"钱塘人"⑧。故而，金志章字绘卣，号江声，钱塘人。

---

① 柯愈春：《清人诗文集总目提要》，北京古籍出版社2001年版，第539页。

② 魏小虎：《四库全书总目汇订》，上海古籍出版社2012年版，第6250页。

③ 帅念祖：《树人堂诗》，《四库全书存目丛书》集部第273册，齐鲁书社1997年版，第257页。

④ 帅念祖：《树人堂诗》，《四库全书存目丛书》集部第273册，齐鲁书社1997年版，第321页。

⑤ 纪昀等：《钦定四库全书总目》卷一八五，中华书局1997年版，第2584页。

⑥ 金志章：《江声草堂诗集》，《四库全书存目丛书》集部第274册，齐鲁书社1997年版，第2页。

⑦ 乾隆《杭州府志》卷九四，乾隆四十四年刻本，第23页。

⑧ 王锺翰点校：《清史列传》卷七一，中华书局1987年版，第5866页。

48. 曹一士《四焉斋诗集》六卷附《梯仙阁余课》一卷《拂珠楼偶抄》二卷（江西巡抚采进本）

国朝曹一士撰。一士字谔庭，号济寰，上海人。雍正庚戌进士，官至兵科给事中。①

按，此处提要撰者字、仕履皆误。提要此句错误盖源自沈德潜《清诗别裁集》："曹一士，字谔廷，江南上海人。雍正庚戌进士，官兵科给事中。"②《江苏采辑遗书目录》亦云："《四焉斋诗文集》，兵科给事中上海曹一士著。"③ 据清乾隆刻本《四焉斋诗集》集前《上海县志名臣传》载："曹一士，字谔廷，号济寰……雍正庚戌进士，入翰林。乙卯擢御史，寻转工科给事中。"④ 焦袁熹《梯仙阁余课序》云："《梯仙阁余课》者，上海谔廷曹子继室陆夫人之所作也。"⑤ 顾栋高在《四焉斋文集序》中载其仕履云："曹子为名诸生四十年，声望震海内，垂老始成进士，入翰苑数年改御史，再迁工科给事，家贫不能迎妻子，卒于京邸，年才六十。"⑥ 光绪《青浦县志》卷十七载："曹一士，字谔廷，本上海人，年十五补青浦诸生，有名。雍正四年举顺天乡试，八年成进士，由编修擢山东道监察御史，转工科给事中，卒官。"⑦ 另，全祖望有《工科给事中前翰林院

---

① 纪昀等：《钦定四库全书总目》卷一八五，中华书局1997年版，第2586页。

② 沈德潜：《清诗别裁集》卷二七，上海古籍出版社2013年版，第1120页。

③ 黄烈编：《江苏采辑遗书目录》，张升编《〈四库全书〉提要稿辑存》（四），北京图书馆出版社2006年版，第493页。

④ 曹一士：《四焉斋诗集》，《四库全书存目丛书》集部第275册，齐鲁书社1997年版，第370页。

⑤ 陆凤池：《梯仙阁余课》，《四库全书存目丛书》集部第275册，齐鲁书社1997年版，第416页。

⑥ 曹一士：《四焉斋诗集》，《四库全书存目丛书》集部第275册，齐鲁书社1997年版，第438页。

⑦ 光绪《青浦县志》卷一七，《中国地方志集成·上海府县志辑》第6册，上海书店出版社2010年版，第287页。

编修济寰曹公行状》①。据此，曹一士，字谔廷，官至工科给事中。

49. 刘青霞《慎独轩文集》八卷（浙江巡抚采进本）

前有王心敬所作小传，称其酷爱司马迁、班固书，未尝释手。②

按，查《四库全书存目丛书》影印清乾隆刻本《慎独轩文集》，前确有王心敬所作《襄城啸林刘子别传》，但却无提要所引之语。此语实则出自长洲彭启所作《襄城刘啸林传》，其言为："酷爱司马迁、班固书，精研寻玩，未尝释手，熟悉历代帝王将相世系、典制升降、理乱原委。"③

50. 姚世钰《孱守斋遗稿》四卷（江西巡抚采进本）

国朝姚世钰撰。世钰字玉裁，号薏田，归安人。平生学问，以何焯为宗。故全祖望为其墓铭曰："薏田之学，私淑义门。义门之徒，莫之或先。人亦有言，墨守太坚。薏田不信，御侮兀然。每逢异帜，互有争端。焦唇敝舌，各尊所闻。"纪其实也。祖望《志》又称："马曰璐、马曰琯、张四科收拾其遗文开雕。"又称所著为《莲花庄集》八卷。此本书名卷数皆与《志》不合。末有张四教跋，称"勒为诗文各二卷"。则又无所阙佚，不知何故也。④

按，此提要中所说的墓志铭为全祖望撰《姚薏田圹志铭》，其中"焦唇敝舌"原文为"焦唇敝颊"。提要称全祖望所作墓志铭中记姚世钰所著为《莲花庄集》八卷，墓志原文为"所著有《莲花庄集》

① 全祖望撰，朱铸禹汇校集注：《全祖望集汇校集注》，上海古籍出版社 2000 年版，第 459 页。

② 纪昀等：《钦定四库全书总目》卷一八五，中华书局 1997 年版，第 2588 页。

③ 刘青霞：《慎独轩文集》，《四库全书存目丛书》集部第 277 册，齐鲁书社 1997 年版，第 391 页。

④ 纪昀等：《钦定四库全书总目》卷一八五，中华书局 1997 年版，第 2588 页。

四卷”，非八卷。姚世钰所著当为《孱守斋遗稿》，未见相关《莲花庄集》之记载。杨秋室在《姚薏田圹志铭》评语中亦说：“薏田著《孱守斋遗稿》四卷，非《莲花庄集》也，谢山何以讹谬如是。”朱铸禹案语云：“《莲花庄集》或是初名，当再考。”①《清人诗文集总目提要》释其《莲花庄集》“盖谋梓未果”②。

51. 李果《在亭丛稿》二十卷（江苏巡抚采进本）

果之论文，谓弇州、北地文古而患乎似，义务、延陵文真而患乎浅。欲救似与浅之病，惟在读书穷理。③

按，据《四库全书存目丛刊补编》影印清乾隆刻本《在亭丛稿》，此所谓李果论文之语出自沈德潜所撰《序》：“客山尝与余论文，谓前明之文如北地、弇州、济南诸公摹秦汉之形貌者，文古矣，病患乎似。义务、延陵、晋江诸公专求文从字顺者，文真矣，病患乎浅。而欲救似与浅之病，惟在多读书，能穷理，沃根培本，俟其富有而日新，闻其议论知其所得力深矣。”④

52. 曹锡淑《晚晴楼诗草》二卷（大理寺卿陆锡熊家藏本）

国朝曹锡淑撰。锡淑字采行，上海人。兵科给事中一士之女，适同里举人陆正笏。⑤

按，据《四库全书存目丛书》影印清抄本《晚晴楼诗稿》集末所附《行略》载：“继妇姓曹氏，名锡淑，字采荇，殁于乾隆癸亥八月二

---

① 全祖望撰，朱铸禹汇校集注：《全祖望集汇校集注》，上海古籍出版社2000年版，第360页。

② 柯愈春：《清人诗文集总目提要》，北京古籍出版社2001年版，第546页。

③ 纪昀等：《钦定四库全书总目》卷一八五，中华书局1997年版，第2589页。

④ 李果：《在亭丛稿》，《四库全书存目丛刊补编》第9册，齐鲁书社1998年版，第151页。

⑤ 纪昀等：《钦定四库全书总目》卷一八五，中华书局1997年版，第2591页。

十卯时。"[①] 文末署名则为"陆秉笏"。以此来看，曹锡淑，字"采荇"，非"采行"；其夫应为"陆秉笏"，而非"陆正笏"。《四库存目标注》订："正笏乃秉笏之误。"[②] 另，曹一士官"工科给事中"，非"兵科给事中"，前文《四焉斋诗集》提要已有辨正，兹不再赘述。

53. 边连宝《随园诗集》十卷附录一卷（御史戈源家藏本）

雍正乙卯拔贡生，乾隆丙辰荐举博学鸿词，辛未又荐举经学。[③]

按，据《清史列传》记载，边连宝"雍正十三年，学政钱陈群拔之，贡成均。廷试时，礼部尚书任兰枝与侍郎李绂司校阅，署第一，发视相贺。乾隆元年，荐试博学鸿词，报罢。十四年，复荐经学，辞不赴。"[④] 提要中所记之"雍正乙卯"即雍正十三年、"乾隆丙辰"即乾隆元年、"辛未"即乾隆十六年。边连宝荐举经学在乾隆十四年，是年为"己巳"。

54. 庄纶渭《问羲轩诗抄》二卷《剩草》一卷（国子监助教张羲年家藏本）

国朝庄纶渭撰。纶渭字对樵，号苇塘，武进人。乾隆壬戌进士，官定海县知县。[⑤]

按，据《四库全书存目丛书》影印清乾隆刻本《问羲轩诗抄》，此集卷首载有钱唐梁同书所撰《行状》，全称《皇清敕授文林郎例授奉直大夫历任浙江武康上虞定海县知县推升甘肃宁州知府苇塘庄先生

① 曹锡淑：《晚晴楼诗草》，《四库全书存目丛书》集部第278册，齐鲁书社1997年版，第306页。

② 杜泽逊：《四库存目标注》（六）集部下，上海古籍出版社2007年版，第3355页。

③ 纪昀等：《钦定四库全书总目》卷一八五，中华书局1997年版，第2592页。

④ 王锺翰点校：《清史列传》卷七〇，中华书局1987年版，第5771页。

⑤ 纪昀等：《钦定四库全书总目》卷一八五，中华书局1997年版，第2593页。

行状》①。杨述曾在《序》中亦言："与对樵别逾十年矣，今年春对樵以擢知甘肃宁州事入觐，来都僦舍，与余居相近。"② 只是升知府不久便"寻以疾请假暂归，适部议前知定海时有降级处分，赴部引见，奉旨仍发浙江以知县补用"③。故而，庄纶渭官至"甘肃宁州知府"，而非"定海县知县"。

55. 万光泰《柘坡居士集》十二卷（浙江巡抚采进本）

国朝万光泰撰。光泰字循初，秀水人。乾隆庚午举人。是集其所自定……前有汪孟鋗序，称"循初计偕北上……"云云。④

按，万光泰中举之时间，至少有四种说法：（一）提要所言之"乾隆庚午"。此说法实出自《皇朝文献通考》，其言曰：

《柘坡居士集》十二卷

万光泰撰。光泰字循初，秀水人，乾隆庚午举人。汪孟鋗序曰："循初计偕北上，以病卒。方病中，荟自定诗十二卷，一缄寄余，有'可存则付令子存之，不者毁之'之说，又曰'刻既成，取循初别字，题曰《柘坡居士集》。其古文、诗余极夥，闻手自毁去外，杂著十六种则皆其自定，缄寄者俟他日续刻焉。"⑤

提要即在此篇基础上添加各卷次信息而成，也就沿袭了其"庚午举人"的说法。(二)"乾隆戊午"说。胡玉缙《四库全书总目提要补正》引刘毓崧《通义堂文集》的记载，谓："光泰戊午顺天乡试中

① 庄纶渭：《问羲轩诗钞》，《四库全书存目丛书》集部第281册，齐鲁书社1997年版，第407页。

② 庄纶渭：《问羲轩诗钞》，《四库全书存目丛书》集部第281册，齐鲁书社1997年版，第412页。

③ 庄纶渭：《问羲轩诗钞》，《四库全书存目丛书》集部第281册，齐鲁书社1997年版，第408页。

④ 纪昀等：《钦定四库全书总目》卷一八五，中华书局1997年版，第2594页。

⑤ 乾隆敕撰：《皇朝文献通考》卷二三五，文渊阁《四库全书》第637册，台湾商务印书馆1986年版，第457页。

举，《提要》言庚午举人者，'庚'字原本当作'戊'，此传写之讹耳。"[①] 胡玉缙的根据即《通义堂文集》刘氏所作《书柘坡居士集后》："乾隆丙辰丁巳间，循初应博学鸿词科，就试京师，在同征诸人中名望甚著，有异人之目。报罢后留京，戊午顺天乡试中式。"[②]（三）"乾隆辛酉"说。《全浙诗话》云："光泰字循初，号柘坡，秀水人，乾隆丙辰举鸿博，后中辛酉举人。"[③]（四）"乾隆丙辰"说。全祖望《万循初墓志铭》云："循初，姓万氏，讳光泰，一字柘坡，嘉兴秀水人……生于康熙壬辰年某月某日，卒于乾隆庚午年某月某日。乾隆丙辰举人，其年三十有九。"[④] 阮元《两浙輶轩录》"万光泰"条亦云："万光泰，字循初，号柘坡，秀水人。乾隆丙辰举人。"[⑤]《皇朝续文献通考》卷二六四叙录万光泰《元秘史略》一卷，对万光泰介绍为："光泰字循初，号柘坡，浙江秀水人，乾隆丙辰举人。"[⑥] 此著卷二七五又叙录其《说文凝锦录》一卷，亦作"乾隆丙辰举人"[⑦]。《国朝先正事略》云："光泰，字循初，号柘坡，乾隆丙辰举人。"[⑧]《清史稿》亦载："光泰，字循初。乾隆元年举人。有《柘坡居士集》。"[⑨] 乾隆元年即乾隆丙辰。

四种说法中，当以全祖望"丙辰"说较为可信。《四库全书存目

---

① 胡玉缙撰，王欣夫辑：《四库全书总目提要补正》卷五五，上海书店出版社 1998 年版，第 1565 页。

② 刘毓崧：《通义堂文集》卷一三，《续修四库全书》第 1546 册，上海古籍出版社 2002 年版，第 555—556 页。

③ 陶元藻：《全浙诗话》卷四八，《续修四库全书》第 1703 册，上海古籍出版社 2002 年版，第 684 页。

④ 全祖望：《鲒埼亭集》卷二〇，全祖望撰，朱铸禹汇校集注《全祖望集汇校集注》，上海古籍出版社 2000 年版，第 369 页。

⑤ 阮元辑：《两浙輶轩录》卷二二，《续修四库全书》第 1683 册，上海古籍出版社 2002 年版，第 695 页。

⑥ 刘锦藻：《皇朝续文献通考》卷二六四，《续修四库全书》第 819 册，上海古籍出版社 2002 年版，第 215 页。

⑦ 刘锦藻：《皇朝续文献通考》卷二七五，《续修四库全书》第 819 册，上海古籍出版社 2002 年版，第 330 页。

⑧ 李元度辑：《国朝先正事略》卷四一，《续修四库全书》第 539 册，上海古籍出版社 2002 年版，第 109 页。

⑨ 赵尔巽等：《清史稿》卷四八五，中华书局 1977 年版，第 13384 页。

丛书》影印乾隆二十一年汪孟铜刻本《柘坡居士集》，集前有汪孟铜作《柘坡居士集序》，此序中载："余尝与循初论天下士，循初屈指今古文手，推宁波全谢山先生第一，心识之。庚午秋，遇谢山于杭州，为亡友再拜恳，谢山诺从。"① 汪孟铜与万光泰相熟，同为"秀水诗派"著名诗人，万光泰临终之际将书稿委托汪孟铜删定出版，全祖望所作墓志铭中关于万光泰的记载当为汪孟铜相告，故而"丙辰"说当更为可信。

56. 张庚《强恕斋文抄》五卷（浙江巡抚采进本）

庚少孤贫，卖画养母，以余力为古文。是集乃其七十三岁所自编。②

按，张庚另有《强恕斋诗抄》四卷，刻于乾隆十七年，《总目》未叙录。据《四库全书存目丛书》影印浙江图书馆藏清乾隆刻本《强恕斋文集》，提要此句出自张庚《叙》，"余七岁而孤，家酷贫，稍长卖画以奉母。吾后涉四方诸名宿，咸以余知文，谓有合于道。由是间以文售……今年七十有三矣，思钝而笔亦秃……乾隆丁丑长夏弥伽居士张庚题"③。

57. 金农《冬心集》四卷（江苏巡抚采进本）

其名"冬心"者，取崔国辅"寂寥抱冬心"之语也。④

按，据《四库全书存目丛书》影印清雍正十一年广陵般若庵刻本《冬心集》，此语出自金农《冬心集》自序，其言曰："予丙申病痁江

---

① 万光泰：《柘坡居士集》，《四库全书存目丛书》集部第281册，齐鲁书社1997年版，第718页。

② 纪昀等：《钦定四库全书总目》卷一八五，中华书局1997年版，第2594页。

③ 张庚：《强恕斋文抄》，《四库全书存目丛书》集部第282册，齐鲁书社1997年版，第41页。

④ 纪昀等：《钦定四库全书总目》卷一八五，中华书局1997年版，第2594页。

上，寒宵怀人不寐，申旦遂取崔国辅‘寂寥抱冬心’之语以自号，今以氏其集云。雍正十一年十月钱塘金农自序。”①

58. 许昌国《薪櫄集》四卷（江苏巡抚采进本）

国朝许昌国撰。昌国字仔赓，原字一清，荆溪人。岁贡生。②

按，据许昌国次子许重炎所作《先大人愧庵先生年谱》：“公讳乾，字一清，更讳昌国，字仔赓，晚号愧庵，岁进士，候选儒学训导，生于前明崇祯戊寅，卒于本朝康熙后壬寅，享年八十有五。”③ 据此，许昌国原名许乾，字一清，后更名许昌国，字仔赓。

59. 郭振遐《禹门集》四卷（内府藏本）

国朝郭振遐撰。振遐字中洲，汾阳人，寄居扬州。诗颇率易，至以大禹、颜回自比，尤为狂纵矣。④

按，据《四库全书存目丛书》影印上海图书馆藏清康熙二十二年刻本《郭中州禹门集》，以大禹、颜回自比的原因，郭振遐在《郭中州禹门集自序》中解释道：“至于以禹门名集者，一以学大禹敏慎为心劳身焦思不怠于学业之意。一以尚河源有本之学，百川灌输之弘不涉于雕虫字句剿袭雷同之谬。一以写严层岫复涧曲峰回为文字波澜之趣。一以俾世之高贤大良知余为汾晋之逸民不忘眷恋河东故乡之思，昔孟子曰禹稷颜回同道。夫颜回乃闾巷之布衣也。何与禹稷并称，夫非效其敏慎而不怠哉。故后儒曰大禹惜寸阴，吾人宜惜分阴敏慎之说也。夫取法乎上仅得乎中，余岂敢以古文辞自居，亦以舒余心之所景

① 金农：《冬心集》，《四库全书存目丛书》集部第282册，齐鲁书社1997年版，第111页。

② 纪昀等：《钦定四库全书总目》卷一八五，中华书局1997年版，第2596页。

③ 许昌国：《薪櫄集》，《四库全书存目丛书》集部第283册，齐鲁书社1997年版，第344页。

④ 纪昀等：《钦定四库全书总目》卷一八五，中华书局1997年版，第2597页。

行焉。"[①] 可见，郭振遐自比大禹、颜回只是表达"惜分阴敏慎"等意而已，说不上"尤为狂纵"。另，郭振遐之字当为"中州"。《四库存目标注》按语亦云："依康熙本署名，当作中州。"[②]

60. 林之蒨《偶存草诗集》六卷（山东巡抚采进本）

国朝林之蒨撰。之蒨字素园。杨梦琰序，称其产于鲁，客于楚。其自署曰孝感，盖寓籍也。其取法在中唐、南宋之间，而学力则未逮焉。[③]

按，"《偶存草诗集》"浙本提要作"《偶存草堂集》"，"杨梦琰"浙本提要作"杨梦琬"[④]。《清人诗文集总目提要》承袭浙本提要，题作《偶存草堂集》，作者林之蒨，"字素园，号梅村，山东济宁人，寓居湖北孝感。官武邑知县"[⑤]。查《四库全书存目丛书》影印雍正刻本《偶存草诗集》六卷，集前确有《偶存草诗序》，其作者为"杨梦琰"，浙本提要改"琰"为"琬"当是避嘉庆帝之讳。在此序言中确言："林君产于鲁，客于楚。鲁、楚之间未有艳道其名者。"[⑥] 林蒨在其自序《偶存草诗集序》中说："予籍山东任城。"[⑦] 序末署名为"林蒨素园氏"[⑧]，各卷次前题"古濮林蒨素园氏著"。《四库存目标注》以浙本为底本载"《偶存草堂集》六卷，国朝林之蒨撰"，对此著作者辨正道："此书书名武英殿本《总目》作《偶存草诗集》，与

① 郭振遐：《郭中州禹门集》，《四库全书存目丛书》集部第 283 册，齐鲁书社 1997 年版，第 363—364 页。

② 杜泽逊：《四库存目标注》（六）集部下，上海古籍出版社 2007 年版，第 3378 页。

③ 纪昀等：《钦定四库全书总目》卷一八五，中华书局 1997 年版，第 2597 页。

④ 永瑢等：《四库全书总目》卷一八五，中华书局 1965 年版，第 1684 页。

⑤ 柯愈春：《清人诗文集总目提要》，北京古籍出版社 2001 年版，第 443 页。

⑥ 林蒨：《偶存草诗集》，《四库全书存目丛书》集部第 284 册，齐鲁书社 1997 年版，第 716 页。

⑦ 林蒨：《偶存草诗集》，《四库全书存目丛书》集部第 284 册，齐鲁书社 1997 年版，第 720 页。

⑧ 林蒨：《偶存草诗集》，《四库全书存目丛书》集部第 284 册，齐鲁书社 1997 年版，第 721 页。

雍正刻本合。此‘堂’字当误。是书撰人林之蒨，雍正刻本卷端及自序均作‘林蒨’，《呈进书目》同，则当以林蒨为正。”[1] 故而，此集名《偶存草诗集》，作者林蒨，杨梦琰序。

二 考辨总结

通过上述考证篇目来看，《总目》清别集提要文献方面的失误主要包括这样几个方面：

（一）别集作者信息错误

这种错误表现在多个方面：（1）作者名错误。如《蒙吟集》作者为“王天眷”，提要所记为“王天春”[2]；《潜沧集》的作者为“佘一元”，提要记为“余一元”[3]；《燕堂诗抄》作者为“朱经”，提要则作“朱径”。提要的此类错误大都是由于字形相近而导致。《东谷集》作者为“白胤谦”，提要记为“白允谦”，此乃为避讳所造成。（2）字号错误。文人字号最为复杂，一人往往有多个字号，故而，字号方面也最容易出现错误。如魏象枢，《总目》记为“字环极”，《国朝先正事略》则记为“字环溪”，不同的记载极易造成误解。更有甚者馆臣常常会弄错文人的字号，如王熙，字子雍，提要则记为“字子撰”[4]；田从典，字克五，提要记为“字克正”[5]；邵远平，号戒山，提要记为“号戒三”。（3）文人籍贯错误。如梁清标为“直隶正定人”，提要却错误的记为“清苑人”[6]；梁佩兰为“南海人”，提要却记为“番禺人”[7]；金志章为“钱塘人”，提要记为“仁和人”。（4）官职错误。科举是清初文人进入仕途的最重要途径，中举之时间对于文人意义重大，然清别集提要在作者身份介绍内容中关于文人科

① 杜泽逊：《四库存目标注》（六）集部下，上海古籍出版社2007年版，第3381页。
② 杨武泉：《四库全书总目辨误》，上海古籍出版社2001年版，第265—266页。
③ 杨武泉：《四库全书总目辨误》，上海古籍出版社2001年版，第266页。
④ 杨武泉：《四库全书总目辨误》，上海古籍出版社2001年版，第266页。
⑤ 杨武泉：《四库全书总目辨误》，上海古籍出版社2001年版，第270页。
⑥ 杨武泉：《四库全书总目辨误》，上海古籍出版社2001年版，第264页。
⑦ 杨武泉：《四库全书总目辨误》，上海古籍出版社2001年版，第270页。

举时间与仕途官职记载方面亦偶有出错的地方。前文考证中冯溥、边连宝、万光泰等中科举之时间，范承谟、李钟壁、曹一士、黄越、庄纶渭等之官职皆有不确之处。

（二）征引文献错误

清别集提要在征引文献方面同样存在失误之处，大致有三种类型：第一种是无中生有，以蔡世远《二希堂文集》提要为例，馆臣在解释“二希堂”名称由来的时候说：“目录之后有其门人宁化雷鋐附跋，称其堂所以名‘二希’者，世远尝自作记，言‘学问未敢望朱文公，庶几其真希元乎！事业未敢望诸葛武侯，庶几其范希文乎！’其务以古贤自期，见于是矣。”① 《四库全书》在著录《二希堂文集》时保留有此跋，但通读全篇却未见任何言及“二希”之文字。第二种是张冠李戴，如薛所蕴《桴庵集》提要云：“奋生即王士禛诗所谓‘十载雕虫稍擅名，未曾缚袴学长征。他年我若登三事，但乞萧郎作骑兵’者是也。”② 此诗的确在王士禛《池北偶谈》中有记载，然作诗者并非王士禛，而是汪琬。又如陶季《舟车初集》提要中王士禛记陶季与董樵同字“一字”之事，提要称出自《渔洋诗话》，而实则出自《池北偶谈》。第三种是数据错误。王士禛《精华录》提要中称“其在扬州作《论诗绝句》三十首”，而文渊阁《四库全书》著录《精华录》中却存《戏仿元遗山论诗绝句三十二首》③。又如张实居《萧亭诗选》提要引王士禛序称“为择其最者三百余篇为此集”，查王士禛《萧亭诗选序》发现，序中记为“五百余篇”，非提要所说“三百余篇”④。

（三）史实考证错误

《总目》清别集提要中对耿精忠叛乱发生的时间记载存在矛盾之

① 纪昀等：《钦定四库全书总目》卷一七三，中华书局1997年版，第2351页。

② 纪昀等：《钦定四库全书总目》卷一八一，中华书局1997年版，第2515页。

③ 王士禛：《精华录》，文渊阁《四库全书》第1315册，台湾商务印书馆1986年版，第95页。

④ 顾怡：《〈四库全书总目〉明清别集类存目辨证》，硕士学位论文，南京师范大学，2015年，第30页。

处，在范承谟《忠贞集》提要与《画壁遗稿》提要中作“康熙壬子逆藩耿精忠叛”，康熙壬子即康熙十一年，而在嵇永仁《抱犊山房集》提要中则称“康熙十三年耿精忠作乱”[①]。耿精忠叛乱实则发生在康熙十三年，《忠贞集》提要与《画壁遗稿》提要中的“康熙壬子”之说明显是错误的。[②]《总目》对发生在本朝历史事件的记载都会出错，就更不用说前代的了。再如《御制诗初集》提要中说：“考帝王有集，始于汉武帝，然止二卷。魏晋至唐，御撰诗文，惟唐高宗《大帝集》多至八十六卷。”[③] 而按照李裕民的考证：“《梁武帝文集》为一百二十卷（《梁书》及《南史》本纪），《梁简文帝文集》一百卷（《南史》本纪），《周书》、《北史·萧大圜传》则云‘《简文集》九十卷’，均较《唐高宗大帝集》为多。”[④] 可见，精于乾嘉之学的四库馆臣在《总目》提要的考证过程中也有欠细致之处，其考证结果也未必完全准确。

此外，清别集提要还存在如熊伯龙《熊学士诗文集》提要、金德嘉《居业斋文集》提要这样将书目采进省份弄错的情况等。四库馆臣于清别集提要中的失误之处并不少见，究其原因：一是提要的编撰是一项集体工作，前后历时十余年，在长期的撰写、反复的修改增删过程中难免会产生错误。二是如余嘉锡所说：“四库所收，浩如烟海，自多未见之书。而纂修诸公，绌于时日，往往读未终篇，拈得一义，便率尔操觚，因以立论，岂惟未尝穿穴全书，亦或不顾上下文理，纰缪之处，难可胜言。”[⑤]

第三节　文献征引与《总目》思想策略

文献征引是馆臣撰写提要的重要方法之一，清别集提要中明确注

① 纪昀等：《钦定四库全书总目》卷一七三，中华书局 1997 年版，第 2342、2345 页。
② 杨武泉：《四库全书总目辨误》，上海古籍出版社 2001 年版，第 250 页。
③ 纪昀等：《钦定四库全书总目》卷一七三，中华书局 1997 年版，第 2341 页。
④ 李裕民：《四库提要订误》（增订本），中华书局 2005 年版，第 411 页。
⑤ 余嘉锡：《四库提要辨证》，中华书局 2007 年版，第 49—50 页。

明出处的文献征引的多达250余篇。《总目》提要之所以征引如此多的文献，与馆臣撰写提要的策略密不可分。

一 文献征引与提要建构

关于《总目》提要撰写之体例，馆臣在《凡例》中说："是书先列作者之爵里，以论世知人；次考本书之得失，权众说之异同，以及文字增删，篇帙分合，皆详为订辨，巨细不遗。"① 其实，一篇完整的提要在结构上除了馆臣所说的"列作者之爵里"、考订"本书之得失"外，还有该著述版本情况的介绍、文学思想的批评等方面的内容。这四部分大都存在征引文献的情况。可以说，征引文献是一篇提要完整结构的重要组成部分。

从清别集提要中的作者小传来看，馆臣征引文献的目的大致有以下两种：一是馆臣并不是对每一位清初文人都熟悉。故而，援引文献之记载作为提要之内容。如《二槐草存》提要对王翃的介绍就直接引述了《今世说》的记载，其言曰："王晫《今世说》尝记其还妾一事，称为厚德。又称其'少失学，《论》、《孟》不卒读，识字而已。弱冠偶览《琵琶记》，欣然会意，曰此无难，吾亦能之。即据案唔唔学填词，竟合调。自后学不稍懈，工词曲，又进攻诗。然贫日甚，抱膝苦吟，落落不问家人产'云云。"② 馆臣援引此段关于王翃生平的文献，重在强调王翃之"厚德"及其聪慧。再如《虎溪渔叟集》提要对刘命清生平的介绍："是书前后无序跋，惟冠以《临川县志》小传一篇，称其'明末捍御土寇有方略，福王时，揭重熙荐充馆职，辞不就。入国朝，以布衣终。'"③ 如果没有征引《临川县志》的记载，《虎溪渔叟集》前又无序跋，馆臣将难以知晓刘命清之生平事迹。二是借征引文献以显示作者在清初诗坛的地位。对清初文人地位的评价，如果仅由馆臣自话自说，出之无据，则缺乏说服力。相较而言，

① 纪昀等:《钦定四库全书总目》卷首三《凡例》，中华书局1997年版，第32页。
② 纪昀等:《钦定四库全书总目》卷一八一，中华书局1997年版，第2519页。
③ 纪昀等:《钦定四库全书总目》卷一八一，中华书局1997年版，第2524页。

援引他人评价之语，尤其是诗坛领袖人物的评价，明显更有说服力。故而，馆臣在评价清初文人文学地位之时，多征引他人评价之语来表达其观点。如宋琬《安雅堂诗》提要以“案”语形式连引王士禛三篇文献来证明宋琬在清初诗坛的地位与诗学特色，其言曰：

> 王士禛《池北偶谈》曰：“康熙以来，诗人无出南施、北宋之右，宣城施闰章愚山，莱阳宋琬荔裳也。”又曰：“宋浙江后诗，颇拟放翁。五古歌行，时闯杜、韩之奥。康熙壬子春，在京师求余定其诗笔为三十卷。其秋，与余先后入蜀。予归之明年，宋以臬使入觐。蜀乱，妻孥皆寄成都，宋郁郁没于京邸，此集不知流落何地矣。”又《渔洋诗话》曰：“康熙庚辰，余官刑部尚书。荔裳之子思勃来京师，以《入蜀集》相示，亟录而存之。集中古选诗歌行，气格深稳，余多补入《感旧集》”云云。①

文献是馆臣了解作者著述情况的重要来源，如吴绮《林蕙堂集》提要云：“王方岐作绮小传，称所著有《亭皋集》、《艺香词》、《林蕙堂文集》诸编。”② 高珩《栖云阁诗》提要说：“王士禛《居易录》称其生平撰著，不减万篇。”③ 再如王道《江湖闲吟》提要云：“卷首有黄之隽序，称所著有《鹿皋文集》，有《京华稿》。”④ 馆臣征引此类文献可以使读者详细了解该作者的著述情况。文献也是了解作者对集名命名的重要信息来源，如仲昰保《翰村诗稿》提要载：“是集前五卷为昰保所自编，皆题曰‘行卷’……按唐时进士，以所业投贽当路，谓之‘行卷’。见于《摭言》等书者颇详。昰保终老山林，而名所作为《行卷》，未喻其说。”⑤ 仲昰保在其集中未记载将其集命名为“行卷”的原因，使得后人亦无从知晓。

---

① 纪昀等：《钦定四库全书总目》卷一八一，中华书局 1997 年版，第 2530 页。
② 纪昀等：《钦定四库全书总目》卷一七三，中华书局 1997 年版，第 2342 页。
③ 纪昀等：《钦定四库全书总目》卷一八一，中华书局 1997 年版，第 2518 页。
④ 纪昀等：《钦定四库全书总目》卷一八五，中华书局 1997 年版，第 2588 页。
⑤ 纪昀等：《钦定四库全书总目》卷一八五，中华书局 1997 年版，第 2588 页。

征引文献也是馆臣评价作者文学特色时的常用方法。如《梅村集》提要为证明吴梅村散文成就不高，便援引黄宗羲的观点："《梅村集》中张南垣、柳敬亭二《传》，张言其艺而合于道，柳言其参宁南军事，比之鲁仲连之排难解纷，此等处皆失轻重，为倒却文章家架子。"征引文献的目的在于说明吴伟业词人作散文是"强为学步"①而已。又如馆臣认为宋荦诗学宗法苏轼，便援引文献："王士禛《池北偶谈》记其尝绘苏轼像，而己侍立其侧，后谒选，果得黄州通判，为轼旧游地。又施元之《苏诗注》久无传本，荦在苏州重价购得残帙，为校雠补缀，刊板以行，其宗法可以概见。"②

总之，无论是作者小传、版本信息介绍、文献考订还是文学批评，大都存在征引文献的情况。可以说，征引文献是构成一篇提要完整结构的重要组成部分。

二 文献征引的思想策略

《总目》清别集提要对文献的征引并不是随机的，而是经过精心选择，有着馆臣的思想策略。

在对文献的来源方面，馆臣选择最多的是序跋、传记类文献。这主要是由于序跋、传记的作者大都与别集作者熟识，对其生平、著述、诗文的批评也较为准确。二是清初诗坛宗主级人物的著述。鉴于他们的文学成就及在清初诗坛的影响力，他们的观点往往最能得到士人的认同，故而王士禛、赵执信等人的著述便成了馆臣征引的重点。

从著录别集提要和存目别集提要所征引的文献来看，二者征引的目的存在明显的区别。在著录别集提要中，馆臣所征引的文献大多是为了褒扬该别集作者，而存目别集提要中所征引的文献为了批判的目的更明显。如《尧峰文抄》提要中，馆臣认为汪琬"性狷急，动见人过，交游罕善其终者。又好诋诃，见文章必摘其瑕颣，故恒不满

① 纪昀等:《钦定四库全书总目》卷一七三，中华书局1997年版，第2341页。
② 纪昀等:《钦定四库全书总目》卷一七三，中华书局1997年版，第2348页。

人，亦恒不满于人”①。为证明馆臣之观点，征引王士禛《居易录》和阎若璩《潜邱札记》的记载，其目的却是表达汪琬文章学问之深厚。而在存目别集提要中，馆臣征引的文献往往会成为批判的标靶，尤其是对史实、考据类的批评最为严苛，如《精华录训纂》提要通篇就是对惠栋所作注的批判②。这种情况的出现，与《总目》撰修时所确立的著录别集以褒为主，存目别集以贬为主的原则息息相关。

在官学思想的约束下，馆臣对文献的选择亦有其偏好，对那些能够表现教化意义的文献则是大量征引。如《铁庐集》提要中为展现潘天成的孝行和其笃志苦行之举，征引《溧阳志》和《瞿源涞集》中的《潘孝子传》等文献。《别本学文堂集》提要征引王晫《今世说》中的记载：“玉璂每读书至夜分，两眸欲合如线，辄用艾灼臂，久之成痂。”目的在于证明陈玉璂是一位“苦学之士”③。《克念堂文抄》整篇提要用了多半篇幅征引《陕西通志》中关于雷铎对继母尽孝、养活从兄弟及寡姊妹的事迹，来表明雷铎事为“笃行之士”④。馆臣以大量征引文献的形式来说明其生平事迹，而不是由馆臣来直接记述，显得更具说服力，也更具教化意义。

总之，《总目》清别集提要中所征引的文献既是构成提要完整结构的重要组成部分，又蕴含馆臣选择文献的思想策略。

① 纪昀等：《钦定四库全书总目》卷一七三，中华书局1997年版，第2343页。
② 纪昀等：《钦定四库全书总目》卷一八二，中华书局1997年版，第2537页。
③ 纪昀等：《钦定四库全书总目》卷一八三，中华书局1997年版，第2552页。
④ 纪昀等：《钦定四库全书总目》卷一八四，中华书局1997年版，第2571页。

第四章

《总目》清别集提要文学批评研究(上)

清别集提要对乾隆中期之前清代诗文及其发展历程进行了系统的总结。馆臣对清初文学的宏观批评主要集中于三个问题：一是对清初遗民、贰臣为创作主体的清代文学处理与评价的问题；二是清初盛世文学的建构问题；三是《总目》馆臣如何评价王士禛及其“神韵说”，以及怎样定位王士禛在清初诗坛地位的问题。

第一节　政治语境下的清初文学批评

严迪昌《清诗史》把清代诗歌演变历程的特点归纳为“不断消长继替过程中的‘朝’、‘野’离立”①。在这一“离立”关系中，清初遗民与贰臣便是最好的代表。清初遗民与清官方始终是一种离心状态，众多贰臣由于入清后大都官居高位，对清的接受程度明显较高，其文学作品大量出现颂美新朝的台阁之作。《总目》力图把二者全部纳入清官方正统之中，在此背景下，四库馆臣的遗民观、贰臣观以及对其文学的评价都明显带有浓重的政治色彩。

---

① 严迪昌：《清诗史》，人民文学出版社2011年版，第15页。

一　乾隆朝对明清易代人物的臧否

明清易代之际，面对复杂多变的社会形势，士人们的人生选择大致有三种：要么为明殉节、要么成为遗民、要么投降新朝为贰臣。清初统治者对三类士人的评价随着时代的发展也在变化，如清入关之初，多次表彰在甲申之变中殉难诸臣。由于清军入关、治理朝政、征伐天下过程中，大量依靠了贰臣的力量，故而清初官方对贰臣不仅大量重用，更是不断褒奖。在遗民方面，顺治、康熙前期，战乱不断，清初统治者面对汉族士人根深蒂固的“夷夏之辨”思想，试图通过科举、博学鸿词科等方式笼络广大士人。

这种情况在乾隆时期发生了转变，随着清政权统治的稳固，官方“已无须再忧虑其统治合法性会受到任何挑战。反之，如何通过提高臣民的忠君意识，以维系国家的团结，倒成了皇帝所最关心的新课题”[①]。乾隆皇帝从培养臣子的忠君观念出发，在纂修《四库全书》的同时，于乾隆四十一年（1776）下令主持修撰《钦定胜朝殉节诸臣录》，乾隆在谕旨中清晰地阐述了此著修撰之目的：

> 崇奖忠贞，所以风励臣节。然自昔累朝嬗代，于胜国死事之臣，罕有录予易名者。惟我世祖章皇帝定鼎之初，于崇祯末殉难之大学士范景文等二十人，特恩赐谥……第当时仅征据传闻，未暇遍为搜访，故得邀表章者，止有此数。迨久而遗事渐彰，复经论定。今《明史》所载可按而知也。至若史可法之支撑残局，力矢孤忠，终蹈一死以殉。又如刘宗周、黄道周等之立朝謇谔，抵触佥壬，及遭际时艰，临危授命，均足称一代完人，为褒扬所当及。其他或死守城池，或身殒行阵，与夫俘擒骈僇，视死如归者……各能忠于所事，亦岂可令其湮没不彰？自宜稽考史书，一体旌谥。[②]

---

① 程永明：《清代前期的政治认同与历史书写》，上海古籍出版社2011年版，第193页。

② 《高宗纯皇帝实录》卷九九六，《清实录》第21册，中华书局1986年版，第316—317页。

乾隆帝之所以开始大肆褒扬，是因为“明季殉节诸臣，各为其主，义烈可嘉，爰命大学士九卿等集议予谥，所以褒阐忠良，风励臣节也”①。《钦定胜朝殉节诸臣录》提要云：“明自万历以还，朝纲日紊，中原瓦解，景命潜移。我国家肇造丕基，龙兴东土。王师顺动，望若云霓。而当时守土诸臣，各为其主，往往殒身碎首，喋血危疆。逮乎扫荡妖氛，宅中定鼎，乾坤再造，陬澨咸归。而故老遗臣，犹思以螳臂当车，致烦齐斧，载诸史册，一一可稽。我皇上幾余览古，轸恻遗忠。念其冒刃撄锋，虽属不知天运，而疾风劲草，百折不移，要为死不忘君，无惭臣节。用加赠典，以励纲常。”② 提要所言与乾隆谕旨一脉相承，认为殉节诸臣虽不能顺应天运，却不辱臣节，故“用加赠典，以励纲常”。

乾隆四十一年底乾隆皇帝又下令编修《贰臣传》《逆臣传》，其目的同样是奖励忠贞、风励臣节。乾隆之前的清初帝王对降清贰臣基本持肯定态度，③ 然而这一态度在乾隆时发生了逆转，开始对贰臣的失节行为大肆批判，其言曰：“朕思此等大节有亏之人，不能念其建有勋迹，谅于生前，亦不因其尚有后人，原于既死，今为准情酌理，自应于国史内另立《贰臣传》一门，将诸臣仕明，及仕本朝各事迹，据实直书，使不能纤微隐饰……此实朕大中至正之心，为万世臣子植纲常，即以是示彰瘅。昨岁已加谥胜国死事诸臣，其幽光既为阐发，而斧钺之诛，不宜偏废。此《贰臣传》之不可不核定于此时，以补前世史传所未及也。”④ 又说：“至若忠烈廉孝，以及奸臣宦官，历代皆附入列传。我朝百代昇平，并无此等事也。惟《贰臣传》一门，前经降旨，另编甲乙，乃我朝开创所有。此实扶植纲常，为世道人心之计。”⑤ 以钱谦益为例，乾隆帝之前并未见官方对其严苛批评之语，而在其细读过钱氏著作之后，对钱谦益可谓是深恶痛绝，不仅否定其人

① 《高宗纯皇帝实录》卷一〇〇〇，《清实录》第21册，中华书局1986年版，第385页。
② 纪昀等：《钦定四库全书总目》卷五八，中华书局1997年版，第814页。
③ 陈永明：《清代前期的政治认同与历史书写》，上海古籍出版社2011年版，第223页。
④ 《高宗纯皇帝实录》卷一〇二二，《清实录》第21册，中华书局1986年版，第694页。
⑤ 《高宗纯皇帝实录》卷一一九一，《清实录》第23册，中华书局1986年版，第928页。

品，也否定了其诗文。乾隆帝认为其“不能死节，靦颜苟活，乃托名胜国，妄肆狂狺，其人实不足齿”①。对沈德潜将钱谦益视为清诗第一人更是极为不满，他从“忠孝”的角度出发说：“夫居本朝而妄思前明者，乱民也，有国法存。至身为明朝达官而甘心复事本朝者，虽一时权宜，草昧缔构所不废，要知其人，则非人类也。其诗自在听之可也，选以冠本朝诸人则不可……且诗者何？忠孝而已耳。离忠孝而言诗，吾不知其为诗也。”② 也正是从这一时期开始，贰臣的失节行为使他们成为清官方的批判重点。

在汉族士人的认知中，不论是殉节之士还是抗节不仕都可以称为前朝忠臣，全祖望在论及前朝遗民时曾言：“且士之报国，原自各有分限，未尝概以一死期之。东涧汤氏谓渊明不事异代之节，与子房五世相韩之义同，既不为狙击震动之举，又时无汉祖者可托以行其志，故每寄情于首山、易水之间，可以深悲其遇，斯真善言渊明之心者。倘谓非杀身不可以言忠，则是伯夷、商容亦尚有惭德也。盖不知其人，当听其言。抗节不仕之徒，虽其忧谗畏讥，嗛嗛不敢自尽，而郁结凄楚之思，有不能自已者。至若一丘一壑，寄托于蛊之上九，其神本怡，则其辞自旷也，是不过山泽之臞，而岂可同年而语哉？”③ 全祖望的观点代表了大多数汉族士人对“忠”的理解。但是这一认识却与乾隆皇帝的理解有着巨大的区别，在乾隆的认知中，“在亡国之际，只有那些殉节者才算得上是忠臣，尽了理学家口中的人臣职责”④。

不管是对前朝殉节者的褒扬，还是对清初贰臣、遗民的贬斥都是为了培养臣子的忠君意识。这一时期撰修的《总目》同样叙录了明清易代之际的遗民与贰臣的著述，四库馆臣会如何评价他们以及他们的诗文呢？

---

① 纪昀等：《钦定四库全书总目》卷首一《圣谕》，中华书局 1997 年版，第 5 页。

② 清高宗：《御制文初集》卷一二，《清代诗文集汇编》第 330 册，上海古籍出版社 2010 年版，第 116 页。

③ 全祖望撰，朱铸禹汇校集注：《全祖望集汇校集注》，上海古籍出版社 2000 年版，第 1651 页。

④ 陈永明：《清代前期的政治认同与历史书写》，上海古籍出版社 2011 年版，第 202 页。

二 《总目》的明遗民观

自宋元之际遗民呈群体性出现以来，元明和明清之际都有遗民群体的大规模出现。遗民以其悲烈的心路历程、崇高的民族气节和丰厚的学术修养得到了后人无上的赞美。明清鼎革，清以异族入主中原，使得清初出现了大批具有民族气节的汉族遗民。四库馆臣极为重视历代遗民，《总目》对他们的著述多有叙录。从清别集提要来看，馆臣对明遗民整体上持批判态度。这种批判态度，通过与《总目》对宋遗民、元遗民态度的对比，表现得更为明显。

首先，从叙录遗民著作的情况来看，《总目》叙录宋、元遗民与明遗民诗文集的数量差异直接反映了清官方对明遗民的评价态度。《总目》著录宋遗民刘辰翁、胡仲弓、吴锡畴、薛嵎、张尧同、马廷鸾、王应麟、赵必瑑、舒岳祥、汪梦斗、柴望、方逢辰、卫宗武、牟巘、汪元量、谢翱、何梦桂、胡次焱、黄仲元、林景熙、熊禾、方夔、真山民、连文凤、王镃、邓牧、方凤、王炎午、黄公绍、于石、陈岩、陈深、陈杰、金履祥等人别集近40种，存目汪元量、刘辰翁、何希之、陈仁子、赵偕、方凤、潘音、郑思肖、罗公升、俞琰等人别集10余种；著录元遗民刘仁本、王翰、吴海、吴当、许恕、张宪、金涓、丁鹤年、舒頔、李继本、钱维善、谢应芳、周霆震、甘复、王逢、吴皋、叶颙、鲁贞、郭钰、戴良、杨允孚、李祁、贡性之、杨翮、顾瑛、倪瓒、王礼、吕诚、朱希晦、汪克宽、周巽、沈梦麟、胡行简、赵汸、杨维桢、陈基、宋禧、张昱、梁寅、邓雅等人别集40余种，存目倪瓒、韩奕、戴良、吴会、董养性、程从龙、沈贞、吕不用、曹志、王偕等人别集10余种。清别集提要中，明遗民别集只著录1种，其余40余种皆存目。所著录朱鹤龄《愚庵小集》其实本在禁毁之列，只是馆臣认为集中《书元好问集后》一篇意在痛诋钱谦益，才得以著录[1]，并且此问题在提要中亦被馆臣大加渲染：

---

① 中国第一历史档案馆编：《纂修四库全书档案》（下），上海古籍出版社1997年版，第2066页。

（朱）与钱谦益为同郡，初亦以其词场宿老，颇与倡酬。既而见其首鼠两端，居心反覆，薄其为人，遂与之绝。所作《元裕之集后》一篇，称"裕之举金进士，历官左司员外郎。及金亡不仕，隐居秀容，诗文无一语指斥者。裕之于元既足践其土，口茹其毛，即无反詈之理，非独免咎，亦谊当然。乃今之讪辞诋语，曾不少避，若欲掩其失身之事，以诳国人者，非徒悖也，其愚亦甚"云云。其言盖隐指谦益辈而发，尤可谓能知大义者矣。①

朱鹤龄对钱谦益辈之批评，与乾隆帝的观点极为相近，都对钱氏身处新朝而又抨击新朝不满。进入新朝之文人应如元好问那样既已"足践其土、口茹其毛"，就"无反詈之理"。正是因为朱鹤龄的这篇文章，才使《愚庵小集》得以著录《总目》，深具政治意图。此外，在《四库全书初次进呈存目》中尚存有魏禧《魏叔子集》三十三卷、尤侗《西堂全集》五十六卷、魏世杰《魏兴士文集》六卷、魏礼《魏季子文集》十六卷提要，但由于其遗民身份，这四篇提要未能逃脱遭删除的命运。

其次，在遗民的朝代归属问题上，《总目》同样采取了不同的标准。宋遗民、元遗民基本归入旧朝，而非归入新朝。宋遗民入元后在世时间或长或短，时间较短者如吴锡畴入元在世 5 年，刘辰翁在元 26 年，谢翱入元后在世 19 年，林景熙入元后在世近 40 年，汪元量入元在世 46 年。元遗民同样如此，谢应芳入明在世 20 余年，吴海入明后在世近 30 年，丁鹤年入明后在世甚至达 50 余年，沈梦麟在世近 30 年。据何宗美、刘敬的统计，《总目》将元末明初作家归入元代者有 40 人，其中为元遗民者 30 余人，② 他们入明朝少则几年，多则几十年，但《总目》却把他们归为元人。对于明遗民，四库馆臣更多的是

① 纪昀等：《钦定四库全书总目》卷一七三，中华书局 1997 年版，第 2345 页。

② 何宗美、刘敬：《明代文学还原研究——以〈四库总目〉明人别集提要为中心》，人民出版社 2014 年版，第 9—22 页。

将其归为清人，其目的在于彰显他们已全部被纳入清代正统教化之列。为达此目的，馆臣甚至可以将明代遗民塑造成贰臣，如《道山堂集》提要对陈轼的书写，提要云称其“前明崇祯庚辰进士，入国朝，官至广西苍梧道”①。对此，黄曾樾《道山堂集书后》有详细考证，“轼在崇祯朝，官知县。隆武朝擢御史，隆武亡，至粤。永历朝，官苍梧道。迨永历走广南，轼未扈从，始归里”②。可见，陈轼未出仕清朝，官广西苍梧道是在永历帝时期。若非详加考证，仅通过此提要，读者极易将陈轼视作贰臣，反而将其遗民身份抹杀。

再次，在对遗民民族气节的评价方面馆臣更是采取了不同的态度。《总目》在不遗余力搜罗宋、元遗民的同时，极力宣扬遗民不忘故国的民族气节，对其诗文中所表现出的黍离麦秀之悲亦极为肯定，如四库馆臣评价宋遗民卫宗武“眷怀故国，匿迹穷居，其志节深有足取。而《宋遗民录》诸书乃竟脱漏其姓名。录存是集，以发潜德之光，亦足见圣朝表章幽隐砥砺风教之义也”③。《总目》对卫宗武眷怀故国的志节甚是推崇，并为其不被《宋遗民录》收录而深感不满。又如《林霁山集》提要对林景熙“忠义”行为的赞颂，称其“宋亡不仕。会扎木扬喇勒智发宋诸陵，以遗骨建‘镇南塔’，景熙以计易真骨葬之，其忠义感动百世”④。再如《富山遗稿》提要评方夔：“国亡后遁迹以终，人品亦极高洁”⑤。四库馆臣对明初元遗民不忘故朝的精神同样给予极力宣扬。以吴当为例，《学言诗稿》提要述其经历曰：“陈友谅已陷江西，遂遁迹不出。友谅遣人召之，当坚卧以死自誓，舁床载送江州，拘留一年，终不屈。友谅灭，乃免。洪武初，复迫致之，见太祖，长揖不拜，竟得放归，隐居吉水之谷坪，完节以终。”⑥ 馆臣评其

① 纪昀等：《钦定四库全书总目》卷一八一，中华书局1997年版，第2517页。

② 陈轼：《道山堂集》，《四库全书存目丛书》集部第201册，齐鲁书社1997年版，第603页。

③ 纪昀等：《钦定四库全书总目》卷一六五，中华书局1997年版，第2188—2189页。

④ 纪昀等：《钦定四库全书总目》卷一六五，中华书局1997年版，第2191页。

⑤ 纪昀等：《钦定四库全书总目》卷一六五，中华书局1997年版，第2193页。

⑥ 纪昀等：《钦定四库全书总目》卷一六八，中华书局1997年版，第2248页。

精神曰："盖死生久付之度外，其不为谢枋得者，特天幸耳。有元遗老，当其最矫矫乎！其诗风格遒健，忠义之气凛凛如生，亦元季之翘楚。"① 据《明代文学还原研究》的考证吴当根本未曾入明，② 馆臣为彰显其遗民精神，不惜歪曲事实将其视为入明之人。再如舒頔，《贞素斋集》提要云："其文乃多颂明功德，盖元纲失驭，海水群飞，有德者兴，人归天与，原无所容其怨尤，特遗老孤臣，义存故主，自抱其区区之志耳。頔不忘旧国之恩，为出处之正；不掩新朝之美，亦是非之公。"③ 舒頔不忘旧国之恩，不掩新朝之美，正是馆臣对遗民处事的期许。从《总目》提要来看，四库馆臣对宋遗民、元遗民誓死不从新朝的举动是何等大张旗鼓地宣扬。对于明遗民，四库馆臣的态度则完全相反，如王夫之仅标明其为"前明举人"，刁包为"前明天启辛卯举人"，黄宗羲"前明御史尊素之子。康熙初，荐修《明史》，以老疾未赴"④，皆未对他们的遗民事迹作任何载录，也未对他们的遗民气节作任何彰显。《总目》所叙录其他清初遗民的生平事迹也大抵如此。《总目》极力简化清初明遗民的生平介绍，本应该赞赏的遗民气节更是讳莫如深，甚至对金堡、屈大均等有反清思想的遗民著述实行禁毁政策，认为他们"遁迹缁流，均以不能死节，靦颜苟活，乃托名胜国，妄肆狂狺，其人实不足齿，其书岂可复存！"⑤ 可见，对于不同朝代遗民的民族气节，四库馆臣所采取的是不同的态度，对与清无朝代交替的宋、元遗民极力彰显其民族气节，而对于清初遗民则尽量遮蔽，极力贬抑，甚至禁毁其著述，以期消除其在清代的影响力。

总之，秉承乾隆旨意而成的《总目》，其编纂目的之一就是"励臣节、正人心"，故而馆臣在提要中对宋遗民、元遗民的民族气节大力宣扬，并对他们的诗文称赞不已。但是，在清官方政治因素的约束

---

① 纪昀等：《钦定四库全书总目》卷一六八，中华书局1997年版，第2249页。

② 何宗美、刘敏：《明代文学还原研究——以〈四库总目〉明人别集提要为中心》，人民出版社2014年版，第10页。

③ 纪昀等：《钦定四库全书总目》卷一六八，中华书局1997年版，第2250页。

④ 纪昀等：《钦定四库全书总目》卷六，中华书局1997年版，第54、55、55页。

⑤ 纪昀等：《钦定四库全书总目》卷首一《圣谕》，中华书局1997年版，第5页。

下，馆臣极力遮掩明遗民所表现出来的民族气节，这也是《总目》对宋、元遗民态度与对明遗民态度存在巨大差异的原因所在。

三 《总目》论清初遗民文学

遗民文学是清初文学的重要组成部分，《总目》叙录明遗民著述40余种。但总体来看，四库馆臣对清初遗民的文学成就评价并不高，主要表现在如下几个方面：

第一，《总目》所叙录明遗民中有很大一部分属于遗民学者，他们并不以诗文见长。在对明代文学批判的基础上建立起来的清初文学，不论是民间还是官方，呈现出的一种总体发展趋势是追求以经学为根柢的学者之文，康熙皇帝就曾言："文章以发挥义理、关系世道为贵，骚人词客，不过技艺之末，非朕之所贵也。"① 深受其祖父影响的乾隆同样认为："夫文章者，所以明天理、叙人伦而已，舍是二者，虽逞其才华，适足为害，不如识字之为愈也。"② 可见，清官方倡导的文学是以经世致用为目标的。清初以顾炎武、黄宗羲、王夫之为代表的遗民学者在经学、考据学等方面的贡献对清代学术发展产生了深远影响。《总目》所叙录的清初遗民中以学术见长的有：朱鹤龄、刁包、汤来贺、黄宗羲、杜越、李颙、张而岐、萧企昭、谢文洊等。这其中朱鹤龄《愚庵小集》之所以能够著录，除了上文所说的政治考量因素外，其经学、考据学成就亦得到了四库馆臣的称赞：

> 鹤龄始专力于词赋，自顾炎武勖以本原之学，始研思经义，于汉唐注疏皆能爬梳抉摘，独出心裁。故所作文章亦悉能典雅醇实，不蹈剽窃摹拟之习。其邶、鄘、卫三国，《禹贡》三江、震泽、太湖、嶓冢、汉源诸辨，多有裨于考证。尝笺杜甫、李商隐

① 《圣祖仁皇帝实录》卷四三，《清实录》第4册，中华书局1985年版，第572页。

② 清高宗：《御制文二集》卷一八，文渊阁《四库全书》第1301册，台湾商务印书馆1986年版，第395页。

> 诗集，故所作韵语颇出入二家之间，而寄兴清远，能不自掩其神韵。①

就文学而言，朱鹤龄并不是清初遗民中文学成就最高的，也并不以文学而著称，在四库馆臣看来，其文章之所以“典雅醇实”皆源于其“研思经义”“爬梳汉唐注疏”，是典型的学者文风，因此得到馆臣认可。

但并不是所有的学者之文都能像朱鹤龄那样得到四库馆臣的青睐，《总目》提要赞赏的是考证笃实、批评中肯的著作，再按照于敏中所提出的“提要宜加核实，其拟刊者则有褒无贬，拟抄者则褒贬互见，存目者有贬无褒，方足以彰直笔而示传信”②的原则，《总目》提要对存目的明遗民别集多批判之语，这些批评包括：（1）过激批评。四库馆臣从儒家批评立场出发，主张中肯平和的批评态度，反对攻击式的过激批评。如刁包的易学得到了馆臣的赞许，但其文学并非其所长，馆臣认为其“持论每多苛刻，如裴度、韩愈皆悬度其事，力加诋毁，殊失善善从长者意”③。四库馆臣鉴于文坛喧嚣已久的相互攻讦传统，尤其是宋代以来学术界激烈的汉宋之争，对这种过激的批评方法提出批判，认为“门户之见太深。词气之间，激烈已甚，殊非儒者气象”④，《总目》以此力图使批评回归理性正统。（2）体例不当。四库馆臣论文极重体例，如杜越《紫峰集》由其门人杨湛等所编，但此集“既多录应酬代笔之作，又不甚谙体例，其杂录中有《龙王庙募缘》一篇，乃七言古诗，而编于文中。其所作祠联、壁联、书斋联一一备载，尤为冗杂”⑤。此类情况还有李颙《二曲集》，集后所录《襄

---

① 纪昀等：《钦定四库全书总目》卷一七三，中华书局1997年版，第2345页。

② 于敏中：《于文襄公（敏中）手札》，《近代中国史料丛刊》第22辑，文海出版社1966年版，第75页。

③ 纪昀等：《钦定四库全书总目》卷一八一，中华书局1997年版，第2515页。

④ 纪昀等：《钦定四库全书总目》卷九六《闲辟录》提要，中华书局1997年版，第1254页。

⑤ 纪昀等：《钦定四库全书总目》卷一八一，中华书局1997年版，第2520页。

城记异》《义林记》《李氏家乘》《贤母祠记》皆非李颙所作，故馆臣认为“卷帙繁重而无关颙之著作，殊为疣赘”①。(3) 考证不精。考证学是清代学术的重要标志，梁启超曾说：“夫无考证学则是无清学也。”② 以纪晓岚为代表的四库馆臣多为乾嘉时期汉学大家，他们精于考据之学，在《总目》提要对疏于考证的著述提出了批判。馆臣在清别集提要中传达出的明遗民考证不精表现有二：一类是主观臆断，如毛先舒“议礼尤多臆断，行笔颇隽爽，而不免于作态弄姿”③。刘命清“史论颇多臆断，其诋诸葛诛马谡之非，乃力祖王安石而深斥苏洵《辨奸论》与吕公著《弹文》，尤不免颠倒是非”④。一类是注释、历史考据失误，《五公山人集》提要批评王余祐考证尤疏云：

> 谓“西洋呼月为老瓦，杜诗‘莫笑田家老瓦盆’，即月盆也，如《月琴》、《月台》之类，取其形似”。按欧逻巴人至明万历间利玛窦始入中国，杜甫何自识其译语？又谓“古诗‘为乐当及时，焉能待来滋’，滋为草名，又名繁缕，易于滋长，即藤也。”按古诗本作来兹字，本《吕氏春秋》今兹、来兹，犹今年、明年，高诱注甚明。余祐殆见误本古诗，兹字加水，因生曲说。⑤

再如馆臣于《织斋集抄》提要评李焕章曰：

> 至于明季忠烈诸臣，多为立传，其表微阐幽，亦可谓留意史学。然所载不能一一审核。如周遇吉妻《周夫人传》载：“李自成攻宁武，遇吉数大败之。追战陷重围，马蹶，公拔佩刀自杀。夫人贯重铠陷阵，连斩贼骁将，及闻遇吉死，亦自杀”云云。案《明史》遇吉巷战被执，为贼丛射而死，实非自杀。其妻刘氏素

---

① 纪昀等：《钦定四库全书总目》卷一八一，中华书局 1997 年版，第 2521 页。
② 梁启超撰，朱维铮导读：《清代学术概论》，上海古籍出版社 2011 年版，第 30 页。
③ 纪昀等：《钦定四库全书总目》卷一八一，中华书局 1997 年版，第 2525 页。
④ 纪昀等：《钦定四库全书总目》卷一八一，中华书局 1997 年版，第 2524 页。
⑤ 纪昀等：《钦定四库全书总目》卷一八一，中华书局 1997 年版，第 2521 页。

勇健，率妇女数十人据山巅公廨，登屋而射贼，贼不敢逼，纵火焚之，阖家尽死，亦与焕章所载陷阵及自杀事不合。且佚其姓，但称周夫人。盖草莽传闻之词，随笔记录，未足据为定论也。①

考据严谨是《总目》对著述评价的重要标准，而众多遗民沿袭晚明文学“风气”，不重考据，故而受到了四库馆臣的批判。

第二，对于清初遗民文学的风格的批判。馆臣在宋、元遗民别集提要中对他们诗文中表现兴亡之感的诗文大加推崇。以《总目》对宋遗民诗文的批评为例，《秋堂集》提要评柴望诗曰：“其人则宋亡以后遁迹深山，至元十七年乃卒。翛然高洁，追步东篱。其诗虽格近晚唐，未为高迈，而黍离、麦秀，寓痛至深，骚屑哀音，特为凄动，亦可与谢翱诸人并传不朽。故残章断简，犹能流播至今也。”②《湖山类稿》提要评汪元量诗“多慷慨悲歌，有故宫离黍之感”③。《伯牙琴》提要评邓牧之诗文时说：“牧与谢翱、周密等友善，二人皆抗节遁迹者……密放浪山水，著《癸辛杂识》诸书，每述宋亡之由，多追咎韩、贾，有黍离诗人‘彼何人哉’之感。翱《西台恸哭记》诸作，多慷慨悲愤，发变徵之音。牧则惟《寓屋壁记》、《逆旅壁记》二篇稍露繁华消歇之感，余无一词言及兴亡，而实侘傺幽忧，不能自释，故发而为世外放旷之谈、古初荒远之论，宗旨多涉于二氏。其《君道》一篇竟类许行‘并耕’之说，《吏道》一篇亦类老子剖斗、折衡之旨。盖以宋君臣湖山游宴，纪纲丛脞，以致于亡，故有激而言之，不觉其词之过也。”④馆臣将周密、谢翱、邓牧三人诗文特色进行比较，并对邓牧之文“词之过也”予以理解。再如《存雅堂遗稿》提要评方凤之诗文曰：“凤志节可称，所作文章亦肮脏磊落，不屑为庸腐之语。龚开尝评其诗，以为由本论之，在人伦，不在人事，等而上

① 纪昀等：《钦定四库全书总目》卷一八一，中华书局1997年版，第2523页。
② 纪昀等：《钦定四库全书总目》卷一六五，中华书局1997年版，第2188页。
③ 纪昀等：《钦定四库全书总目》卷一六五，中华书局1997年版，第2189页。
④ 纪昀等：《钦定四库全书总目》卷一六五，中华书局1997年版，第2195页。

之，在天地，不在古今。盖风泽畔行吟，往往眷念宗邦，不忘忠爱，开亦以遗民终老，故扬诩未免过情。然幽忧悲思，缠绵悱恻，虽亡国之音，固犹不失风人之义也。”①《总目》对元遗民诗文的评价亦是如此，如《静思集》提要评郭钰“见诸吟咏者每多愁苦之词”②。《九灵山房集》提要评戴良诗曰：“良诗风骨高秀，迥出一时，眷怀宗国，慷慨激烈，发为吟咏，多磊落抑塞之音。”③ 从以上提要来看，馆臣尤为看重宋、元遗民诗文中表现出的黍离之悲、慷慨悲愤之音，对其诗歌中表现出的愁苦之意并无不满之辞，甚至将遗民诗中“幽忧悲思，缠绵悱恻”的“亡国之音”视为“风人之义”。

与对宋、元遗民诗文大力褒扬不同，馆臣对明遗民文学却是以贬抑为主。这些批判主要表现在：

有的提要对清初遗民诗文特色不予置评。在陈宏绪《陈士业全集》、李确《九山游草》、王翃《二槐草存》、黄宗羲《南雷文定》、李颙《二曲集》、毛先舒《思古堂集》等诸集提要中皆未涉及文学批评的语言。《总目》对遗民诗人文学批评的忽略本身就已经说明了馆臣对明遗民文学的贬抑态度。

在存有文学批评的诸篇提要中，馆臣对明遗民诗文的评价也是以批判居多：一是对清初明遗民才多之患的批评。在馆臣看来，才多之遗民其诗文往往会存在诸多弊端，《白茅堂集》提要中称顾景星为“一时之霸才”，而其集则“细大不捐、榛楛勿翦”④。《蒿庵集》提要评张尔岐曰：“才锋骏利，纵横曼衍，多似苏轼，而持论不免驳杂。”⑤ 此类批评还存在于贺贻孙《水田居士文集》、李焕章《织斋集抄》、刘命清《虎溪渔叟集》等提要中。二是明遗民大都继承明代文学特点，这也成为馆臣批判的重点，如《苧庵二集》提要称吴懋谦

① 纪昀等：《钦定四库全书总目》卷一六五，中华书局1997年版，第2195页。
② 纪昀等：《钦定四库全书总目》卷一六八，中华书局1997年版，第2253页。
③ 纪昀等：《钦定四库全书总目》卷一六八，中华书局1997年版，第2254页。
④ 纪昀等：《钦定四库全书总目》卷一八一，中华书局1997年版，第2520页。
⑤ 纪昀等：《钦定四库全书总目》卷一八一，中华书局1997年版，第2521页。

“力追七子之派”，然时有“蹶张之失”①；《藕湾全集》提要评张仁熙“宗尚北地、太仓、历下诸人，未脱摹仿之迹”②；《徐太拙诗稿》提要认为徐振芳诗“竟陵、公安之余习未尽湔除，故往往失之纤仄”③；《彭省庐文集》提要评彭师度“诗格沿云间之派，富艳有余”④；《东苑文抄》提要评毛先舒诗“大抵音调浏亮，犹有七子之余风”⑤。《总目》对明代文学持批判态度，故而对沿袭明代文学余风的遗民文学同样大加批判。

在风格方面，不同于对宋、元遗民诗文中慷慨悲壮之音的赞颂，馆臣对明遗民的凄苦之音却并无赞赏之意，如评徐振芳诗曰：“变徵之声，酸吟激楚，其学谢翱而未成者欤？”⑥ 再如馆臣认为韩纯玉诗中“多凄楚之音”，原因在于这些诗歌多为“明季兵燹及国初江南初定，余孽未平，山居避寇之作”⑦。同是遗民、同为悲苦之音，在明遗民别集提要中，馆臣不但对他们的黍离麦秀之作只字未提，更是对明遗民的凄苦之音大加贬抑，原因就在于他们的遗民身份未得到清官方的认可。

总之，在政治因素的影响下，《总目》叙录明遗民别集数量明显偏少，对他们及其诗文的批评也以贬抑为主，表现出了与馆臣对待宋、元遗民截然相反的态度。

四 《总目》的清初贰臣观

除了遗民，贰臣同样是清初文学重要的创作群体，而且以“江左三大家”为代表的贰臣群体更是清初文学的领袖人物。对于贰臣群体，清官方的态度也是一个发展的过程，清初官方极力笼络汉族知识

① 纪昀等：《钦定四库全书总目》卷一八一，中华书局1997年版，第2522页。
② 纪昀等：《钦定四库全书总目》卷一八一，中华书局1997年版，第2523页。
③ 纪昀等：《钦定四库全书总目》卷一八一，中华书局1997年版，第2524页。
④ 纪昀等：《钦定四库全书总目》卷一八一，中华书局1997年版，第2524页。
⑤ 纪昀等：《钦定四库全书总目》卷一八一，中华书局1997年版，第2525页。
⑥ 纪昀等：《钦定四库全书总目》卷一八一，中华书局1997年版，第2524页。
⑦ 纪昀等：《钦定四库全书总目》卷一八一，中华书局1997年版，第2524页。

阶层，尚未形成稳定的政治态度，然至乾隆时期，随着社会的稳定，以及遗民、贰臣群体的消亡，清官方开始对清初贰臣有了明确清晰的判断。乾隆帝在主持纂修《四库全书》的同时，又先后编著《胜朝殉节诸臣录》《贰臣传》《逆臣传》等对明清易代之际臣子进行评价，在其所建构的道德评价体系中，对贰臣极力贬抑，其目的在于“通过官方对《贰臣传》乙编等历史人物的公开贬斥，力图否定这班在皇帝心目中一无是处的贰臣在改朝换代时曾发挥过的历史作用，不让他们在易代史上留有任何位置，更不许士林对他们有任何正面的评价”①，从而达到“励臣节，而正人心”的政治教化作用。

由清别集提要中对贰臣的评价来看，馆臣对清初贰臣的态度同样是贬抑的，只不过这种贬抑的态度并不是直接表达的，而是于提要背后暗中展现的。

从提要来看，不同于对清初遗民的严苛，《总目》对贰臣群体的批判却宽容得多。首先，四库馆臣对那些入清后对清政府尽忠职守的贰臣并无直接的批评，似乎是在刻意隐藏对贰臣道德的批判。以薛所蕴为例，其甲申之变后先投降李自成农民军政权，清军入关后又降清，即便如此，《总目》依然存目了其两部著作。《澹友轩集》提要虽对其投靠农民军政权之事只字未提，然读者透过提要中的人物生平的介绍，依然可以清晰地感知其贰臣的身份。馆臣在作者小传中将他们的贰臣身份清晰地展现了出来，如金之俊“前明万历己未进士。入国朝，官至中和殿大学士，文通其谥也”②，其他提要中的贰臣作者小传形式亦是如此。通过这些作者小传的介绍，读者可以轻松了解他们贰臣的身份。即便是《总目》唯一著录的贰臣吴伟业，其《梅村集》本在禁书之列，因书前有乾隆皇帝题诗而得以著录。吴伟业与钱谦益同为贰臣，钱谦益被乾隆贬为“有才无行之人”③，其著述被禁毁，而吴伟业的著述却得到了乾隆的赞赏，其原因就在于钱谦益不仅参与

① 陈永明：《清代前期的政治认同与历史书写》，上海古籍出版社2011年版，第231页。
② 纪昀等：《钦定四库全书总目》卷一八一，中华书局1997年版，第2514页。
③ 汪锺翰点校：《清史列传》卷七九，中华书局1987年版，第6577页。

反清活动，并在诗文中诋毁清政府，而吴伟业入清之后既无反清之行动亦无反清之诗文创作，多是对自身行为的悔恨。即便如此，出于封建教化之需要，吴伟业依然与钱谦益同列《贰臣传乙》。可见，四库馆臣于《总目》清别集提要中虽未对贰臣群体进行直接的道德批判，但文字背后对贰臣的贬抑确是显而易见的。

对于那些在清初参与党争等受到惩戒的贰臣，四库馆臣则对其极力贬低，《总目》叙录的此类人物中以陈名夏最为著名，《石云居士集》提要对其文学成就毫无涉及，而是将书写重点放在对其人品大加挞伐上："厥后归命国朝，弃瑕录用，复以怙权罹法。《御制人臣警心录》即为名夏所作，至今为鉴。其立身盖不足称。特以当时著作，商榷典制，足资考核，故遗集流布，尚在人间。今亦姑存其目，而并辨其颠倒是非之失，俾来者无惑焉。"① 在《总目》的视角中，贰臣在清初能够得到朝廷的重用已经是莫大的荣耀，更应该重立身，陈名夏却结党营私，故被《总目》视为贰臣群体中的反面典型而加以叙录。

总之，《总目》虽未对清初贰臣群体进行直接的道德评判，但在提要文字背后已经对他们进行了贬抑，这与乾隆帝对明清易代文人的评价态度如出一辙。

五 《总目》论清初贰臣文学

《总目》清别集提要共叙录贰臣著述30余种，除吴伟业的《梅村集》得以著录《四库全书》外，其余全部存目。由于钱谦益、龚鼎孳、周亮工等清初文坛重要人物的著述被列入禁毁，使得《总目》所叙录的贰臣文学大多成就有限。但透过这些著述提要，四库馆臣对贰臣文学的贬抑态度亦大致可见。

第一，总体而言，《总目》不仅贬低贰臣的人格，对清初贰臣文学同样采取了贬低的态度。一方面是由于《总目》所叙录的贰臣，除了吴伟业之外，大多在清初文坛名声有限，故而四库馆臣对其评价大

① 纪昀等：《钦定四库全书总目》卷一八一，中华书局1997年版，第2518页。

多较低，有的甚至连评价之语都没有，只是罗列出集中卷次而已。另一方面由于四库馆臣论文讲求“文如其人”，人格低劣的贰臣其文学成就自然就不会太高。《总目》对贰臣文学成就评价最高的当数吴伟业，然而在提要的书写过程中，对其文学成就的评价亦在不断贬低。

第二，通过对贰臣文学的贬斥达到对晚明遗风批判的目的。贰臣由明入清，不可避免地沿袭了晚明文学的特色，《总目》借此表达对明末文风的批判。

> 程正揆《青溪遗稿》提要：“其诗文则不出其乡公安、竟陵之习。”①
>
> 陈之遴《浮云集》提要：“其诗才藻有余，而不出前后七子之格。”②
>
> 范士楫《橘洲诗集》提要：“是集皆其顺治乙酉以后之作，其诗尚染明季伪体。卷首自序一篇，故为奥涩，亦当时习气也。”③
>
> 王岱《了庵文集》提要：“其文雅俗相参，而好为诟詈之词，犹明末门户之余习。”④
>
> 高尔俨《古处堂集》提要：“是集大抵应酬之作，亦尚沿明季之余习。”⑤

由所列提要来看，贰臣对晚明文学风气的延续主要集中在流派、门户之争与文学体例等方面。馆臣在此所使用的“明季”“习气”“余习”“伪体”等词汇都明显带有贬低色彩。四库馆臣之所以借批评贰臣文学来贬抑晚明文学，其根本原因就在于清官方力图隔绝与明代文学的联系，以树立清初文学之正统。

---

① 纪昀等：《钦定四库全书总目》卷一八一，中华书局1997年版，第2516页。
② 纪昀等：《钦定四库全书总目》卷一八一，中华书局1997年版，第2516页。
③ 纪昀等：《钦定四库全书总目》卷一八一，中华书局1997年版，第2516页。
④ 纪昀等：《钦定四库全书总目》卷一八一，中华书局1997年版，第2517页。
⑤ 纪昀等：《钦定四库全书总目》卷一八一，中华书局1997年版，第2517页。

第三，发掘贰臣文学中的合理因素以树立盛世文学。梁清标（1621—1691）入清后的诗文创作多鸣盛之语，《蕉林诗集》提要云："其诗作于明季者，多感慨讽刺之言。及入本朝以后，则沨沨乎春容之音矣。"① 在此提要中，《总目》通过对梁清标在明清两代所作之文风格的比较，强化了典雅平正的"沨沨乎春容之音"才是盛世文学的表征，同时亦在强调清代盛于明代的政治目的。再如孙廷铨《沚亭文集》提要："国初景运光明，人才蔚起。廷铨文笔虽未能与一时作者抗衡，而平正通达，究无纤仄噍杀之音，盖时会之盛为之也。"② 在此，四库馆臣有意识地使清初的"景运光明"与孙廷铨文章的"平正通达"构成因果关系，从而表达出"纤仄噍杀之音"是乱世之文，只有"平正通达"之文才是盛世应有的文学特色，从而进一步强化清初的盛世状况。

《总目》呈现了贰臣在清初文学发展历程中承上启下的重要作用，在继承明代文学的同时，清初贰臣亦成为"庙堂文学的开端"③。但在官学因素的影响下，钱谦益、周亮工等重要贰臣的缺席，使得《总目》未能完全展示出贰臣文学的成就。

第二节　《总目》清初盛世文学图景的建构

《总目》提要的纂修始于乾隆三十八年，其中的清别集提要部分集中了顺、康、雍三朝大多数文人的著述。提要纂修之时距清初主要作者离世尚近，可以说清初文人是距离四库馆臣时代最近的作家群体。以当代人的眼光审视当世文学的发展，四库馆臣会如何建构官学视野中的清初文学图景？其所呈现出的文学图景是否符合当时文学发

① 纪昀等：《钦定四库全书总目》卷一八一，中华书局1997年版，第2519页。

② 纪昀等：《钦定四库全书总目》卷一八一，中华书局1997年版，第2517页。

③ 白一瑾：《从黍离变雅到庙堂正雅——论清初贰臣诗人的诗风演化》，《北京大学学报》2011年第1期。

展的实际状况?《总目》对清初文学批评的观点对后世研究有哪些可供借鉴之处又存在哪些缺失?这些问题的辨析对清初文学研究及文学史的书写都有较重要的意义。

一 对明代文学余风的清算

蒋寅将清初称为“诗学的反思时代”,并认为“正是在对明代诗学流弊的清算中,清代诗学展开了自己的理论框架”①。正如其所言,《总目》对清初文学的批评,也是建立在对明代文学思想余绪批判的基础之上的。清王朝代明而兴,以异族政权取代汉民族政权,为消解明文化之影响,《总目》对明代文学进行贬抑之时,也对明文学在清初之遗风展开了清算。这些清算主要表现在:

第一,对明代文学的整体性批判。《总目》对明代文学基本持否定态度,馆臣在清人著述提要中亦延续了这一观点,《御定四朝诗》提要中批评明代诗歌演变时说:“明诗总杂,门户多岐。约而论之,高启诸人为极盛。洪熙、宣德以后,体参台阁,风雅渐微。李东阳稍稍振之,而北地、信阳已崛起与争,诗体遂变。后再变而公安,三变而竟陵,淫哇竞作,明祚遂终。”②《钦定四书文》提要中评明文亦是如此:“有明二百余年,自洪、永以迄化、治,风气初开,文多简朴。逮于正、嘉号为极盛。隆、万以机法为贵,渐趋佻巧。至于启、祯,警辟奇杰之气日胜,而驳杂不醇、猖狂自恣者,亦遂错出于其间。于是启横议之风,长倾诐之习,文体戾而士习弥坏,士习坏而国运亦随之矣。”③ 再如朱彝尊《明诗综》提要云:“明之诗派,始终三变。洪武开国之初,人心浑朴,一洗元季之绮靡,作者各抒所长,无门户异同之见。永乐以迄弘治,沿三杨台阁之体,务以春容和雅,歌咏太平,其弊也冗沓肤廓,万喙一音,形模徒具,兴象不存。是以正德、嘉靖、隆庆之间,李梦阳、何景明等崛起于前,李攀龙、王世贞等奋

① 蒋寅:《清初诗坛对明代诗学的反思》,《文学遗产》2006年第2期。
② 纪昀等:《钦定四库全书总目》卷一九〇,中华书局1997年版,第2658页。
③ 纪昀等:《钦定四库全书总目》卷一九〇,中华书局1997年版,第2660页。

发于后，以复古之说递相唱和，导天下无读唐以后书。天下响应，文体一新。七子之名，遂竟夺长沙之坛坫。渐久而摹拟剽窃，百弊俱生，厌故趋新，别开蹊径。万历以后，公安倡纤诡之音，竟陵标幽冷之趣，么弦侧调，嘈囋争鸣。佻巧荡乎人心，哀思关乎国运，而明社亦于是乎屋矣。"① 此三篇提要对明代文学的演进历程进行了宏观梳理，馆臣的观点主要集中在两个方面：一是馆臣"把明代文学史看成是一部走向倒退的文学史"②，并"以前七子登上文坛作为明代诗文发展史的分水岭，将明代中后期的诗文发展趋势描述为流弊丛生、每况愈下，直至将明末的一些诗歌流派与亡国之音直接联系起来"③。二是把文运与国运联系在一起，文运昌明与否成为国运兴衰的标志，明末公安、竟陵派之"纤诡之音""幽冷之趣"便因"佻巧荡乎人心"，成为"明祚遂终"的标志。基于此，四库馆臣对清初继承明代文学传统的作品展开了批判，不仅将它们全部列入存目，更是在提要中直陈其弊端。《总目》试图以其官方主导的权力话语遮蔽明代文坛所呈现出的繁荣景象，以消减明代文学思想对清初文人的影响。

第二，对明代文学流派的批判。诗文流派繁多是明代中后期文学繁荣的重要标志之一，但馆臣对明代文学流派却有着极大的偏见。馆臣将明代文学流派与党争紧密相连，认为各流派"往往以声气之标榜，酿为朋党之倾轧，覆辙可历历数也"④，从而将文人集团视作党争的根源而加以批判。

在众多的明代文学流派中，馆臣对复古派、公安派、竟陵派的批评最为激烈，其言曰："明诗摹拟之弊，极于太仓、历城；纤佻之弊，极于公安、竟陵。"⑤《总目》认为复古派开启了明代文人的摹拟之

① 纪昀等：《钦定四库全书总目》卷一九〇，中华书局 1997 年版，第 2662 页。

② 何宗美、刘敬：《明代文学还原研究——以〈四库总目〉明人别集提要为中心》，人民出版社 2014 年版，第 2 页。

③ 何宗美、刘敬：《明代文学还原研究——以〈四库总目〉明人别集提要为中心》，人民出版社 2014 年版，第 292 页。

④ 纪昀等：《钦定四库全书总目》卷一九四，中华书局 1997 年版，第 2720 页。

⑤ 纪昀等：《钦定四库全书总目》卷一九〇，中华书局 1997 年版，第 2660 页。

习，导致晚明诗坛剽窃成风，公安、竟陵派又把诗风引入“纤佻”之境。此三派在清初依然不乏承传者，《总目》叙录清初沿袭复古派诸人中，陈之遴诗“不出前后七子之格”①、毛先舒“犹有七子之余风”②、杨素蕴“诗颇摹李梦阳”③、顾大申诗“大抵袭明七子余风”④。提要所载清初文人中继承公安、竟陵余风者中，张岱“其诗文亦全沿公安、竟陵之派”⑤；徐振芳诗“竟陵、公安之余习未尽湔除，故往往失之纤仄”⑥；孔贞瑄“其文格亦尚沿竟陵末派云”⑦。馆臣对施男、程正揆、刘体仁、董闻京、嵇宗孟、张侗、王令、戚玾的文学宗尚的评价亦复如是。《总目》之所以对上述三个文学流派如此不满，除了前文所说的将流派与党政联系在一起的政治因素外，还在于馆臣对温柔敦厚的醇雅文学的追求，乾隆皇帝在四十六年发布的上谕中就曾言：“夫诗以温柔敦厚为教，孔子不删郑卫，所以示刺示戒也……朕辑《四库全书》，当采诗文之有关世道人心者……以示朕厘正诗体，崇尚醇雅之至意。”⑧ 显然，模拟之习与“佻巧荡乎人心”的公安、竟陵之作并不符合清官方崇尚诗之醇雅的目标，公安、竟陵派的纤佻诗风与馆臣所标榜的盛世之音更是格格不入。

第三，对明代文学现象的批判。明代诗坛异彩纷呈，诸如文人结社、山人群体兴起等各种文学现象层出不穷，这些却成了四库馆臣批判的标靶。馆臣将清初文人沿袭明代的各种风气称为“余习”“习气”，自带贬低之意。清别集提要涉及明季“余习”者九处，包括“门户之见”两处：王岱其文“好为诟詈之词，犹明末门户之余习”⑨；赵执端在王士禛与赵执信的论争中力诋赵执信，“是其门户之

① 纪昀等：《钦定四库全书总目》卷一八一，中华书局1997年版，第2516页。
② 纪昀等：《钦定四库全书总目》卷一八一，中华书局1997年版，第2525页。
③ 纪昀等：《钦定四库全书总目》卷一八二，中华书局1997年版，第2534页。
④ 纪昀等：《钦定四库全书总目》卷一八二，中华书局1997年版，第2534页。
⑤ 纪昀等：《钦定四库全书总目》卷七六，中华书局1997年版，第1030页。
⑥ 纪昀等：《钦定四库全书总目》卷一八一，中华书局1997年版，第2524页。
⑦ 纪昀等：《钦定四库全书总目》卷七八，中华书局1997年版，第1050页。
⑧ 纪昀等：《钦定四库全书总目》卷首一《圣谕》，中华书局1997年版，第10页。
⑨ 纪昀等：《钦定四库全书总目》卷一八一，中华书局1997年版，第2517页。

见尚未湔明季余习矣"[1]。"诗社余习"两处：王士禛编选《十子诗略》，馆臣以为"士禛时去明未远，犹沿诗社之余风"[2]；张竞光"其诗每首之后评语杂遝……犹明季诗社之余习也"[3]。"山人之习"两处：刘体仁诗文"实出入于竟陵、公安之间，明末山人之习，未尽除也"[4]；陈撰"《拟古诗》中多载胜流评语，仍沿明末山人之习耳"[5]。标榜之习一处，即馆臣将王士禛推奖吴炯之语视为"明人标榜之余习"[6]。其他各类"余习"者两处：馆臣评范士楫自序"故为奥涩，亦当时习气也"[7]；高尔俨《古处堂集》"大抵应酬之作，亦尚沿明季之余习"[8]。馆臣似乎是在以此为清初文人树立警示，即诗文创作不可沾染晚明不良习气。《总目》对"门户余习""诗社余风""山人之习""标榜之习"等明代文学余绪种种"弊端"的批判，正是为了隔绝其与清初文学的联系，从而标榜清初文学盛世与盛世文学。

二 清初盛世文学图景的建构

在贬低明代文学的基础上，馆臣描绘了官方视野中的清初文学的盛世图景："我国家定鼎之初，人心返朴，已尽变前朝纤仄之体。故顺治以来，浑浑噩噩，皆开国元音。康熙六十一年中，太和翔洽，经术昌明，士大夫文采风流，交相照映。作者大都沉博绝丽，驰骤古人。雍正十三年中，累洽重熙，和声鸣盛。作者率春容大雅，沨沨乎治世之音。我皇上御极之初，肇举词科，人文蔚起。治经者多以考证之功，研求古义；摛文者亦多以根柢之学，抒发鸿裁。佩实衔华，迄今尚蒸蒸日上。"[9] 四库馆臣把清初四朝文学分为三个阶段，即顺治朝

---

① 纪昀等：《钦定四库全书总目》卷一八三，中华书局 1997 年版，第 2560 页。
② 纪昀等：《钦定四库全书总目》卷一八一，中华书局 1997 年版，第 2532 页。
③ 纪昀等：《钦定四库全书总目》卷一八三，中华书局 1997 年版，第 2550 页。
④ 纪昀等：《钦定四库全书总目》卷一八二，中华书局 1997 年版，第 2539 页。
⑤ 纪昀等：《钦定四库全书总目》卷一八四，中华书局 1997 年版，第 2578 页。
⑥ 纪昀等：《钦定四库全书总目》卷一八二，中华书局 1997 年版，第 2545 页。
⑦ 纪昀等：《钦定四库全书总目》卷一八一，中华书局 1997 年版，第 2516 页。
⑧ 纪昀等：《钦定四库全书总目》卷一八一，中华书局 1997 年版，第 2517 页。
⑨ 纪昀等：《钦定四库全书总目》卷一九〇，中华书局 1997 年版，第 2660 页。

文学初创，变革晚明纤仄之体为开国之音；康雍七十余年间人文蔚起，诗作皆沨沨乎治世之音；乾隆时期，考据之风成为主流，诗文亦追求根柢之学。在官方看来，清代立朝以来之文学就是一幅蒸蒸日上的繁荣景象。馆臣于此篇提要中也指出了盛世文学该有的状貌，即“春容大雅”“和声鸣盛”之音与风格醇雅、学有根柢之作构成的“人文蔚起”局面。

在馆臣看来，最能彰显清初盛世的莫过于雍容典雅的台阁之作，馆臣将其视为清初国运、文运昌隆的标志。《总目》所著录的清别集中以台阁文学著称的有七位，即陈廷敬、叶方蔼、彭孙遹、张英、张玉书、蔡世远、汪由敦。他们生逢盛世，地位显赫，以文章受知于帝王，名播天下。如陈廷敬“生平回翔馆阁，遭际昌期，出入禁闼几四十年，值文运昌隆之日，从容载笔，典司文章。虽不似王士禛笼罩群才，广于结纳，而文章宿老，人望所归，燕、许大手，海内无异词焉，亦可谓和声以鸣盛者矣”①。在四库馆臣看来，陈廷敬之所以能够“和声以鸣盛者”是其“遭际昌期”并逢“文运昌隆”之盛世的结果。再如叶方蔼，提要称其诗“和雅春容，沨沨乎盛世之音”，原因是“蒙圣祖仁皇帝召入内廷，矢音赓唱，歌咏升平，故其诗格亦进而益上”②。馆臣甚至在彭孙遹《松桂堂全集》提要不仅肯定了其“馆阁诸作，尤瑰玮绝特”③，更是论及清初科举取士之历史，以显示康熙朝人才之盛：

> 洪惟我圣祖仁皇帝武功耆定，六幕大同，黼黻升平，右文稽古。旁求俊乂，肇举制科。于时景运方隆，人文蔚起，怀才抱艺之士，云蒸鳞集，咸诣金门。司校阅者虽有李尉、杜臻、叶方蔼、冯溥四人，而甲乙次第，皆禀睿裁，如王士禛《池北偶谈》所记施闰章《省耕诗》中误书旗字为“旂”字，诏降置次等一

① 纪昀等：《钦定四库全书总目》卷一七三，中华书局1997年版，第2344页。
② 纪昀等：《钦定四库全书总目》卷一七三，中华书局1997年版，第2344页。
③ 纪昀等：《钦定四库全书总目》卷一七三，中华书局1997年版，第2344页。

事，仰见睿鉴精详，不遗纤芥，故得人之盛，今古罕俦。①

与台阁文学相对的是山林文学，二者有着明显的区别："馆阁之文，铺典章，裨道化，其体盖典则正大，明而不晦，达而不滞，而惟适于用。山林之文，尚志节，远声利，其体则清耸奇峻，涤陈薙冗，以成一家之论。"② 两种难以兼具的诗风却在张英的笔下实现了融合，在《文端集》提要中，馆臣对张英台阁、山林二体皆赞赏有加：

> 英遭际昌辰，仰蒙圣祖仁皇帝擢侍讲幄，入直禁廷。簪笔雍容，极儒臣之荣遇，矢音赓唱，篇什最多，其间鼓吹升平，黼黻廊庙，无不典雅和平。至于言情、赋景之作，又多清微淡远，抒写性灵。台阁、山林二体，古难兼擅，英乃兼而有之。其散体诸文，称心而出，不事粉饰，虽未能直追古人，而原本经术，词旨温厚，亦无忝于作者焉。③

张英台阁、山林文学兼擅，与其馆阁身份密切相关。以今人的眼光来看，台阁文学并非清初文学的主流，但在馆臣的视野中，台阁文学却是时代升平的标志。所以《总目》对"和雅春容，沨沨乎盛世之音"的台阁文学的推崇，既是鼓吹升平、彰显国运的需要，更是以此作为清初文学范式确立的标志，从而与"百弊丛生"的明末文学彻底区别开来。

如果说，清初台阁文学适应了馆臣歌咏升平的政治需要，那么，典雅醇实的学者之文则是契合了明末清初以来追求学有根柢的时代风气。《总目》清别集提要著录学者文集 6 种，即汤斌《汤子遗书》、朱鹤龄《愚庵小集》、李光地《榕村集》、陆陇其《三鱼堂文集》、储大文《存砚楼文集》、沈彤《果堂集》。对于学者而言，《总

① 纪昀等：《钦定四库全书总目》卷一七三，中华书局 1997 年版，第 2344 页。
② 李东阳：《李东阳集》（第二卷），岳麓书社 1985 年版，第 128 页。
③ 纪昀等：《钦定四库全书总目》卷一七三，中华书局 1997 年版，第 2346 页。

目》关注最多的是其经史考据，因诗文并非其所长，就如《总目》评价李光地之文时所说："以文章而论，亦大抵宏深肃括，不雕琢而自工，盖有物之言，固与鞶帨悦目者异矣。数十年来，屹然为儒林巨擘，实以学问胜，不以词华胜也。"① 学者之文虽不以词华取胜却深得馆臣推崇，如汤斌之文"皆彬彬典雅，无村塾鄙俚之气"②，朱鹤龄文章"悉能典雅醇实，不蹈剽窃摹拟之习"③。馆臣之所以如此盛赞学者之文，一方面是由于其典雅醇实的风格符合《总目》对文学风格的要求；另一方面，清初学者大都"学问深醇"④，他们的文章"援据典核，考证精密"⑤，如储大文之文"征引典博，终胜空疏"⑥，沈彤"集虽不尚词华，而颇足羽翼经传，其实学有足取者，与文章家固别论矣"⑦。此类注重考据之文风与明代中后期所形成的空疏学风形成了鲜明对照，由此传达出馆臣对明季空疏学风之反拨和对实学之推崇。馆臣以台阁鸣盛之文与学者考据之文为清初盛世的代表，于提要中极力推崇此类文体，从而建构出一种学有根柢、风格醇雅的盛世文学图景。

三 对《总目》所建构的清初文学图景的反思

《总目》清别集提要完整地反映了清初文学的变革历程。从吴梅村的"激楚苍凉"到张英等馆阁文学的"盛世之音"，再到王士禛"神韵说"的提出，清晰地显示了清初文学风貌的变化历程，即从乱世之诗风的凄楚向盛世文学的雅正回归。然而，在清代官方政治思想支配下所建构的清代文学亦存在缺陷：

首先，清初遗民、贰臣群体中重要作家的缺席是馆臣所构建清初

① 纪昀等：《钦定四库全书总目》卷一七三，中华书局1997年版，第2349—2350页。
② 纪昀等：《钦定四库全书总目》卷一七三，中华书局1997年版，第2341页。
③ 纪昀等：《钦定四库全书总目》卷一七三，中华书局1997年版，第2345页。
④ 纪昀等：《钦定四库全书总目》卷一七三，中华书局1997年版，第2350页。
⑤ 纪昀等：《钦定四库全书总目》卷一七三，中华书局1997年版，第2353页。
⑥ 纪昀等：《钦定四库全书总目》卷一七三，中华书局1997年版，第2352页。
⑦ 纪昀等：《钦定四库全书总目》卷一七三，中华书局1997年版，第2353页。

文学图景的缺陷之一。遗民是清初诗坛、文坛最主要的组成部分之一，如果说“真正的文学作品都是作家处于夹缝人生和边缘状态时的心灵激情产物”①，那么清初遗民正是这样一个群体，他们的诗文作品正是一部反映明清易代的史诗。《总目》出于维护统治的政治目的，把明遗民著述多列入禁毁之列，以此来清除汉族反抗清政府的思想基础，扫清不利于清王朝的一切思想、文化障碍。顾炎武、王夫之、屈大均等人的诗文正是那段风云变幻时期作者心灵的书写，他们的缺席不能不说是《总目》的一大缺失。

再如，在清初文学的另一重要群体——“贰臣”之中，文坛领袖钱谦益的缺席便是《总目》建构清初文学的最大缺陷。其实，贰臣群体多在禁毁之列。以周亮工为例，《四库全书》原本著录其著述五种，存目三种。但在乾隆五十二年八月覆勘《四库全书》时，“详校官祝堃签出周亮工《读画录》、吴其贞《书画记》内有违碍猥亵之处”②，故其著述全被抽毁。“江左三大家”中只有吴伟业《梅村集》一部著述得以著录，使得“向来论清初诗史，必以‘江左三大家’冠其端”③的文学现象，在《总目》中并没得到呈现。可见，《总目》依靠其掌握的官方话语主导权，力图清除“江左三大家”，尤其是钱谦益对清初文人的影响。

清初遗民与贰臣共同组成了清初文学的主体，并对清代文学的发展产生了深远影响，正如谢无量在《中国大文学史》中所说：“清初文学，实赖明遗臣为之藻饰。如侯方域、魏禧之于文，钱谦益、吴伟业之于诗，顾炎武、黄宗羲之博综众学，皆有明三百年文学之后劲，又同时振新朝文学之先声也，亦如元好问之于元，杨维桢之于明，其关系于后来风气者极大。”④但由于清初遗民、贰臣著作中所蕴含的反清思想与《总目》的官学性质严重不符，故其著述多被禁毁，这些创

① 刘丽：《重新评价清初京师贰臣诗人的文学史地位》，《河北学刊》2010年第2期。

② 中国第一历史档案馆编：《纂修四库全书档案》，上海古籍出版社1997年版，第2057页。

③ 严迪昌：《清诗史》，人民文学出版社2011年版，第322页。

④ 谢无量：《中国大文学史》，中国人民大学出版社2011年版，第648页。

作主体的缺席是《总目》所建构的清初文学的巨大缺憾。

其次，《总目》标榜清初文学优于明代文学，并试图将二者彻底隔绝开来。文学的发展是延续性的，每个朝代的文学发展都是建立在前代文学积累的基础之上的，清初文学亦是如此。《总目》以打压明代文学、抬高清初文学，并将二者对立起来的方式建立起来的清初文学，并不能完全反映清初文学的真实状貌。从清初作家群体来看，遗民和贰臣是清初文学的主要构成部分；从文学思想来看，清初文学思想是建立在对明末文学反思的基础之上，盛行于清初的实学之风亦是自晚明发展而来。可见，清初与晚明有着千丝万缕的联系，而《总目》以其狭隘的民族偏见强行割裂二者之间的联系，以消除晚明文学的影响力，显然不是公允之论。其实晚明文学异彩纷呈，“在尊‘道’还是崇‘文’，守‘格’还是主‘情’，昵‘古’还是重‘今’等一系列重要的关系到文学生命力的问题上，从明代中叶以来几经争辩和实践，到晚明时期可说是已渐见端倪，消长之势亦颇显豁了”①。即便是被《总目》视为洪水猛兽的公安、竟陵派，其思想理论也深刻影响了乾隆年间兴起的“性灵”诗潮。《总目》这种以批判明代文学来建设清初文学的方式并不客观。

再次，《总目》所建构的清初文学具有浓重的政教色彩。乾隆皇帝修纂《四库全书》的目的在于“稽古右文，聿资治理”，要求在选录书籍时“当采诗文之有关世道人心者”②，然其旨在遏制汉人之反清观念的“寓禁于征”的政治目的亦昭然若揭③。《总目》对遗民、贰臣文学的禁毁、对明代文学的贬低皆源于此。《总目》清别集以五种御制诗文集作为开端，更是清楚地显示了清代帝王在思想领域的绝对控制权，并期望以此来为士人树立典范。

总之，四库馆臣对清初文学的批评，并非纯粹是从文学角度出发的，而是以官方立场为基础，带有浓厚的政治色彩。由于《总目》在

① 严迪昌：《清诗史》，人民文学出版社2011年版，第30页。

② 纪昀等：《钦定四库全书总目》卷首一《圣谕》，中华书局1997年版，第10页。

③ 郭伯恭：《四库全书纂修考》，岳麓书社2010年版，第3—4页。

文学、思想史上的巨大影响力，许多文学观念已深入人心，并深深影响着今天的文学史写作，然而《总目》话语中蕴含着一套“隐语系统”[①]，如果不细加分辨，往往会被其思想所误导。所以，在对《总目》研究的过程中需要审慎地辨析材料及其观念，才能去伪存真，还清初文学以本来面貌。

第三节 《总目》中的王士禛及其“神韵说”

若论清初文学的领袖人物自然首推钱谦益，然而钱氏的贰臣身份及其晚年的反清行为使其文坛盟主地位并未能得到官方认可，其著述亦被清廷列入禁毁。钱谦益之后的诗坛盟主则是王士禛，王士禛是“有清一代被王朝政权认可的诗的‘开国宗臣’”[②]。其在清诗发展史上的意义不可低估，“康熙朝诗学是清代诗学正式展开的起点，也是清代诗学建构的理论基础，属于清代诗学的专门问题和独特视角都在康熙朝诗学中发生和确立，清代诗学的面目也由此形成。而这一切都与王渔洋诗学联系在一起”[③]。作为官方学术代表的《总目》自然同样极为看重王士禛及其“神韵说”对清代诗学发展的意义。

一 《总目》对王士禛文学地位的评判

关于王士禛在清初文学史上的地位问题，与王士禛同时和其后的文人多有论述，与其同时代的宋荦称“公弱冠称诗，五十余年，海内学者宗仰如泰山北斗”[④]。王士禛稍后的郑方坤认为：“本朝以文治天下，风雅道兴，钜人接踵，至先生出，而始断然为一代之宗。天下之

---

① 余英时：《方以智晚节考·自序》，生活·读书·新知三联书店2004年版，第4页。

② 严迪昌：《清诗史》，人民文学出版社2011年版，第387页。

③ 蒋寅：《王渔洋与康熙诗坛》，凤凰出版社2013年版，第8页。

④ 宋荦：《资政大夫刑部尚书阮亭王公暨配张宜人墓志铭》，《王士禛全集·附录》，齐鲁书社2007年版，第5121页。

士尊之如泰山北斗，至于家有其书，人习其说。”① 乾隆诗坛的沈德潜亦称：“渔洋少岁，即见重于牧斋尚书，后学殖日富，声望日高，宇内尊为诗坛圭臬，突过黄初，终其身无异辞。”② 赵翼亦云清初诗坛“名位声望，为一时山斗者，莫如王阮亭”③。可见，不论是与王士禛同时代的还是其后的文人大都视王士禛为清初诗坛一代宗主，声望满天下。《总目》同样认识到了王士禛在清初乃至整个清代诗歌史上的重要地位，馆臣在《精华录》提要中着力描述其在康熙诗坛的声望：“当康熙中，其声望奔走天下，凡刊刻诗集，无不称‘渔洋山人评点’者，无不冠以‘渔洋山人序’者。下至委巷小说，如《聊斋志异》之类，士禛偶批数语于行间，亦大书‘王阮亭先生鉴定’一行，弁于卷首，刊诸梨枣以为荣。”④ 王士禛的声望一方面源于其诗学成就和所处官位之高，另一方面也与官方的支持密切相关，正如刘世南先生所言：“正由于清初满洲贵族的统治初步巩固，广大汉人的民族敌忾心理尚未消除，为了淡化民族矛盾，因而神韵派这种超脱现实的诗论和诗作受到统治者的肯定和欢迎。”⑤ 在官方的支持下，这种远离政治，远离社会现实的空灵诗作风靡天下。馆臣对王士禛的评价亦不乏溢美之词，称“国朝之有士禛，亦如宋有苏轼，元有虞集，明有高启”⑥，真实反映出了王士禛于清代诗坛的影响及其意义。

正是由于王士禛对清初诗学的重要意义，馆臣在《总目》中往往将其作为与其他文人对比的标准。一是馆臣大量援引王士禛的话语作为评价清初文人的依据，一方面凸显提要厚重的学术基础，另一方面也通过王士禛的推奖，突出该诗人的诗学造诣。二是馆臣善于采用对比的方法突出人物的学术成就，而王士禛就是清初各大家对比标准，

① 郑方坤：《国朝名家诗抄小传》卷二《带经堂诗抄小传》，《王士禛全集·附录》，齐鲁书社 2007 年版，第 5130 页。

② 沈德潜：《清诗别裁集》卷四，上海古籍出版社 2013 年版，第 125 页。

③ 赵翼：《瓯北诗话》卷十，人民文学出版社 2006 年版，第 146 页。

④ 纪昀等：《钦定四库全书总目》卷一七三，中华书局 1997 年版，第 2343 页。

⑤ 刘世南：《清诗流派史》，人民文学出版社 2011 年版，第 179 页。

⑥ 纪昀等：《钦定四库全书总目》卷一七三，中华书局 1997 年版，第 2343 页。

以汪琬《尧峰文抄》提要为例，馆臣以大篇幅书写汪琬与王士禛、阎若璩之不和，就在于馆臣认为：

> 从来势相轧者，必其力相敌，不相敌，则弱者不敢，强者不屑，不至于互相排击，否则必有先败者，亦不能久相支柱。士禛词章名一世，不与他人角，而所与角者惟赵执信及琬。若璩博洽亦名一世，不与他人角，而所与角者惟顾炎武及琬，则琬之文章学问，可略见矣。①

只有实力相当才能相互论战，馆臣正是借王士禛从而突出了汪琬的文学实力。再如，《总目》在比较王士禛与施闰章诗学差异时说："以讲学譬之，王所造如陆，施所造如朱。陆天分独高，自能超悟，非拘守绳墨者所及。朱则笃实操修，由积学而渐进。然陆学惟陆能为之，杨简以下一传而为禅矣。朱学数传以后，尚有典型，则虚悟、实修之别也。"② 馆臣以陆、朱讲学虚、实之别来说明王虚施实的诗学特色，并传达出了馆臣崇实黜虚的主张。

此外，《总目》大量叙录王士禛的著述并征引其观点作为馆臣评价的依据。王士禛一生著述颇丰，《总目》叙录王士禛著述33种，其中著录11部，包括子部6部，集部5部；存目22部，包括史部10部，子部2部，集部10部。王士禛的主要著述基本都包括在内了。而且，《总目》的编纂是一项极其浩繁的工作，正如余嘉锡所说："此官书，成于众手，迫之以期限，绳之以考成，十余年间，办全书七部，荟要二部，校勘鲁鱼之时多，而讨论指意之功少，中间复奉命纂修新书十余种，编辑佚书数百种，又于著录之书，删改其字句，销毁之书，签识其违碍，固已日不暇给，救过弗遑，安有余力从容研究乎？"③ 在此背景下，四库馆臣援引已有成论便成为一种有效的方法，

① 纪昀等：《钦定四库全书总目》卷一七三，中华书局1997年版，第2344页。
② 纪昀等：《钦定四库全书总目》卷一七三，中华书局1997年版，第2342页。
③ 余嘉锡：《四库提要辩证》序录，中华书局2007年版，第49页。

四库馆臣为增强其立论的说服力常引经据典，而王士禛之说就是馆臣最常引用的来源之一。仅集部馆臣就引用王士禛之说二百多条（包括别集类78处，别集类存目75处，总集类25处，总集类存目18处，诗文评及词曲类19处）[①]。虽然四库馆臣对王士禛之说虽有诸多不认同之处，但总体而言，其对王士禛的考据之功还是极为欣赏的，尤以《居易录》和《池北偶谈》最受赞赏。《居易录》中“多论诗之语，标举名俊，自其所长。其记所见诸古书，考据源流，论断得失，亦最为详悉。其他辨证之处，可取者尤多”[②]。《总目》看重的是《居易录》中王士禛的论诗之语和对古书的考据辨证。《池北偶谈》则是重在其“领异标新”，提要称此著“领异标新，实所独擅，全书精粹尽在于斯”[③]。故而《总目》所引用王士禛之说尤以此两部为多。四库馆臣大量援引王士禛的观点作为其立论的依据，充分说明了四库馆臣对王士禛及其著述的熟悉和重视，反过来说，又进一步证实了他在清初文坛的领袖地位。

二 《总目》“神韵说”辨析

“神韵说”是王士禛最重要的诗学理论，馆臣对“神韵说”亦有其自身的理解。细览《总目》，四库馆臣多次提及神韵说，较为重要的有：

(1)《精华录》提要

平心而论，当我朝开国之初，人皆厌明代王、李之肤廓，钟、谭之纤仄，于是谈诗者竞尚宋、元。既而宋诗质直，流为有韵之语录，元诗缛艳，流为对句之小词，于是士禛等以清新俊逸之才，范水模山，批风抹月，倡天下以“不著一字，尽得风流”

① 张传峰：《〈四库全书总目〉诗学批评与王渔洋诗学》，《苏州大学学报》2007年第2期。

② 纪昀等：《钦定四库全书总目》卷一二二，中华书局1997年版，第1635页。

③ 纪昀等：《钦定四库全书总目》卷一二二，中华书局1997年版，第1635页。

之说，天下遂翕然应之。①

(2)《御选唐宋诗醇》提要

盖明诗摹拟之弊，极于太仓、历城；纤佻之弊，极于公安、竟陵。物穷则变，故国初多以宋诗为宗。宋诗又弊，士禛乃持严羽余论，倡神韵之说以救之。②

(3)《唐贤三昧集》提要

诗自太仓、历下以雄浑博丽为主，其失也肤；公安、竟陵以清新幽渺为宗，其失也诡。学者两途并穷，不得不折而入宋，其弊也滞而不灵，直而好尽，语录、史论，皆可成篇。于是士禛等重申严羽之说，独主神韵以矫之。盖亦救弊补偏，各明一义。③

(4)《渔洋诗话》提要

士祯论诗，主于神韵，故所标举，多流连山水、点染风景之作，盖其宗旨如是也。④

上述论述主要涉及两个方面的问题：一是神韵说产生的历史背景，二是神韵说诗歌的主要内容。从历史背景来看，《总目》认为“神韵说”的兴起是为了矫清初宗宋诗歌之弊。事实确是如此吗？胡玉缙在《四库全书总目提要补正》中指出：“《然灯记闻》载士禛云：‘吾盖疾夫世之依附盛唐者，但知学为“九天阊阖、万国衣冠”之语，而自命高华，自矜为壮丽，按之其中，毫无生气，故有《三昧集》之选，要在剔出盛唐真面目，与世人看，以见盛唐之诗原非空壳子、大帽子话，其中蕴藉风流，包含万物，自足以兼前后诸公之长’

① 纪昀等：《钦定四库全书总目》卷一七三，中华书局1997年版，第2343页。
② 纪昀等：《钦定四库全书总目》卷一九〇，中华书局1997年版，第2660页。
③ 纪昀等：《钦定四库全书总目》卷一九〇，中华书局1997年版，第2662页。
④ 纪昀等：《钦定四库全书总目》卷一九六，中华书局1997年版，第2758页。

云云，《提要》谓其矫折而入宋之弊，亦失其旨。"[①] 曾守正亦引此文及姜宸英《唐贤三昧集序》等资料充分证明："神韵说非周折地起于对治宗宋主张，而是从宗唐派的缺失直接开出。"[②] 此外，《总目》对于王士禛神韵说的评价是建立在批判明末复古派、公安派、竟陵派的基础上的。其实王士禛与竟陵派不论是在诗歌理论还是在诗歌创作方面都有相通之处，钱锺书认为"钟谭论诗皆主'灵'字，实与沧浪、渔洋之主张貌异心同"；"渔洋说诗，乃蕴藉钟伯敬也"[③]。二者的差距就在于竟陵派和王士禛的时代处境不同，"前者表现的是纤仄的鬼趣，而后者怡情山水，养志泉林，从侧面烘托出朝野一派熙和气象，其歌吟当然成为治世元音了"[④]。

对于王士禛神韵说诗歌的主要内容，《总目》归结为多"范水模山，批风抹月""流连山水、点染风景"，这样的诗作客观上起到了粉饰太平、歌功颂德的政治作用，这也是神韵说得到官方认可的重要原因。但四库馆臣对这类诗歌却多有批判：

> 诗三百篇，尼山所定，其论诗一则谓归于温柔敦厚，一则谓可以兴观群怨，原非以品题泉石、摹绘烟霞。洎乎畦士逸人，各标幽赏，乃别为山水清音。实诗之一体，不足以尽诗之全也。宋人惟不解温柔敦厚之义，故意言并尽，流而为钝根。士禛又不究兴观群怨之原，故光景流连，变而为虚响。[⑤]

四库馆臣以儒家"温柔敦厚""兴观群怨"的诗学理论为标准来评判神韵说。在《总目》看来，王士禛这些"品题泉石、摹绘烟霞"的

---

① 胡玉缙撰，王欣夫辑：《四库全书总目提要补正》卷五八，上海书店出版社1998年版，第1632—1633页。

② 曾守正：《权力、知识与批评史图像——〈四库全书总目〉"诗文评类"的文学思想》，学生书局2008年版，第180页。

③ 钱锺书：《谈艺录》，生活·读书·新知三联书店2007年版，第261、263页。

④ 刘世南：《清诗流派史》，人民文学出版社2011年版，第192页。

⑤ 纪昀等：《钦定四库全书总目》卷一九〇，中华书局1997年版，第2660页。

“山水清音”，虽为诗之一体，但是由于“温柔敦厚”“兴观群怨”的缺乏，只能流于“虚响”，不能“尽诗之全”。故在四库馆臣来看，“神韵说只是救治宋诗流弊的法门而已，终非无上甚深妙法”①。

显然，《总目》对神韵说缺乏深刻的认识，四库馆臣在施闰章《学余堂文集》提要中引用施闰章对王士禛门人洪昇的话语：“尔师诗如华严楼阁，弹指即见。吾诗如作室者，瓴甓木石，一一就平地筑起。”② 从而认为士禛神韵诗歌“自然高妙”，犹如禅家之“超悟”，以天分取胜。其实王士禛论诗是建立在“学问”基础上的，其在论述学识与诗歌创作的关系时说：

> 夫诗之道，有根柢焉，有兴会焉，二者率不可得兼。镜中之象，水中之月，相中之色，羚羊挂角，无迹可求，此兴会也。本之《风》、《雅》以导其源，泝之楚《骚》、汉魏乐府诗以达其流，博之《九经》、《三史》、诸子以穷其变，此根柢也。根柢原于学问，兴会发于性情。于斯二者兼之，又斡以风骨，润以丹青，谐以金石，故能衔华佩实，大放厥词，自名一家。③

可见，王士禛论诗主张根柢、兴会二者兼之。虽然神韵诗歌的创作主要靠“兴会”，但学识深厚的王士禛做到了二者的统一。④“学力深，始能见性情”⑤ 即“兴会”的神韵说是建筑在深厚的“学问”根柢上的，具有丰富的内涵，决非只是“模山范水”“流连光景”这么简单。由此可见，《总目》对王士禛的神韵说并未深入探究其产生的原因及其内涵。

---

① 曾守正：《权力、知识与批评史图像——〈四库全书总目〉“诗文评类”的文学思想》，学生书局 2008 年版，第 199 页。

② 纪昀等：《钦定四库全书总目》卷一七三，中华书局 1997 年版，第 2342 页。

③ 王士禛：《带经堂诗话》卷三，人民文学出版社 2006 年版，第 78 页。

④ 张健：《清代诗学研究》，北京大学出版社 1999 年版，第 472 页。

⑤ 王士禛等：《师友诗传录》，丁福保编《清诗话》，上海古籍出版社 1978 年版，第 125 页。

王士禛“神韵说”在康熙诗坛风靡一时，邓之诚称其“名盛一时，洎乎晚岁，篇章愈富，名位愈高，海内能诗者，几无不出其门下。主持风雅近五十年，过于钱吴远矣”[①]。由于王士禛在诗坛的声望，再加上他曾充任江南、四川等地的乡试官，其门生弟子遍布天下，《总目》将其称为“新城之派”[②]。王门弟子是王士禛诗歌理论思想的延续，如果“无视这种影响力及其藩篱，等于抽空了王渔洋作为宗师泰山的基石，‘神韵’之派也就成了子虚乌有，这当然不符合历史事实”[③]。在《总目》中馆臣择取了一批“神韵说”的追随者以呈现王士禛诗学的影响力，即便其中部分追随者的诗风并不符合“神韵”之风。

《总目》收录王渔洋追随者中时代较早的当为“金台十子”。王士禛于康熙十六年编定《十子诗略》，这是王士禛主盟京师诗坛的开始。《总目》于“十子”中收录了宋荦、曹贞吉、颜光敏、田雯、谢重辉、汪懋麟六人别集。赵执信《谈龙录》中评曰：

> 本朝诗人，山左为盛。先清止公与莱阳宋观察荔裳（琬）同时，继之者，新城王考功西樵（士禄）及其弟司寇，而安邱曹礼部升六（贞吉）、诸城李翰林渔村（澄中）、曲阜颜吏部修来（光敏）、德州谢刑部方山（重辉）、田侍郎、冯舍人后先并起。然各有所就，了无扶同依傍，故诗家以为难。[④]

“金台十子”诗风各有特色，多不符“神韵”之风。事实上，王士禛编定《十子诗略》，标举“十子”的主要目在于“开山树纛、构架门墙”，“其意在声势，故并不专意于各人之诗风是否趋从”[⑤]。故在四

---

① 邓之诚：《清诗纪事初编》，上海古籍出版社2012年版，第679页。

② 纪昀等：《钦定四库全书总目》卷一七三，中华书局1997年版，第2347页。

③ 严迪昌：《清诗史》，人民文学出版社2011年版，第440页。

④ 赵执信：《谈龙录》，赵执信、翁方纲《谈龙录·石洲诗话》，人民文学出版社1981年版，第14页。

⑤ 严迪昌：《清诗史》，人民文学出版社2011年版，第416页。

库馆臣看来,《十子诗略》编选乃是明季文人结社之风的积习而已。

再如吴雯,四库馆臣认为其“天才雄骏,其诗有其乡人元好问之遗风。惟熟于梵典,好拉杂堆砌释氏故实,是其所短”①,其《莲洋诗抄》为王士禛所删定,《莲洋诗抄》提要说:“此本沿新城之派,又以神韵婉约为宗,一切激昂沉著之作多见屏斥,反似邻于清弱,亦不足尽其所长……惟雯诗本足自传,不借士禛之评为轻重,而刊此本者牵于俗见,务引士禛以重雯。”② 吴雯科举受挫,布衣终生,然其诗名极高,王苹《吴征君传》称其“四十年来布衣诗名之盛,倾动四方如征君者未之有也”③。四库馆臣认为其诗无须借助王士禛的评点亦足以流传,然刊刻者出于俗见,引士禛以重雯,更是把“一切激昂沉著”不符“神韵”之作摒弃,这对完整呈现吴雯的诗歌特色来说是个不小的缺陷。

又如汪懋麟,虽为王士禛弟子,但在诗学主张上与其师也不尽相同。王士禛论诗由宋入唐,而汪懋麟则最喜苏轼、陆游等宋代诗人,故其自己也说:“今之名诗人者,往往诟懋麟之学,谓与先生异。”④ 严迪昌归纳汪懋麟《百尺梧桐阁集》诗歌的内容时说:“大体来看,汪氏《百尺梧桐阁诗》十六卷以及《遗稿》十卷是能真实见汪氏诗变迁的情貌的,除却官京师时的作品典雅春容,略有台阁之风外,家居所作雄爽激宕为多。被劾归里后则更见清放任意,感慨深沉,甚至牢骚难已。”⑤ 故而《总目》认为“其诗法传自王士禛,而才气纵横,视士禛又为别格”⑥。

王士禛的追随者虽继承了其“神韵说”,但又各有其自身特色,并未完全囿于神韵之局限。然而,只是自身才力的限制,其成就难以

---

① 纪昀等:《钦定四库全书总目》卷一七三,中华书局 1997 年版,第 2347 页。

② 纪昀等:《钦定四库全书总目》卷一七三,中华书局 1997 年版,第 2347 页。

③ 王苹:《蓼村集》,《四库全书存目丛书》集部第 264 册,齐鲁书社 1997 年版,第 20 页。

④ 汪懋麟:《渔洋续诗集序》,王士禛《王士禛全集》(一),齐鲁书社 2007 年版,第 692 页。

⑤ 严迪昌:《清诗史》,人民文学出版社 2011 年版,第 444—445 页。

⑥ 纪昀等:《钦定四库全书总目》卷一八三,中华书局 1997 年版,第 2552 页。

与王士禛相匹敌，如宋至“承其家学，兼得新城王士禛之传，故其诗派亦介出于父师之间，但才与学均未及耳”[①]。即便是被王士禛视为足传其衣钵的史申义、汤右曾[②]，其诗学成就亦无法与王士禛相匹敌。

三 由王士禛及其“神韵说”延伸开来

除了王士禛的追随者，《总目》亦记录了“神韵说”的对立面，其中攻击最力者当数赵执信。四库馆臣详细介绍了二人恩怨的由来，并对两人诗歌的优劣进行了比较：

> 平心而论，王以神韵缥缈为宗，赵以思路劖刻为主，王之规模阔于赵，而流弊伤于肤廓，赵之才力锐于王，而末派病于纤小，使两家互救其短，乃可以各见所长，正不必论甘而忌辛，是丹而非素也。[③]

在此，四库馆臣为消融门户之见，采取了一种调和之态度，但如果细读馆臣对二人的评价，“《总目》更多的是倾向于王渔洋，对赵执信则表现出更多的不满”[④]，四库馆臣对王士禛的维护之意显而易见。

四库馆臣对王士禛的评价也并不是一味赞扬，对于王士禛的缺点，《总目》亦予以了批评。这些批评主要包括：

第一，结社、标榜之习。四库馆臣对文人结社、品评标榜等群体行为往往持否定态度。馆臣在《集部总叙》中就为其文学思想奠定了此种基调，对以讲学为代表的文人群体活动进行了猛烈批判，其言曰：“大抵门户构争之见，莫甚于讲学，而论文次之。讲学者聚党分朋，往往祸延宗社，操觚之士，笔舌相攻，则未有乱及国事者。盖讲学者必辨是非，辨是非必及时政，其事与权势相连，故其患大。文人

---

① 纪昀等：《钦定四库全书总目》卷一八四，中华书局1997年版，第2573页。

② 纪昀等：《钦定四库全书总目》卷一八三，中华书局1997年版，第2565页。

③ 纪昀等：《钦定四库全书总目》卷一七三，中华书局1997年版，第2350页。

④ 张传峰：《〈四库全书总目〉诗学批评与王渔洋诗学》，《苏州大学学报》2007年第2期。

词翰，所争者名誉而已，与朝廷无预，故其患小也。然如艾南英以排斥王、李之故，至以严嵩为察相，而以杀杨继盛为稍过当，岂其扪心清夜，果自谓然？亦朋党既分，势不两立，故决裂名教而不辞耳。”①可见，代表着清代官学立场的四库馆臣把文人群体活动与政治相结合，对以讲学为代表的文人群体活动存在极大偏见。由此，《总目》所体现出的文学思想有着不可避免的局限性，四库馆臣“并不着眼于文学总集、别集、诗文评的文学价值，而是始终不离一个根本的出发点，那就是严肃地审视各种文体形态所可能潜藏的社会结构力量和群体势力因素，将其作为‘朋党’的某种存在形式加以批判和否定”②。

在此思想支配下，馆臣对王士禛的文人标榜行为同样持批评态度。前文提到的《十子诗略》的编纂，四库馆臣就在颜光敏《乐圃诗集》提要中批评此为诗社余风：“此集为王士禛所定。板心题曰《十子诗略》，盖士禛去明未远，犹沿诗社之余风，尝选商丘宋荦等十人之诗为一编，光敏与焉。”③ 文人相互标榜是其立足文坛的重要方式之一，但难免会出现吹捧过高、评价不客观的现象。相反，对于那些不依附门墙的文人，馆臣则往往予以肯定，田雯《古欢堂集》提要云：“当康熙中年，王士禛负海内重名，文士无不依附门墙，求假借其余论。惟雯与任邱庞垲不相辨难，亦不相结纳。”④ 同样的话语在庞垲《丛碧山房集》提要中再次出现。由此可见，四库馆臣对田雯、庞垲不因王士禛声望高而“奔走门墙，假借声誉”⑤ 的行为是赞赏的。

第二，疏于考证。王士禛精于论诗，而于考证之道则多遭馆臣批判。在《总目》看来“士禛自品诗格，原不精于考证”⑥。其晚年编定的《唐贤三昧集》中就多有考证不严之误，《总目》援引阎若璩之说以证之：

---

① 纪昀等：《钦定四库全书总目》卷一四八，中华书局1997年版，第1971页。
② 何宗美：《文人结社与明代文学的演进》（上），人民出版社2011年版，第509页。
③ 纪昀等：《钦定四库全书总目》卷一八一，中华书局1997年版，第2532页。
④ 纪昀等：《钦定四库全书总目》卷一七三，中华书局1997年版，第2349页。
⑤ 纪昀等：《钦定四库全书总目》卷一八三，中华书局1997年版，第2558页。
⑥ 纪昀等：《钦定四库全书总目》卷一九〇，中华书局1997年版，第2662页。

> 阎若璩《潜邱札记》有《与赵执信书》，诋此集所录，如张旭四绝句，本宋蔡襄诗，而误收。又诋其祖咏诗，误以京水为泾水；孟浩然诗，误以涔阳为浔阳；王维诗，误以御亭为卸亭，蔡洲为蔡州；高适《燕歌行》，误以渝关为榆关。全不讲于地理之学。引据精详，皆切中其病。①

其他著述中亦同样存在疏于考证的缺陷，《香祖笔记》提要除了解释“香祖”之名外，通篇都在论证王士禛考证之缺失，在《池北偶谈》甚至出现以刘禹锡的“覆舟侧畔千帆过，病树前头万木春”二句为白居易诗这样的低级错误。尽管王士禛于考证出现了诸多失误之处，然而《总目》却多为其辩护，称其为“记忆偶误，事所恒有”②。可见，四库馆臣极为重视王士禛的论诗之说，对于其疏于考证的缺陷，馆臣虽予以批评，但对其维护之意亦清晰可见。

---

① 纪昀等：《钦定四库全书总目》卷一九〇，中华书局1997年版，第2662页。
② 纪昀等：《钦定四库全书总目》卷一二二，中华书局1997年版，第1635页。

第五章

《总目》清别集提要文学批评研究(下)

《总目》的“官学”性质决定了其对清代文学的批评带有浓厚的政治色彩，这一特点不仅表现在馆臣力图从宏观上建构出一幅清初盛世文学图景，以凸显清初文学盛世。在微观方面，馆臣对清初文学风格的批评及诗坛唐宋之争的评价同样带有明显的官方倾向。

第一节　《总目》清初文学风格批评

风格批评是文学批评的重要部分。历代文学批评家提倡文学风格的多样化，反对风格单一，清代文学批评家薛雪就曾说：“从来偏嗜，最为小见。如喜清幽者，则绌痛快淋漓之作为愤激、为叫嚣；喜苍劲者，必恶宛转悠扬之音为纤巧、为卑靡。殊不知天地赋物，飞潜动植，各有一性，何莫非两间生气以成此？理有固然，无容执一。”① 文学风格的形成与作者个性、时代背景、地域文化等因素息息相关。清初诗文风格多样，诸如易代文人之慷慨悲凉、馆阁重臣之雍容典雅、儒者诗文之淳厚儒雅以及承继晚明而来之纤仄诗风等在《总目》所收录的清别集中皆有呈现。那么，从“官学”立场出发的《总目》对如此多样的清初

① 薛雪：《一瓢诗话》，人民文学出版社1979年版，第103页。

文学风格会有怎样的态度，是追求风格的多样化还是偏重某一风格呢？馆臣主要是从哪些角度展开对清初文学风格的批评的？本节以《总目》清别集提要为中心，探求馆臣对清初文学风格之批评。

一 《总目》别集提要之论“格”

以诗歌、散文为主体的中国古典文学，肇端于先秦，至唐宋时期发展至顶峰。随着诗文文体的发展成熟，对其外在形式的要求亦是愈来愈严格。以诗歌为例，自魏晋以来近体诗在格律、句法等方面逐渐定型，在各种诗论中往往会将作诗的各种标准称为“诗格”，且以沈约的《诗格》为标志的此类著述大量出现。

“格”有法度、规则之意，《礼记·缁衣》转引孔子之语“言有物而行有格也”，郑玄注曰：“格，旧法也。”[①]《颜氏家训·文学》在论“挽歌辞”文体时说：“挽歌辞者，或云古者《虞殡》之歌，或云出自田横之客，皆为生者悼往告哀之意。陆平原多为死人自叹之言，诗格既无此例，又乖制作本意。”[②] 颜氏所言之“诗格”即指挽歌辞之样式、规则。自唐代起，以“诗格”命名的各种诗学批评著作大量出现[③]。到了清乾隆时期，“格”已成为各文论中论诗、论文的重要方式之一。作为历代思想学术集大成之作的《总目》，在别集提要中同样常常以“格”论诗和论文。

（一）《总目》论“格”之体系

“格”是古代诗论中极为重要且使用频繁的词汇，同样也是《总目》中最常用来评价文学风格的词汇，馆臣论诗讲“诗格”、文讲“文格”、赋讲“赋格”，甚至诗文句法亦有“句格”之要求，可以说以“格”论诗、论文的思想贯穿于整个《总目》别集提要，而且出现的频率较高。

---

① 郑玄注，孔颖达疏：《礼记正义》，《十三经注疏》本，北京大学出版社 1999 年版，第 1516 页。

② 颜之推：《颜氏家训》，中华书局 2007 年版，第 156 页。

③ 张伯伟编：《全唐五代诗格汇考·诗格论》，江苏古籍出版社 2002 年版，第 2 页。

“格”在《总目》别集提要中常被单独使用，大体而言主要包含两种意义：一是前文所说之规则、法式之意。馆臣将诗文创作需要遵守的基本规范称为“常格”，如王冕“天才纵逸，其诗多排奡遒往之气，不可拘以常格”①；张时彻“诗文不出常格”②。馆臣将突破诗文创作常规的范式称为“别格”，如陈著《本堂集》提要中说：“宋自元祐以后，讲学家已以说理之文自辟门径，南渡后辗转相沿，遂别为一格，不能竟废。”③ 在此馆臣将宋代兴起的讲学家之文与其他的传统散文区别开来，视为一种新兴散文样式。又如元人胡祗遹文“体例最为冗琐，有似随笔札记者，有似短章小品者，有似莅官条约者，有似公移案牍者，层见错出，殆不可名以一格”④。胡祗遹之文形式多样，馆臣亦认为不能以一种法式要求之。对于这些突破常规范式的诗文，馆臣多采包容之态度，在评价晚唐诗人韩偓诗风时说：“其诗虽局于风气，浑厚不及前人，而忠愤之气，时时溢于语外。性情既挚，风骨自遒，慷慨激昂，迥异当时靡靡之响。其在晚唐，亦可谓文笔之鸣凤矣。变风变雅，圣人不废，又何必定以一格绳之乎？”⑤ 作为正统文学观的代表，《总目》以儒家温柔敦厚诗风为最高追求，变风变雅之作亦被视为“格”之一种，已说明了馆臣对文学风格多样化的认同，故而对于历代诗文集中所出现的不同样式，馆臣常言“文章之不可以一格限矣”⑥。

“格”的第二种含义是指风格。《总目》别集提要中举凡作家风格、流派风格、时代风格等馆臣都用“格”加以表达。馆臣以“格”来评作家风格者，如明代朱同诗“多元末之作，爽朗有格”⑦，黄仲昭

① 纪昀等：《钦定四库全书总目》卷一六九，中华书局1997年版，第2279—2280页。
② 纪昀等：《钦定四库全书总目》卷一七七，中华书局1997年版，第2434页。
③ 纪昀等：《钦定四库全书总目》卷一六四，中华书局1997年版，第2181页。
④ 纪昀等：《钦定四库全书总目》卷一六六，中华书局1997年版，第2209页。
⑤ 纪昀等：《钦定四库全书总目》卷一五一，中华书局1997年版，第2028页。
⑥ 纪昀等：《钦定四库全书总目》卷一五二，中华书局1997年版，第2036页。
⑦ 纪昀等：《钦定四库全书总目》卷一六九，中华书局1997年版，第2266页。

文“尚沿当日平实之格”①，王慎中诗“初为藻艳之格”②，胡直文章“颇雅健有格”③ 等。“爽朗有格”“平实之格”“藻艳之格”“雅键有格”都是《总目》评诗文风格之语。以“格”评流派风格者，如元人杨公远诗“不出宋末江湖之格”④；清代陈之遴诗“才藻有余，而不出前后七子之格”⑤。以“格”论时代风格者，如宋庠诗句有“晚唐浓丽之格”⑥；家铉翁之文“词意真朴，文不掩质，亦异乎南宋末年纤诡繁碎之格”⑦；曹伯启诗文“不染江湖末派，亦不沿豫章余波，所作乃多近元祐格”⑧；洪希文诗“纯沿宋格，于元末年华缛之风，明中叶堂皇之体，迥焉不同”⑨；鲁贞诗“不出元末之格”⑩；郑潜诗“词意轩爽，有玉山朗朗之致，视元末纤秾之格，特为俊逸”⑪；王洪“杂文皆朴雅，骈体亦工，诗尤具有唐格，而不为林鸿、高棅之钩摹”⑫；毛先舒《晚唱》“皆摹李商隐、李贺、温庭筠、韩偓四家之体，以别于初唐、盛唐之格，故以晚名焉”⑬。文学的发展具有阶段性，每个阶段都有着不同的特色。在《总目》的批评话语中，不论是以朝代而称的如“唐格”“宋格”，还是以某朝代的一历史时期而称的“元祐格”“初唐之格”“盛唐之格”“晚唐之格”“元末之格”“明初之格”，馆臣对文学发展所形成的阶段性特征或时代风格表现了极大的关注。

除了单独使用“格”外，在馆臣论“格”的体系中，尚有其他多种论风格的词汇：

---

① 纪昀等：《钦定四库全书总目》卷一七一，中华书局 1997 年版，第 2303 页。
② 纪昀等：《钦定四库全书总目》卷一七二，中华书局 1997 年版，第 2320 页。
③ 纪昀等：《钦定四库全书总目》卷一七二，中华书局 1997 年版，第 2328 页。
④ 纪昀等：《钦定四库全书总目》卷一六六，中华书局 1997 年版，第 2204 页。
⑤ 纪昀等：《钦定四库全书总目》卷一八一，中华书局 1997 年版，第 2516 页。
⑥ 纪昀等：《钦定四库全书总目》卷一五二，中华书局 1997 年版，第 2039 页。
⑦ 纪昀等：《钦定四库全书总目》卷一六五，中华书局 1997 年版，第 2193 页。
⑧ 纪昀等：《钦定四库全书总目》卷一六六，中华书局 1997 年版，第 2218 页。
⑨ 纪昀等：《钦定四库全书总目》卷一六七，中华书局 1997 年版，第 2223 页。
⑩ 纪昀等：《钦定四库全书总目》卷一六八，中华书局 1997 年版，第 2253 页。
⑪ 纪昀等：《钦定四库全书总目》卷一六九，中华书局 1997 年版，第 2277 页。
⑫ 纪昀等：《钦定四库全书总目》卷一七〇，中华书局 1997 年版，第 2289 页。
⑬ 纪昀等：《钦定四库全书总目》卷一八一，中华书局 1997 年版，第 2526 页。

第一，风格。在今天的文学批评视野中，风格主要是指一个时代、一个流派或个人在文学作品中所表现出来的思想特点和艺术特点。《总目》别集提要中所论之“风格”同样有此含义，如潘阆诗“风格孤峭，亦尚有晚唐作者之遗”①；文彦博诗“风格秀逸，情文相生”②；谢逸诗“虽稍近寒瘦，然风格隽拔，时露清新”③；陈与义诗“风格遒上，思力沈挚，能卓然自辟蹊径”④；岳正文“风格峭劲”⑤；吴绮四六体“追步于李商隐，风格雅秀”⑥；郑纪《东园诗集续编》集中诗句“颇有南宋风格”⑦等。

第二，体格。在中国传统文论中，“体”本身即有风格之意，《文心雕龙》“体性”篇有“八体”之说：“一曰典雅，二曰远奥，三曰精约，四曰显附，五曰繁缛，六曰壮丽，七曰新奇，八曰轻靡。”⑧刘勰所说的“八体”即指文学作品的八种风格。“体”在《总目》即可以指作家或流派的风格，如“陶体”“初唐四杰之体”“李贺体”“武功体”“西昆体”“白沙、定山之体”等；也可以指文体风格，如《总目》中屡屡提及的“元白《长庆集》体”“台阁之体”“《击壤集》体”“七子之体”等；又可以指时代风格，如“晚唐体”等。

将“体”与“格”两个本身就带有风格之意的词汇组合在一起来表达一个意思，并非馆臣之首创。宋人郭知达《九家集注杜诗》就有“齐梁诗体格轻丽”⑨之说，在此，“体格轻丽”即对齐梁诗风格之评价。“体格”一词亦被馆臣广泛使用，其用法一方面有格式之意，

---

① 纪昀等：《钦定四库全书总目》卷一五二，中华书局1997年版，第2033页。
② 纪昀等：《钦定四库全书总目》卷一五三，中华书局1997年版，第2057页。
③ 纪昀等：《钦定四库全书总目》卷一五五，中华书局1997年版，第2082页。
④ 纪昀等：《钦定四库全书总目》卷一五六，中华书局1997年版，第2097页。
⑤ 纪昀等：《钦定四库全书总目》卷一七〇，中华书局1997年版，第2296页。
⑥ 纪昀等：《钦定四库全书总目》卷一七三，中华书局1997年版，第2346页。
⑦ 纪昀等：《钦定四库全书总目》卷一七五，中华书局1997年版，第2400页。
⑧ 刘勰著，范文澜注：《文心雕龙注》卷六，人民文学出版社1958年版，第505页。
⑨ 杜甫撰，郭知达集注：《九家集注杜诗》卷二二，文渊阁《四库全书》第1068册，台湾商务印书馆1986年版，第407页。

如王勃“用骈俪作记序碑碣，盖一时体格如此，而后来颇议之”①；王安礼“以视安石，虽规模稍隘，而核其体格，固亦约略相似也”②。另一方面亦有表风格之功能，如赵必瑑“诗文篇帙无多，在宋末诸家中未为颖脱。然体格清劲，不屑为靡靡之音”③；张雨“诗文豪迈洒落，体格遒上”④；黄淮“文章舂容安雅，亦与三杨体格略同”⑤。

第三，气格。“气”是中国古代文学批评中最为重要的概念之一，吴承学认为“文气的发现是中国风格学发展的一大关键”，并称曹丕的“文以气为主”之说“第一次把文气即作品的个性提高到最重要的地位，这标志着文学个性风格论的形成”⑥。李壮鹰、李春青主编《中国古代文论教程》中同样认为曹丕所言之“气”是指“作家创作的个人特点和独创性，亦即风格”⑦。从诗歌审美的角度来看，四库馆臣较多强调的是诗文的气势与刚健之美。在《总目》别集提要中，馆臣常用“气格”一词来表达诗文之气象、气势，如王绩诗“气格遒健”⑧、方干诗文“气格清迥”⑨、陈舜俞诗“气格疏散”⑩、李新诗“气格开朗”⑪、朱松文章“气格高逸”⑫、唐之淳诗“气格质实”⑬、单思恭诗“气格纤琐”⑭等。然“气有清浊厚薄，格有高低雅俗”⑮，造成不同文人之诗文“气格”亦存在差异，正如曹丕在《典论·论文》中所言：“气之清浊有体，不可力强而致。譬诸音乐，曲度虽均，

① 纪昀等：《钦定四库全书总目》卷一四九，中华书局1997年版，第1991页。
② 纪昀等：《钦定四库全书总目》卷一五三，中华书局1997年版，第2056页。
③ 纪昀等：《钦定四库全书总目》卷一六五，中华书局1997年版，第2187页。
④ 纪昀等：《钦定四库全书总目》卷一六八，中华书局1997年版，第2245页。
⑤ 纪昀等：《钦定四库全书总目》卷一七〇，中华书局1997年版，第2291页。
⑥ 吴承学：《中国古代文体学研究》，人民出版社2011年版，第151—152页。
⑦ 李壮鹰、李春青主编：《中国古代文论教程》，高等教育出版社2005年版，第130页。
⑧ 纪昀等：《钦定四库全书总目》卷一四九，中华书局1997年版，第1990页。
⑨ 纪昀等：《钦定四库全书总目》卷一五一，中华书局1997年版，第2029页。
⑩ 纪昀等：《钦定四库全书总目》卷一五三，中华书局1997年版，第2051页。
⑪ 纪昀等：《钦定四库全书总目》卷一五五，中华书局1997年版，第2088页。
⑫ 纪昀等：《钦定四库全书总目》卷一五七，中华书局1997年版，第2103页。
⑬ 纪昀等：《钦定四库全书总目》卷一七〇，中华书局1997年版，第2288页。
⑭ 纪昀等：《钦定四库全书总目》卷一八〇，中华书局1997年版，第2505页。
⑮ 刘熙载撰，袁津琥校注：《艺概注稿》，中华书局2009年版，第396页。

节奏同检，至于引气不齐，巧拙有素，虽在父兄，不能以移子弟。”[①]气之清、浊皆源于作者的天赋，天分不同，气之清浊自然各异。就风格而言，“‘清’，侧重于文风的纯、逸、清俊、慷慨、华丽等；‘浊’，主要指文风的杂、滞、弱，行文不是一气贯通，往往较呆板、混乱、孱弱”[②]。以此说，前引《总目》提要中所提及的“遒健”“清迥”“开朗”“高逸”“质实”“疏散”等风格特色皆为文人所具清气于诗文创作之表现，而“纤靡”“纤秾”“纤琐”等则皆为文人所具之气为浊气之结果。在两种不同种类的风格中，馆臣明显地更偏好于前者，对后者则予以批判，即《总目》对气格的要求为扬清抑浊。

第四，骨格。骨格亦是馆臣于别集提要中常用词汇。《总目》提要中所言之“骨格”主要是指诗文之刚健之气，如卫宗武“诗文根柢差薄，骨格亦未坚緻，盖末造风会之所趋，其事与国运相随，非作者所能自主”[③]；吴皋诗文“骨格未坚，尚不能抗行古作者，而缠绵悱恻，要不失变雅之遗意焉”[④]；殷云霄诗“才情富赡，而骨格未坚”[⑤]；朱弥钳“《咏梅》一韵至百韵，颇见才气，而骨格尚未成就”[⑥]。“骨格未坚”“骨格未就”是《总目》别集提要中馆臣最常用来对缺乏刚健之气的作者的评价。“骨格”之论，宋代吴沆就曾说：“诗有肌肤，有血脉，有骨格，有精神。无肌肤则不全，无血脉则不通，无骨格则不健，无精神则不美。四者备，然后成诗。”[⑦]从中可见，“骨格”是强调文学作品刚健的一面，“凡诗初年多骨格未成，晚年则意态横放，故惟中岁岁力并到，神情俱茂，兴象谐合之际可嘉赏。如老杜之入蜀，篇篇合作，语语当行，初学所当法也。夔峡以后，过于奔放，视其中年精华雄杰，如出二手。盖或视之太易，或求

---

① 曹丕著，魏宏灿校注：《曹丕集校注》，安徽大学出版社2009年版，第313页。
② 罗宏梅：《曹丕“文气说”及“清浊”之辨》，《贵州文史丛刊》2006年第2期。
③ 纪昀等：《钦定四库全书总目》卷一六五，中华书局1997年版，第2188页。
④ 纪昀等：《钦定四库全书总目》卷一六八，中华书局1997年版，第2252页。
⑤ 纪昀等：《钦定四库全书总目》卷一七六，中华书局1997年版，第2415页。
⑥ 纪昀等：《钦定四库全书总目》卷一七六，中华书局1997年版，第2418页。
⑦ 吴沆：《环溪诗话》，中华书局1985年版，第11页。

之太深，或情随事迁，或力因年减，虽大家不免。世反以是为工者，非余所敢知也”①。“骨格”的形成往往与作者的生平阅历有着密切的关系，诚如胡应麟所说“凡诗初年多骨格未成”。《总目》所叙录清人著述中多有“骨格未成”之作，如谢宾王诗“意兴颇遒，而骨格未就”②，孔毓功诗文“骨格未坚”③，造成这种现象的主要原因就在于此类诗文主要为年少时所作，功候未深，项大德、颜怀礼、朱緗皆“早年夭逝，骨格未成”④。英年早逝正是其诗文缺乏刚健之气的原因所在。

第五，格调。格调是指作家、作品艺术特点的综合表现，亦含有风格之意。如袁说友五七言古体“格调清新，意境开拓”⑤；张翥诗“清圆稳贴，格调颇高”⑥；周瑛“文章浑成雅键，诗格调高古”⑦等，都是对风格的评价。

《总目》所论“格”内容繁多，涉及文学批评体系的许多层面，不同之“格”代表着馆臣对不同诗文风格的评价。然而在儒家文学思想的影响下，《总目》认为各种风格所代表的价值并不完全相同，有高低贵贱之别。

（二）《总目》论“格”之高下

《总目》别集提要所言之“格”“诗格”“文格”“风格”“体格”“骨格”“气格”等虽皆有表达风格之意，但是在馆臣的批评视野中“格”却具有高下之别，如李绅诗“春容恬雅，无雕琢细碎之习，其格究在晚唐诸人刻画纤巧之上也”⑧；家铉翁文章“其词意真朴，文不掩质，亦异乎南宋末年纤诡繁碎之格”⑨；又如元好问诗“兴象深邃，风

① 胡震亨：《唐音癸签》卷六，古典文学出版社1957年版，第47页。
② 纪昀等：《钦定四库全书总目》卷一八一，中华书局1997年版，第2528页。
③ 纪昀等：《钦定四库全书总目》卷一八二，中华书局1997年版，第2547页。
④ 纪昀等：《钦定四库全书总目》卷一八四，中华书局1997年版，第2582页。
⑤ 纪昀等：《钦定四库全书总目》卷一五九，中华书局1997年版，第2134页。
⑥ 纪昀等：《钦定四库全书总目》卷一六七，中华书局1997年版，第2240页。
⑦ 纪昀等：《钦定四库全书总目》卷一七一，中华书局1997年版，第2303页。
⑧ 纪昀等：《钦定四库全书总目》卷一五〇，中华书局1997年版，第2017页。
⑨ 纪昀等：《钦定四库全书总目》卷一六五，中华书局1997年版，第2193页。

格遒上，无宋南渡末江湖诸人之习，亦无江西流派生拗粗犷之失”①。同是文学风格，馆臣认为“春容恬雅”之格高于“刻画纤巧”之格，格之“真朴”强于“纤诡繁碎”，格之“遒上”胜于“生拗粗犷”。

馆臣对历代诗文“格”之高下的判定，一个重要因素是受到“格”之内涵的影响。早在《总目》之前，清初薛雪在其《一瓢诗话》中就曾论“格”曰：“格有品格之格，体格之格。体格一定之章程，品格自然之高迈。品高虽被绿蓑青笠，如立万仞之峰，俯视一切；品低即拖绅搢笏，趋走红尘，适足以夸耀乡间而已。所以品格之格与体格之格，不可同日而语。”② 诗格之内涵亦是如此，刘熙载论诗格说：“诗格，一为品格之格，如人之有智愚贤不肖也；一为格式之格，如人之有贫富贵贱也。”③ 可见，“格”既包含外在的诗文之“格式”，亦包括诗文境界高低之意的“品格”，更重要的是，二者相较，“品格”重于“体格”。正如馆臣在《汶阳端平诗隽》提要中评周弼诗曰：“其诗风格未高，不出宋末江湖一派。”④ 在此，风格即含有诗之品格之意。

与上述观念相关，在《总目》的批评视野中，馆臣看重的是“文章一道，关乎学术、性情；诗品、文品之高下，往往多随其人品”⑤。在此思想的影响下，馆臣往往将作者的人品高低作为评价其诗文的最高标准，在此评价体系中，道德修养高者诗文自然品格高尚。如高攀龙《高子遗书》提要中所说：“立朝大节，不愧古人，发为文章，亦不事词藻，而品格自高，此真之所以异于伪欤。”⑥ 馆臣将文人之道德品质视为诗文好坏的根本决定因素。又如《简斋集》提要评陈与义诗文曰：“在南渡诗人之中最为显达，然皆非其杰构。至于湖南流落之余，汴京板荡以后，感时抚事，慷慨激越，寄迹遥深，乃往往突过古

① 纪昀等：《钦定四库全书总目》卷一六六，中华书局 1997 年版，第 2201 页。
② 薛雪：《一瓢诗话》，人民文学出版社 1979 年版，第 119—120 页。
③ 刘熙载撰，袁津琥校注：《艺概注稿》，中华书局 2009 年版，第 394 页。
④ 纪昀等：《钦定四库全书总目》卷一六四，中华书局 1997 年版，第 2182 页。
⑤ 纪昀等：《钦定四库全书总目》卷一六五，中华书局 1997 年版，第 2192 页。
⑥ 纪昀等：《钦定四库全书总目》卷一七二，中华书局 1997 年版，第 2332 页。

人。故刘克庄《后村诗话》谓其造次不忘忧爱，以简严扫繁缛，以雄浑代尖巧，第其品格，当在诸家之上。”① 再如《青村遗稿》提要中评价金涓之诗时说：“特以托意萧闲，不待矫语清高，自无俗韵，又恬于仕宦，疏散寡营，亦无所怨尤，故品格终在江湖诗上耳。诗道关乎性情，此亦一证矣。”② 金涓明初不受州郡之辟召，志趣萧闲，馆臣以其诗品高于江湖诗派。

《总目》评价诗文“格”之高下另一个判定因素在于馆臣的文学观。在中国传统文论中，文章与世运、国运息息相关。昭梿就曾记载：

> 汪钝翁先生有云：“昌明博大，盛世之文也；烦促破败，衰世之文也；颠倒纰缪，乱世之文也。后生为文，岂可昧于辞义，敉于经旨，专以新奇可喜，嚣然自命作家？倘亦曾南丰所谓乱道、朱晦翁所谓文中之妖与文中之贼是也。”乃知文章盛衰，关乎世道。③

馆臣对文学与世运的认识与汪琬是高度一致的，就如《钦定四书文》提要评价明末天启、崇祯时期的文学时所言“至于启、祯，警辟奇杰之气日胜，而驳杂不醇、猖狂自恣者，亦遂错出其间。于是启横议之风，长倾诐之习，文体戾而士习弥坏，士习坏而国运亦随之矣”④。《总目》清别集提要的核心目的是建构出清初文学之盛世图景，其编纂之时又正是康乾盛世时期。馆臣认为盛世文学当具有“典雅醇厚”之风格，总纂官纪昀在论文学时就说：“诗本性情者也。人生而有志，志发而为言，言出而成歌咏，协乎声律。其大者，和声以鸣国家之

① 纪昀等：《钦定四库全书总目》卷一五六，中华书局 1997 年版，第 2097 页。
② 纪昀等：《钦定四库全书总目》卷一六八，中华书局 1997 年版，第 2250 页。
③ 昭梿：《啸亭杂录》卷一〇，中华书局 1980 年版，第 316 页。
④ 纪昀等：《钦定四库全书总目》卷一九〇，中华书局 1997 年版，第 2660 页。

盛；次亦足抒愤写怀。”[①] 所以，《总目》提倡的是“不乖乎温柔敦厚之正”[②] 的“醇雅”之作，而这种风格往往是开国之音或盛世之音的表征。与之相对的，每个时代末期的文学风格如晚唐之“刻画纤巧”，南宋末年“‘四灵’一派，摅晚唐清巧之思；‘江湖’一派，多五季衰飒之气”[③]，元末文人“纤媚之习”[④]，晚明公安派、竟陵派“纤仄”之音皆受到馆臣不同程度的批判。在馆臣看来，它们作为“衰世之文”，与清官方所追求的“醇雅”“清真雅正”风格格格不入。

二 “醇雅”风格的标榜

作为古代正统文学思想的代表，四库馆臣论诗以《诗经》为源头，讲求温柔敦厚、崇尚醇雅之作。这在纂修《四库全书》之时乾隆帝所发布的上谕中就有明确的指示，其针对朱存孝编辑的《回文类聚补遗》中所载美人八咏诗一事，于四十六年十一月初六专门发布上谕：

> 昨阅四库馆进呈书，有朱存孝编辑《回文类聚补遗》一种，内载美人八咏诗，词意媟狎，有乖雅正。夫诗以温柔敦厚为教，孔子不删郑卫，所以示刺示戒也。故三百篇之旨，一言蔽以“无邪”。即美人香草以喻君子，亦当原本风雅，归诸丽则，所谓托兴遥深，语在此而意在彼也。自《玉台新咏》以后，唐人韩偓辈，务作绮丽之词，号为香奁体，渐入浮靡。尤而效之者，诗格更为卑下。今美人八咏内所列《丽华发》等诗，毫无寄托，辄取俗传鄙亵之语，曲为描写，无论诗固不工，即其编造题目，不知何所证据。朕辑《四库全书》，当采诗文之有关世道人心者，若此等诗句，岂可以体近香奁概行采录。所有美人八咏诗，著即行

---

① 纪昀：《纪晓岚文集》（第一册）卷九，河北教育出版社 1991 年版，第 186 页。
② 纪昀：《纪晓岚文集》（第一册）卷九，河北教育出版社 1991 年版，第 186 页。
③ 纪昀等：《钦定四库全书总目》卷一六五，中华书局 1997 年版，第 2184—2185 页。
④ 纪昀等：《钦定四库全书总目》卷一六九，中华书局 1997 年版，第 2263 页。

撤出。至此外各种诗集，内有似此者，亦著该总裁督同总校、分校等详细检查，一并撤出，以示朕厘正诗体，崇尚雅醇之至意。①

从此上谕来看，乾隆皇帝试图通过《四库全书》的编纂向士人传达清官方的诗学主张，这些主张包括：一、论诗以儒家诗教的温柔敦厚为标准，追求诗歌的“托兴遥深”；二、反对以“香奁体”为代表的诗风浮靡的绮丽之作；三、诗以雅醇为最高追求，并以此厘正诗体，为士人树立范本。“崇尚醇雅”即讲求诗歌的淳厚典雅。一方面，内容上要关乎“世道人心”；另一方面，风格上要淳朴典雅，这也正是清初馆阁之臣的作品得到《总目》大力宣扬的原因所在。但并非只要符合“雅”就可以著录《四库全书》，还要“厚重”，即有学术根柢，否则同样难以得到馆臣的认可，如陈轼“诗文皆清婉和雅，特未深厚”②，就只能入存目。

追求“醇雅”文风是清初官方一贯的要求，康熙就曾在《御制训饬士子文》中就明确提出“从来学者先立品行，次及文学……文章归于醇雅，毋事浮华轨度”③，并以敕令的形式对明代以来的“浮夸”之风进行批判，从而提倡“文质适中而清雅醇厚的文风观”④。《总目》对“醇雅”的追求即代表了清官方对文学风格的要求，这是对儒家传统诗教理论的继承与延续，强调诗文温柔敦厚，不怨不怒，中正平和。在此标准要求下，四库馆臣对不符合“醇雅”之风的文学作品给予了批判。这种批判主要是针对幽冷孤峭的“纤仄”之作和富艳丽缛的“纤秾”之风。

“纤仄”是四库馆臣对晚明公安派、竟陵派诗风主要特点的评价，此类诗风与四库馆臣所提倡的温柔敦厚的儒家文学观明显不符。更主要的是，公安、竟陵诗风被《总目》视为亡国之音，四库馆臣力图彻

① 纪昀等：《钦定四库全书总目》卷首一《圣谕》，中华书局 1997 年版，第 10 页。
② 纪昀等：《钦定四库全书总目》卷一七四，中华书局 1997 年版，第 2517 页。
③ 《圣祖仁皇帝实录》卷二〇八，《清实录》第 6 册，中华书局 1985 年版，第 116 页。
④ 黄建军：《康熙与清初文坛》，中华书局 2011 年版，第 207 页。

底肃清其在清初的余风，故对清初姚夔、刘体仁、嵇宗孟、石庞等继承公安、竟陵诗风的作家展开了清算。

与幽冷纤巧风格相对的便是富艳丽缛。其实中国古代文学自《楚辞》开始便开启了诗歌语言的华美之风，南朝齐梁时期至唐初诗文风格日趋华美。《总目》所叙录的清初文人别集中同样有以风格华美著称的。就诗歌而言，如彭师度“诗格沿云间之派，富艳有余”[①]；周茂源“所作葩藻丽缛，沿齐、梁之余艳”[②]；高之騱“诗学西昆、香奁之体”[③]；王九龄“其诗欲挹何、李之流波，而才思富艳，加以纤秾”[④]等。无论是延续齐梁诗风，还是学西昆、香奁体，甚至是学明之云间，其诗风大都辞藻错彩镂金，极富华美。四库馆臣承认华美富艳诗风是诗文诸多风格之一种，亦是诗人富有才情的重要表现，但对由此而造成的消极后果也有深刻的认识。在馆臣看来，才情过高，或使诗文走向纤佻绮靡，如冯班“所作则不出于昆体。大抵情思有余，而风格未高。纤佻绮靡，均所不免”[⑤]；或使诗文缺乏刚健之气，如高之騱“诗学西昆、香奁之体，资致有余”但“终伤婉弱”[⑥]；还有的造成诗文连篇累牍，如夏熙臣“其诗才情富赡，故往往叠韵至五六……然连篇累幅，瑕瑜不免互见”[⑦]。四库馆臣对富艳诗风的批判虽不像对“纤仄”诗风那样激烈，但同样不符合馆臣标榜的“温柔敦厚”的标准。

诗歌如此，《总目》对辞藻华美、对仗工整的骈文同样持贬抑之态度。学者一般视清代为骈文的复兴时期，发轫于清初的骈文于乾嘉时期达到全盛。[⑧] 清代骈文出现了尤侗、吴绮、毛奇龄、陈维崧、吴兆骞等大家。馆臣在《四六法海》提要中梳理了骈文的发展史，

---

① 纪昀等：《钦定四库全书总目》卷一八一，中华书局1997年版，第2524页。
② 纪昀等：《钦定四库全书总目》卷一八一，中华书局1997年版，第2532页。
③ 纪昀等：《钦定四库全书总目》卷一八三，中华书局1997年版，第2550页。
④ 纪昀等：《钦定四库全书总目》卷一八三，中华书局1997年版，第2562页。
⑤ 纪昀等：《钦定四库全书总目》卷一八一，中华书局1997年版，第2531页。
⑥ 纪昀等：《钦定四库全书总目》卷一八三，中华书局1997年版，第2550页。
⑦ 纪昀等：《钦定四库全书总目》卷一八四，中华书局1997年版，第2581页。
⑧ 张仁青：《中国骈文发展史》，浙江大学出版社2009年版，第416页。

认为四六“源出古文”“与古体同源”，齐梁时期“由质实而趋丽藻”[①]。《总目》清别集提要中明确提及的骈文作者有陈维崧、吴绮、章藻功、陆繁弨、钮琇，而得到馆臣赞赏的只有陈维崧、吴绮、章藻功三人。这三家刚好代表了清初骈文之演变历程：“国朝以四六名者，初有维崧及吴绮，次则章藻功《思绮堂集》亦颇见称于世。然绮才地稍弱于维崧，藻功欲以新巧胜二家，又遁为别调。譬诸明代之诗，维崧导源于庾信，气脉雄厚，如李梦阳之学杜，绮追步于李商隐，风格雅秀，如何景明之近中唐，藻功刻意雕镌，纯为宋格，则三袁、钟、谭之流亚。”[②] 对三家骈文之风格，《总目》认为各有优劣：“为四六之文者，陈维崧一派以博丽为宗，其弊也肤廓。吴绮一派以秀润为宗，其弊也甜熟。章藻功一派以工切细巧为宗，其弊也刻镂纤小。”[③] 馆臣对陈维崧、吴绮、章藻功三人的评价大致代表了清初骈文领域的好尚，即六朝、唐、两宋。四库馆臣又以明代诗歌之发展作对照来阐释清初骈文发展演变之过程，在这一对比中，清初骈文的发展历程如同明代中后期诗歌演进过程，而四库馆臣认为明代文学是一个衰退的过程。故而，《总目》给人一种印象，即清初骈文趋于不断衰落。此外，馆臣认为三者的成就陈维崧最高，吴绮次之，章藻功又次之，章藻功的《思绮堂集》未能叙录，这说明了四库馆臣的崇古心态，亦表达了对“纤小”风格之文的不满，间接表达出了对清初骈文的贬抑态度。

再如四库馆臣在《墓铭举例》提要中云：“由齐梁以至隋唐，诸家文集，传者颇多，然词皆骈偶，不为典要。惟韩愈始以史法作之，后之文士，率祖其体。”[④] 墓志铭是古代重要的文体之一，四库馆臣在此提要中，把韩愈“古文运动”之前以骈俪之文所写的墓志铭给彻底否定了，“古文运动”之后的骈体墓志铭似乎皆被散体文给取代了。

① 纪昀等：《钦定四库全书总目》卷一八九，中华书局 1997 年版，第 2648 页。
② 纪昀等：《钦定四库全书总目》卷一七三，中华书局 1997 年版，第 2346 页。
③ 纪昀等：《钦定四库全书总目》卷一八五，中华书局 1997 年版，第 2593 页。
④ 纪昀等：《钦定四库全书总目》卷一九六，中华书局 1997 年版，第 2756 页。

由此，《总目》对文风华美的骈体文的不满亦可见一斑。

除骈文之外，《总目》所叙录清初之文大致可有才子之文、儒者之文两类。从才子之文来看，四库馆臣所叙录“才华富赡”之文多达三十余种，从风格来看，往往偏于华藻。然四库馆臣的重点并不在此，而是极力暴露才子之文的弊端。如吴伟业之“古文每参以俪偶，既异齐梁，又非唐宋，殊乖正格”①；路次云之杂文“俳谐游戏之篇居其大半。盖尤侗《西堂杂俎》之流，世所谓才子之文也”②；罗人琮“诗文则大抵以才气用事，曼衍纵横”③；桑调元之文“恃其才学，不主故常，豪而失之怒张，博而失之曼衍者，亦时有之”④。由此可见，馆臣对于“以才气用事”之文往往以批判为主，最得《总目》赞赏的则是儒者之文。儒者之文既不像才子之文那样浮艳，也不像策士之文那样驳杂，最重要的是，儒者之文源于六经，风格典雅朴质，这极为符合清官方倡导的“醇雅”之文学观念。像汤斌、李光地、陆陇其、沈彤等人，文章虽非所长，却或长于经术，或精于考据，皆儒学大家，其文彬彬典雅、理醇词正。故而，其文集得以著录《四库全书》，以立为文章典型。总之，对于散文而言，《总目》在风格上偏向于质实典雅的古文，反对浮艳、驳杂之作。

因此，不论是诗歌还是散文，《总目》崇尚的是符合儒家“温柔敦厚”的具有根柢的朴质的文学作品，这既是官方的学术倡导，也是清初以来文坛朴实之风影响的必然结果。

三　彰显盛世之风的时代风格论

四库馆臣论文学时将文学的盛衰与国家兴亡联系在一起，与《总目》将晚明文坛纤仄的公安、竟陵派文风视为亡国之音代表不同，《总目》在《皇清文颖》提要中对清初顺治到乾隆时期文学之盛状进

① 纪昀等：《钦定四库全书总目》卷一七三，中华书局1997年版，第2341页。
② 纪昀等：《钦定四库全书总目》卷一八二，中华书局1997年版，第2548页。
③ 纪昀等：《钦定四库全书总目》卷一八四，中华书局1997年版，第2579页。
④ 纪昀等：《钦定四库全书总目》卷一八五，中华书局1997年版，第2586页。

行了概述：从最初对晚明文风的肃清，到康熙朝时的“沉博绝丽”，再到雍正时期的“春容大雅”，直至乾隆时期的“根柢之学”，这一历程亦是从开国元音到治世之音再到根柢实学的过程。四库馆臣极力夸饰每一个时期的文学发展盛况，其目的是在于表达清初以来文学之盛，而文学之盛又是朝代兴盛的重要标志。

最能代表清初盛世的文学样式莫过于台阁文学。从《总目》著录台阁著述七种，包括陈廷敬《午亭文编》、叶方蔼《读书偶存稿》、彭孙遹《松桂堂全集》、张英《文端集》、张玉书《张文贞集》、蔡世远《二希堂文集》、汪由敦《松泉文集》。他们大都为清初馆阁重臣，生逢盛世，他们自觉鸣国家之盛，诗文内容多是歌功颂德之作，以“发扬太平恺乐之象”①。这种“太平恺乐之象”即清官方所要呈现的盛世之景，而此类台阁之文的典雅和平之风，不仅符合儒家所提倡的“温柔典雅”的文学观，更是最能彰显盛世之风的时代文学风格。

然而，这种典雅平正的台阁文学并不是清初文学的主流，作为一种庙堂文学，台阁体诗文虽然雍容典雅，却缺乏性情之真。其实，台阁之文在清代亦得到了批评，沈德潜在评论明代台阁体时就曾言“永乐以还，尚台阁体，诸大老倡之，众人靡然和之，相习成风，而真诗渐亡矣”②。

清初文学繁荣，作者众多，风格多样。总体而言，除了典雅平正的台阁文学，清初文坛还存在一种悲凉之风，其主体是清初的遗民、贰臣群体。造成清初诗文多凄楚怨咽之音的原因有多种：有的是由于历经明末社会动乱，明清易代的社会剧变所带来的悲痛经历。如吴伟业“少作大抵才华艳发，吐纳风流，有藻思绮合、清丽纤眠之致。及乎遭逢丧乱，阅历兴亡，激楚苍凉，风骨弥为遒上。暮年萧瑟，论者以庾信方之”③。刘逢源“生当明季，崎岖转徙于江、汉、淮、海之

① 纪昀等：《钦定四库全书总目》卷一七三，中华书局1997年版，第2348页。
② 沈德潜：《明诗别裁集》卷三，上海古籍出版社1979年版，第59页。
③ 纪昀等：《钦定四库全书总目》卷一七三，中华书局1997年版，第2341页。

间。故幽忧之语多，而和平之韵鲜焉"①。吴嘉纪"其诗风骨颇遒，运思亦复劖刻，而生于明季，遭逢荒乱，"不免多怨咽之音"②。有的是因为清初惨烈的政治迫害。如吴兆骞因丁酉科场案被遣戍宁古塔达二十三年之久，故其诗文多抑郁哀怨之情。此类情况的还有董含，其为明末著名书画家董其昌之孙，顺治十八年进士，却因江南奏销案被黜，穷困潦倒，故其《闲居草》"大抵苍凉幽咽，有骚人哀怨之遗"③。还有的与其不得志的生平有关，他们或久困科场，或辗转流离，如张希良"久困名场，早年著述，颇多亢厉之音。自选入词馆后，其体乃一变焉"④。"扬州八怪"之一的陈撰"以书画游江淮间，穷愁寡合，故其诗多凄断怨咽之音"⑤。然而这种凄婉哀怨之风并没得到《总目》的肯定，其最大的原因就在于此类文风与四库馆臣所追求的盛世之音格格不入，诚如馆臣对李霨《心远堂诗集》的评价："集中诸作，皆冲和雅正，不为叫嚣之音，亦不蹈纤仄之习……盖遭际盛时，故其诗有雍容太平之象，古人所谓台阁文章者，盖若是矣。"⑥ 在馆臣看来，生逢盛世便当歌咏太平之象，而不应再作凄苦、纤仄之音。所以，为彰显清初盛世之象，《总目》对春容典雅的台阁之作情有独钟，而充满悲凉之风的著述却备受贬抑。

四　渊源有自的清初作家风格论

风格是作家个性的独特展现，对此明代复古派谢榛曾有精辟论述："作诗譬如江南诸郡造酒，皆以曲米为料，酿成则醇味如一。善饮者历历尝饮之曰：'此南京酒也，此苏州酒也，此镇江酒也，此金华酒也。'其美虽同，尝之各有甄别，何哉？做手不同故尔。"⑦ 文学

---

① 纪昀等：《钦定四库全书总目》卷一八二，中华书局1997年版，第2543页。
② 纪昀等：《钦定四库全书总目》卷一八二，中华书局1997年版，第2544页。
③ 纪昀等：《钦定四库全书总目》卷一八二，中华书局1997年版，第2539页。
④ 纪昀等：《钦定四库全书总目》卷一八三，中华书局1997年版，第2563页。
⑤ 纪昀等：《钦定四库全书总目》卷一八四，中华书局1997年版，第2578页。
⑥ 纪昀等：《钦定四库全书总目》卷一八一，中华书局1997年版，第2528页。
⑦ 谢榛、王夫之：《四溟诗话·姜斋诗话》，人民文学出版社1961年版，第74页。

创作犹如酿酒，不同的作者创造出不同的风格。《总目》清别集提要所叙录的著述亦是风格多样：激楚苍凉（凄楚）、典雅（醇雅、和雅、雅正、温雅、清雅、恬雅）、慷慨激昂、秀逸（秀润）、质朴（朴直、真朴、质直）、纤仄（纤诡、纤佻、纤丽、纤巧）、富艳（富赡、葩藻丽缛、绮靡、纤靡、博丽）、遒劲、清新俊逸、清峭等诸种风格《总目》皆有论述。

然而，《总目》对所有风格的论述并不是坚持统一的标准，明显是有其倾向性的，其标准就是要合乎官方审美标准。这种标准包括历代以来儒家所倡导的典雅之风，以及清初兴盛的学者之文的朴实之风。故而，四库馆臣在论述清初作家风格时，对激楚苍凉、慷慨激昂、纤仄、清峭等风格给予了不同程度的批评，因为它们偏离了儒家主张的中正平和的观念。而富艳、绮靡、佶屈聱牙等风格则有违儒者之文的朴实之风。故而，在上述所提及的诸风格中，《总目》倡导的是典雅、朴直之风。在《总目》看来凄楚苍凉、慷慨激昂、纤仄等风格背离了儒家中正平和的观念，因而对这些风格，四库馆臣未能一视同仁地给予审美评价。

《总目》论作家风格讲求的是“师友渊源，具有所自”①，四库馆臣极为重视清初作家风格形成的外部影响因素。从《总目》清别集提要来看，影响文学风格形成的主要因素包括：师承、家学、交游、拟古等。

首先，师承是清初文人诗文风格形成的最普遍因素之一。师承关系不仅影响了文人的文学思想，也是其文学风格形成的重要原因。如仲昰保“初学诗于同里冯武。武，冯班从子也。故其诗格律色泽皆冯氏法。康熙辛丑，复北至益都，从赵执信受学。故其运意镵刻，则纯用赵氏法云”②；徐用锡“从学于李光地，作文以朴澹为长”③；唐绍

① 纪昀等：《钦定四库全书总目》卷一八三，中华书局1997年版，第2553页。
② 纪昀等：《钦定四库全书总目》卷一八五，中华书局1997年版，第2589页。
③ 纪昀等：《钦定四库全书总目》卷一八四，中华书局1997年版，第2575页。

祖“少师姜宸英，登第出安溪李光地之门，故其文苍劲有师法”①；沈廷芳“其诗学出于查慎行，古文之学出于方苞。故所作虽无钜丽之观，而皆有法度”②。在清初诗坛影响最大的诗学理论莫过于王士禛的“神韵说”，其周围聚集了大批门人，但是王士禛神韵诗之清新淡远却并不是每个人都能达到的，如汪懋麟“其诗法传自王士禛，而才气纵横，视士禛又为别格”③，朱崇勋“其诗沿新城末派，清脱有余而深厚不足”④。后世弟子才能的不足，正是王士禛去世后“神韵说”趋于没落的重要原因。

其次，家学对诗人文学作品风格的形成亦起到了潜移默化的影响，尤其是在一些文学世家，后世子孙往往多能继承先辈文学风格，显示出极强的文学遗传性。《总目》在论清初文人的作品风格时，也注意到了家学因素的影响力，如施闰章之孙施瑮“其诗酷学其祖，而风骨稍峭，边幅少狭，则根柢之深厚不及也”⑤；曹锡淑“承其家学，具有轨范。大致以性情深至为主，不规规于俪偶声律之间云”⑥；席鏊“为吴伟业外孙，于诗法颇有端绪”⑦。也有的父、师兼学，如宋荦之子宋至“承其家学，兼得新城王士禛之传，故其诗派亦介出于父师之间，但才与学均未及耳”⑧。以此，先辈的文学特色得以传承，文学风格得以延续。

再次，交游、同乡亦是文人风格形成的重要因素。明末清初诗人交游广泛，交游对诗人风格的形成具有一定的影响力。吴伟业是清初诗坛的领袖人物之一，其“梅村体”更是诗人学习的典范，章静宜“尝从学于宋实颖，又与吴伟业酬赠，故歌行清丽激楚，颇近《梅村

① 纪昀等：《钦定四库全书总目》卷一八四，中华书局1997年版，第2575页。
② 纪昀等：《钦定四库全书总目》卷一八五，中华书局1997年版，第2592页。
③ 纪昀等：《钦定四库全书总目》卷一八三，中华书局1997年版，第2552页。
④ 纪昀等：《钦定四库全书总目》卷一八五，中华书局1997年版，第2587页。
⑤ 纪昀等：《钦定四库全书总目》卷一八四，中华书局1997年版，第2581页。
⑥ 纪昀等：《钦定四库全书总目》卷一八五，中华书局1997年版，第2591页。
⑦ 纪昀等：《钦定四库全书总目》卷一八五，中华书局1997年版，第2591页。
⑧ 纪昀等：《钦定四库全书总目》卷一八四，中华书局1997年版，第2573页。

集》门径。特才华未为富赡，故边幅太狭，终不能与之抗行”[1]。沈心“早从查慎行游，其诗亦颇有查氏法”[2]。同乡先达亦是文人学习的榜样，对文人风格亦多有影响。如程正揆“其诗文不出其乡公安、竟陵之习”[3]。王令杂文“词多蹇涩，似沿其乡文翔凤余派”[4]。

此外，《总目》所叙录清初别集中，学古同样是影响文人风格形成的最重要因素。“唐宋之争”是明清时期文学创作领域的重要议题，许多文人和流派崇尚拟古，表现在风格方面，就是大量向前人学习，清初作者学习的对象上至汉魏，下至晚明公安、竟陵、陈子龙，其中以学唐尊宋者最多。如冯班“以晚唐为宗，由温、李以上溯齐、梁”，故其诗风格“纤佻绮靡”[5]。白乃贞“善学香山”，故“其诗叙述真朴，不加文饰”[6]。应是“文多摹拟苏氏父子，辨论澜翻，而未免过求骏快，遂剽而不留”[7]。故而，模拟古人是清初文人风格形成的原因。

四库馆臣已经有意识地注意到了清初文学的风格问题，并力图呈现清初文学作品风格的多样性，然而其对文学风格的评价采用的并不是开放式的态度，《总目》以儒家文学规范为标准，标榜的是合乎官学审美标准的雅正文学，具有“儒者气象”[8]，故对其他风格样式不免诸多批判之处。

第二节 《总目》视角下的清初唐宋诗之争

唐宋是古典诗歌发展的高峰时期，形成了“唐音”与“宋调”两大诗歌美学范式，“唐诗以韵胜，故浑雅，而贵蕴藉空灵；宋诗以

① 纪昀等:《钦定四库全书总目》卷一八二，中华书局1997年版，第2546页。
② 纪昀等:《钦定四库全书总目》卷一八五，中华书局1997年版，第2589页。
③ 纪昀等:《钦定四库全书总目》卷一八一，中华书局1997年版，第2516页。
④ 纪昀等:《钦定四库全书总目》卷一八五，中华书局1997年版，第2596页。
⑤ 纪昀等:《钦定四库全书总目》卷一八一，中华书局1997年版，第2531页。
⑥ 纪昀等:《钦定四库全书总目》卷一八二，中华书局1997年版，第2534页。
⑦ 纪昀等:《钦定四库全书总目》卷一八三，中华书局1997年版，第2552—2553页。
⑧ 周积明:《文化视野下的〈四库全书总目〉》，中国青年出版社2001年版，第244页。

意胜，故精能，而贵深折透辟。唐诗之美在情辞，故丰腴；宋诗之美在气骨，故瘦劲”①。自南宋以来，文人在诗歌尊唐还是宗宋的问题上纷争不断，唐宋诗之争已然成为中国古典诗学史上一大公案。如果说元、明时代文人的诗学宗尚多以尊唐为主，宗宋之风尚不及尊唐之势，那么清初随着“清人对宋诗的重新发现”②，宗宋之风迅速崛起，唐宋诗之争“得以普遍、深入地展开，充分显示了唐、宋诗各自在清代的广泛影响”③。在此文学背景下纂修而成的《总目》，从官方立场出发对清初以来的唐宋诗之争进行了评判。

一 《总目》的尊唐抑宋倾向

四库馆臣对唐、宋诗文集的搜集不可谓不用心，《总目》著录唐人别集 95 种、存目 26 种，著录宋人别集 394 种、存目 66 种，是对唐、宋诗文集的一次系统整理与批评。然而，以《总目》为代表的清官方对唐、宋诗学的批评态度并不一致，表现出尊唐抑宋的倾向。

第一，在清官方所撰修的唐宋诗歌典籍的数量方面，唐诗占据绝对优势。《总目》叙录康熙至乾隆时期官方编定的唐诗著述三部。其一为康熙四十二年圣祖仁皇帝主持编订的《御定全唐诗》九百卷，馆臣评其：“得此一编，而唐诗之源流正变，始末厘然。自有总集以来，更无如是之既博且精者矣。”④ 其二为康熙五十二年圣祖仁皇帝御定《御选唐诗》三十二卷，馆臣在提要中说：

> 惟我圣祖仁皇帝学迈百王，理研四始，奎章宏富足以陶铸三唐。故辨别瑕瑜，如居高视下，坐照纤微。既命编《全唐诗》九百卷，以穷其源流；复亲标甲乙，撰录此编，以正其轨范。博收约取，漉液熔精。譬诸古诗三千，本里闾谣唱，一经尼山之删

① 缪钺：《诗词散论》，陕西师范大学出版社 2008 年版，第 31 页。

② 张仲谋：《清代文化与浙派诗》，东方出版社 1997 年版，第 11 页。

③ 王英志主编：《清代唐宋诗之争流变史》，人民文学出版社 2012 年版，第 1 页。

④ 纪昀等：《钦定四库全书总目》卷一九•；中华书局 1997 年版，第 2656—2657 页。

定，遂列诸六籍，与日月齐悬矣。诗中注释，每名氏之下详其爵里，以为论世之资；每句之下各征所用故实与名物训诂，一如李善注《文选》之例。至于作者之意，则使人涵泳而自得，尤足砭自宋以来说唐诗者穿凿附会之失焉。①

在此，馆臣不但极力奉承康熙皇帝的才学，并把他编定《御选唐诗》的行为与孔子删定《诗经》相提并论，以此来强调康熙编定《御选唐诗》的目的在于“以正其轨范”“砭自宋以来说唐诗者穿凿附会之失”，为学唐诗者确立典范。其三为乾隆十五年御定的《御选唐宋诗醇》，其提要云：

凡唐诗四家，曰李白，曰杜甫，曰白居易，曰韩愈；宋诗二家，曰苏轼，曰陆游……亦惟两代之诗最为总杂，于其中通评甲乙，要当以此六家为大宗。盖李白源出《离骚》，而才华超妙，为唐人第一；杜甫源出于国风、二雅，而性情真挚，亦为唐人第一；自是以外，平易而最近乎情者，无过白居易；奇创而不诡于理者，无过韩愈。录此四集，已足包括众长。至于北宋之诗，苏、黄并鹜；南宋之诗，范、陆齐名。然江西宗派，实变化于杜、韩之间，既录杜、韩，可无庸复见。《石湖集》篇什无多，才力识解亦均不能出《剑南集》上。既举白以概元，自当存陆而删范。权衡至当，洵千古之定评矣。②

唐宋时期作为古典诗文创作的高峰时期，高宗从唐宋两代诗家中“御选”其中“大宗”者六家编为《唐宋诗醇》，此著虽唐宋诗人并举，但尊唐抑宋倾向明显。具体而言，在诗人数量的选录上，唐诗四家，宋诗二家，宋代诗人中只选录苏轼、陆游之诗。在选录标准上，提要虽从六家诗学特点与其诗学史地位角度阐述了馆臣择其为唐宋两代诗

① 纪昀等：《钦定四库全书总目》卷一九•；中华书局1997年版，第2658—2659页。
② 纪昀等：《钦定四库全书总目》卷一九•；中华书局1997年版，第2659页。

学大宗之原因，但从《御选唐宋诗醇》对六家诗的评注来看，在清官方批评视域中他们的诗学地位却并不是平等的。此著论诗存在明显的崇杜意识，不仅对李白等唐代诗人的评注大都以杜甫为参照标准，对苏轼、陆游的评语也是以杜甫诗歌忠君爱国的视角为基础展开的，[①]如称苏轼“言足以达其有猷，行足以遂其有为，节义足以固其有守，皆志与气为之也，惟诗亦然”[②]；评陆游“观游之生平，有与杜甫类者，少历兵间，晚栖农亩，中间浮沉中外，在蜀之日颇多。其感激悲愤，忠君爱国之诚，一寓于诗。酒酣耳热，跌荡淋漓。至于渔舟樵径，茶碗炉熏，或雨或晴，一草一木，莫不著为咏歌，以寄其意。此与甫之诗何以异哉？”[③]《御选唐宋诗醇》以杜甫忠贞爱国精神作为诗歌批评标准，明显是乾隆帝“以忠孝论诗”[④]诗学观念的传达，具有强烈的褒扬忠君爱国、扶植纲常的政治目的。同时，其评注以唐律宋，尊唐抑宋倾向明显。

与官方大力编选唐诗著述相比，宋诗则并未引起清官方的太大兴趣。从清初至《四库全书》纂修之时，清官方一直没有宋诗相关的专门著述的编修，像《御定四朝诗》《御定唐宋诗醇》之类的著述皆非专为有宋一代之诗歌而编著。对于那些由文人编选，并对清初宗宋之风起到推动作用的《宋诗抄》《宋百家诗存》等著述，馆臣往往将提要书写重点集中在呈现著述所存在的弊端，如曹廷栋编《宋百家诗存》提要云：

> 初，吴之振辑《宋诗抄》，盛行于世。然阙略尚多，且刊刻未竟，往往有录无书。廷栋因搜采遗佚，续为是编。所录凡一百家，皆有本集传世者。始于魏野《东观集》，终于僧斯植《采芝

---

① 莫砺锋：《论〈唐宋诗醇〉的编选宗旨与诗学思想》，《南京大学学报》2002年第3期。

② 《御选唐宋诗醇》卷三二，《文渊阁四库全书》第1448册，台湾商务印书馆1986年版，第605页。

③ 《御选唐宋诗醇》卷四二，《文渊阁四库全书》第1448册，台湾商务印书馆1986年版，第828—829页。

④ 陈圣争：《乾隆诗论与乾隆朝诗风》，《中国文学研究》2020年第1期。

> 集》。贺铸本北宋末人，而升以弁首，置于魏野之前，自云少时所最爱。然选六朝诗者，陶、谢不先于潘、陆；选唐诗者，李、杜不先于沈、宋。以甲乙而移时代，此廷栋之创例，古所无也。其中如穆修以古文著，傅察以忠节传，林亦之、陈渊以道学显，于诗家皆非当行。许乐、张至龙、施枢诸人载于《江湖小集》，王士禛《居易录》诋为概无足取者，亦皆录其寸长，不遗采择。虽别裁未必尽当，然宋人遗集、徐乾学《传是楼》二十八家之本、朱彝尊《曝书亭》五十家之本，皆未刊刻。辗转传抄，陶阴多误。其余专集行世者，又各自为帙，未能汇合于一。廷栋裒辑成编，以补吴之振书之阙。宋诗大略，已几备于此二集矣。①

《宋诗抄》《宋百家诗存》对清初宗宋诗风的兴起起到了重要的推动作用，尤其是《宋诗抄》的出现“使人们开始重新认识和评价宋诗，从而为确立宋诗继唐诗之后在中国诗学史上的地位，从观念和文献两方面提供了必要的条件和准备，并深刻影响了清诗发展的进程。如果没有《宋诗抄》的出现，宋诗地位的确立，也许还要延迟许多年，而清诗的发展，也可能会呈现为另一种面目”②。然而，馆臣并未关注到《宋诗抄》在清初文学史上的真正价值，不论是《宋诗抄》提要还是《宋百家诗存》提要都将其“阙略尚多”“刊刻未竟，往往有录无书”等缺点作为批评的重点。至于其文学价值，《宋诗抄》提要也只是简单地将其总结为“使学者得见两宋诗人之崖略”③ 而已。《宋百家诗存》正是为弥补《宋诗抄》之阙漏而编纂，虽有“宋诗大略，已几备于此二集”之功，然提要却又将批评重点聚焦于该著之撰修体例。

由此可见，在唐、宋两代诗歌典籍的编纂方面，清官方明显存在重唐轻宋的倾向，提要对清初文人编选的宋诗总集多以批判为主，主观忽视其在清初文学发展史上的价值。

---

① 纪昀等：《钦定四库全书总目》卷一九•；中华书局1997年版，第2666页。
② 巩本栋：《〈宋诗钞〉的编纂及其诗学史意义》，《南京大学学报》2015年第3期。
③ 纪昀等：《钦定四库全书总目》卷一九•；中华书局1997年版，第2663页。

第二，《总目》从诗歌发展史的角度认为唐诗是古典诗歌发展的最高峰，《御选唐诗》提要云："诗至唐，无体不备，亦无派不有"，诗至唐而众体完备，遂成为后世学习的范例，"求诗于唐，如求材于山海，随取皆给"①。《御选唐宋诗醇》提要从诗歌正变的角度阐释唐宋诗之演进："诗至唐而极其盛，至宋而极其变。盛极或伏其衰，变极或失其正。"② 诗歌"正变"理论源自《诗序》："王道衰，礼义废，政教失，国异政，家殊俗，而'变风''变雅'作矣"。又云"情发于声，声成文，谓之音。治世之音安以乐，其政和；乱世之音怨以怒，其政乖；亡国之音哀以思，其民困。故正得失，动天地，感鬼神，莫近乎诗。"③《诗序》首将风雅正变与王道盛衰相结合，成为儒家诗论的思想渊源之一。馆臣以唐诗为"正"，以宋诗为"变"，既是指宋诗在题材、法度、情韵、风格等美学风范方面的变化，亦暗含唐盛而宋衰之意。

从馆臣对唐宋诗的批评来看，《总目》提要的诗歌批评以儒家温柔敦厚的诗教思想为旨归，强调"风人之旨"。不论是李杜的雄壮浑厚、大历诗人的温秀蕴藉、元白的美刺兴比，还是晚唐韩偓、李商隐的寄托深微，皆蕴含着唐代诗人的气骨与寄托，这也是馆臣尊崇唐诗的重要原因之一。宋别集提要中虽屡屡论及宋人对唐诗的因袭，然馆臣亦认为宋诗兴象未深、格意卑弱，缺乏唐诗的雄浑气象与风人之旨。④《总目》提要对两宋诗歌的批评多有贬抑之意，如《御定四朝诗》提要论两宋诗歌之演进曰："唐诗至五代而衰，至宋初而未振。王禹偁初学白居易，如古文之有柳、穆，明而未融。杨亿等倡西昆体，流布一时。欧阳修、梅尧臣始变旧格，苏轼、黄庭坚益出新意，宋诗于时为极盛。南渡以后，《击壤集》一派参错并行。迁流至于四

① 纪昀等：《钦定四库全书总目》卷一九•，中华书局1997年版，第2658页。

② 纪昀等：《钦定四库全书总目》卷一九•，中华书局1997年版，第2659页。

③ 旧题卜商撰：《诗序》，《文渊阁四库全书》第69册，台湾商务印书馆1986年版，第4页。

④ 蒋勇：《唐宋之争与〈四库全书总目〉唐宋诗文批评》，《贵州文史丛刊》2020年第3期。

灵、江湖二派，遂弊极而不复焉。”① 提要在呈现各时期宋诗流派特点的同时，更是着重暴露其存在的种种弊病，正如《杨仲弘集》提要所云：“宋代诗派凡数变：西昆伤于雕琢，一变而为元祐之朴雅；元祐伤于平易，一变而为江西之生新；南渡以后，江西宗派盛极而衰，江湖诸人欲变之而力不胜，于是仄径旁行，相率而为琐屑寒陋，宋诗于是扫地矣。”②

第三，在诗学旨趣方面，清初帝王皆宗尚唐诗。康熙皇帝在《全唐诗序》中推崇唐诗云：“诗至唐而众体悉备，亦诸法毕该，故称诗者必视唐人为标准，如射之就彀率，治器之就规矩焉。”③ 张玉书在《御定全唐诗录后序》中指出康熙皇帝“诗必宗唐”④。乾隆帝论诗推崇杜甫，其在《杜子美诗序》中极力称赞杜甫的忠君爱国精神，称杜甫“于忠君爱国，如饥之食、渴之饮，须臾离而不能，故虽短什偶吟，莫不眷顾唐祚、系心明皇，蜀中诸作尤致意焉”，故“言诗者必以杜氏子美为准的”⑤。皇帝的喜好对清初诗坛唐风的盛行必然会起到推波助澜的作用。对于宋诗，乾隆帝在《御选唐宋诗醇序》中直言宋诗不足以匹敌唐诗，“文有唐宋大家之目，而诗无称焉者。宋之文足可以匹唐，而诗则实不足以匹唐也”⑥。

第四，在诗学审美风格的选择上，清官方以唐诗为正声。唐宋诗歌各有特色，“唐诗多以丰神情韵擅长，宋诗多以筋骨思理见胜”⑦。唐诗，尤其是初盛唐时期所表现出的那份豪迈昂扬、气势恢宏的时代

---

① 纪昀等：《钦定四库全书总目》卷一九• ；中华书局 1997 年版，第 2657—2658 页。

② 纪昀等：《钦定四库全书总目》卷一六七，中华书局 1997 年版，第 2228 页。

③ 玄烨：《圣祖仁皇帝御制文集第三集》卷二十，文渊阁《四库全书》第 1299 册，台湾商务印书馆 1986 年版，第 163 页。

④ 张玉书：《张文贞集》卷四，，文渊阁《四库全书》第 1322 册，台湾商务印书馆 1986 年版，第 439 页。

⑤ 弘历：《杜子美诗序》，《乐善堂全集》卷七，《清代诗文集汇编》第 331 册，上海古籍出版社 2010 年版，第 140—141 页。

⑥ 弘历：《御制文初集》卷一一，文渊阁《四库全书》第 1301 册，台湾商务印书馆 1986 年版，第 108 页

⑦ 钱锺书：《谈艺录》，生活 · 读书 · 新知三联书店 2007 年版，第 3 页。

精神正与清初官方所追求的盛世图景相契合，故而宗法唐诗便成为清初官方的文学追求。康熙时期馆阁重臣张英对唐、宋诗特点的总结正好道出了清官方选择唐诗审美风格的原因所在，其在《聪训斋语》中说："唐诗如缎如锦，质厚而体重，文丽而丝密，温醇尔雅，朝堂之所服也；宋诗如纱如葛，轻疏纤朗，便娟适体，田野之所服也。中年作诗，断当宗唐律；若老年吟咏，适意阑入于宋，势所必至。立意学宋，将来益流而不可返矣。"① 作者把唐宋诗之别看作朝野之别、中老年之别，温醇尔雅、形如壮年的唐诗自然是庙堂文学的理想选择，所谓"唐诗正声，最宜铺叙功德，歌咏升平；而抒发兴亡盛衰之感，则以宋诗为宜"②。对于多样的唐诗风格，清官方也有其取舍，康熙五十二年圣祖仁皇帝主持《御选唐诗》的编纂，其在《御选唐诗序》中便清楚阐明了诗歌选录标准："是编所取，虽风格不一，而皆以温柔敦厚为宗。其忧思感愤、倩丽纤巧之作，虽工不录，使览者得宣志达情，以范于和平，盖亦用古人以正声感人之义。"③ 可见，康熙皇帝所推崇的是"以温柔敦厚为宗"的"宣志达情"典雅之作，而"忧思感愤"的变风变雅之作与精工雕琢的"倩丽纤巧"之诗则不被清官方所认可。

总而言之，从康熙时期起官方就力图使诗歌"总体进入这样的运动轨迹，'清雅'、'醇正'之风正荡涤或消解被视为不合'指归'的一切变徵变雅之调"④，清初宗宋诗风便在这"变徵变雅之调"范围之内。清初帝王以其掌握的话语权力，力图为诗坛树立一种以温柔敦厚为旨归，书写盛世之音的醇雅文学之风，在此背景下《总目》在清初唐宋之争中呈现出尊唐抑宋的观念亦是必然。

---

① 张英：《文端集》卷四五，文渊阁《四库全书》第1319册，台湾商务印书馆1986年版，第717—718页。

② 刘世南：《清诗流派史》，人民文学出版社2011年版，第218页。

③ 玄烨：《圣祖仁皇帝御制文集第四集》卷二二，文渊阁《四库全书》第1299册，台湾商务印书馆1986年版，第538页。

④ 严迪昌：《清诗史》（下），人民文学出版社2011年版，第590页。

二 《总目》清别集提要中的宗唐诗人

唐诗凭借在文学史上的地位及官方的倡导成为清初众多诗人尊法的对象，正如《御选唐诗》提要所言：“求诗于唐，如求材于山海，随取皆给。而所取之当否，则如影随形，各肖其人之学识。”① 延续晚明文学发展而来的清初文学，在师法倾向上宗唐依然是诗人的主要选择，从明清易代之际的王夫之、顾炎武、吴伟业等到康熙中后期的王士禛再到乾隆时期的沈德潜，他们是《总目》纂修之前宗唐诗派的领袖人物。在他们的影响下，清初诗坛宗唐之风盛行。《总目》清别集提要虽并未对诗人之文学宗尚一一进行考证，但在提要中馆臣依然对清初宗唐诗人群体进行了大致呈现。

综合来看，《总目》清别集提要所呈现出宗唐诗人群体大致有如下几类：

（一）朝廷阁臣。在清初帝王尊唐诗学观念的导引下，宗唐便成为朝廷阁臣的普遍选择。以康熙初期诗坛领袖大学士冯溥最具代表性，其诗学观念深受康熙宗唐思想影响，并成为官方诗学思想的践行者与引导者，正如李天馥《佳山堂诗集序》中所说：“今圣天子方勤于学，正雅颂于上，而公也拜稽赓歌，以之敷扬休美，浸盛于学士、大夫，下迄闾巷，翕然而正十五国之风，则诗之神于政教也，庸讵非宰相之职守乎哉?”② 冯溥对学士、大夫诗文的影响主要通过其组织的万柳堂雅集。毛奇龄曾言：“益都相师尝率同馆官集万柳堂，大言宋诗之弊，谓开国全盛，自有气象，何骛此佻凉鄙弃之习。无论诗格有升降，即国运盛杀，于此系之，不可不饬也。”③ 施闰章《佳山堂诗集序》亦载：“尝窃论诗文之道与治乱终始，先生则喟然叹曰：‘宋诗自有其工，采之可以综正变焉。近乃欲祖宋元而祧前，古风渐以不

---

① 纪昀等：《钦定四库全书总目》卷一九• •，中华书局1997年版，第2658页。

② 冯溥：《佳山堂诗集》，《四库全书存目丛书》集部第215册，齐鲁书社1997年版，第13页。

③ 毛奇龄：《西河诗话》卷五，张寅彭编选《清诗话三编》第二册，上海古籍出版社2015年版，第813页。

竞，非盛世清明广大之音也，愿与子共振之。'"① 冯溥作为康熙诗学理念的代言人，从盛世文治的官方政治需求出发，将诗歌的唐宋之争与“国运盛杀”相结合，倡导“盛世清明广大之音”，反对宋诗。《总目》清别集提要所叙录清初宗唐庙堂诗人主要有施闰章、王士禛、陈廷敬、朱彝尊、张英、张玉书、毛奇龄、张廷玉等。

（二）七子派之沿袭者。清初文学承袭晚明文学发展而来，前后七子“倡言文必秦、汉，诗必盛唐，非是者弗道”② 的诗文创作观念在清初依然被许多诗人承袭。《总目》所叙录的清初诗人中承袭明代“七子派”传统者主要有：陈之遴“其诗才藻有余，而不出前后七子之格”③；吴懋谦“早年从陈子龙、李雯诸人游，故力追七子之派。称诗多以汉、魏、盛唐为宗，然时有蹶张之失”④；毛先舒“音调浏亮，犹有七子之余风焉”⑤；周灿“规模唐音，浮声多而切响少，犹袭北地之旧调者也”⑥；顾大申“大抵袭明七子之余风，可追王、李，庶乎近之”⑦ 等。馆臣以复古派存在模拟剽窃之弊端，故这些诗人著作全部列入存目。

（三）尊云间诗派者。以陈子龙为代表的云间诗派同样是明末宗唐重要流派，陈子龙在《〈壬申文选〉凡例》中清晰地表明其诗文宗向：“文章规摹两汉，诗必宗趣开元。吾辈所怀，以兹为正。至于齐、梁之赡篇，中、晚之新构，偶有间出，无妨斐然。若晚宋之庸沓，近日之俚秽，大雅不道，吾知免夫。”⑧ 云间诗派宗法盛唐，并结合齐梁之文采，故其诗文多富赡。云间诗派此特点也被清初诗人承袭，如《彭省庐诗集》提要称彭师度“诗格沿云间之派，富艳有余”⑨；与陈子龙、李雯等倡几社的宋征舆，《林屋诗稿》提要称其“所作以博赡

---

① 冯溥：《佳山堂诗集》，《四库全书存目丛书》集部第 215 册，第 5 页。
② 张廷玉等：《明史》卷二八六《李梦阳传》，中华书局 1974 年版，第 7348 页。
③ 纪昀等：《钦定四库全书总目》卷一八一，中华书局 1997 年版，第 2516 页。
④ 纪昀等：《钦定四库全书总目》卷一八一，中华书局 1997 年版，第 2522 页。
⑤ 纪昀等：《钦定四库全书总目》卷一八一，中华书局 1997 年版，第 2525 页。
⑥ 纪昀等：《钦定四库全书总目》卷一八一，中华书局 1997 年版，第 2533 页。
⑦ 纪昀等：《钦定四库全书总目》卷一八二，中华书局 1997 年版，第 2534 页。
⑧ 陈子龙著、王英志辑校：《陈子龙全集》（中），人民文学出版社 2010 年版，第 908 页。
⑨ 纪昀等：《钦定四库全书总目》卷一八一，中华书局 1997 年版，第 2524 页。

见长”[①]；《鬲津草堂诗集》提要称田雯“才调纵横，沿幾社之余风，以奇伟钜丽自喜”[②] 等。

清初诗人对唐诗的取法视野更为广阔，除盛唐诗人之外，对初唐、中晚唐诗人亦皆有宗法，如《梅村集》提要称吴伟业“格律本乎‘四杰’，而情韵为深”[③]；《宝纶堂集》提要称许缵曾“七言古诗多学初唐四杰之体”[④]；《栖云阁诗》提要称高珩“诗多率意而成，故往往近元、白《长庆集》体”[⑤]；《徐太拙诗稿》提要称徐振芳诗“奇气岔涌，时出入于李贺、卢仝之间”[⑥]；《晚唱》提要称毛先舒此集诗歌“皆摹李商隐、李贺、温庭筠、韩偓四家之体，以别于初唐、盛唐之格”[⑦]；《冬关诗抄》提要称释通复诗“‘魂消南浦人将远，梦落西堂句忽成’之类，格落晚唐”[⑧]；《冯定远集》提要称冯班与其兄冯舒诗“皆以晚唐为宗，由温、李以上溯齐、梁”[⑨]；《莱山集》提要称章金牧诗格“当在卢仝、李贺之间”[⑩]；《兰樵归田稿》提要称张榕端“诗直抒胸臆，多入香山一派”[⑪]；《超然诗集》提要称张远“是集诸诗，多近元、白长庆体”[⑫]；《秋江诗集》提要称黄任“其诗源出温、李，往往刻露清新，别深怀抱”[⑬]；《长啸轩诗集》提要称曹煐曾诗“专学晚唐，以纤丽自喜”[⑭] 等。

诗人的诗学宗尚往往会随着时代风尚、个人际遇、诗学趣味等的改变而变化，使得不同诗论家对个体诗人文学宗尚的判断存在诸多差

① 纪昀等:《钦定四库全书总目》卷一八一，中华书局1997年版，第2530页。
② 纪昀等:《钦定四库全书总目》卷一八三，中华书局1997年版，第2563页。
③ 纪昀等:《钦定四库全书总目》卷一七三，中华书局1997年版，第2341页。
④ 纪昀等:《钦定四库全书总目》卷一八一，中华书局1997年版，第2532页。
⑤ 纪昀等:《钦定四库全书总目》卷一八一，中华书局1997年版，第2518页。
⑥ 纪昀等:《钦定四库全书总目》卷一八一，中华书局1997年版，第2524页。
⑦ 纪昀等:《钦定四库全书总目》卷一八一，中华书局1997年版，第2526页。
⑧ 纪昀等:《钦定四库全书总目》卷一八一，中华书局1997年版，第2527页。
⑨ 纪昀等:《钦定四库全书总目》卷一八一，中华书局1997年版，第2531页。
⑩ 纪昀等:《钦定四库全书总目》卷一八二，中华书局1997年版，第2546页。
⑪ 纪昀等:《钦定四库全书总目》卷一八三，中华书局1997年版，第2555页。
⑫ 纪昀等:《钦定四库全书总目》卷一八三，中华书局1997年版，第2560页。
⑬ 纪昀等:《钦定四库全书总目》卷一八四，中华书局1997年版，第2572页。
⑭ 纪昀等:《钦定四库全书总目》卷一八四，中华书局1997年版，第2581页。

异之处。四库馆臣对清初诗人文学宗尚的论断作为一家之言，亦存在可商榷之处，现将陈廷敬、吴绮、朱鹤龄、曹寅诗学宗尚加以考辨，以窥其一斑。

（一）陈廷敬《午亭文编》提要

> 廷敬论诗宗杜甫，不为流连光景之词，颇不与王士禛相合，而士禛甚奇其诗。①

提要中“廷敬论诗宗杜甫”的论断实源自王士禛，《渔洋诗话》载：“陈说岩廷敬相国少与余论诗，独宗少陵。”② 沈德潜承袭王士禛观点，其评陈廷敬《晋国》一诗云：“予少时，尤沧湄宫赞以《午亭诗》见示，读《晋国》一篇，爱其近杜。后读《渔洋诗话》，亦谓其独宗少陵，前辈先得我心，不胜自喜。”③ 然从诗作来看，陈廷敬的诗歌并不止于宗杜，韩愈、苏轼、陶渊明等皆是其宗法的重要对象，④ 且其宗法对象在人生不同时期也在不断变化，“青年至中年学杜甫、韩愈、苏东坡，诗风沉厚崛奇。随着晚年仕与隐矛盾的加剧，他迫切希望归隐田园，其诗风也趋于平淡自然，转而崇尚陶渊明、白居易诗。此外，他对韦应物、梅尧臣、陆游等人的诗也有极高的评价，均在不同程度上受其影响。而且他远溯汉魏诗，取径是比较广的”⑤。由此可见，陈廷敬诗歌唐宋兼采，而非独宗杜甫，这在清人的评语中亦有反映，如沈德潜评其《张东山少司寇宅观弈》云：“东坡、少陵语，一经熔冶，无限风神。”⑥ 延君寿同样评其诗有宗宋倾向，“午亭

① 纪昀等：《钦定四库全书总目》卷一七三，中华书局 1997 年版，第 2344 页。

② 王士禛：《渔洋诗话》卷中，《王士禛全集》（六），齐鲁书社 2007 年版，第 4796 页。

③ 沈德潜：《清诗别裁集》卷五，上海古籍出版社 2013 年版，第 187—188 页。

④ 叶君远：《从古体诗看陈廷敬的宗宋倾向》，李正民主编《陈廷敬诗学研究》，山西人民出版社 2009 年版，第 153 页。

⑤ 胡迎建：《论陈廷敬的诗学渊源》，李正民主编《陈廷敬诗学研究》，山西人民出版社 2009 年版，第 137 页。

⑥ 沈德潜：《清诗别裁集》卷五，上海古籍出版社 2013 年版，第 188 页。

七律兼学宋人，余另有读本。如《卧病辍直》云：‘回惊廊阁三番仗，稍学仙人五戏禽。’《课儿》云：‘绳床穿座知吾老，书案量身觉汝长。’亦宋人中之卓然能自立者”①。

馆臣所言陈廷敬“不为流连光景之词”亦不准确，山水纪游诗是陈廷敬诗歌的重要内容之一。从地域来看，陈廷敬的山水诗既包括其对家乡及北方山水的书写，也有其随侍康熙出巡时对江南山水的描写。陈廷敬的山水诗“精于写景，在体物纪事过程中往往渗透着诗人复杂的人生感悟，在雅驯通畅的行笔中透露出智睿悟道的风格特点”②。

（二）吴绮《林蕙堂集》提要

> 其诗才华富艳，瓣香在玉溪、樊川之间。③

诗论者对于吴绮之诗学宗尚不尽相同，如阮元《淮海英灵集》中称其“七古宗初唐，五七律安雅典贵，卓然成家，四库书所称神姿艳逸，不愧裁人者也。恶世之斥宋诗者，乃选唐以后诗为《宋诗永》《金诗永》《元诗永》若干卷刻之。”④乾隆三十九年衷白堂刻本《林蕙堂全集》前有吴绮《听翁自传》，其自言“喜作诗，务言其性之所近，不甚规模初、盛诸体格，为文章好作孝穆子山语”⑤。吴兴祚《序》云：“俪体而外，诗词双绝，学如李杜，俱识阴何庾鲍之用心，才似苏辛，博采经史子书而度曲。”⑥邓之诚亦云其“诗摹徐、庾，

---

① 延君寿：《老生常谈》，郭绍虞编选《清诗话续编》第四册，上海古籍出版社2016年版，第1731页。

② 严明：《陈廷敬诗的分类及其特色研究》，李正民主编《陈廷敬诗学研究》，山西人民出版社2009年版，第56页。

③ 纪昀等：《钦定四库全书总目》卷一七三，中华书局1997年版，第2343页。

④ 阮元：《淮海英灵集》甲集卷二，《续修四库丛书》集部第1682册，上海古籍出版社2002年版，第35页。

⑤ 吴绮：《林蕙堂集》，《清代诗文集汇编》第68册，上海古籍出版社2010年版，第3页。

⑥ 吴绮：《林蕙堂集》，《清代诗文集汇编》第68册，上海古籍出版社2010年版，第5页。

以清新为主"[①]。据此来看，吴绮论诗并不专主唐音，其诗歌取法广泛。

（三）朱鹤龄《愚庵小集》提要

尝笺注杜甫、李商隐诗集，故所作韵语颇出入二家之间。[②]

诗论家对于朱鹤龄诗学宗尚的论述众说纷纭，王光承《朱长孺文集序》中称其"赋撷六朝之菁华，诗臻子美之阃奥"[③]；邓之诚则云其"诗近香山"[④]。朱鹤龄虽无专门的诗学论著，然据康熙十年松陵朱氏刻本《愚庵小集》所存录叶襄、毛奇龄、王概、徐白、顾有孝、俞南史、宗元鼎、史玄、孙治、顾樵、计东、张拱乾、金俊明等人评语，我们可以更为清晰地了解朱鹤龄的诗学宗尚：

叶襄评《结交行》：古澹清深，是唐人乐府佳境。

毛奇龄评《筇在禅兄过我荒斋叟山夫赵砥之继至谈咏竟日率尔成篇》：疏疏浩浩，顿挫自老，此种格韵仍从少陵得来。

俞南史评《初夏过嚴园二首》：调近韦、柳，实得选体之深。

徐白评《野田行》：语简情悲，唐人妙境。

王概评《对酒歌》：音节豪迈有爽气，其源出于太白。

史玄评《酬方尔止见怀兼送之金陵省侍》：缠绵婉丽，序次有伦，在唐人中为刘梦得一派。

徐白《赠陆凤华》：语有关系，高岸崎嵚，全得少陵气骨。

顾有孝评《梦桃源》：秀丽绵芊，兴怀隐约，可与摩诘《桃源行》相伯仲。

---

① 邓之诚：《清诗纪事初编》卷四，上海古籍出版社2012年版，第496页。

② 纪昀等：《钦定四库全书总目》卷一七三，中华书局1997年版，第2345页。

③ 朱鹤龄：《愚庵小集》，《清代诗文集汇编》第22册，上海古籍出版社2010年版，第621页。

④ 邓之诚：《清诗纪事初编》卷一，上海古籍出版社2012年版，第64页。

徐白《潘江如游闽过别托访何玄子叶敬甫诸公事迹》：七古之妙全在音节顿挫，此作兼有青莲、少陵之长。

俞南史评《枫江酒船歌赠余澹心》：风流骀宕，想见李青莲游郎官湖时。

王概《张公药囊歌》：语不必多，意味已足，有岑参、李颀之风。

宗元鼎评《苦寒行》：语出沉痛，能感怆人，乐天《秦中吟》之流亚也。

王概评《宝华山房杂诗四首》：厚而能秀，大约脱胎杜陵兼以刘文房之风致。

弘人评《同大庚介白朗威茂伦樵水海序小集道树菴》：幽细似中唐。

史玄评《晓发红林桥》：中二联句句洗发“晓”字，此中晚人作法。

王概评《胡姬走马》：“靴轻过香草”与子美“回舟一水香”同妙。

徐白评《酒城》：四诗咏古清丽之中饶有悲感，可嗣响季迪诸作。

孙治评《园居杂诗八首》：从老杜得手，此更转入幽秀。

徐白评《秋日述怀二十四韵》：气格坚整，类骆义乌《幽縶书情》等作。

顾樵评《寒月》：秾丽得之温、李，结意深长。

计东评《赠侯大将军》：雄浑有气概，得老杜之一鳞片甲。

王概评《访山中逸人》：五六幽韵天然，韦、柳集中特秀之句。

王概评《寄题介白山居》：山林诗能作温丽语，有王右丞风调。

徐白评《过顾茂伦村居二首》：清事独能写出淡中见绮，颇似嘉州。

弘人评《重阳后一日醼集次韵》：雅极矣，却带悲凉，此中晚人调。

计东评《送陈孝则还云间》：停匀婉蒨，情味悠然，是钱、刘一派。

徐白评《新月》：刻意标新，晚唐诗之最工者。

张拱乾评《遣兴二首》：沉郁悲凉，不使人一望知为学杜乃深于杜者也。

徐白评《丁未元旦》：悲惋之音翻成赡丽，当于许浑、刘沧间求之。

王概《无题四首》：情辞相传，不失唐音，一味雕绘，便入俗笔。

黄心甫评《读梅村永和宫词有感作》：老杜未闻夏殷衰中自诛褒妲，昔人以为格意俱高迥出乐天、梦得之上，余于此诗亦云。

弘人评《中秋踏灯词三首》：此种风情不减昌谷。

金俊明评《题孔廉石遗像》：或疑南塘语太露，然杜诗已有“衣冠兼盗贼”之句。①

由这些评语来看，朱鹤龄诗歌力主唐音，从初盛唐的骆宾王、李白、杜甫、王维、岑参至中晚唐的白居易、韩愈、温庭筠、李商隐、许浑、刘沧等诗人皆有取法，尤以宗杜为主。《总目》提要以其曾笺注杜甫、李商隐诗集，便主观认定朱鹤龄诗出入杜甫、李商隐二家之间，显然不够客观真实。

（四）曹寅《楝亭诗抄》提要

其诗出入于白居易、苏轼之间。②

① 朱鹤龄：《愚庵小集》，《清代诗文集汇编》第22册，上海古籍出版社2010年版，第632—673页。

② 纪昀等：《钦定四库全书总目》卷一八三，中华书局1997年版，第2566页。

关于曹寅的诗歌宗尚，朱彝尊《楝亭诗序》云："通政司使楝亭曹公吟稿，体必生涩，语必斩新，盖欲抉破藩篱，直开古人窔奥，当其称意，不顾时人之大怪也。公于学博综，练习掌故，胸中具有武库，浏览全唐诗派，多师以为师，宜其日进不已。"① 姜宸英《楝亭诗抄序》中说："楝亭诸咏，五言今古体出入开、宝之间，尤以少陵为滥觞。故密咏恬吟，旨趣愈出。七言两体胚胎诸家，而时阑入于宋调，取其雄快，芟其繁芜，境界截然不失我法。"② 据此来见，曹寅诗歌唐宋兼采，尤以杜甫为宗。

三 《总目》清别集提要中的宗宋诗人

纵观唐宋以来诗歌发展史，元明时期基本以尊唐为主，清初宗宋诗风开始逐渐盛行，《清代唐宋诗之争流变史》一书中指出："直到清代，宋诗风在钱谦益等人的提倡下逐渐兴起，唐音、宋调两种诗歌范型才在诗学和创作中形成旗鼓相当的对立状态。清代顺治、康熙、雍正三朝，是宗宋诗风由兴起而逐渐兴盛，宗唐之风亦不断发展的时期。"③ 清诗宗宋之风，由钱谦益肇其端，后黄宗羲开浙派宗宋之风，康熙初年吕留良、吴之振等编选《宋诗抄》，清初宋诗派逐渐形成。④ 可见，与尊唐之音得到官方的支持不同，清初宗宋之风的兴起却是始自民间，其影响直至朝堂之上。《总目》清别集提要所著录宗宋诗人中除厉鹗因科举不第未能进入仕途外，汪琬官至翰林院编修、叶方蔼官至翰林院学士兼礼部侍郎、宋荦官至吏部尚书、姜宸英官至翰林院编修、汤右曾官至吏部右侍郎兼翰林院掌院学士、查慎行官至翰林院编修，他们的诗文集皆得以著录《四库全书》，其余如黄宗羲、宋琬、吴之振等30余人诗文集尽皆存目。以叶方蔼为例具体来看，《读书斋

① 朱彝尊：《曝书亭集》卷三九，《清代诗文集汇编》第116册，上海古籍出版社2010年版，第328页。

② 曹寅：《楝亭诗抄》，《清代诗文集汇编》第201册，上海古籍出版社2010年版，第345页

③ 王英志主编：《清代唐宋诗之争流变史》，人民文学出版社2012年版，第28页。

④ 王英志主编：《清代唐宋诗之争流变史》，人民文学出版社2012年版，第53—91页。

偶存稿》提要引王原祁序称叶方蔼“诗宗苏、陆，文宗眉山”①，然其诗文依然备受崇尚唐诗的顺治、康熙二帝赏识，“方蔼释褐后，即以文章受知世祖章皇帝，其《授学士述怀》诗所云：‘敢道齐贤留异日，屡称苏轼是奇才’，记是事也。后复蒙圣祖仁皇帝召入内廷，矢音赓唱，歌咏升平，故其诗格亦进而益上。未遇时尝著有《觚斋集》，得第后遂弃不复存。此本皆在朝及告归时所作，不分体，不编年，疑为方蔼所自定，故篇什虽少，而一一皆其菁华”②。从此提要来看，叶方蔼最初虽以宗宋受到帝王赏识，然入朝堂之后随着其仕宦身份的转变，诗文转向尊唐，并弃其少作，开始以典雅和平的歌咏升平之作为主，风格发生明显转变，所谓“少作气体清迴超俗，晚年乃多和雅之音”③。馆臣在提要中着重褒扬的正是叶方蔼后期创作的此类鼓吹升平的和雅之作，并认为是“进而益上”，尊唐抑宋意识明显。

《总目》清别集提要中明确论定的具有宗宋倾向的诗人别集40余种，通过这些提要我们可以大致了解清初宗宋诗人群体的一些基本状貌：

从诗人籍贯来看，《总目》所叙录宗宋诗人遍及河南、河北、山东、湖南、江西、福建、江苏、浙江等省，其中尤以江浙一带最为集中。《总目》提要叙录的半数清初宗宋诗人皆为江浙人，包括叶方蔼、姜宸英、汤右曾、查慎行、厉鹗、沈珩、吴之振、丁嗣征、陈玉璂、李符、金张、陈讦、徐志莘、储欣、查旭、徐基、周士彬、顾图河、程梦星、管棆、金志章、周京、沈心、沈廷芳等，这与钱谦益、黄宗羲、吴之振、查慎行、厉鹗等江浙文人的引领作用密不可分。

---

① 邓之诚《清诗纪事初编》考证提要所引王原祁序云：“《感旧集》小传引此以为王原《哀三公咏》之语……王原为方蔼汲引，见徐乾学《王令诏制义序》。检《学庵类稿·哀三公咏》作‘诗法传夔州，苏陆属其植’，提要及《感旧集》，皆误。”（邓之诚：《清诗纪事初编》卷三，上海古籍出版社2012年版，第357页。）

② 纪昀等：《钦定四库全书总目》卷一七三，中华书局1997年版，第2344页。

③ 徐世昌：《晚晴簃诗汇》卷三一，《续修四库全书》集部第1629册，上海古籍出版社2002年版，第533页。

从宗法对象来看，清初宗宋诗人对两宋著名诗人皆有宗法，如《耿岩文选》提要称沈珩诗文“大抵规仿庐陵，而尚未能入室”①；《强恕堂诗集》提要称高之騱“诗学西昆、香奁之体”②；《香草居集》提要称李符诗“词意清婉，似源出于范成大”③；《芥老编年诗抄》称金张“自称学杨诚斋，今检所作，其得失皆去之不远”④ 等。其中，苏轼、陆游是清初文人宗法最多的两宋诗人。《总目》清别集提要中叶方蔼、宋荦、查慎行、张尔岐、宋琬、周礼、应是、曹寅、徐志莘、储欣、刘廷玑、张谦宜、顾图河、程梦星、管棆、金志章、周京等或专尊一家、或二家兼取，这也反映出清初宗宋诗人的师法取向，正如康熙时期诗人李澄中在《周屺公证山堂诗序》中所言：“近世诗人，类祧李唐而宗苏陆。”⑤

另外，四库馆臣考镜源流，对清初诗人宗宋的原因亦有探究。从《总目》提要来看，清初诗人宗宋原因大致有三：一是针对明代后期复古派、竟陵派呈现出的种种弊端，清初诗人欲通过宗宋以救之，即馆臣在王士禛《精华录》提要中所说：“当我朝开国之初，人皆厌王、李之肤廓，钟、谭之纤仄，于是谈诗者竞尚宋、元。”⑥ 清官方将宗宋诗风的崛起视作是对晚明文学的救弊，是文学自身发展演进的结果，这一观念在《敬业堂集》提要、《御选唐宋诗醇》提要、《唐贤三昧集》提要、《宋诗抄》提要中亦被反复强调。二是亲友之影响，如陈订“为黄宗羲门人，又与查慎行同里友善。故文格诗格俱有所受”⑦；徐志莘“诗多取法苏陆，不事雕琢，盖其家学然也”⑧；沈心

---

① 纪昀等：《钦定四库全书总目》卷一八一，中华书局 1997 年版，第 2532 页。
② 纪昀等：《钦定四库全书总目》卷一八三，中华书局 1997 年版，第 2550 页。
③ 纪昀等：《钦定四库全书总目》卷一八三，中华书局 1997 年版，第 2560 页。
④ 纪昀等：《钦定四库全书总目》卷一八三，中华书局 1997 年版，第 2563 页。
⑤ 李澄中：《白云村文集》，《清代诗文集汇编》第 120 册，上海古籍出版社 2010 年版，第 186 页。
⑥ 纪昀等：《钦定四库全书总目》卷一七三，中华书局 1997 年版，第 2343 页。
⑦ 纪昀等：《钦定四库全书总目》卷一八三，中华书局 1997 年版，第 2566 页。
⑧ 纪昀等：《钦定四库全书总目》卷一八四，中华书局 1997 年版，第 2568 页。

"早从查慎行游，其诗亦颇有查氏法"[①]；沈廷芳"诗学出于查慎行"[②]等。三是宋代理学思想影响，如邱广志曾从马从龙讲学，故其"诗尤涉《击壤集》派"[③]，又如周士彬尤喜读宋儒语录，"故所作如'存心养性须常静，莫负吾家太极翁'之类，皆白沙、定山派也"[④]；王植"喜讲学，故其诗全沿《击壤集》之派"[⑤]等。

《总目》清别集提要大致呈现出了清初宗宋诗人群体的基本状貌，但其中也存在缺失之处。

第一，钱谦益、黄宗羲、王士禛等在清初宗宋之风兴起过程中所发挥的关键作用被馆臣主观忽略，使得《总目》所呈现出的清初宗宋诗人群体并不完备。关于钱谦益等人在清初宋诗风气崛起中的作用，学界已多有研究，现结合诸学者观点略陈述如下，以补《总目》提要之缺失。

钱谦益"开清代宗宋先河"[⑥]，然由于钱氏著述皆遭禁毁，其在文学史上的价值亦被湮没。钱谦益论诗主张转益多师，唐宋兼采，计东论其诗学宗向云："虞山暮年之诗，心摹手追于眉山、剑南之间。"[⑦]罗时进论钱谦益在清初诗风转变过程中的意义说："牧斋在明清转关之际一洗近代窠臼，在诗坛导入宋诗风，以沉潜深厚改变浮薄肤浅，以性情为本取代唯务格调。"[⑧]

黄宗羲倡宋诗，"开浙派宗宋之风"[⑨]，并与吕留良、吴之振编选《宋诗抄》，极大地促进了宋诗的传播。《总目》清别集提要虽叙录黄

---

① 纪昀等：《钦定四库全书总目》卷一八五，中华书局1997年版，第2589页。
② 纪昀等：《钦定四库全书总目》卷一八五，中华书局1997年版，第2592页。
③ 纪昀等：《钦定四库全书总目》卷一八二，中华书局1997年版，第2543页。
④ 纪昀等：《钦定四库全书总目》卷一八四，中华书局1997年版，第2571页。
⑤ 纪昀等：《钦定四库全书总目》卷一八四，中华书局1997年版，第2580页。
⑥ 王英志主编：《清代唐宋诗之争流变史》，人民文学出版社2012年版，第53页。
⑦ 计东：《吴梅村先生诗抄题辞》，《吴梅村全集》附录三，上海古籍出版社1990年版，第1492页。
⑧ 罗时进：《钱谦益唐宋兼宗的祈向与清代诗风新变》，《杭州师范学院学报》2001年第6期。
⑨ 王英志主编：《清代唐宋诗之争流变史》，人民文学出版社2012年版，第76页。

宗羲《南雷文定》，然提要仅叙版本卷帙情况，对黄宗羲诗文批评全无涉及，遑论黄宗羲及浙派对清初宋诗崛起的意义。此外，以黄宗羲为代表的明遗民作为推动宗宋诗风兴起的重要力量亦被清官方主观遗忘，如纪映钟诗“得陆剑南清挺之气”①；彭士望“诗兀傲有似山谷者，激烈之气则近放翁”②；归庄自言其诗“词拙而格卑，多入宋人风调，人皆以剑南相拟”③；黄宗炎“厌时流诗派之熟，专学宋人”④；胡香昊“歌行似苏，五言似杜，七律工细似陆”⑤；杨昌言“诗宗陶潜、杜甫，参以苏、陆”⑥；许旭“诗格阑入宋元，雄深浑折”⑦；严熊“尝受诗法于钱谦益，以香山、放翁为宗”⑧；吕留良“诗学杨万里、陈师道”⑨；陈子升“入清以后，折而入宋”⑩ 等。明遗民对宋诗的选择，不仅由于宋诗更易传达盛衰兴亡之感，更在于其背后所蕴含着的民族情感，“宋诗就不仅是一种与唐诗相对立的诗学范式，而是上一个同样被‘异族’征服的王朝所留下来的文化遗产。无论是出于对故国的旧君的深情眷恋，还是出于同病相怜的类比联想，他们对于宋诗的重新发现，实际上带有爱屋及乌的意味”⑪。

再如王士禛，《精华录》提要论王士禛诗学宗尚时说：“所称者盛唐，而古体惟宗王、孟，上及于谢朓而止，较以《十九首》之惊心动魄，一字千金，则有天工、人巧之分矣。近体多近钱、郎，上及乎李颀而止，律以杜甫之忠厚缠绵，沉郁顿挫，则有浮声切响之异矣。”⑫

---

① 杨际昌：《国朝诗话》，钱仲联主编《清诗纪事》，凤凰出版社2004年版，第262页。

② 徐世昌：《晚晴簃诗汇》卷一二，《续修四库全书》集部第1629册，上海古籍出版社2002年版，第247页。

③ 归庄：《王异公诗序》，归庄《归庄集》卷三，中华书局1962年版，第195页。

④ 朱彝尊：《曝书亭集》，钱仲联主编《清诗纪事》，凤凰出版社2004年版，第551页。

⑤ 邓之诚：《清诗纪事初编》卷一，上海古籍出版社2012年版，第44页。

⑥ 邓之诚：《清诗纪事初编》卷一，上海古籍出版社2012年版，第45页。

⑦ 邓之诚：《清诗纪事初编》卷一，上海古籍出版社2012年版，第61页。

⑧ 邓之诚：《清诗纪事初编》卷一，上海古籍出版社2012年版，第75页。

⑨ 邓之诚：《清诗纪事初编》卷二，上海古籍出版社2012年版，第244页。

⑩ 邓之诚：《清诗纪事初编》卷二，上海古籍出版社2012年版，第299页。

⑪ 张仲谋：《清代文化与浙派诗》，东方出版社1997年版，第17页。

⑫ 纪昀等：《钦定四库全书总目》卷一七三，中华书局1997年版，第2343页。

王士禛诗虽以宗唐为主，然其也曾“中岁越三唐而事两宋”①，且康熙朝前期“宋诗风在他的倡导下方始强劲起来”②。提要以王士禛的宗唐观念为书写重点，忽略了其在清初宋诗兴起中发挥的作用。

第二，提要中馆臣对清初宗宋诗人师法对象的论断亦存在可商榷之处，现将查慎行、黎士弘、吕谦恒、周京师法对象进行考辨，以补提要之疏漏。

（一）查慎行《敬业堂集》提要

> 集首载王士禛原序，称黄宗羲比其诗于陆游……今观慎行近体实出剑南，但游喜写景，慎行喜抒情，游喜隶事，慎行喜运意，故长短互形……核其渊源，大抵得诸苏轼为多。观其一生之力补注苏诗，得其力之处可见矣。③

四库馆臣通过辨正王士禛《序》中所论以确立查慎行诗宗苏、陆的诗学宗向，提要虽存在错误之处④，然此观点却成为后人对查慎行诗学宗尚的普遍认知，如昭梿《啸亭续录》载：“国初诗人，以王、施、宋、朱为诸名家，查初白慎行继以苏、陆之调，著名当时。”⑤邓之诚亦云其“诗学苏陆，尝注苏诗，甚有体要，知其寝馈功深”⑥。查慎行诗的确深受苏轼影响，如诗中多用苏轼故事、多化用苏轼诗

---

① 俞兆晟：《渔洋诗话序》，王士禛《王士禛全集》（六），齐鲁书社2007年版，第4749页。

② 蒋寅：《王渔洋与康熙诗坛》，凤凰出版社2013年版，第28页。

③ 纪昀等：《钦定四库全书总目》卷一七三，中华书局1997年版，第2352页。

④ 张仲谋考证此提要错误有二：一是王士禛序中将查慎行诗比于陆游者乃黄宗炎，而非黄宗羲；二是王士禛序是为《敬业堂诗集》中的第一个集子《慎旃集》而作，且序中所论只是查慎行少作，将此序作为对查慎行诗的总体评价，是不准确的。（张仲谋：《清代文化与浙派诗》，东方出版社1997年版，第166页。）另，严迪昌认为王士禛序文中并未对查慎行与陆游诗评判高下。因此，据四库馆臣的随意更变之词而以为渔洋论定初白“奇创之才”不足，从而断言《敬业堂诗》才力薄弱等等，全系不实之谈。（严迪昌：《清诗史》，人民文学出版社2011年版，第537—538页。）

⑤ 昭梿：《啸亭续录》卷二，昭梿《啸亭杂录》，中华书局1980年版，第412页。

⑥ 邓之诚：《清诗纪事初编》，上海古籍出版社2012年版，第788页。

句、散发出苏轼式思维方式与生活趣味等。① 然除苏、陆之外查慎行诗对唐诗亦多有取法，沈廷芳《翰林院编修查先生慎行行状》载："先生品诣矫然，学问浑灏，文章丽则，而尤工于诗，汇韩、白、苏、陆之长以发抒性灵，海内咸宗之。"② 徐世昌《晚晴簃诗汇》云："国初诸老渐厌明七子末流科目，至初白乃专取径于香山、东坡、放翁，祧唐祖宋，大畅厥词，为诗派一大转关。"

当今学界对查慎行诗学观念多有研究，亦足以辨正馆臣论断。王新芳《查慎行诗歌批评研究》指出查慎行论诗主张"唐宋互参"，兼法历代诸名家，杜甫、苏轼、王安石、陆游、元好问等皆是其宗法对象。③ 周燕玲《查慎行〈敬业堂诗集原稿〉考论》一文据原稿所保留的时人对查慎行诗的评点来探究其诗学宗向：

> 时人常将查慎行比之杜甫，如佚名评《余作江州杂诗……同赋》："神骨俱少陵。"同诗"篇成聊纪实，大雅待君赓"句下，唐孙华评："似杜。"佚名评《回龙渡》："气味章法俱似杜，加以清稳，今人不觉其似。"唐孙华评《除草》："杜、苏之间。"佚名评《篁步》："似杜。"查嗣庭评《登宝婺楼》："气象雄阔似老杜"，都指出查慎行对于杜诗的学习。此外，再如唐孙华评《大风至刘婆矶》："韩、柳之匹。"佚名评《虹桥板歌》："似学昌黎，亦似学梅都官。"唐孙华评《江州杂咏》："气味在刘中山与杜樊川之间。"上述这些评价，与今人一味论查慎行学苏轼、陆游有着明显不同，足见查慎行师法广泛，并不一味宗宋。④

综上所述，查慎行的诗学宗尚并非如四库馆臣于提要中所呈现出的仅宗苏、陆而已，实则唐宋互参，对唐宋以来诸名家皆有取法。

---

① 张仲谋：《清代文化与浙派诗》，东方出版社 1997 年版，第 162—163 页。
② 钱仲联主编：《清诗纪事》，凤凰出版社 2004 年版，第 3245 页。
③ 王新芳：《查慎行诗歌批评研究》，人民出版社 2015 年版，第 98—126 页。
④ 周燕玲：《查慎行〈敬业堂诗集原稿〉考论》，《中国文学研究》2021 年第 3 期。

(二) 黎士宏《托素斋集》提要

> 自序称"少时诗好李贺，文好王勃"。今观集中诸作，大抵多宋人末派，绝无一篇与子安、长吉相近者。盖嗜好虽笃，而才地则与之不近也。①

据清雍正二年黎致远刻本《托素斋集》，卷前《自序》及卷端均署名为"黎士弘"。提要所引《自序》为《托素斋文集自序》，其文为：

> 古文非所能也，然愿学焉。少时诗好李贺，文好王勃，竭日夜以求之者盖十有五年，继稍闻于先正，欲从事于大家之言，而其才、其年又已不逮前矣。少作既不足存……捡前后搞得若干篇，删而刻之，以请正于有道，知士弘有志未逮而犹望其少有成立如斯也。康熙庚戌四月初吉士弘识。②

由此自序来看，"诗好李贺，文好王勃"只是黎士弘少时文学嗜好，中年以后"从事于大家之言"，且《托素斋集》刊刻之时，作者又对少时之作进行了大量删削。馆臣以黎士弘少时文学嗜好评判其一生诗学宗向，显然失之公允。

提要称其诗文"多宋人末派"的论断，从时人评语来看，亦非如此。黎士弘《托素斋诗集自序》中载："辛巳岁，有事三山，欲见曾弗人先生，无以为贽，乃作《兰》与《兰语》诗，先生语人曰：'黎生汉魏之苗裔也。'归，出全本见吾师李元仲，师亦言如弗人。"③ 据

---

① 纪昀等：《钦定四库全书总目》卷一八二，中华书局1997年版，第2536页。

② 黎士弘：《托素斋文集》，《四库全书存目丛书》集部223册，齐鲁书社1997年版，第549页。

③ 黎士弘：《托素斋诗集》，《四库全书存目丛书》集部223册，齐鲁书社1997年版，第403—404页。

《行述》所载，黎士弘生于万历四十六年（1618），卒于康熙三十六年（1697），享年八十岁。[①]《自序》中所载“辛巳岁”当指崇祯十四年（1641），时作者不过二十四岁，曾异撰、李世熊评其诗已有汉魏之风。魏礼《托素斋文集序》亦载：“长汀黎公愧曾以诗文章名天下，为闽南首出。予读其文，光明俊伟，有千里浩瀚之势，而矩度不失古人，尝私拟之子瞻，观其笔记诸小品亦大相类。诗则有魏晋、四唐之遗，则似又超子瞻而出之。”[②] 可见，黎士弘诗以汉魏、唐人为宗，文有苏轼之风，皆非馆臣所言“多宋人末派”，《总目》提要对其文学成就多有贬低之意。

（三）吕谦恒《青要集》提要

其诗纯作宋格，疏爽有余，而亦颇伤朴直。[③]

关于吕谦恒诗歌宗尚问题，邓之诚《清诗纪事初编》已有辨正，称其“与兄履恒，同官禁近，白头昆弟，以诗文相砥砺。又与孟津王氏，世为婚姻，以文采相尚。方苞称其诗不袭宋以下格调，而王摅评其兄弟诗，皆渊源七子。《四库提要》乃谓纯作宋格，非笃论也”[④]。时人对吕谦恒诗歌宗尚多有评点，如张汉《吕谦恒传》中评其诗“一以汉魏三唐为宗，不屑宋元以降，与少司农好尚若合符节……我读其诗，骎骎乎唐人之遗也”[⑤]。方苞在《青要集序》中说：“公诗格调不袭宋以后，吟咏性情，即景指事，恻恻感人，实得古者诗教之本

① 黎士弘：《托素斋文集》，《四库全书存目丛书》集部223册，齐鲁书社1997年版，第791页。

② 黎士弘：《托素斋文集》，《四库全书存目丛书》集部223册，齐鲁书社1997年版，第548页。

③ 纪昀等：《钦定四库全书总目》卷一八四，中华书局1997年版，第2575页。

④ 邓之诚：《清诗纪事初编》，上海古籍出版社2012年版，第912—913页。

⑤ 吕谦恒：《青要集》，《四库全书存目丛书》集部第265册，齐鲁书社1997年版，第220页。

义。"[①] 此外，清雍正十三年刻本《青要集》前录有方苞、沈用济、万邦荣、刘荪、朱超、恽源濬、王汝骧、李本潍、范咸等人评语，在诗歌宗向上论者皆称吕谦恒诗以宗唐为主。如方苞评曰："《青要集》兼初盛唐人之长，而风骨酷肖子美。"沈用济评曰："《青要集》笔挟风霆，气惊云电，砰山欲碎，过峡无声，由平和至足中溢而为光怪，如悲歌斫地，幻梦扪天。论其才地，当与献吉相伯仲。"万邦荣评曰："《青要集》五言高古渊雅，出入汉魏晋宋之间，开宝以降便不肯涉笔，诚今日之《广陵散》也。七言原本杜、韩，而变化之纵横如意，不名一体，自是当代一大作手。"刘荪评曰："《青要集》气味得于汉魏，格调取之唐人。"朱超评曰："《青要集》祖述三百，根本陶、杜。"恽源濬评曰："《青要集》每有心得之句，悉自神来，迥非学力可造至。诸体气味、音节悉本唐贤。"其受业门人李本潍评曰："夫子出所著《青要山房集》示之，捧读之下，觉闲远高古，迥异时辈，近体直逼高、王、岑、孟，而古体则骨清神淡，纯乎汉魏。"[②] 清乾隆十五年刻本《青要集》所增序跋中，其门人张人崧言："冲澹夷犹蕴藉大雅，盖师平日于古人尤爱陶、韦，含融深致，逼肖神髓，非但揣摩体貌已也。"[③] 门人夏力恕在《青要山房文集序》中也说："夫子先以所为《青要诗集》授力恕，扬扢之余，穆然见汉魏遗风，近体直逼王、孟，其自钱、刘而下不足拟也。"[④]

综合来看，时人皆以吕谦恒诗歌宗唐，而馆臣却以其诗歌风格疏爽、朴直，将其视作"纯为宋格"。馆臣对其诗风格的认识并无不当，王汝骧评语中也说："《青要集》可谓萧散冲澹，无复一点尘埃气，

① 吕谦恒：《青要集》，《四库全书存目丛书》集部第265册，齐鲁书社1997年版，第222页。

② 吕谦恒：《青要集》，《四库全书存目丛书》集部第265册，齐鲁书社1997年版，第224—225页。

③ 吕谦恒：《青要集》，《清代诗文集汇编》第185册，上海古籍出版社2010年版，第479页。

④ 吕谦恒：《青要集》，《清代诗文集汇编》第185册，上海古籍出版社2010年版，第563页。

非其性情之所自得，实有与古人合其趣者。”① 然在诗歌宗向上，吕谦恒诗实宗汉魏、三唐，而非馆臣所说的“纯为宋格”。

（四）周京《无悔斋集》提要

> 鹗序以高、岑豪健比之。今观其诗，源出剑南。②

提要所言“鹗序”即厉鹗《无悔斋集序》，其文：“往时乙未、丙申间，予辈数人为文字之会，暇即相与赋诗为乐。酒阑灯灺，逸韵横飞，必推周兄穆门为首唱。穆门诗主气格，以豪健为尚，淋漓排奡，一座尽倾。诗成，每击节自歌，渊渊声若出金石，予辈亦从而和之。少年气盛，曾不知老之将至也。未几，各以事散去。穆门方且临易水，上金台，久之，无所遇，遂走秦晋之郊，极乎河潢关塞而止。天时之明晦，山川之险易，人事之变迁皆于诗发之。其豪也根于理，其健也阅乎境，岑、杜、储、王之遗响……”③ 周京一生蹭蹬不遇，中年历名山大川，晚年则与里中诸老结吟社，放浪湖山，序中厉鹗对周京诗“豪健”的评语主要是就其此类诗社、游历之作而言的，《杭州府志·文苑传》亦称其“墟莽古迹，悲歌慷慨”④。在具体的诗学宗向方面，舒瞻《序》中则称：“因得尽读其所为诗，觉眉山、剑南风格去人不远。”⑤

综合而言，《总目》清别集提要呈现出了清初宗唐、宗宋诗人群体的基本状貌，并在清初唐宋诗之争问题上表现出尊唐抑宋的倾向，但从提要批评话语中依然可以感知馆臣对两派诗人之间互相攻讦的偏

---

① 吕谦恒：《青要集》，《四库全书存目丛书》集部第 265 册，齐鲁书社 1997 年版，第 224 页。

② 纪昀等：《钦定四库全书总目》卷一八五，中华书局 1997 年版，第 2587 页。

③ 周京：《无悔斋集》，《四库全书存目丛书》集部第 277 册，齐鲁书社 1997 年版，第 162 页。

④ 民国《杭州府志》卷一四五，《中国地方志集成·浙江府县志辑 03》，上海书店 1993 年版，第 474 页。

⑤ 周京：《无悔斋集》，《四库全书存目丛书》集部第 277 册，齐鲁书社 1997 年版，第 163 页。

激言语不满。以毛奇龄为例，作为典型的宗盛唐诗人，他极力贬低宋诗，馆臣在其《诗话》提要中言："奇龄以考据为长，诗文直以才锋用事，而于诗尤浅。其尊唐抑宋，未为不合。而所论宋诗，皆未见宋人得失，漫肆讥弹。即所论唐诗，亦未造唐代藩篱，而妄相标榜。如诋李白，诋李商隐，诋柳宗元，诋苏轼，皆务为高论，实茫然不得要领。"① 馆臣对唐宋诗之得失有着清醒的认识，虽对宗宋诗歌的美学风格多有贬抑，但也并不认可毛奇龄等人对宋诗毫无根据的否定。故而，馆臣在批评策略上极力避免对唐宋之争的直接评判，采取了一种"孤立对待"的方式，即"四库馆臣对于清人诗文集处置原则使得存目者居多，而'存目'提要多录生平、卷帙等与诗评不甚相干语，诗评篇幅较少，且对于清宗宋者多孤立地就其宗宋特点得失进行批评，人为隔断诗人与地域风尚以及时代大背景的关联"②。此外，遗民吕留良、贰臣钱谦益等清初唐宋之争中关键人物的缺席，使得《总目》对清初宗唐、宗宋诗人群体的呈现并不完整。

---

① 纪昀等：《钦定四库全书总目》卷一九七，中华书局1997年版，第2776页。

② 刘敏敏：《〈总目〉清初宗宋诗风批评研究》，硕士学位论文，西南大学，2013年，第5页。

第六章

《总目》清别集提要影响研究

《总目》问世至今已逾二百年，对乾嘉以来的学者产生了极其深远的影响，被视为“读书之门径”①，对学术研究起到了重要的引导作用。时至今日，《总目》的研究依然是学术界的热点之一，启迪后人，沾溉学术，其功至伟。本章从宏观和个案两个角度，展现《总目》对后世文人和学术的重要影响力。

第一节　对《总目》的研读与品评

汇聚乾隆朝一代学术精英编著而成的《总目》，一经问世，便广为传诵，历代士人对它研究、品评不断。《总目》是开启后世学人治学之路的经典之作，受到后世学者的广泛重视。

一　研读《总目》

（一）读书之门径

目录学是治学之基础，清代学者王鸣盛曾说：“目录之学，学中第一紧要事，必从此问途，方能得其门而入。”② 自汉代刘氏《七略》以来，目录学著述便成为掌握历代学术发展趋势的重要载体。《总目》

① 余嘉锡：《四库提要辨证·序录》，中华书局2007年版，第51页。
② 王鸣盛：《十七史商榷》，上海书店出版社2005年版，第1页。

作为中国古代规模最大、体系最为完备的目录学著作，自清中叶以来一直被学者视为读书、治学之门径。

戴望在《外王父周先生述》中载目录学家周中孚治学经历时说："先生幼有孝行，力于学，稍长，见《四库书提要》，谓为学之涂径在是，于是遍求诸史《艺文志》，考自汉迄唐存佚各书，以备搜辑古籍，而教谕君治词赋，亦度其侪辈。"① 周中孚所搜辑之古籍依《总目》之四部分类体例编为《郑堂读书记》。光绪元年，张之洞在四川学政任上为士子总结举业经验时亦将《总目》视为治学之门径，其言曰："今为诸生指一良师，将《四库全书总目提要》（是一书名，省文可称《四库提要》）读一过，即略知学问门径矣。析而言之，《四库提要》为读群书之门径。"② 晚清文献学家叶昌炽《缘督庐日记钞》记载，其在为一位杨姓书生介绍如何治经学时，《总目》作为重点书目被推荐："二月初一日，杨生来，告以治经当先家法两汉、隋、唐儒林传，其门户也。钱警石劝人治《困学纪闻》，张孝达劝人读《四库提要》，皆可从。"③ 著名四库学家余嘉锡亦说："提要之作，前所未有，足为读书之门径，学者舍此，莫由问津。"④ 可见，《总目》为读书和治学之门径已成为清中期以来学者之共识。

（二）研读《总目》

正是由于《总目》在学术史上的重要意义，因此成为乾隆之后士人必读书目之一。出于不同的需要，研读《总目》的目的也因人而异。

第一类，建构知识体系。以龚自珍的读书历程为例，"自珍八岁得旧《登科录》读之，即有志为科名掌故之学。十二岁，段玉裁授以《说文》部目，即有志为以经说字、以字说经之学。十四岁，考古今

① 周中孚：《郑堂读书记》，上海书店出版社2009年版，第1页。

② 张之洞著，司马朝军详注：《𬨎轩语详注》，华东师范大学出版社2010年版，第139页。

③ 叶昌炽：《缘督庐日记钞》卷四，《续修四库全书》第576册，上海古籍出版社2002年版，第403页。

④ 余嘉锡：《四库提要辨证·序录》，中华书局2007年版，第51页。

官制，即有志为国朝官制损益之学。十六岁，读《四库提要》，即有志为目录之学。十七岁，见石鼓，即有志为金石之学。生平著述等身，出入于‘九经’、‘七纬’、诸子百家，自成一家言”①。《四库提要》与《登科录》《说文解字》等成为龚自珍日后取得突出学术成就的基础。又如陈垣十四岁开始习读《四库全书总目提要》，并读了多遍。②

第二类，征引作为依据。《总目》在版本辨析、文献考证、学术批评等方面成就斐然，其考证辨析结果、评论观点往往被后人直接转引。翻阅清中期以来的各类著述，不论是地方志、目录学著作、笔记类著述还是别集序跋，“伏读《四库提要》”“据《提要》所云（称、载、录）”之类的话语往往大量存在。通过“中国基本古籍库”的检索，光绪《重修安徽通志·艺文志》直接引述《四库提要》达65处、光绪《湖南通志·艺文志》直接引述《四库全书总目提要》达42次、同治《苏州府志》转引《四库总目》更是高达143次之多。方志中所转引内容主要为著述作者的字、号、生平、著述卷次等。丁丙光绪年间编撰的《善本书室藏书志》直接转引《四库提要》33次，转引内容涵盖著述作者介绍、著作版本来源、《总目》评价观点等。梁章钜《退庵随笔》引述《总目提要》10次。阮元《儒林传稿》提及《四库提要》达62次，内容涉及人物生平、思想评价、错误订正等。方东树《考槃集文录》在《刻屈子正音序》与《书嘉定黄氏日知录集释后》二文中皆引述《总目》观点或加以反驳或加以肯定。然而，学者大量转引《总目》的同时，却往往忽视了一个重要问题，即余嘉锡所言“一二通儒心知其谬，而未肯尽言，世人莫能深考，论学著书，无不引以为据，《提要》所是者是之，非者非之，并为一谈，牢不可破，鲜有能自出意见者”③。章太炎就曾作《驳皮锡瑞三书》批判晚清经学大师皮锡瑞，其中批判之一就是“持论多以《四库提

---

① 王锺翰点校：《清史列传》卷七三，中华书局1987年版，第6042页。

② 陈智超：《史学家陈垣传略》，《晋阳学刊》1980年第2期。

③ 余嘉锡：《四库提要辨证·序录》，中华书局2007年版，第51页。

要》为衡”，在他看来“《提要》者，盖于近世书目略为完具，非复《别录》、《七略》之侪也”①。

第三类，仿效著述体例。《总目》所采用的经、史、子、集四部分类体系被目录学家奉为典范，此后的目录学著述大都遵从此分类体系。如被誉为“《四库全书总目》的姊妹篇”② 的《郑堂读书记》不仅“其体仿《提要》”③，内容上亦多引述《总目》。据陈寿祺《郎潜纪闻》载：“阮文达公官浙日，进七阁未录书百种，睿庙锡名‘宛委别藏’。公仿《提要》例，各书咸有评骘，载《揅经室外集》中。”④ 李元度《史书纲领序》载长沙余华皋“近辑《史书纲领》三十二卷，用《四库提要》例，而稍变通焉”⑤。孙诒让《籀庼述林》对《总目提要》体例更是推崇备至，指出：“惟乾隆《四库总目》辨析最精，配隶尤当，今之编纂实奉为圭臬焉”；“凡人尚存者，著述不收，谨遵《四库总目》例也”；“其有义士逸民身遘易姓苟节崇肥遁则仍系故朝，若宋林景熙、元朱希晦之类，谨遵《四库总目》例也”⑥。刘锦藻在《皇朝续文献通考》中对张海鹏《墨海金壶》集部所叙录的“宋《古文苑》二十一卷”后以“案”语评曰：“是编以存亡继绝为宗旨，恪遵《四库提要》之意。”⑦ 各类著述对《总目》体例的遵从，说明此分类体系已深入人心，成为一种基本的书籍分类方法。

第四类，作为研究对象。与《总目》相关的研究自其成书之后便已开始，清代中后期的研究主要集中在补录方面。《四库全

---

① 章太炎：《章太炎全集》(四)，上海人民出版社1985年版，第20页。

② 陈晓华：《“四库总目学”史研究》，商务印书馆2008年版，第178页。

③ 周中孚：《郑堂读书记》，上海书店出版社2009年版，第1页。

④ 陈康祺：《郎潜纪闻初笔》卷四，中华书局1984年版，第82—83页。

⑤ 李云度：《天岳山馆文钞》卷二七，《续修四库全书》第1549册，上海古籍出版社2002年版，第422页。

⑥ 孙诒让：《籀庼述林》卷九，《续修四库全书》第1164册，上海古籍出版社2002年版，第274、276页。

⑦ 刘锦藻：《皇朝续文献通考》卷二七一，《续修四库全书》第819册，上海古籍出版社2002年版，第281页。

书》及《总目》在撰修过程中由于遗漏、禁毁等原因，使得所叙录的著述并不全面。补撰书目较为著名的如阮元的《四库未收书目提要》、姚觐元的《清代禁书总目四种》、孙殿起的《清代禁书见知录》等，这些著作旨在对《四库全书》撰修间禁毁或遗漏书目进行补充。

对《总目》全面系统的研究则是始于余嘉锡。余嘉锡研读《总目》五十余年，据其自言“余治此有年，每读一书，未尝不小心以玩其辞意，平情以察其是非，至于搜集证据，推勘事实，虽细如牛毛，密若秋荼，所不敢忽，必权衡审慎，而后笔之于书，一得之愚，或有足为纪氏诤友者”①。他秉持清代朴学的严谨态度，集毕生精力所著《四库提要辨证》，成为《总目》研究史上第一部系统考辨提要错误的著作。在此著作的《序录》中，余嘉锡也详细地叙述了五十余年间研读《总目》的历程与方法：“十六岁……阅张之洞《书目答问》，骇其浩博，茫乎失据，不知学之所从入，及读其《輶轩语》曰：‘今为诸生指一良师，将《四库全书提要》读一过，即略知学问门径矣。’不禁雀跃曰：‘天下果有是书耶！’闲请于先君子，为道其所以然，意欣然向往之，遂日求购读。光绪二十六年庚子，年十有七矣，先君子以事于长沙，始为购得之，则大喜，穷日夜读之不厌。时有所疑，辄发箧陈书考证之，笔之上方，明年遂录为一册，此余从事《提要辨证》之始也。尔后读书续有所得，复应时修改，密行细字，册之上下四周皆满，朱墨淋漓，不可辨识，则别易一稿。如此三十余年，积稿至二十余册。”② 至其晚年疾病缠身的情况下对《总目提要》的考辨依然坚持不懈：“一九四九年之冬，以考证《东林点将录》及《天鉴录》二书用思过度而罹疾，病剧之时，第觉病榻之前后左右所陈列者莫非书也。迨病愈，而考索愈力，未及终篇，忽转为风痹，卧床数月始愈。自是以后，精神疲顿，虽发愤撰述，早兴夜寐，手自抄录，但以右臂麻痹，手颤作书不易，往往经一月始成一篇。至一九五

① 余嘉锡：《四库提要辨证·序录》，中华书局2007年版，第52页。
② 余嘉锡：《四库提要辨证·序录》，中华书局2007年版，第46页。

二年秋，写《元和姓纂提要辨证》稿成，忽跌损右股，转成瘫痪，脑力益衰，遂不复能有所述作矣。每念及此，辄为之神伤。”① 正是由于余嘉锡以毕生精力致力于《总目》研究，才使得《四库提要辨证》成为近代以来《总目》研究之典范。自此之后，《总目》研究异彩纷呈，尤其是20世纪80年代以来，研究视角呈现出多样化趋势，既有传统考证辨伪之作，又开辟出新的研究领域：文化视角研究、学术方法研究、文学批评研究等。总之，《总目》研究趋势日益呈现出多元化、细致化、深入化等特点。

二 品评《总目》

《总目》问世后，学者对它的评价就褒贬不一，余嘉锡先生便曾指出：“乾、嘉诸儒于《四库总目》不敢置一词，间有不满，微文讥刺而已。道、咸以来，信之者奉为三尺法，毁之者又颇过当。”② 可以说，对《总目》的颂扬与不满自其问世之日起便相伴而生，不管是认同还是批判都说明了它在后世的影响力。

纵观历代学者对《总目》的评价，往往以肯定其成就者居多。在这些评价中有的是以《总目》提要为直接批评对象，如乾嘉时期著名学者王昶评曰：“《提要》二百卷，使读者展阅了然。盖自列史艺文经籍志及《七略》《七录》《崇文总目》诸书以来，未有闳博精审如此者。”③ 周中孚从各个方面盛赞《总目》曰：“窃谓自汉以后，簿录之书，无论官撰私著，凡卷第之繁富，门类之允当，考证之精审，议论之公平，莫有过于是编矣。”④ 清末缪荃孙在《钱唐丁氏八千卷楼藏书志序》中亦评曰：“至于考撰人之仕履，释作书之宗旨，显征正史，僻采稗官，扬其所长，纠其不逮，《四库提要》

① 余嘉锡：《四库提要辨证·序录》，中华书局2007年版，第47页。

② 余嘉锡：《四库提要辨证·序录》，中华书局2007年版，第48页。

③ 王昶：《湖海诗传》卷一六，《续修四库全书》第1626册，上海古籍出版社2002年版，第5页。

④ 周中孚：《郑堂读书记》，上海书店出版社2009年版，第487页。

实集古今之大成。”① 陈垣评此著曰：“古来题解之书自汉刘向《别录》始。其后宋代之《郡斋读书志》及《书录解题》，今虽尚存，但不完全。《四库总目提要》亦往往有误谬，然足为古来题解书中之最备者。”② 郭伯恭说：“《总目》之体例，盖远师刘向之《序录》《别录》，而缜密尤过之。”③ 余嘉锡主要从其学术价值角度出发，认为：“《四库提要》叙作者之爵里，详典籍之源流，别白是非，旁通曲证，使瑕瑜不掩，淄渑以别，持比向、歆，殆无多让；至于剖析条流，斟酌今古，辨章学术，高挹群言，尤非王尧臣、晁公武等所能望其项背。故曰自《别录》以来，才有此书，非过论也。”④

现代学者亦将其视为了解书籍的重要工具，鲁迅曾说：“现在有一些老实人，和我闲谈之后，常说我书是看得很多的，略谈一下，我也的确好像书看得很多，殊不知就为了常常随手翻翻的缘故，却并没有本本细看。还有一种很容易到手的秘本，是《四库书目提要》，倘还怕繁，那么，《简明目录》也可以，这可要细看，它能做成你好像看过许多书。”⑤ 孙犁《谈读书》中谈及鲁迅为许世瑛开的书目时说：“仔细一想，许世瑛那时年纪还小，他能读《全上古……文》或《四库全书总目》那类的古书吗？会有兴趣吗？但开这样一个书目，对他是有好处的。使他知道：人世间有这样的几部书，鲁迅先生是推重这些作品的。”⑥ 在《我的书目书》中孙犁记载其曾买《四库全书简明目录》与万有文库本《四库全书总目》，并称赞它们方便、实用。⑦

有些评价虽是以总纂官纪昀为中心，但是《总目》提要也是学者们称颂的对象，洪亮吉《北江诗话》云：“乾隆中四库馆开，其编目

① 缪荃孙：《艺风堂文续集》卷五，《续修四库全书》第1574册，上海古籍出版社2002年版，第226页。

② 陈垣著，陈智超编：《陈垣四库学论著》，商务印书馆2012年版，第391页。

③ 郭伯恭：《四库全书纂修考》，岳麓书社2010年版，第199页。

④ 余嘉锡：《四库提要辨证·序录》，中华书局2007年版，第48—49页。

⑤ 鲁迅：《随便翻翻》，《且介亭杂文》，人民文学出版社2006年版，第138页。

⑥ 孙犁：《孙犁文集续编》（二），百花文艺出版社1991年版，第333页。

⑦ 孙犁：《孙犁文集续编》（五），百花文艺出版社1991年版，第127—128页。

提要皆公一手所成，最为赡博。"① 阮元《纪文达公遗集序》评曰："高宗纯皇帝命辑《四库全书》，公总其成。凡六经传注之得失，诸史记载之异同，子集之支分派别，罔不抉奥提纲、溯源彻委。所撰定《总目提要》多至万余种，考古必衷诸是，持论务得其平。"陈鹤《纪文达公遗集序》认为："《提要》一书，详述古今学术源流、文章体裁异同分合之故，皆经公论次方著于录。"② 江藩《汉学师承记》曰："《四库全书提要》《简明目录》皆出公手。大而经史子集，以及医卜词曲之类，其评论抉奥阐幽，词明理正，识力在王仲宝、陆孝绪之上。"③ 昭梿《啸亭杂录》"纪晓岚"条云："所著《四库全书总目》，总汇三千年间典籍，持论简而明，修词澹而雅，人争服之。"④

《总目》之所以能够得到历代学者的推崇，首先源于其自身所具有的学术成就。它的编纂集合了清中期各领域学术大家，纪昀、戴震、邵晋涵、周永年、翁方纲、朱筠、余集、王尔烈等皆为当时最为著名的学术大师。可以说，《总目》虽为官方所主持，却是汇集了当时各领域思想之精华而成。它规模宏大，体系完备，是中国古代官修目录学著作的集大成之作。《总目》同时也是一部特殊形式的中国学术史，对古代学术各门类之源流、作者之生平、著述之价值、版本之优劣等都有系统的考证，馆臣的众多学术观点至今仍有借鉴意义。其次，《总目》提要虽是由不同纂修官分别撰写，却是由秉承乾隆帝旨意而为，"每进一编，必经亲览，宏纲巨目，悉禀天裁，定千载之是非，决百家之疑似，权衡独运"⑤。所以，《总目》并非纯粹的学术著作，而是集政治性与学术性于一体，依靠政治权利来建立"扫除畛域，一准至公"⑥ 的学术权威性。故而，在思想文化控制严格的乾嘉

---

① 洪亮吉：《北江诗话》卷一，人民文学出版社 1998 年版，第 15 页。

② 纪昀：《纪晓岚文集·附录》（第三册），河北教育出版社 1991 年版，第 727、729 页。

③ 江藩纂，漆永祥笺释：《汉学师承记笺释》，上海古籍出版社 2013 年版，第 584 页。

④ 昭梿：《啸亭杂录》卷一〇，中华书局 1980 年版，第 353 页。

⑤ 纪昀等：《钦定四库全书总目》卷首三《凡例》，中华书局 1997 年版，第 31 页。

⑥ 纪昀等：《钦定四库全书总目》卷一四八《集部总叙》，中华书局 1997 年版，第 1971 页。

时期鲜有人敢于直言批判《总目》。

乾嘉以来，亦有不满《总目》者，但是他们的批评并不直言提要之非，而是往往针对总纂官纪昀而发。曾参与提要撰写的姚鼐在与友人的信中对纪昀在《总目》中的观点极为不满，认为“其持论大不公平。鼐在京时，尚未见纪晓岚猖獗若此之甚”①。姚鼐认为《总目》“大不公平”之“论”出自纪昀，故而对纪昀展开了激烈批判，这种批判主要根源于二人思想宗尚之不同。纪昀力尊汉学，“四库馆就是汉学家大本营，《四库提要》就是汉学思想的结晶体”②，而姚鼐专宗朱熹等宋儒，《总目》对宋明理学家的批评自然会引起他的反感，这也正是为什么姚鼐入四库馆只有短短不到两年就辞馆而去的原因所在。③ 由于思想方面的分歧，致使姚鼐所撰提要在最终被删除殆尽，毛岳生在《惜抱轩书录序》中记载了姚鼐与纪昀为代表的四库馆臣之间的分歧，其言曰：“时纪文达为四库全书馆总纂官，先生与分纂，文达天资高，记诵博，尤不喜宋儒。始大兴朱学士筠以翰林院贮有《永乐大典》，内多古书，皆世阙佚，表请官校理，且言所以搜辑者。及是，遗书毕出，纂修者益事烦杂，诋讪宋元来诸儒讲述，极卑隘谬盭可尽废。先生可与辨白，世虽异同，亦终无以屈先生。”④

再如晚清李慈铭，虽继承乾嘉汉学风气，但对《总目》同样有不满之处，其在同治丙寅（1866）四月二十八日研读《总目》提要的笔记中批评说：

> 阅《四库总目》子部。总目虽纪文达、陆耳山总其成，然经部属之戴东原，史部属之邵南江，子部属之周书仓，皆各集所长。书仓于子，盖集毕生之力，吾乡章实斋为作传，言之最悉。故是部综录独富，虽间有去取失宜，及部叙未当者，要不能以一

---

① 姚鼐：《惜抱轩尺牍》卷三，安徽大学出版社2014年版，第44页。

② 梁启超：《中国近三百年学术史》，岳麓书社2009年版，第23页。

③ 潘务正：《姚鼐辞四库馆探因》，《安庆师范学院学报》2007年第6期。

④ 姚鼐：《惜抱轩书录》，张升编《〈四库全书〉提要稿辑存》（五），北京图书馆出版社2006年版，第4页。

疵掩也。耳山后入馆而先殁，虽及见四部之成，而《目录》颁行时，已不及待。故今言四库者，尽归功文达。然文达名博览，而于经史之学实疏，集部尤非当家。经史幸得戴、邵之助，经则力尊汉学，识诣既真，别裁自易；史则耳山本精于考订，南江尤为专门，故所失亦鲜。子则文达涉略既遍，又取资贷园，弥为详密。集部颇漏略乖错，多滋异议。①

李慈铭对《总目》力尊汉学的思想并无不满，他的评价主要聚集在两个方面：一是《总目》集各家之长，虽存在“去取失宜”“部叙未当”的缺陷，但瑕不掩瑜。二是在四部提要中，子部最精，集部纰漏最多。同姚鼐一样，李慈铭亦把提要所存各类问题的源头指向了纪昀，认为其在经史等方面的才力不足是造成《总目》存在各类缺陷的症结所在。

其实，作为一部成于众手、卷帙浩繁的官修著作，存在这样那样的问题是不可避免的。余嘉锡分析《总目》存在错误的原因时说：“四库所收，浩如烟海，自多未见之书。而纂修诸公，绌于时日，往往读未终篇，拈得一义，便率尔操觚，因以立论，岂惟未尝穿穴全书，亦或不顾上下文理，纰缪之处，难可胜言。又《总目》之例，仅记某书由某官采进，而不著明板刻，馆臣随取一本以为即是此书，而不知文有异同，篇有完阙，以致《提要》所言，与著录之本不相应……其后奉旨编刻颁行，乃由纪昀一手修改，考据益臻详赡，文体亦复畅达，然以数十万卷之书，二百卷之总目，成之一人，欲其每篇覆检原书，无一字无来历，此势之所不能也。纪氏恃其博洽，往往奋笔直书，而其谬误乃益多，有并不如原作之矜慎者。且自名汉学，深恶性理，遂峻词丑诋，攻击宋儒，而不肯细读其书……则其衡量百家，进退古今作者，必不能悉得其平，盖可知也。”② 概言之，即时间所限，难窥全豹；不著版本，文本不符；纪氏修改，难核原著；汉学

① 李慈铭：《越缦堂读书记》，上海书店出版社2000年版，第556—557页。

② 余嘉锡：《四库提要辨证·序录》，中华书局2007年版，第49—51页。

主导，攻击宋儒。此分析大致道出了《总目》存在失误的原因。但不管是推扬还是抨击，都说明了《总目》在士林中产生了广泛的影响力，以及士人对此著作的接受。

第二节 《总目》的思想引领作用

如果说乾隆帝撰修《四库全书》，主要是为稽古右文、彰千古同文之盛、嘉惠后学，其对保存古籍文献意义重大，那么清官方的学术立场、文学主张更多的则是通过《总目》传达出来。可以说《总目》的出现，不仅促进了乾嘉时期整体学风的转向，也引领了士人个体思想的变化。

一 《总目》对乾嘉学风的推动作用

昭梿在《啸亭杂录》中记载了这样一件趣事："自于、和当权后，朝士习为奔竞，弃置正道。黠者诟詈正人，以文己过，迂者株守考订，訾议宋儒，遂将濂、洛、关、闽之书，束之高阁，无读之者。余尝购求薛文清《读书记》及胡居仁《居业录》诸书于书坊中，贾者云：'近二十余年，坊中久不贮此种书，恐其无人市易，徒伤资本耳！'伤哉是言，主文衡者可不省欤？"① 乾隆后期，明代理学家薛瑄、胡居仁的著作已经无人愿买，书坊也不再储藏此类著述。程朱理学书籍的滞销，宋儒受到士人訾议，是乾嘉时期汉学兴盛的结果。"入清之初，朱子学虽得朝廷提倡而高踞庙堂，但却未获实质性发展。随着经史考证之学的兴起，迄于乾隆、嘉庆间，朱子学不惟疏离一时学术主流，而且沦为贬抑对象。"② 汉学的兴盛与《总目》力主汉学的推动作用不无关系。

---

① 昭梿：《啸亭杂录》卷一〇，中华书局1980年版，第317—318页。

② 陈祖武：《从经筵讲论看乾隆时期的朱子学》，《国学研究》第九卷，北京大学出版社2002年版，第295页。

皮锡瑞在论清代经学发展历程时说："国朝经学凡三变。国初，汉学方萌芽，皆以宋学为根柢，不分门户，各取所长，是为汉、宋兼采之学。乾隆以后，许、郑之学大明，治宋学者已鲜。说经皆主实证，不空谈义理。是为专门汉学。嘉、道以后，又由许、郑之学导源而上……是为西汉今文之学。"①《总目》纂修之前，清代经学发展两条线索：从民间角度来看，考据之学萌芽于明中期，至清而大盛，以馆臣的话语来说即"明之中叶，以博洽著者称杨慎……次则焦竑，亦喜考证……以智崛起崇祯中，考据精核，迥出其上。风气即开，国初顾炎武、阎若璩、朱彝尊等沿波而起始，一扫悬揣之空谈"②。其后至惠栋、戴震而趋于鼎盛。从官方角度来看，清初帝王从维护封建统治的立场出发，推崇程朱理学，如康熙时期"仁皇夙好程、朱，深谈性理，所著《几暇余编》，其穷理尽性处，虽夙儒耆学，莫能窥测。所任李文贞光地、汤文正斌等皆理学耆儒。尝出《理学真伪论》以试词林，又刊定《性理大全》、《朱子全书》等书，特命朱子配祠十哲之列。故当时宋学昌明，世多醇儒耆学，风俗醇厚，非后所能及也"③。康熙帝深谙儒学之道，其论朱子曰："宋儒朱子，注释群经，阐发道理，凡所著作及编纂之书，皆明白精确，归于大中至正，经今五百余年，学者无敢疵议。朕以为孔孟之后有裨斯文者朱子之功，最为弘巨。"④

直到《总目》纂修之时，乾隆依然是推崇程朱理学，然在《总目》纂修过程中，乾隆的立场却发生了转变，据夏长朴研究，"乾隆皇帝本人思想在编纂《四库全书》的前后，有明显的转变，由原来的坚持以宋学为主，转为支持汉学，所以他才能包容，甚至接受《四库全书总目》批判宋学、标榜汉学的作法"⑤。李帆《清代理学史》中认为乾隆

---

① 皮锡瑞著，周予同注释：《经学历史》，中华书局2011年版，第249—250页。

② 纪昀等：《钦定四库全书总目》卷一一九，中华书局1997年版，第1594页。

③ 昭梿：《啸亭杂录》卷一，中华书局1980年版，第6页。

④ 《圣祖仁皇帝实录》卷二四九，《清实录》第6册，中华书局1985年版，第466页。

⑤ 夏长朴：《乾隆皇帝与汉宋之学》，彭林编《清代经学与文化》，北京大学出版社2005年版，第156页。

帝对朱子学的态度在乾隆二十一年发生了变化，从对程朱理学的优礼变为疏远、摒弃。[①] 上之所好，下必从焉，由于朝野上下的推崇，以考据为标志的汉学在乾嘉时期发展至鼎盛。可以说，《四库全书》及《总目》的撰修极大地促进了汉学的发展。《四库全书》的撰修将纪昀、朱筠、王昶、邵晋涵、程晋芳、戴震等当时汉学精英几乎囊括在内。“乾隆这样做，无形中鼓励了读书人向经史考据方面努力，从而对汉学考据学风的盛行起到了推动作用。”[②] 在《四库全书》编纂过程中还形成了乾嘉考据学派中的一个新兴学派，司马朝军将其称为“皇家学派”的“四库馆派”，在他看来“四库馆派形成了一个学术共同体。其纲领性文件就是《四库全书总目》。四库馆派不同于以往的民间学派，它有着深厚的皇家气派。它代表官方发言，《总目》能够反映出乾隆王朝的学术水准、文化政策等。其治学理念、治学方法均与民间学派存在较大的分歧。主张经世致用，反对烦琐考据”[③]。作为声势浩大的“皇家学派”，在官方的支持下，其影响力自然不可低估。梁启超曾言：“《四库提要》这部书，却是以公的形式表现时代思潮，为向来著述未曾有。当时四库馆中所网罗的学者三百多人，都是各门学问的专家。露骨地说，四库馆就是汉学家大本营，《四库提要》就是汉学思想的结晶体。就这一点论，也可以说是：康熙中叶以来汉宋之争，到开四库馆而汉学派全占胜利。也可以说是：朝廷所提倡的学风，被民间自然发展的学风压倒。”[④] 作为汉学思想集中体现的《总目》，其成书深受当时汉学风气的影响，成书后凭借其官学身份必然会反过来又进一步影响当时的学术思潮。

二 《总目》对士人学风的导引

王汎森认为乾隆编撰《四库全书》的目的“是在建立一个 regime

---

① 李帆：《清代理学史》（中卷），广东教育出版社 2007 年版，第 15—17 页。

② 李帆：《清代理学史》（中卷），广东教育出版社 2007 年版，第 24 页。

③ 司马朝军：《〈四库全书总目〉编纂考》，武汉大学出版社 2005 年版，第 739 页。

④ 梁启超：《中国近三百年学术史》，岳麓书社 2009 年版，第 23 页。

of truth，而建立的方法一方面是‘禁’一方面是‘劝’，‘禁’的部分主要就是透过官方的谕示及禁毁的案例所建立的‘传讯系统’（Signalling System），传达哪些文化内容是应被禁止的，哪些是应被鼓励的”[①]。在这种“传讯系统”的导引下，士人学风亦向实学风气转变，如洪亮吉在《邵学士家传》中曾说：“乾隆之初，海宇乂平，已百余年，鸿伟傀特之儒接踵而见，惠征君栋、戴编修震，其学识始足方驾古人。及四库馆之开，君与戴君又首膺其选，由徒步入翰林，于是海内之士知向学者，于惠君则读其书，于君与戴君则亲闻其绪论，向之空谈性命及从事帖括者，始骎骎然趋实学矣。”[②] 四库馆除了馆臣之外，还需要大量的誊录、助校等人员，其中仅誊录人员前后在馆者就有三千人以上[③]，这些人大都是落第士子，他们以此作为谋生、进身途径。震均辑《国朝书人辑略》载：“先生（钱伯坰）初至京师，四库书馆方开，天下寒畯争奔走求试誊录，期满得以丞簿进身。”[④] 这些士人“游走于各馆臣之间，一方面助校馆书，另一方面商讨学问。他们以修书为契机，与馆臣相互切磋，既有利于校书，又推进了学术交流与研究”[⑤]。有的士人借校书之机会，为自己著述提供方便，如余集《宸垣识略序》中曾载：“太初氏客京师十年，以著述自娱，闲佐公卿雠校秘册，辄录副藏箧，衍为随笔若干卷。大而朝廷掌故，小而象数名物，靡不贯串之，积帙盈尺，未暇授梓也。”[⑥] 秦瀛在《小岘山人文集》中亦记载：“（吴胥石）既游京师，馆大兴朱竹君先生家，尽读其藏书。会朝廷开四库馆，馆臣校勘之役，交倚胥石，胥石又得

---

① 王汎森：《权力的毛细管作用——清代的思想、学术与心态》，北京大学出版社2015年版，第369页。

② 洪亮吉：《卷施阁文甲集》卷九，《洪亮吉集》（第一册），中华书局2001年版，第192页。

③ 张升：《四库全书馆研究》，北京师范大学出版社2012年版，第235页。

④ 震均辑：《国朝书人辑略》卷六，《续修四库全书》第1089册，上海古籍出版社2002年版，第186页。

⑤ 张升：《四库全书馆研究》，北京师范大学出版社2012年版，第269页。

⑥ 余集：《秋室学古录》卷五，《清代诗文集汇编》第395册，上海古籍出版社2010年版，第56页。

尽读所校书。"[①] 在校勘、交流之中也培养了士人的考据之风，即章学诚在《与钱献之书》中所说的："至四库馆开，校雠即为衣食之业，一时所谓《尔雅》、《三苍》、《说文》、《玉篇》、《康韵》、《集韵》之书，裒然盈几案间，而中才子弟，亦往往能摘谄謟商啇之误，则愈盛矣。"[②]

在具体学术研究方面，在四库馆学术思想的影响下，士人关注的方向亦在发生变化，全祖望在论及清初的学风变化过程时说："国初多稽古洽闻之士，至康熙中叶而衰，士之不欲以帖括自竟者，稍廓之为词章之学已耳。求其原原本本，确有所折衷而心得之者，未之有也。"[③] 国初士人多倾向于"稽古洽闻""词章之学"，而在四库开馆之后，这一形式却发生了变化，就如章太炎所说："（戴）震始入四库馆，诸儒皆震竦之，愿敛衽为弟子。天下视文士渐轻。文士与经儒始交恶。"[④] 到《四库全书》纂修时期，士人关注的重点已由词章之学转向经史之学，即钱大昕在《日讲起居注官翰林院侍讲学士邵君墓志铭》中所说的"自四库馆开而士大夫始重经史之学，言经学则推戴吉士震，言史学则推君"[⑤]。《清史稿》亦言："清兴，崇宋学之性道，而以汉儒经义实之。御纂诸经，兼收历代之说，四库馆开，风气益精博矣。"[⑥] 由此来看，《总目》的编撰亦是促成乾嘉时期经史研究大盛的重要因素。《总目》对学术风气的影响甚至波及书法领域，据洪亮吉《北江诗话》所载："今楷书之匀圆丰满者，谓之'馆阁体'，类皆千手雷同。乾隆中叶后，四库馆开，而其风益盛。"[⑦]

《总目》之所以对乾嘉时期学风产生如此大的影响，除了其自身

---

① 秦瀛：《小岘山人诗文集》卷三，《续修四库全书》第1465册，上海古籍出版社2002年版，第134页。

② 章学诚：《章学诚遗书·章氏遗书佚篇》，文物出版社1985年版，第695页。

③ 全祖望著，朱铸禹汇校集注：《全祖望集汇校集注》，上海古籍出版社2000年版，第311页。

④ 章炳麟著，徐复注：《訄书详注·清儒》，上海古籍出版社2000年版，第151页。

⑤ 钱大昕：《潜研堂集》卷四三，上海古籍出版社1989年版，第787页。

⑥ 赵尔巽等：《清史稿》卷四八〇，中华书局1977年版，第13099页。

⑦ 洪亮吉：《北江诗话》卷四，人民文学出版社1998年版，第66页。

的官学性质之外，还有馆臣对士人的影响作用。《总目》的撰修者皆乾隆时期的学术大家，又身居高位，对士人有着极大的影响力。一方面，馆臣之间的互动，极大地促进了馆臣之间学术的交流，《总目》纂修官翁方纲载："近日史馆校勘，每竟一书，辄资朋友讲问，若归安丁君锦鸿之于《汉隶字原》，瑞金罗君有高之于是书，皆累累数千百言，非徒校雠之勤而已。"① 另一方面，馆臣与馆外士人亦存在频繁的交流，如章学诚与朱筠、邵晋涵、周永年；洪亮吉与朱筠、戴震、邵晋涵、纪昀等，故有学者认为正是"与四库馆臣乾嘉诸学人的交游，形成了洪亮吉朴实的学风"②。

然而，"世俗风尚，必有所偏，达人显贵之所主持，聪明才俊之所奔赴，其中流弊，必不在小"③。在官方控制下所形成的一代学风亦会产生不利影响：一是《总目》撰修其间出现的文字狱所引发的破坏性后果，宗稷辰《沈霞西墓表》曾记载："乾隆中，东南收缴禁书，吾越相戒无藏笥，士竞趋举子业，故科目盛而学术微，其以余力读古书者，百不一二焉。"④ 对文学而言，由于《总目》纂修所引发的考据风潮，使得这一时期诗文创作亦呈现考据化的特点，正如袁枚在《随园诗话》中所批评的那样："人有满腔书卷，无处张皇，当为考据之学，自成一家。其次，则骈体文，尽可铺排，何必借诗为卖弄？自《三百篇》至今日，凡诗之传者，都是性灵，不关堆垛……近见作诗者，全仗糟粕，琐碎零星，如剃僧发，如拆袜线，句句加注，是将诗当考据作矣。"⑤

---

① 翁方纲撰，沈津辑：《翁方纲题跋手札集录》，广西师范大学出版社 2002 年版，第 12 页。

② 陈晓华：《〈四库全书〉与十八世纪的中国知识分子》，社会科学文献出版社 2009 年版，第 255 页。

③ 章学诚：《章学诚遗书》卷二九，文物出版社 1985 年版，第 332 页。

④ 宗稷辰：《沈霞西墓表》，沈复粲编，潘景郑校订《鸣野山房书目》，上海古籍出版社 2005 年版，第 5 页。

⑤ 袁枚：《随园诗话》卷五，人民文学出版社 1982 年版，第 146 页。

第三节 《清诗纪事初编》对《总目》的接受与批判

《总目》被后人广为接受的一个重要标志便是其观点被大量征引，如张维屏所编《国朝诗人征略》初编、二编征引《四库提要》250余条，包含经、史、子、集各部。但是，张维屏对《总目》的征引只是单纯的引用而已，并未对馆臣的观点作任何的评价。邓之诚《清诗纪事初编》（下称《初编》）却与之不同，其在征引《总目》的同时，亦对馆臣的观点进行了辨析。《初编》收录清初八十余年间诗文作者622人，“博采生平，综述经历，著者并从自己的见地，就某一作家整个著作或某一专集作了学术的和人品的评论”①。这与《总目》提要的体例极为相似。通过二者对清初相同对象批评观点异同之比较，可直观展现《初编》对《总目》的继承与批判。

《初编》与《总目》提要相关者有37篇，其中直接援引《总目》者35篇②。总体而言，邓之诚征引《总目》之内容主要集中在版本信息、错误考证、观念辨析三个方面。具体来看：

一 版本信息

《初编》于作者小传后往往会对该作者著述的版本演变情况进行细致的介绍，其中《总目》提要所叙录之版本就是邓氏用作版本比较的重要对象。在《初编》所引述《总目》提要的35篇之中，涉及版本信息者多达20篇，邓氏对《总目》提要中著述版本信息的转引主要有如下三种情况：

---

① 邓之诚：《清诗纪事初编·前言》，上海古籍出版社2012年版，第4页。

② 按，朱嘉徵《止溪文钞》《止溪诗集钞》有“四库存目未著录”语，刘世燧《倚云阁诗集》有“不知何缘列为禁书”语。

（一）援引《总目》之版本信息

以李焕章《织斋文集》为例，《初编》云：

> 《织斋文集》凡八卷，得文九十一首，刻于光绪丁亥。裔孙振甲跋云“视藏仅什之二三”，与王苹《蓼村集·李董集钞序》所谓“象先遗文二百四十七首”者合。又云“吾家所藏视他姓又仅什之二三”，与四库存目《织斋文钞》八卷云“所著有《龙湾集》《无学堂集》《老树村集》，凡百余万言”者合。焕章自谓有《遁山堂文》三百余首，周亮工刻其文十余卷，与侯朝宗、王于一、陈石庄号“四家文”，今皆未见。别有《老树村集》二卷，为文四十九首，与此集同者一二而已，然则未刻者甚多，未知变乱劫火之余，今尚有存者否？①

《织斋集抄》提要云：

> 所著有《龙湾集》、《无学堂集》、《老树村集》凡百余万言。后合诸集而刊削之，定为此本。其文跌宕排奡，气机颇壮，而汪洋纵放，未免一泻无余。至于明季忠烈诸臣，多为立传，其表微阐幽，亦可谓留意史学。②

在此，《初编》直接引用《总目》中关于《织斋集抄》版本信息的记载，正是为了考证李焕章文章创作的具体数量。

（二）版本对比

《四库全书》纂修之时，许多的清别集尚未刊刻，正如邓之诚在《初编》述朱嘉征诸集版本时所说：“有《止溪文集》二十卷，《诗集》三十卷，《道游堂诗集》四卷，《川南纪游诗》八卷，四库

---

① 邓之诚：《清诗纪事初编》，上海古籍出版社2012年版，第158页。

② 纪昀等：《钦定四库全书总目》卷一八一，中华书局1997年版，第2523页。

存目未著录。阮元辑《两浙輶轩录》，求之不能得，似皆未刻。羊复礼得其文八篇，诗百余首刻之，尝鼎一脔，可以知味矣。”① 朱嘉征之著述直到光绪十三年才刻《止溪文抄》一卷、《诗抄》一卷。② 可见，四库存目未叙录朱嘉征之著述就是由于其集未刻之故。《初编》成书之时，清别集在版本方面大都已经成熟定型，甚至乾隆时期禁毁的各类著述清末以来也已经陆续重新刊刻，所以，相比于四库馆臣，邓之诚对清别集的选择视野更为广阔。邓之诚也往往会将自己所见之版本与《总目》叙录之版本进行比照，有的版本二者相同，如周茂源《鹤静堂集》，《总目》存目《鹤静堂集》十九卷，提要介绍其版本信息云：“是集前十四卷为诗，后五卷为文。”③《初编》“《鹤静堂集》十九卷，凡诗十三卷，自十八卷起为文，中阙四卷。四库著录本亦如此，殆志传之属，或触忌讳，遂付阙如耳”④。再如宗元鼎《芙蓉集》，《总目》存目十七卷，《初编》云：“初刻《芙蓉集》，在顺治二年。至康熙元年，编所为诗文存少作十之二，为《芙蓉集》二十六卷，其弟之瑾作注，并为写刻，然仅十七卷，与四库著录者同，疑虚张其数，刻成者止此。壬寅以后诗文，别为《新柳堂集》。”⑤

有些版本在叙录《总目》之时，馆臣对其进行了调整，邓之诚通过二者的比较，对《总目》所选之版本进行了还原，如徐倬《苹村类稿》：《总目》存目徐倬《苹村类稿》三十卷附录二卷。《初编》载徐倬“撰《苹村集》三十一卷，为《修吉堂文集》《道贵堂类稿》，分《应制集》《寓园小草》《燕台小草》《梧下杂钞》《苹廖间集》《甲乙友钞》《汗漫集》《野航集》《鼓缶集》及《水香词》，倬所自刻。《耄余残瀋》及其子元正《清啸楼草》《鸾坡存

① 邓之诚：《清诗纪事初编》，上海古籍出版社 2012 年版，第 786 页。
② 李灵年、杨忠主编：《清人别集总目》，安徽教育出版社 2000 年版，第 453 页。
③ 纪昀等：《钦定四库全书总目》卷一八一，中华书局 1997 年版，第 2532 页。
④ 邓之诚：《清诗纪事初编》，上海古籍出版社 2012 年版，第 464 页。
⑤ 邓之诚：《清诗纪事初编》，上海古籍出版社 2012 年版，第 498 页。

草》，则元正之子志莘所刻，已在乾隆之初矣。四库得此本，失其籤题，改称《莘村类稿》，非其旧也”①。

（三）对《总目》版本信息的辨析

《总目》对清别集版本信息的介绍不尽准确，这在《初编》中已经有所发现，如陈至言《菀青集》，提要云“无卷数”②。《初编》则辨析道，《菀青集》“诗十二卷，文七卷，诗余二卷。《提要》言无卷数者，未见其目也”③。整理本《总目》亦曰：“今上海、复旦、南开、天一阁馆藏清康熙四十八年芝泉堂刻本，题作十九卷。”④查复旦大学图书馆藏清康熙芝泉堂刻本《菀青集》，其“菀青集目录”共列二十一卷⑤。《清人诗文集总目提要》亦言：“此集凡文七卷、诗十二卷、诗余二卷……康熙四十八年陈氏芝泉堂刻，中国国家图书馆藏。”⑥由此来看，邓氏之言《菀青集》提要之误是有根据的。

汪琬《钝翁前后类稿》提要作“一百十八卷”⑦。对此，《初编》辨析道：“类稿刻于康熙十五年丙辰，凡诗稿十二卷，文稿三十八卷，外稿十二卷。续稿刻于二十四年乙丑，凡诗稿八卷，文稿二十二卷，别稿二十六卷。琬初撰鯱德堂，戊己，玉遮山人诸集，删为类稿二十四卷，后复增益续作，故曰前后类稿。合两稿为汪氏传家集。《四库总目提要》竟题曰《钝翁前后类稿》一百十八卷，非也。”⑧

又如《总目》著录张英《文端集》四十六卷，其中“凡《存诚堂应制诗》四卷，《存诚堂诗集》二十五卷，《笃素堂诗集》七卷，《笃素堂文集》十卷”⑨。其实，张英诗文集在著录《四库全书》时经

---

① 邓之诚：《清诗纪事初编》，上海古籍出版社2012年版，第818页。

② 纪昀等：《钦定四库全书总目》卷一八四，中华书局1997年版，第2571页。

③ 邓之诚：《清诗纪事初编》，上海古籍出版社2012年版，第840页。

④ 纪昀等：《钦定四库全书总目》卷一八四，中华书局1997年版，第2571页。

⑤ 陈至言：《菀青集》，《四库存目丛书补编》第6册，齐鲁书社1998年版，第146—155页。

⑥ 柯愈春：《清人诗文集总目提要》，北京古籍出版社2001年版，第369页。

⑦ 纪昀等：《钦定四库全书总目》卷一八二，中华书局1997年版，第2539页。

⑧ 邓之诚：《清诗纪事初编》，上海古籍出版社2012年版，第321页。

⑨ 纪昀等：《钦定四库全书总目》卷一七三，中华书局1997年版，第2346页。

过了馆臣的删减，据《翁方纲纂四库提要稿》记载，此集名《存诚堂集》共五十八卷，“是集凡六种：《存诚堂诗集》二十五卷，《讲筵应制集》五卷，《笃素堂诗集》六卷，凡为诗者三十六卷；《笃素堂文集》十六卷，则杂著皆附焉；《易经衷论》二卷，《书经衷论》四卷，则其说经二种附刻于集后”①。此版本诗文集共五十二卷。《初编》所选之版本则名为《双溪集》五十三卷，其“为《存诚堂诗》二十五卷，《应制诗》五卷，《笃素堂诗》七卷、文十六卷。四库著录改称《张文端公集》四十六卷，误《应制诗》为四卷，文为十卷”②。《清人诗文集总目提要》所载与《初编》相同，亦为《双溪集》五十三卷，“先有《存诚堂诗集》二十五卷、《应制诗》五卷，康熙四十三年刻，所收乃顺治十六年至康熙三十一年所作，有陈廷敬序及自序，首都图书馆藏。后又编《笃素堂文集》十六卷、《诗集》七卷，诗乃康熙三十二年后作，文集前有韩菼、赵士麟序，康熙间刻，安徽省图书馆藏。此二刻合为《双溪集》，南京图书馆藏康熙间刻本”③。之所以出现如此的不同，一是张英诗文集在清代就存在多个版本，据《清人别集总目》记载，其版本多达22种之多，仅康熙时期刻本就有16种，④ 馆臣对版本的选择难免会与邓氏之选择不同。二是，通过翁氏提要稿来看，《总目》在著录张英诗文集时对其进行了删改。

二 文献辨误

邓之诚于《初编》中同样关注到了《总目》所存在的错误，并对其进行了修正。虽然订正《总目》错误并不是《初编》的初衷，所订正的失误之处只有寥寥三条，却为《总目》文献的辨误提供了重要参考。

---

① 翁方纲撰，吴格整理：《翁方纲纂四库提要稿》，上海科学技术文献出版社2005年版，第998页。

② 邓之诚：《清诗纪事初编》，上海古籍出版社2012年版，第559—560页。

③ 柯愈春：《清人诗文集总目提要》，北京古籍出版社2001年版，第263—264页。

④ 李灵年、杨忠主编：《清人别集总目》，安徽教育出版社2000年版，第1082—1083页。

（一）顾图河《雄雉斋选集》

《总目》：康熙己丑进士，官翰林院编修。图河为江左十五子之一。①

《初编》：四库提要误图河科分为己丑，复以为江左十五家之一，不知何以不检如此。②

《初编》指出了此篇提要中存在的两个错误：一是顾图河中进士之时间；二是顾图河并非“江左十五子”之一。据《清史列传》所载，顾图河为“康熙三十三年一甲二名进士，授翰林院编修”③。“江左十五子”因宋荦官苏州巡抚时，刊境内文士十五人之诗选而得名。《总目》虽未明确提及十五人之姓名，然《江左十五子诗选》馆臣亦叙录，提要云：“是编乃荦为苏州巡抚时甄别境内能文之士王式丹等十五人，各选诗一卷刻之。”④ 此集现存有清康熙四十二年宛委堂刻本，《四库全书存目丛书》据其影印。宋荦于序言中言：“十五子者，曰王式丹方若、曰吴廷桢山抡、曰宫鸿历友鹿、曰徐昂发大临、曰钱名世亮工、曰张大受日容、曰杨棆青村、曰吴士玉荆山、曰顾嗣立侠君、曰李必恒百药、曰蒋廷锡扬孙、曰缪阮湘芷、曰王图炳麟照、曰徐永宣学人、曰郭元釪于宫。”⑤ 显然，顾图河并非“江左十五子”之一。此两处错误杨武泉《四库全书总目辨误》亦有详细考证。⑥

（二）李孚青《野香亭集》

《总目》：其气骨未遒，则年未四十而殁，功候犹浅之故也。⑦

---

① 永瑢等：《四库全书总目》卷一八四，中华书局1965年版，第1670页。

② 邓之诚：《清诗纪事初编》，上海古籍出版社2012年版，第505页。

③ 王锺翰点校：《清史列传》卷七一，中华书局1987年版，第5802页。

④ 纪昀等：《钦定四库全书总目》卷一九四，中华书局1997年版，第2720页。

⑤ 宋荦选：《江左十五子诗选》，《四库全书存目丛书》集部第386册，齐鲁书社1997年版，第273页。

⑥ 杨武泉：《四库全书总目辨误》，上海古籍出版社2001年版，第271页。

⑦ 纪昀等：《钦定四库全书总目》卷一八三，中华书局1997年版，第2561页。

> 《初编》：孚青诗才清丽，毛奇龄、王士禛皆亟称之。《四库提要》谓其年未四十而没，功候犹浅，气骨未遒，此皮相之论，不足以知孚青。《道旁集》中有康熙末年所作，其年将六十矣，安得谓未四十即没，殆只见野香一集耶。[①]

邓之诚与四库馆臣争论的焦点集中在李孚青的卒年。提要中所谓李孚青“年未四十而殁”之说实出自沈德潜《清诗别裁集》，其言曰：“李孚青，字丹壑，江南合肥人……著有《野香亭集》。丹壑十六岁馆选，人以黑头公目之，惜未四十辞世，故流传诗篇绝少。”[②] 邓之诚据其诗作认为其去世时“年将六十”。其实，《总目》与《初编》的两种说法均不准确。据江庆柏考证，李孚青生于康熙三年，卒于康熙五十四年，即1664—1715年。[③] 柯愈春更是对李国松于清末刻本《广德寿重光集》所题“识”与《初编》中对《总目》的辨析进行了批评：

> 此集目录后有李国松题识云：“《四库书目》称《野香亭集》十三卷，起康熙戊寅，讫己亥，又称其年未四十而殁。编修于康熙己未通籍年十六，若其诗终于己亥，则五十六矣。核其年数，复有疏舛，时未见《盘隐集》故也。”邓之诚《清诗纪事初编》称，“《道旁集》中有康熙末年所作，其年将六十矣”。查《道旁集》诗止于康熙五十四年乙未，作者时年五十有二，“年将六十”之说亦不甚确。[④]

另外，《清诗纪事》引陈诗《静照轩笔记》亦云：“丹壑先生天才卓荦，工艺多能，精骑射，善诗词。年十五举京兆试，十六入词林，早

---

① 邓之诚：《清诗纪事初编》，上海古籍出版社2012年版，第555页。
② 沈德潜：《清诗别裁集》卷一三，上海古籍出版社2013年版，第507页。
③ 江庆柏：《清代人物生卒年表》，人民文学出版社2005年版，第282页。
④ 柯愈春：《清人诗文集总目提要》，北京古籍出版社2001年版，第404页。

年归养。家綦贫，文定公既没，遂不出，迁居原籍永城。乙未夏卒，年五十二。"①

由此可见，邓之诚虽发现了《野香亭集》提要中关于李孚青卒年的错误，但其考证依然不够准确。李孚青去世时，实则年五十三岁②，既非《总目》所言"年未四十"，也不是《初编》所说的"年将六十"。

（三）于成龙《于山奏牍》

《总目》：成龙字北溟，永宁人。前明拔贡生，入国朝，授广西罗城县知县，官至湖广总督。③

《初编》：《四库提要》谓清端前明拔贡生，则由读陈廷敬《于清端公传》谛视未审而致误。又谓官至湖广总督，则由清史本传有安徽巡抚涂国相升任湖广总督，成龙兼巡抚事，二语句读不分而致误，当时馆臣草率如此。④

《初编》在此篇提要之中发现了两处错误。一是关于于成龙的科名之事，邓之诚认为提要所言于成龙"前明拔贡生"有误，系馆臣误读陈廷敬《与清端公传》所致。查陈廷敬《太子太保兵部尚书总督江南江西谥清端于公传》，其言曰："公生而才智绝人，攻场屋应举之文，中崇祯己卯副榜。入国朝，仕为罗城令。"⑤ 由此来看，提要说法并无错误。另外，乾隆《汾州府志》云："于清端成龙，字北溟，永宁州人，顺治十三年以副贡知罗城县。"⑥《清史稿》亦云："于成龙，字北溟，山西永宁人。明崇祯间副榜贡生。顺治十八年，谒选，授广西罗城知县，年四十五

---

① 钱仲联主编：《清诗纪事》（康熙朝卷），江苏古籍出版社1987年版，第2941页。

② 李坚怀：《四库提要小传斠补》，上海古籍出版社2020年版，第330页。

③ 纪昀等：《钦定四库全书总目》卷五六，中华书局1997年版，第791页。

④ 邓之诚：《清诗纪事初编》，上海古籍出版社2012年版，第726页。

⑤ 陈廷敬：《午亭文编》卷四一，文渊阁《四库全书》第1316册，台湾商务印书馆1986年版，第595页。

⑥ 孙和相修，戴震纂：乾隆《汾州府志》卷一六，《续修四库全书》第692册，上海古籍出版社2002年版，第456页。

矣。”[①] 可见，于成龙前明拔副榜贡生无疑，提要当无错误。

二是关于于成龙的官职问题。据《清史列传·于成龙》记载，于成龙仕途从顺治十八年官广西罗城知县开始，康熙六年迁四川合州知州。八年，迁湖广黄州府同知。十三年二月，擢武昌知府。十七年六月，迁福建按察使。十九年二月，擢直隶巡抚。二十年，授江南江西总督。《总目》所言“官至湖广总督”确系错误无疑。邓之诚将提要出错的原因归结为馆臣于清史本传句读错误，《清史列传·于成龙》载：“（康熙二十年）特旨授江南江西总督。前此因江西用兵，分设江西总督，至是复并为一。……二十三年三月，江苏巡抚余国柱入为左都御史，安徽巡抚涂国相升任湖广总督，于成龙兼署两巡抚事。四月，卒于官，年六十有八。”[②] 以此来看，此句句读不当的确容易误读为“湖广总督于成龙兼署两巡抚事”。《清史稿》的记载则更为明确，不至于产生误读，其语为：“未几，迁江南江西总督。……二十三年，江苏巡抚余国柱入为左都御史，安徽巡抚涂国相迁湖广总督，命成龙兼摄两巡抚事。未几，卒于官。”[③]

《初编》对《总目》文献错误的修正虽数量不多，也未能对其展开详细的辨析，只是指出其错误之处，甚至某些辨误并不完全准确，这是因为文献订误并非《初编》的主要目的。但在《总目》研究史上，却是具有承前启后的作用，为《总目》的考辨研究提供了帮助。

三　观念辨析

如果说《初编》对《总目》著述版本、文献的引用与辨析还只是外部现象的话，那么，《初编》对《总目》提要文学观念的接受与批判则上升到了内在的思想层面。《初编》与《总目》对清初文人及其文学评价的异同，也是二者文学观念异同的展现。在《初编》明确提及《总目》的37篇中，涉及思想观念的有20篇，其中邓氏与馆臣观点一致者只有2篇，其余18篇则存在明显的观念差异。为直观展

---

① 赵尔巽等：《清史稿》卷二七七，中华书局1977年版，第10083页。

② 王锺翰点校：《清史列传》卷八，中华书局1987年版，第546—548页。

③ 赵尔巽等：《清史稿》卷二七七，中华书局1977年版，第10086页。

现二者之异同，现将其列表如下：

表6－1 《四库全书总目》与《清诗纪事初编》对清初诗文批评之比较

序号	别集名称	《总目》评价	《初编》评价	说明
1	徐振芳《徐太拙诗稿》	所作奇气岔涌，时出入于李贺、卢仝之间。而竟陵、公安之余习未尽湔除，故往往失之纤仄。变徵之声，酸吟激楚，其学谢翱而未成者欤？（第2524页）	今读此集，格律浑成，才情奔放，特多凄凉激楚之音，盖沧桑之际，密有所图，终于无成，而不肯枉屈，信乎豪杰之士也。提要乃以楚音短之，岂非聋瞶。（第157页）	二者对徐振芳诗学风格的评价存在差异。《总目》对徐振芳凄楚诗风持批判态度，而《初编》则给予极高评价
2	李焕章《织斋集抄》	其文跌宕排奡，气机颇壮，而汪洋纵放，未免一泻无余。（第2523页）	四库称为跌宕排奡，气机颇壮，而汪洋纵放，未免一泻无余。（第158页）	《初编》直接引用《总目》观点
3	许虬《万山楼诗集》	其诗前数卷多拟古之作，刻意摹拟，颇嫌太似。（第2533页）	虬诗学六代三唐，才情飚举，惜少持择，苦于不似，而四库提要以为太似。摭其晋古汉古之言，讥为双钩古帖。清代论诗率贵宋，云有变化，若汉魏六朝，辄以摹拟轻之，譬如临帖，不先求似，焉有变化乎。（第324页）	二者对诗歌“摹拟”之认识不同。《总目》批判“刻意摹拟”“太似”，而《初编》则认为摹拟乃变化之基础
4	韩菼《有怀堂诗文稿》	菼以制艺著名，其古文亦法度严谨……诗则又其余事矣。（第2554页）	文学欧曾，甚有法度。序记之文或失之泛爱，纪事多足征一时掌故。诗分蹢躅、归愚、病坊、簗迷四集，亦颇温厚有旨。四库提要以为诗非所长。翁方纲辈奉王士禛为圭臬，《感旧集》未录菼诗，遂不免轻下雌黄也。（第325页）	二者对韩菼诗学成就评价不同。《总目》贬低韩之诗。《初编》认为其诗“温厚有旨”，评价较高

续表

序号	别集名称	《总目》评价	《初编》评价	说明
5	叶映榴《叶忠节遗稿》	武昌抚标叛兵夏包子作乱，映榴死之……彝尊又为之序，称“映榴之节，不待此区区之文以传”。其论当矣。(第2542页)	清初云间诗派称盛，李张二董三周诸曹各擅胜场。映榴虽未足与之连镳并驾，而造诣亦深。四库存目乃谓以人传，不必以文传，非笃论也。(第481页)	二者对叶映榴之文学成就评价不同。《总目》认为其文以人传，而不论其诗。《初编》赞其诗文，评价较高
6	张英《文端集》	鼓吹升平，黼黻廊庙，无不典雅和平（第2346页)	诗文虽未能工，而春容大雅，颇耽田园之乐。(第560页)	《初编》与《总目》观点相同
7	范士楫《橘洲诗集》	其诗尚染明季伪体。卷首自序一篇，故为奥涩，亦当时习气也。(第2516页)	士楫颇有文名，报吴伟业诗云：“雅颂犹多事，千年况国工。”自负甚高，讥钟谭体弱，自谓不古不今，实则欲学长吉而无其奇丽。《四库提要》乃以为未脱明季恶习，似于其集未暇细观，何足为定论乎。(第604页)	二者对范士楫诗学风格评价不同。《总目》认为其诗沿袭明季习气，而《初编》则认为其诗宗李贺，而非沾染明季恶习
8	庞垲《丛碧山房集》	垲为诗主于平正冲澹，不求文饰。当王士禛名极盛时，能文之士，率奔走门墙，假借声誉。垲独落落不相亲附，故士禛不甚称之。(第2558页)	垲诗专意学杜，一以性情礼义为归。田雯称为苏陆，提要讥其率易，皆皮相之论。王士禛不喜杜，故不甚称垲，垲不随风气转移，其可贵正在此。能为李澄中刻集，又笃于风义者。(第625页)	二者对庞垲文学成就评价不同。《总目》贬抑，《初编》褒扬较多
9	李澄中《白云村集》	澄中诗文修洁有余，至魄力雄厚，终非王、田比也。(第2558页)	澄中诗学杜甫，辞多比兴，雅而能切，文笔遒炼，善于碑传纪事之作。鸿博五十人中，足称上选。四库谓其篇章不富，未能与王士禛、田雯抗衡，实则自订其集，删汰已多也。别撰《滇行日记》一卷，亦赅博可喜。(第690页)	对李澄中诗学成就定位不同。《初编》对《总目》之语表达了不满，为其辩护

续表

序号	别集名称	《总目》评价	《初编》评价	说明
10	白胤谦《学言》	其曰："无我之我是谓真我，无知之知是谓良知。"又曰："圣人无内无外，仁可智也，智可仁也。"皆语涉惝恍，非笃实之学也。（子部·儒家类存目三）（第1273页）	胤谦撰《学言》三卷，谓无我之我，是谓真我；无知之知，是谓良知。四库提要讥其语涉惝恍，而不知正其阅历有得，足以免于乱世矣……胤谦以居官无赫赫之迹，竟未人贰臣传。（第727页）	《初编》为白胤谦成就辩护，不认同《总目》评价之语
11	李良年《秋锦山房集》	自少至老，风调不变，其蹊径之狭，殆才分所偏欤？文则长于议论，而短于叙述，不逮其诗。（第2558页）	《四库提要》谓其诗蹊径之狭，才分所限，文则长于议论，短于叙述，不足以知良年。其文有法，亦非彝尊所及。（第756页）	《初编》为其文学成就辩护，认为其文成就高于朱彝尊
12	沈峻曾《涟漪堂遗稿》	上卷为杂文，下卷为诗，末附杂言数十条，皆谈理之语，颇近陈继儒小品。（第2536页）	文多序论，喜推盛衰倚伏之理。集中《破甑翁传》，即自序也。诗只七律，且皆湖上所作，凄苦摧抑，读之寡欢，理言阅历有得，而《四库提要》乃谓颇近陈继儒小品，何其昧昧。（第796—797页）	风格评价不同。《初编》赞扬其凄苦之音，而《总目》批判此类诗歌
13	张远《张迩可集》	三集格调皆与毛奇龄相近，盖二人同里，得法于奇龄者多云。（第2559页）	《提要》谓得诗法于奇龄，非也。奇龄脱胎于陈子龙，远与西泠诸子，不止迳庭之隔而已。（第835页）	诗学宗尚认识不同。《总目》认为张远诗文宗毛奇龄，《初编》认为宗西泠十子
14	陈至言《菀青集》	今观所作，以藻缛为主，音繁节壮，颇似《西河集》中语，宜奇龄之喜其类己也。（第2571页）	诗五古极遒炼，律绝明秀，文多俪体，无纤仄之习，散文不为八家所囿，体格俱不甚类毛奇龄。奇龄方标唐音，以其不学宋人，且乡里后进才士，故奖藉之。《提要》以为藻缛，音繁节壮，宜奇龄喜其类己，殆未审观也。（第840页）	二者对陈至言诗学风格认识不同。《总目》认为藻缛，《初编》以为遒炼、明秀

续表

序号	别集名称	《总目》评价	《初编》评价	说明
15	郑梁《寒村集》	其文得之宗羲者为多，而根柢较宗羲少薄。诗则旁门别径，殆所谓有韵之语录。其书《定山诗抄》句云："明朝诗学崔公甫，若语仙才拜定山。"可以得其宗旨之所在矣。（第2565页）	《四库提要》谓其诗似偈，实摹庄定山，非笃论也。学于黄宗羲，得其文笔，无小说气，亦无宗羲雄杰之概，岂才力有所限耶。究不失为浙东一大家。（第858页）	二者对郑梁诗学宗尚评价不同。《总目》认为其以庄昶为宗，《初编》认为其以黄宗羲为宗，并将其定位为"浙东一大家"
16	杨素蕴《见山楼诗文集》	其诗颇摹李梦阳，文则皆应俗之作。（第2534页）	《四库提要》称其诗颇摹李梦阳，今细观之，唯不学宋诗耳。律绝颇有佳篇，七古最下，盖有才而未检绳墨者也。（第873页）	诗学宗尚认识不同。《总目》认为宗李梦阳，《初编》认为宗法多样，唯不学宋而已
17	刘世燧《倚云阁诗集》	无叙录	撰《倚云阁诗集》一卷，力摹唐音，而不堕七子之习，间失之粗，而寄托有在。集中秋兴八首、题芦雁图四首，偶及征戍之苦、赋敛之繁，无他违碍，不知何缘列为禁书。（第887页）	《初编》认为此集不该列为禁书
18	刘体仁《七颂堂集》	体仁欲力脱七子之窠臼，而诗或生硬，文或纤佻，实出入于竟陵、公安之间，明末山人之习，未尽除也。（第2539页）	诗文好奇，诗摹晚唐，颇有色泽……读其诗，时有奇气，信畸人也。（第908—909页）	诗学宗尚认识不同。《总目》认为刘体仁诗文继承明季余习，并加以批判。《初编》则认为其诗学晚唐，评价较高
19	吕谦恒《青要集》	其诗纯作宋格，疏爽有余，而亦颇伤朴直。如《洗象行》之类，皆病于太质。（第2575页）	方苞称其诗不袭宋以下格调，而王摅评其兄弟诗，皆渊源七子。《四库提要》乃谓纯作宋格，非笃论也。实则才华稍逊，锤炼不足，未足与于作者之林。（第912—913页）	诗学宗尚认识不同。《总目》以其诗学宋，而《初编》认为其诗宗七子

续表

序号	别集名称	《总目》评价	《初编》评价	说明
20	金德嘉《居业斋文集》	《复胡石庄书》谓“史馆方开，吾楚先辈故事，尚待折衷。江陵当国，综核名实，富国强兵数十年，而论者以专病之。熊、杨慷慨任事，而熊以过刚见嫉于当世。杨专阃仗钺，忧愤以死，或曰自缢……”为狃于乡曲之私，未可为万世之公论也。（第2561页）	《清史文苑传》《四库提要》皆言其有文集二十卷，别集十卷，而不及其诗。德嘉与顾景星同县同时齐名，而诗格独超浑，矩度不失，言皆有物，随事可证。撰《居业堂诗钞》二十二卷，分《江浒集》……《提要》讥其文为张居正、杨嗣昌颂冤，不免私其乡里。不知此正嘉德之特职也。诗中但及熊廷弼耳。（第940页）	《总目》讥其为同乡张居正等辩护，《初编》认为此乃其职，并对其诗文赞誉有加

在比较的上述20篇提要中，《初编》与《总目》观点一致的有2篇，即李焕章《织斋集抄》、张英《文端集》。不一致的却有18篇之多，这些不一致恰恰说明了邓之诚与四库馆臣在清初文学认识方面所存在的分歧。这些分歧涉及多方面的问题：

第一，对文学风格的不同认识。上述20篇提要中至少在徐振芳《徐太拙诗稿》、范士楫《橘洲诗集》、庞垲《丛碧山房集》、沈峻曾《涟漪堂遗稿》、陈至言《菀青集》5篇中提及诗文风格问题。由于文学思想、批评立场等因素的影响，不同批评者对文学风格的认识也会不同。以徐振芳为例，作为明遗民，历经明末清初的沧桑变化，其诗歌多“凄凉激楚之音”自不难理解。然四库馆臣从官方立场出发，为彰显清初文学盛世之状貌，标榜诗文的“醇雅”之风，不管是凄苦之音还是纤秾之风皆在其批判之列。然而，邓之诚亲历抗战时代，使其更容易理解清初遗民的人生经历与心态，其自记曰：“丁丑之秋，遭逢变乱，念明清之际，先民处境，有同于我者，不识何以应变，乃取其诗时时观之，钦其节操，忧患中赖以自壮焉。”① 所以，《初编》对馆臣批评徐振芳“变徵之声，酸吟激楚”极为不满，

① 邓之诚：《清诗纪事初编·清诗纪事初编序》，上海古籍出版社2012年版，第1页。

认为其诗“格律浑成，才情奔放，特多凄凉激楚之音，盖沧桑之际，密有所图，终于无成，而不肯枉屈，信乎豪杰之士也。提要乃以楚音短之，岂非聋瞶”。邓之诚欣赏其恢复故国民族气节的同时，对其凄楚诗风亦多维护。再如沈峻曾，《总目》未评价其诗风，《初编》称其诗歌“凄苦摧抑，读之寡欢”，并认为此诗风的形成与其人生阅历有关。林云铭在《涟漪堂遗稿》序中记载沈峻曾“顺治甲午以乡荐副车，入雍嗣屡试报罢，遂绝意仕进”①。沈佳在序中亦言，沈峻曾“尝两中副车，举明经高第，年未五十弃去举子业，每托诗以自况，慷慨历落，视富贵豪华漠然，不一动其心，讽刺流连止乎礼义，酒酣脱帽须发皓白。予固已叹窳菴之澹于名利而悲其早衰”，并认为其诗“超远澹逸，胸有所触悟境清寂，登眺游览、愤懑幽忧、感叹不平亦时时见于吟咏”②。科举的不顺、生活的清苦，心中多不平之声，发而为诗，多凄苦之音，显然《初编》对沈峻曾诗风的评价更为客观准确。

第二，对诗人文学宗尚的不同理解。清初文学风格多样，各具特色，慷慨悲凉的遗民诗文、感慨兴亡且辞藻华丽的梅村体、典雅淳厚的儒者之文、清新自然的神韵诗风等。这些特色的出现与作者对前人的宗法摹拟密不可分，讲求“师友渊源，具有所自”③的四库馆臣对清初文人的文学宗尚亦多有论述。《初编》也论述了这方面的内容，却未照搬《总目》的说法，而是提出了疑问与反驳。

首先，二者在如何看待清初诗人摹拟前代诗文的问题上便产生了分歧。中国古代诗歌源远流长，从《诗经》时代发端历经魏晋六朝的发展、至唐宋时期达到顶峰，对处于明清时期的后世诗人而言“学习

---

① 沈峻曾：《涟漪堂遗稿·序》，《清代诗文集汇编》第117册，上海古籍出版社2010年版，第129页。

② 沈峻曾：《涟漪堂遗稿·序》，《清代诗文集汇编》第117册，上海古籍出版社2010年版，第131页。

③ 纪昀等：《钦定四库全书总目》卷一八三《憺园集》提要，中华书局1997年版，第2553页。

揣摩前人作品的最本能的方法就是摹拟”[1]。不管是专尊一人还是转益多师，每个诗人心目中都有其奉为经典的诗人和诗作，这些诗人和诗作便成为他们学习模拟的对象。在评价清初诗人的模拟之习时，四库馆臣往往以批判为主，如认为杨思圣“入蜀诸作，刻意摹杜，而刻画痕迹未化也”[2]；批评周灿“规模唐音，浮声多而切响少，犹袭北地之旧调者也”[3]；孙爽“其诗刻意学古，亦刻于用意。而摹拟雕凿之痕，俱不能化”[4]。《总目》反对刻意模拟，追求诗歌模拟的不着痕迹。馆臣对清初诗人模拟之风的批判，是由于诗人模拟过程中所出现的弊端，更重要的则是基于对明代复古思潮兴起以来所造成的模拟剽窃之风的否定。

《初编》对诗人模拟问题的认识则较为平和，不像《总目》批判得那样激烈。以许虬为例，馆臣批判其诗“刻意摹拟，颇嫌太似”。《初编》却为之辩解道：“虬诗学六代三唐，才情飚举，惜少持择，苦于不似，而四库提要以为太似。摭其晋古汉古之言，讥为双钩古帖。清代论诗率贵宋，云有变化，若汉魏六朝，辄以摹拟轻之，譬如临帖，不先求似，焉有变化乎。”[5]邓之诚将模拟视为学诗之基础，正如研习书法一样，先求相似，再求变化。在到底“似”与“不似”的问题上，《初编》与《总目》的见解甚至完全相反，《总目》认为“太似”，而《初编》却认为“苦于不似”。

其次，在清初诗人具体宗法对象方面，《初编》与《总目》亦存在分歧。具体来看：

(1) 张远

《总目》：三集格调皆与毛奇龄相近，盖二人同里，得法于奇

① 俞灏敏：《文学的摹拟与文学的自觉》，《学术月刊》1997年第2期，第80页。
② 纪昀等：《钦定四库全书总目》卷一八一，中华书局1997年版，第2529页。
③ 纪昀等：《钦定四库全书总目》卷一八一，中华书局1997年版，第2533页。
④ 纪昀等：《钦定四库全书总目》卷一八一，中华书局1997年版，第2533页。
⑤ 邓之诚：《清诗纪事初编》，上海古籍出版社2012年版，第324页。

龄者多云。①

《初编》:《提要》谓得诗法于奇龄，非也。奇龄脱胎于陈子龙，远与西泠诸子，不止迳庭之隔而已。②

（2）陈至言

《总目》:今观所作，以藻缛为主，音繁节壮，颇似《西河集》中语，宜奇龄之喜其类己也。③

《初编》:诗五古极遒炼，律绝明秀，文多俪体，无纤仄之习，散文不为八家所囿，体格俱不甚类毛奇龄。奇龄方标唐音，以其不学宋人，且乡里后进才士，故奖藉之。《提要》以为藻缛，音繁节壮，宜奇龄喜其类己，殆未审观也。④

（3）郑梁

《总目》:梁受学于黄宗羲，尝谓“陈师道年三十一见黄鲁直，尽焚其稿而学焉。”梁见宗羲时亦三十一，故诗文皆以《见黄稿》为冠。其文得之宗羲者为多，而根柢较宗羲少薄。诗则旁门别径，殆所谓有韵之语录。其书《定山诗抄》句云:“明朝诗学崔公甫，若语仙才拜定山。”可以得其宗旨之所在矣。⑤

《初编》:梁诗学东坡，有极俊爽处，有句云“敢云坡后有寒村”，其瓣香可知。《四库提要》谓其诗似偈，实摹庄定山，非笃论也。学于黄宗羲，得其文笔，无小说气，亦无宗羲雄杰之概，岂才力有所限耶。究不失为浙东一大家。⑥

① 纪昀等:《钦定四库全书总目》卷一八三《张迩可集》提要，中华书局1997年版，第2559页。

② 邓之诚:《清诗纪事初编》，上海古籍出版社2012年版，第835页。

③ 纪昀等:《钦定四库全书总目》卷一八四《菀青集》提要，中华书局1997年版，第2571页。

④ 邓之诚:《清诗纪事初编》，上海古籍出版社2012年版，第840页。

⑤ 纪昀等:《钦定四库全书总目》卷一八三《寒村集》提要，中华书局1997年版，第2565页。

⑥ 邓之诚:《清诗纪事初编》，上海古籍出版社2012年版，第858页。

(4) 杨素蕴

《总目》：其诗颇摹李梦阳，文则皆应俗之作也。①

《初编》：《四库提要》称其诗颇摹李梦阳，今细观之，唯不学宋诗耳。律绝颇有佳篇，七古最下，盖有才而未检绳墨者也。②

(5) 刘体仁

《总目》：体仁欲力脱七子之窠臼，而诗或生硬，文或纤佻，实出入于竟陵、公安之间，明末山人之习，未尽除也。③

《初编》：诗文好奇，诗摹晚唐，颇有色泽……读其诗，时有奇气，信畸人也。④

(6) 吕谦恒

《总目》：其诗纯作宋格，疏爽有余，而亦颇伤朴直。如《洗象行》之类，皆病于太质。⑤

《初编》：方苞称其诗不袭宋以下格调，而王摅评其兄弟诗，皆渊源七子。《四库提要》乃谓纯作宋格，非笃论也。实则才华稍逊，锤炼不足，未足与于作者之林。⑥

清初诗人在建构自身的诗学理论体系的时候往往会转益多师，使得对其诗学宗尚的判断难度加大，《总目》与《初编》对清初文人诗学宗尚的判断就往往存在差异之处。以郑梁为例，《初编》以其诗文

① 纪昀等：《钦定四库全书总目》卷一八二《见山楼诗文集》提要，中华书局1997年版，第2534页。

② 邓之诚：《清诗纪事初编》，上海古籍出版社2012年版，第873页。

③ 纪昀等：《钦定四库全书总目》卷一八二《七颂堂集》提要，中华书局1997年版，第2539页。

④ 邓之诚：《清诗纪事初编》，上海古籍出版社2012年版，第908—909页。

⑤ 纪昀等：《钦定四库全书总目》卷一八四《青要集》提要，中华书局1997年版，第2575页。

⑥ 邓之诚：《清诗纪事初编》，上海古籍出版社2012年版，第912—913页。

学苏轼，《总目》认为其文学黄宗羲，诗学庄昶。此观点与徐世昌的观点类似，其言曰：“少游梨洲之门，文有渊源，诗亦近梨洲。”[①]《浙江通志》所持观点与《总目》相同：“郑梁尝学于黄宗羲，闻蕺山刘先生绪论。寓意于艺文，诗类江门、定山，文近震川，宗羲亟称之。”[②] 又如杨素蕴，汪琬在《见山楼诗集序》中评其诗歌宗尚时说：“其诗出入魏黄初唐大历间，绝不蹈时流蹊径。举凡登临、眺瞩、往还、赠答率皆指深思远，尤多清丽雄迈警绝之词。”[③] 此言类乎《初编》，而与《总目》不同。再如刘体仁，《总目》以其诗出入公安、竟陵派之间而加以批判。《初编》则认为其诗模拟晚唐。对于刘体仁诗学宗尚，王士禛于《居易录》中曾言：“公㦷诗颇有奇句，如云‘直溪束天色，湍激橡林左’，峭刻，极似东野语。”[④] 沈德潜《清诗别裁集》亦认为：“公㦷诗出以生新，每近于涩，嗜好应在东野。”[⑤] 而朱克敬却提出了另一种观点，他在《儒林琐记》中说：“公㦷诗格与王士禛相近。”[⑥] 综合各类观点来看，《总目》的观点并非公论，邓之诚的论断则更具代表性。

第三，对清初文人定位的不同评价。如何准确评价每一位诗人在清初诗坛的地位同样是《总目》和《初编》面临的巨大挑战。不同的评论者从不同的视角和立场出发，对清初诗人的成就便会有不同的评价。在20篇提要中，对清初文人成就评价存在差异的至少有韩菼、叶映榴、李澄中、李良年、郑梁等五位。《有怀堂诗文稿》提要称韩菼之文“安章宅句，皆刻意研削”，而诗“则又其余事矣”[⑦]。总之，即馆臣对韩菼之诗文成就评价较低。邓之诚则给予了较高的

---

① 徐世昌：《晚晴簃诗话》卷三〇，《续修四库全书》第1629册，上海古籍出版社2002年版，第528页。

② 钱仲联主编：《清诗纪事》（五），江苏古籍出版社1987年版，第3016页。

③ 杨素蕴：《见山楼诗集》，《四库全书存目丛书》集部第221册，齐鲁书社1997年版，第38页。

④ 王士禛：《居易录》卷三，《王士禛全集》（五），齐鲁书社2007年版，第3730页。

⑤ 沈德潜：《清诗别裁集》卷四，上海古籍出版社2013年版，第148页。

⑥ 钱仲联主编：《清诗纪事》（四），江苏古籍出版社1987年版，第1894页。

⑦ 纪昀等：《钦定四库全书总目》卷一八三，中华书局1997年版，第2554页。

评价，认为其文“学欧曾，甚有法度”，诗歌“亦颇温厚有旨”，并认为提要所言之“诗非所长”是“轻下雌黄”①。馆臣在《叶忠节遗稿》提要中认为叶映榴以人传文，邓之诚则称馆臣的评价并非笃论，称“清初云间诗派称盛，李张二董三周诸曹各擅胜场。映榴虽未足与之连镳并驾，而造诣亦深”②。显然，邓之诚对叶映榴在清初文学的地位的评价要高于馆臣的评价。馆臣在《白云村集》提要中称李澄中“诗文修洁有余，至魄力雄厚，终非王、田比也”③。然而邓之诚却认为：“澄中诗学杜甫，辞多比兴，雅而能切，文笔遒炼，善于碑传纪事之作。鸿博五十人中，足称上选。四库谓其篇章不富，未能与王士禛、田雯抗衡，实则自订其集，删汰已多也。”④馆臣在《秋锦山房集》提要中以李良年诗“自少至老，风调不变，其蹊径之狭，殆才分所偏”，文又“不逮其诗”⑤。邓之诚却不认同此评价，曰：“《四库提要》谓其诗蹊径之狭，才分所限，文则长于议论，短于叙述，不足以知良年。其文有法，亦非彝尊所及。”⑥《寒村集》提要中称郑梁文宗黄宗羲，“而根柢较宗羲少薄”⑦。邓之诚亦承认郑梁“才力有所限”，其文“无宗羲雄杰之概”，但“究不失为浙东一大家”⑧。

综合《总目》和《初编》对五人文学成就的评价来看，前者批评较为严苛，多以批判性的语言为主，后者则评价相对较高。之所以出现这种现象，一是由于二者的立场不同。前文已言，在官学思想支配下，馆臣在清别集提要中期望彰显出清初盛世文学的状貌，因此，对典雅敦厚的台阁文学及醇实的学者之文情有独钟，对凄楚诗风大加批评，政治意识浓厚。邓之诚在《清诗纪事初编序》中说：“黄宗羲

① 邓之诚：《清诗纪事初编》，上海古籍出版社 2012 年版，第 325 页。
② 邓之诚：《清诗纪事初编》，上海古籍出版社 2012 年版，第 481 页。
③ 纪昀等：《钦定四库全书总目》卷一八三，中华书局 1997 年版，第 2558 页。
④ 邓之诚：《清诗纪事初编》，上海古籍出版社 2012 年版，第 690 页。
⑤ 纪昀等：《钦定四库全书总目》卷一八三，中华书局 1997 年版，第 2558 页。
⑥ 邓之诚：《清诗纪事初编》，上海古籍出版社 2012 年版，第 756 页。
⑦ 纪昀等：《钦定四库全书总目》卷一八三，中华书局 1997 年版，第 2565 页。
⑧ 邓之诚：《清诗纪事初编》，上海古籍出版社 2012 年版，第 858 页。

尝谓当以诗证史，不当以史证诗，小年读此，深喜其说。”① 由此可知，邓之诚撰修《清诗纪事初编》的目的在于“以诗证史”，尤其是注重对清初纪事之作的选择，“是集之作，端资纪事……此八十年间，南明弘光隆武永历相继搘柱者十八年。台湾郑氏至康熙二十二年始绝，其间若李赤心若交山若其他连仆继起者，更仆难数。康熙中叶以后，复用兵西北，盖兵革之事，未尝一日或息。党争则满汉有争、南北有争、废太子之争，几亘三十年。当玄黄未判之际，为商遗殷顽者，不能无恢复之望，因以事以文字获罪死徙者多矣。兵饷不继，胥吏苛求，更若水旱地震之灾，奢侈贪黩之习，商贾之操纵盈绌，巨室之为患乡里，是时兵刑河槽，号为大政，而不能无得失利病。又值海通，梯航远至，西学西器，渐入中土，书史但称是时之盛。民生疾苦，不能尽知，唯诗人咏叹，时一流露，读其诗而时事大略可睹。是集采诗即依此为准，但取其事，不限名家”②。

与馆臣注重展现清初盛世不同，在邓之诚看来，清初朝野危机重重，诗歌是了解这一时期民生疾苦的重要方式。对馆臣热衷赞美的鼓吹升平之作却是深恶痛绝，在《凡例》中，邓之诚说：“颂圣之诗，概从屏弃。其通篇纪事，唯中间及篇末偶有谀辞者，初意为之删改，继思此是当时体制使然，李杜集中有名之作，亦复不免，遂过而存之。”③

二是由于两部著述的书写原则不同。于敏中曾言提要撰写的原则之一为：“提要宜加核实，其拟刊者则有褒无贬，拟抄者则褒贬互见，存目者有贬无褒，方足以彰直笔而示传信，并希留神。”④ 这也正是上述《总目》提要中多“贬”语的重要原因。邓之诚却是对顺康时期诗人赞颂有加，在他看来：“若以诗论，顺康两朝为最盛矣。初则虞山常熟钱谦益，云间松江陈子龙、李雯、宋征舆分派

① 邓之诚：《清诗纪事初编·清诗纪事初编序》，上海古籍出版社 2012 年版，第 1 页。
② 邓之诚：《清诗纪事初编·清诗纪事初编序》，上海古籍出版社 2012 年版，第 3 页。
③ 邓之诚：《清诗纪事初编·凡例》，上海古籍出版社 2012 年版，第 5 页。
④ 于敏中：《于文襄公（敏中）手札》，《近代中国史料丛刊》第 22 辑，文海出版社 1966 年版，第 75 页。

角立，而娄东太仓吴伟业左右其间，莫不才气浩瀚，运以健笔，称为大家。钱吴兼祧白陆，下启朱彝尊、王士禛，风气既开，而西泠十子、太仓十子、金台十子、岭南三家，云蒸霞起，各有门庭。草野之士，方崎岖兵革之间，呻吟鞭扑之下，艰于一饱，动触网罗，寄其郁陶，行歌相答，山河有泪，花鸟添悲，然举业既捐，肆力学古，意深辞雅，多有足观。最足以廉顽立懦救弊起衰者则推亭林顾炎武，盖莫之能比也。台阁之上亦附庸风雅，延揽孤寒，于是新城王士禛善于修饰，倡为神韵之说，遂为一时领袖。然己未鸿博以后，老成凋谢，为韵语者，代怨诽以歌诵，易弁服以冠冕，诗教顿衰，犹赖朱彝尊、查慎行老寿，长为后生楷式，风流不坠，终非雍乾以后所能企及。”① 同样是表现清初文学之盛，与馆臣仅赞颂台阁文学与儒者文学不同，摆脱了政治束缚的邓之诚对清初诗人的选择更为全面，评价也更为客观。

表6－2 《清诗纪事初编》涉及《总目》清别集提要一览表

序号	作者名	《总目》	《初编》	备注
1	徐振芳	所作奇气岔涌，时出人于李贺、卢仝之间。而竟陵、公安之余习未尽湔除，故往往失之纤仄。变徵之声，酸吟激楚，其学谢翱而未成者欤？（第2524页）	今读此集，格律浑成，才情奔放，特多凄凉激楚之音，盖沧桑之际，密有所图，终于无成，而不肯枉屈，信乎豪杰之士也。提要乃以楚音短之，岂非聋瞆。（第157页）	观念辨析。对遗民凄楚诗风的肯定
2	李焕章	所著有《龙湾集》《无学堂集》《老树村集》凡百余万言。后合诸集而刊削之，定为此本。其文跌宕排奡，气机颇壮，而汪洋纵放，未免一泻无余。（第2523页）	《织斋文集》凡八卷……与四库存目《织斋文钞》八卷云，所著有《龙湾集》《无学堂集》《老树村集》，凡百余万言者合……四库称为跌宕排奡，气机颇壮，而汪洋纵放，未免一泻无余。（第158页）	纯粹引用

① 邓之诚：《清诗纪事初编·清诗纪事初编序》，上海古籍出版社2012年版，第2—3页。

续表

序号	作者名	《总目》	《初编》	备注
3	汪琬	《钝翁前后类稿》一百八十卷（注：实则一百一十八卷）（第2539页）	类稿刻于康熙十五年丙辰，凡诗稿十二卷，文稿三十八卷，外稿十二卷。续稿刻于二十四年乙丑，凡诗稿八卷，文稿二十二卷，别稿二十六卷。琬初撰毓德堂，戊己，玉遮山人诸集，删为类稿二十四卷，后复增益续作，故曰前后类稿。合两稿为汪氏传家集。《四库总目提要》竟题曰《钝翁前后类稿》一百十八卷，非也。（第321页）	版本辨析
4	许虬	其诗前数卷多拟古之作，刻意模拟，颇嫌太似。（第2533页）	虬诗学六代三唐，才情飚举，惜少持择，苦于不似，而四库提要以为太似。摭其晋古汉古之言，讥为双钩古帖。清代论诗率贵宋，云有变化，若汉魏六朝，辄以摹拟轻之，譬如临帖，不先求似，焉有变化乎。（第324页）	观念辨析
5	韩菼	菼以制艺著名，其古文亦法度严谨……诗则又其余事矣。（第2554页）	文学欧曾，甚有法度。序记之文或失之泛爱，纪事多足徵一时掌故。诗分蹢躅、归愚、病坊、粲迷四集，亦颇温厚有旨。四库提要以为诗非所长。翁方纲辈奉王士禛为圭臬，《感旧集》未录菼诗，遂不免轻下雌黄也。（第325页）	观念辨析。为其诗正名
6	叶方蔼	《读书斋偶存稿》四卷。未遇时尝著有《觚斋集》，得第后遂弃不复存。此本皆在朝及告归时所作，不分体，不编年，疑为方蔼所自定……王原祁序，称方蔼"诗宗苏、陆，文宗眉山，生平服膺王士禛之诗，汪琬之文，实兼有二家之长"云云。今是稿不及杂文，而诗则诸体具备。（第2344页）	撰《叶文敏公集》十二卷，为文七卷，诗五卷。《四库总目》有方蔼《读书斋偶存稿》四卷，有诗无文，称其未遇时有《觚斋集》，登第后弃之不录，此集或后人所编，与诗并存。……提要引王原祁序，称方蔼诗宗苏陆，文宗眉山。《感旧集》小传引此以为王原哀三公咏之语，此本无此序。王原为方蔼汲引，见徐乾学王令诒制义序，检学庵类稿哀三公咏作诗法传夔州，陆苏属其植。提要及感旧集，皆误。（第357页）	版本对比 文献辨析

续表

序号	作者名	《总目》	《初编》	备注
7	周茂源	《鹤静堂集》十九卷。是集前十四卷为诗，后五卷为文。所作葩藻丽缛，沿齐、梁之余艳。（第2532页）	撰《鹤静堂集》十九卷，凡诗十三卷，自十八卷起为文，中阙四卷。四库著录本亦如此，殆志传之属，或触忌讳，遂付阙如耳。（第464页）	版本对比
8	王九龄	《艾纳山房集》五卷。其诗欲挹何、李之流波，而才思富艳，加以纤秾。如《金陵杂感》云："十里青楼原上草，六朝红粉路旁花"，殆以情韵胜矣。（第2562页）	《嫩云书屋诗稿》七卷。……四库著录九龄所著《艾纳山房集》五卷，而无此稿。提要称其《金陵杂感》："十里青楼原上草，六朝红粉路旁花。"亦不见此稿，艾纳或晚年所刻。（第469页）	版本对比
9	叶映榴	武昌抚标叛兵夏包子作乱，映榴死之……彝尊又为之序，称"映榴之节，不待此区区之文以传"。其论当矣。（第2542页）	清初云间诗派称盛，李张二董三周诸曹各擅胜场。映榴虽未足与之连镳并驾，而造诣亦深。四库存目乃谓以人传，不必以文传，非笃论也。（第481页）	观念辨析
10	陈名夏	《石云居士集》十五卷《诗》七卷（第2518页）	所撰《石云居士文集》十五卷，约刻于十年，四库著录有诗七卷，今未见。（第490页）	版本对比
11	宗元鼎	《芙蓉集》十七卷（第2550页）	初刻《芙蓉集》，在顺治二年。至康熙元年，编所为诗文存少作十之二，为《芙蓉集》二十六卷，其弟之瑾作注，并未写刻，然仅十七卷，与四库著录者同，疑虚张其数，刻成者止此。壬寅以后诗文，别为《新柳堂集》。（第498页）	版本对比
12	顾图河	康熙己丑进士，官翰林院编修。图河为江左十五子之一。（浙本提要第1670页）	四库提要误图河科分为己丑，复以为江左十五家之一，不知何以不检如此。（第505页）	错误辨析
13	李孚青	其气骨未遒，则年未四十而殁，功候犹浅之故也。（第2561页）	孚青诗才清丽，毛奇龄、王士禛皆极称之。《四库提要》谓其年未四十而没，功候犹浅，气骨未遒，此皮相之论，不足以知孚青。《道旁集》中有康熙末年所作，其年将六十矣，安得谓未四十即没，殆只见野香一集耶。（第555页）	错误辨析

续表

序号	作者名	《总目》	《初编》	备注
14	张英	《文端集》四十六卷。此乃其诗文全集，凡《存诚堂应制诗》四卷，《存诚堂诗集》二十五卷，《笃素堂诗集》七卷，《笃素堂文集》十卷。（第2346页）	撰《双溪集》，为《存诚堂诗》二十五卷，《应制诗》五卷，《笃素堂诗》七卷、文十六卷。四库著录改称《张文端公集》四十六卷，误《应制诗》为四卷，文为十卷。诗文虽未能工，而春容大雅，颇耽田园之乐。（第560页）	版本对比
15	范士楫	其诗尚染明季伪体。卷首自序一篇，故为奥涩，亦当时习气也。（第2516页）	士楫颇有文名，报吴伟业诗云："雅颂犹多事，千年况国工。"自负甚高，讥钟谭体弱，自谓不古不今，实则欲学长吉而无其奇丽。《四库提要》乃以为未脱明季恶习，似于其集未暇细观，何足为定论乎。（第604页）	观念辨析
16	魏裔介	《兼济堂文集》二十卷。是编奏疏二卷，序六卷，书牍二卷，传志二卷，祭文、论二卷，杂著二卷，乐府、古今体诗三卷，附年谱一卷。（第2341页）	四库书目称裔介著述刻于江南者有……詹明章裒辑诸本，简繁汰冗，刊为《兼济堂文集选》二十卷，分奏疏三卷、序六卷、书牍二卷、传志二卷、祭文论二卷、杂著二卷、乐府古今体诗三卷。此兼济堂诗集八卷，四库未著录。（第619页）	版本对比
17	庞垲	《丛碧山房集》五十七卷。是集凡文八卷，杂著三卷，《翰苑稿》十四卷，《舍人稿》六卷，《工部稿》十一卷，《户部稿》十卷，《建州稿》五卷，皆其所手自编定也。（第2558页）	所著《丛碧山房集》，文八卷、杂著三卷、翰苑稿十四卷、舍人稿六卷、工部稿十一卷、户部稿十卷、建州稿五卷、和陶稿一卷、归田稿一卷。四库存目无和陶、归田二稿。垲诗专意学杜，一以性情礼义为归。田雯称为苏陆，提要讥其率易，皆皮相之论。王士禛不喜杜，故不甚称垲，垲不随风气转移，其可贵正在此。能为李澄中刻集，又笃于风义者。（第625页）	版本对比 观念辨析

续表

序号	作者名	《总目》	《初编》	备注
18	李澄中	澄中诗文修洁有余，至魄力雄厚，终非王、田比也。（第2558页）	此集（《卧象山房集》十五卷）文一卷、诗二卷、滇南集一卷、赋一卷、白云村文集四卷、诗正集七卷，较四库存目少艮斋文选一卷，然四库有白云村集八卷，庞垲为刻于建宁，较此本少三卷，疑馆臣未见原书，言之未核。澄中诗学杜甫，辞多比兴，雅而能切，文笔遒炼，善于碑传纪事之作。鸿博五十人中，足称上选。四库谓其篇章不富，未能与王士禛、田雯抗衡，实则自订其集，删汰已多也。别撰《滇行日记》一卷，亦赅博可喜。（第690页）	版本对比 观点辨析
19	王曰高	《槐轩集》十卷。是集诗五卷，文五卷。（第2541页）	撰《槐轩集》诗四卷、文四卷。四库著录为诗文各五卷，此本刻于康熙七年，偶失其文。（第696页）	版本对比
20	于成龙	《于山奏牍》七卷。 成龙字北溟，永宁人。前明拔贡生，入国朝，授广西罗城县知县，官至湖广总督。（第791页）	《四库提要》谓清端前明拔贡生，则由读陈廷敬《于清端公传》谛视未审而致误。又谓官至湖广总督，则由清史本传有安徽巡抚涂国相升任湖广总督，成龙兼巡抚事，二语句读不分而致误，当时馆臣草率如此。（第726页）	错误辨析
21	白胤谦	《学言》三卷。 其曰："无我之我是谓真我，无知之知是谓良知。"又曰："圣人无内无外，仁可智也，智可仁也。"皆语涉惝恍，非笃实之学也。（第1273页）	胤谦撰《学言》三卷，谓无我之我，是谓真我；无知之知，是谓良知。四库提要讥其语涉惝恍，而不知正其阅历有得，足以免于乱世矣。……胤谦以居官无赫赫之迹，竟未入贰臣传。（第727页）	观念辨析

续表

序号	作者名	《总目》	《初编》	备注
22	徐嘉炎	《抱经斋集》二十卷附《焚余草》一卷。是集应制诗一卷，乐府一卷，古诗四卷，律诗五卷，绝句二卷，玉台词一卷，赋颂一卷，论一卷，序三卷，杂文一卷。末附《焚余草》一卷，乃嘉炎父肇森所作。(第2557—2558页)	撰《抱经斋诗集》十四卷，文列全目凡五十卷，每卷选刻一二篇，与《四库总目》所称赋颂一卷、论一卷、序三卷、杂文一卷者不合，又无所附《焚余草》，大约初欲全刻，后不能继，乃就已刻者编为六卷，即四库所见本也。(第752页)	版本对比
23	李良年	自少至老，风调不变，其蹊径之狭，殆才分所偏欤？文则长于议论，而短于叙述，不逮其诗。(第2558页)	《四库提要》谓其诗蹊径之狭，才分所限，文则长于议论，短于叙述，不足以知良年。其文有法，亦非彝尊所及。(第756页)	观点辩证
24	朱嘉徵	未叙录	有《止豁文集》二十卷，诗集三十卷，《道游堂诗集》四卷，《川南纪游诗》八卷，四库存目未著录。(第786页)	
25	沈峻曾	上卷为杂文，下卷为诗，末附杂言数十条，皆谈理之语，颇近陈继儒小品。(第2536页)	文多序论，喜推盛衰倚伏之理。集中《破甑翁传》，即自序也。诗只七律，且皆湖上所作，凄苦摧抑，读之寡欢，理言阅历有得，而《四库提要》乃谓颇近陈继儒小品，何其昧昧。(第797页)	观点辨析
26	徐倬	《苹村类稿》三十卷附录二卷（第2554页）	撰《苹村集》三十一卷……四库得此本，失其籤题，改称《苹村类稿》，非其旧也。（第818页）	版本对比
27	张远	三集格调皆与毛奇龄相近，盖二人同里，得法于奇龄者多云。(第2559页)	《提要》谓得诗法于奇龄，非也。奇龄脱胎于陈子龙，远与西泠诸子，不止迳庭之隔而已。(第835页)	观念辨析

续表

序号	作者名	《总目》	《初编》	备注
28	陈至言	《菀青集》无卷数。 今观所作，以藻缛为主，音繁节壮，颇似《西河集》中语，宜奇龄之喜其类己也。（第2571页）	撰《菀青集》，诗十二卷，文七卷，诗余二卷。《提要》言无卷数者，未见其目也。诗五古极遒炼，律绝明秀，文多俪体，无纤仄之习，散文不为八家所囿，体格俱不甚类毛奇龄。奇龄方标唐音，以其不学宋人，且乡里后进才士，故奖藉之。《提要》以为藻缛，音繁节壮，宜奇龄喜其类己，殆未审观也。（第840页）	版本信息辨析 观点辨析
29	毛际可	《安序堂文钞》二十卷（第2540页）	著《安序堂文钞》三十卷，较四库著录本多十卷。盖际可先刻《松皋文集》十卷……（第848页）	版本比较
30	郑梁	其文得之宗羲者为多，而根柢较宗羲少薄。诗则旁门别径，殆所谓有韵之语录。（第2565页）	《四库提要》谓其诗似偈，实摹庄定山，非笃论也。学于黄宗羲，得其文笔，无小说气，亦无宗羲雄杰之概，岂才力有所限耶。究不失为浙东一大家。（第858页）	观点辨析
31	姜宸英	《湛园集》八卷。（第2349页） 《湛园未定稿》六卷。（第2571页）《真意堂文稿》一卷。（第2571页）	《姜先生全集》，唯四库著录之《湛园集》八卷未得。（第859页）	版本对比
32	杨素蕴	其诗颇摹李梦阳，文则皆应俗之作。（第2534页）	《四库提要》称其诗颇摹李梦阳，今细观之，唯不学宋诗耳。律绝颇有佳篇，七古最下，盖有才而未检绳墨者也。四库著录者诗文同集，未见。尚有《西台奏议》一卷、《京兆奏议》一卷、《曲徒录》一卷、《抚皖治略》一卷、《抚楚治略》一卷、《榖城水运纪略》一卷，今皆未见。（第873页）	观点辨析 版本对比

续表

序号	作者名	《总目》	《初编》	备注
33	宋荦	《西陂类稿》三十九卷(第2348页)	所撰《绵津山人集》六十九卷刻于康熙二十七年。晚岁复增益之附以所为文，别刻为《西陂类稿》五十卷。凡绵津所有者，几莫不有之，乃四库既以类稿著录，复以绵津入存目，何耶？(第881页)	版本对比
34	刘世燧	无叙录	撰《倚云阁诗集》一卷，力摹唐音，而不堕七子之习，间失之粗，而寄托有在。集中秋兴八首、题芦雁图四首，偶及征戍之苦、赋敛之繁，无他违碍，不知何缘列为禁书。(第887页)	
35	刘体仁	是集凡诗八卷，文四卷，又《空中语》一卷，尺牍一卷。 体仁欲力脱七子之窠臼，而诗或生硬，文或纤佻，实出入于竟陵、公安之间，明末山人之习，未尽除也。(第2539页)	诗文好奇，诗摹晚唐，颇有色泽。……读其诗，时有奇气，信畸人也。集传世甚稀，四库存目缺诗第九卷，同治中重刻本以《空中语》为第九卷。后又求得第九卷以为第十卷，文则合文与尺牍为二卷，缺文五篇，尺牍三则，而次第颠倒，非复旧观。(第909页)	版本对比
36	吕谦恒	其诗纯作宋格，疏爽有余，而亦颇伤朴直。如《洗象行》之类，皆病于太质。(第2575页)	方苞称其诗不袭宋以下格调，而王摅评其兄弟诗，皆渊源七子。《四库提要》乃谓纯作宋格，非笃论也。实则才华稍逊，锤炼不足，未足与于作者之林。(第912—913页)	观点辨析
37	金德嘉	《复胡石庄书》谓“史馆方开，吾楚先辈故事，尚待折衷。江陵当国，综核名实，富国强兵数十年，而论者以专病之。熊、杨慷慨任事，而熊以过刚见嫉于当世。杨专阃仗钺，忧愤以死，或曰自缢。……”云云。为狃于乡曲之私，未可为万世之公论也。(第2561页)	清史文苑传四库提要皆言其有文集二十卷，别集十卷，而不及其诗。德嘉与顾景星同县同时齐名，而诗格独超浑，矩度不失，言皆有物，随事可证。撰《居业堂诗钞》二十二卷，分《江浒集》……《提要》讥其文为张居正、杨嗣昌颂冤，不免私其乡里。不知此正嘉德之特职也。诗中但及熊廷弼耳。(第940页)	观点辨析

第四节 "清代文学史"书写中的《总目》因素

《总目》蕴藏着极为丰富的文学史资源可供后世文学史书写者借鉴。民国以来之清代文学史著作，对《总目》之观点既有继承亦有批判。本节根据对苏雪林《中国文学史略》，胡行之《中国文学史讲话》，赵景深《中国文学小史》，曾毅《中国文学史》，胡怀琛《中国文学史略》，谢无量《中国大文学史》，钱基博《清代文学纲要》，刘大杰《中国文学发展史》，姜书阁《中国文学史纲要》，游国恩等《中国文学史》，章培恒、骆玉明《中国文学史》，马积高、黄钧主编《中国古代文学史》，郭预衡《中国古代文学史》，袁行霈主编《中国文学史》，陈洪《古代文学基础》，陈文新《中国古代文学》，郭英德、过常宝《中国古代文学史》，孙康宜主编《剑桥中国文学史》，"马工程"本《中国古代文学史》等文学通史中的"清代文学史"及严迪昌《清诗史》、刘世南《清诗流派史》、蒋寅《清代诗学史》、朱则杰《清诗史》等断代文学史的梳理，分析这些文学史在书写中的《总目》因素。

一 "清代文学史"对《总目》观点的承袭

《总目》对清初文人及其作品进行了全面系统的梳理和评价，其别集提要中的许多独到见解被后来的文学史作者广为引用和借鉴。"清代文学史"书写中接受的《总目》观点主要有：

（一）关于清初诗文之演进历程

清初文学异彩纷呈，各文体再度复兴，《总目》对以诗文为主体的在清初文学发展历程有着细致的论述，这些观点亦被后世文学史广为接受。

就清初诗歌而言，《总目》将明末清初诗歌的流变历程归纳为："明诗摹拟之弊，极于太仓、历城；纤佻之弊，极于公安、竟陵。物穷则变，故国初多以宋诗为宗。宋诗又弊，士禛乃持严羽余论，倡神韵之说以救之。"[①] 在馆臣的文学视野中，清初文学的流变就是一个"救弊"的过程，而且这一思想在《精华录》提要、《御选唐宋诗醇》提要、《唐贤三昧集》提要、《宋诗抄》提要等提要中以不同文字反复提及。钱基博《清代文学纲要》直接引用了此段论述，其言为："明末公安袁宏道矫王、李之弊，倡以清真。竟陵钟惺复矫其弊，变为幽深孤峭……清初诗人皆厌王李之肤廓，钟谭之纤仄，谈诗者颇尚宋、元，而宋诗之质直，流而为有韵之语录；元诗之缛艳，化而为对句之小词。王士祯崛起其间，独标神韵。"[②] 再如刘世南《清诗流派史》继承了《总目》的观点，认为"神韵说"的出现是为了救宗宋派之弊："正因为清初宗宋派出现了这么多的流弊，所以王士禛起而加以矫正，正如清中期的纪昀所说：'国初变而学北宋，渐趋板实，故渔洋以清空缥缈之音变易天下耳目，其实亦仍从七子旧派神明变化而出之。'"[③] 此处所引纪昀之语刘氏误将其标注为《渔洋精华录提要》，然实则出自纪昀《冶亭诗介序》[④]。此言虽非直接出自《总目》，却与《总目》观点完全一致，可以说，刘氏观点亦是源自《总目》。

在"文"方面，《总目》最关注的是"古文"。馆臣于清别集提要中涉及的主要是"学者之文"和"文人之文"。在对待二者的态度上，馆臣也有着明显的差异，对"学者之文"馆臣极尽赞美之词，而对"文人之文"却多批评之语。"古文三大家"是清初的代表作家，馆臣于汪琬《尧峰文钞》提要中认为"古文一脉，自明代肤滥于七子，纤佻于三袁，至启祯而极敝。国初风气还淳，一时学者始复讲唐宋以来之矩镬"[⑤]。清初古文正统是继承唐宋传统，这是现今清代文学史著作对清初散文认识的普遍观点，如马积高、黄钧所编《中国古代

① 纪昀等：《钦定四库全书总目》卷一九〇，中华书局 1997 年版，第 2660 页。

② 钱基博：《清代文学纲要》，钱基博著《中国文学史》附录，上海古籍出版社 2011 年版，第 862—863 页。

③ 刘世南：《清诗流派史》，人民文学出版社 2011 年版，第 226 页。

④ 纪昀：《纪晓岚文集》（第一册）卷九，河北教育出版社 1995 年版，第 190 页。

⑤ 永瑢等：《四库全书总目》卷一七三，中华书局 1965 年版，第 1522 页。

文学史》中认为“学人之文”和“文人之文”是以不同方式在矫正晚明文风，“如果说，以黄、顾、王为代表的学人用经世致用之文矫正了明代文风的空疏，那么，以侯、魏、汪三家为代表的文人则用规模宏大、出入唐宋的散文扫清了明末文风的纤佻，他们都为清代文风的健康发展作出了自己的贡献”①。再如章培恒、骆玉明“在清初文坛上居于正统地位的……是号称接续唐宋古文传统的古文。先有侯方域、魏禧、汪琬所谓清初‘三大家’，后有桐城派。前者代表了从明末文风向清初文风的转变，后者代表了与官方意志相应的古文体式的确立”②。陈洪主编《古代文学基础》与上述两种文学史的表述大体一致：“在清初文坛居正统地位的既非承晚明余绪的小品文（如金圣叹、廖燕、李渔等），也非上述学者之文，而是接续唐宋古文传统的古文。这方面前有侯方域、魏禧、汪琬‘清初三大家’，后有桐城派。《四库全书总目提要》云：古文一脉，自明代肤滥于七子，纤佻于三袁，至启、祯而极蔽。国初风气还淳，一时学者始复讲唐宋以来之矩镬，而琬与宁都魏禧、商丘侯方域，称为最工。”③

（二）关于个体作家的批评

《总目》提要除了对清初文学发展趋势的总体归纳外，更多的是对个体作家的评价。此类批评中的独到见解同样被文学史书写者广为接受。刘世南《清诗流派史》直接援引《总目》观点达22次之多。④在其他各类“清代文学史”中对清别集提要中接受度最高的观点当数吴伟业《梅村集》提要、王士禛《精华录》提要。

四库馆臣评吴伟业一生诗风的变化时说：“其少作大抵才华艳发，吐纳风流，有藻思绮合、清丽芊眠之致。及乎遭逢丧乱，阅历兴亡，

① 马积高、黄钧主编：《中国古代文学史》（下），人民文学出版社2009年版，第539—540页。

② 章培恒、骆玉明主编：《中国文学史》（下），复旦大学出版社1997年版，第434页。

③ 陈洪主编：《古代文学基础》（下），北京大学出版社2008年版，第960页。

④ 刘世南：《清诗流派史》，人民文学出版社2011年版。

激楚苍凉，风骨弥为遒上。暮年萧瑟，论者以庾信方之。”① 馆臣的此评语被民国以来的文学史普遍接受，如谢无量、刘大杰、姜书阁等，甚至刘大杰在言及吴伟业诗风变化时说：“吴伟业的诗，辞藻美丽，尤长于七言歌行。及乎国变，身经丧乱，发之于诗，风格一变，暮年萧瑟，论者比之庾信。”② 苏雪林《中国文学史略》亦言：“诗藻思绮合，精丽芊眠，阅历兴亡，激楚苍凉，风骨弥为遒上。尤擅长歌行，感慨顽艳，一时称为绝调。”③ 二人所述之言虽略有差异，然皆引述自《梅村集》提要，或许是出于当时的学术习惯，作者未能标注出处。现代以来的文学史，如游国恩、郭预衡、章培恒、马积高、袁行霈主编文学史亦是广泛引述提要对“梅村体”之评语。《梅村集》提要被如此多的文学史著作援引，充分说明了馆臣对吴梅村诗歌特色的归纳达到了何等精准的程度。

文学史对王士禛《精华录》提要的接受除了王士禛在康熙诗坛的盟主地位和提出“神韵说”理论外，主要集中在“神韵说”提出的文学背景。各文学或直接或间接地接受了提要的观点，如胡行之《中国文学史讲话》：“清初诗人都厌恶明代王李底肤廓，钟谭底纤仄，于是皆尚宋元。但宋诗质直，流为有韵的语录，元诗缛艳，流为对句的小调。士祯即思廓清其弊，以俊逸的诗才，倡天下以‘不著一字，尽得风流’之说，神韵论调乃由此而兴了。他是结束明诗开雍正以后的清诗的大家。”④ 再如赵景深在《中国文学小史》中评价王士禛时说：“力倡‘神韵说’，一时得着许多人的信仰，至尊之为清代第一诗人。当时学诗的人多宗宋、元，但宋诗质直，每每容易做成有韵的语录；元诗繁秾，又每每容易变成对句的小调，所以王渔洋的神韵说出来，要叫诗人回复到唐代王维孟浩然的路上去，一以清新为主……纪文达说他‘宗王、孟上及谢朓而止’是能领略他的主张的。”⑤ 再如马积

---

① 纪昀等：《钦定四库全书总目》卷一七三，中华书局 1997 年版，第 2341 页。
② 刘大杰：《中国文学发展史》，复旦大学出版社 2006 年版，第 263 页。
③ 苏雪林：《中国文学史略》，国立武汉大学 1938 年版，第 120 页。
④ 胡行之：《中国文学史讲话》，光华书局 1932 年版，第 126 页。
⑤ 赵景深：《中国文学小史》，山西人民出版社 2014 年版，第 177—178 页。

高、黄钧所主编的《中国古代文学史》亦言："不过，宗宋诗者，往往由质朴而陷入肤浅；宗元诗者，则常流于浓艳而失之纤巧。直到王士禛一出，独宗唐人，标榜'神韵'之说，以为作诗应以'妙悟'为主，对当时诗坛影响极大，成为清诗的一大宗派，王士禛亦获得'清代第一诗人'（谭献《复堂日记》）之称，并继钱谦益成为诗坛盟主近五十年之久。"① 三部文学史虽未明确指出其观点的来源，但其言语却与《精华录》提要大同小异，甚至有些话语直接源自提要。虽是间接接受，亦可见提要观点被各文学史接受的程度。

二　"清代文学史"对《总目》观点的修正

各"清代文学史"在继承《总目》思想的同时，也对部分观点进行了修正，主要包括：

（一）关于清初文学发展总体论断

以钱基博对清初文学的论断为例，钱氏所著《中国文学史》只写到明代文学，于清代文学另有《清代文学纲要》，其中关于清初文学的整体论述如下：

> 自明以来，言文学者，汉、魏、唐、宋，门户各张，一阖一辟，极纵横轶宕之观；而要其归，未能别出于汉、魏、唐、宋而成明之文学、清之文学也，徒为沿袭而已。清初诗家有声者，如钱谦益、吴伟业、龚鼎孳为江左三大家，皆承明季之旧，而曹溶诗名，亦与鼎孳相骖靳。大抵皆步武王、李也。明末公安袁宏道矫王、李之弊，倡以清真。竟陵钟惺复矫其弊，变为幽深孤峭，与谭元春评选唐人诗为《唐诗归》，又评隋以前为《古诗归》。钟、谭之名满天下，谓之竟陵体；亦一时之盛也。新城王士祯肇开有清一代之诗学，枕葄唐音，独嗜神韵，含蓄不尽，意有余于诗，海内推为正宗。与秀水朱彝尊、宣城施闰章、海宁查慎行、

① 马积高、黄钧主编：《中国古代文学史》（下），人民文学出版社2009年版，第569页。

莱阳宋琬所汇刻者，曰《六家诗》。彝尊学富才高，始则描摹初唐，继则滥泛北宋，与士祯齐名，时人称为“朱贪多，王爱好。”又有南施北宋之目；盖闰章以温柔敦厚胜；琬以雄健磊落胜也。当是时，商丘宋荦亦称诗宗，与士祯颉颃，而诗主条畅，又刻意生新，其源出于苏轼；游其门者，如邵山人长蘅等靡然从风，亦于士祯之外自树一宗。独王士祯名最高，然清诗之有王士祯，如文之有方苞也。清初诗人皆厌王李之肤廓，钟谭之纤仄，谈诗者颇尚宋、元，而宋诗之质直，流而为有韵之语录；元诗之缛艳，化而为对句之小词。王士祯崛起其间，独标神韵；所选古诗及《唐贤三昧集》，具见其诗眼所在；如《三昧集》不取李、杜一首，而录王维独多，可以知其微旨，蔚然为一代风气所归。但士祯之诗，富神韵而馁气势，好修饰而略性情。汪琬戒人勿效其喜用僻事新字，而益都赵执信本娶士祯女甥，习闻士祯论诗，谓“当如云中之龙，时露一鳞一爪”，而执信作《谈龙录》纠之，谓“诗当指事切情，不宜作虚无缥缈语，使处处可移，人人可用”。论者以为足救新城末派之弊。大抵士祯以神韵缥缈为宗，而风华富有。执信以思路巉深为主，而刻画入微。王之规模阔于赵，而流弊仍伤肤廓；赵之才力锐于王，而末派再病纤仄。两家并存，其得失适足相救也。①

如加以比较，不难发现此文中大部分观点与《总目》如出一辙，甚至有些话语直接源自《总目》，具体而言：第一，钱氏认为明清文学宗派林立，复古风气盛行。这与《总目》所评价明代文学观点相同。二者皆认为明末清初以来，公安派、竟陵派、神韵说等文学主张的演进是后者对前者弊端的弥补。钱氏在解释神韵说产生的文学背景时说：“清初诗人皆厌王李之肤廓，钟谭之纤仄，谈诗者颇尚宋、元，而宋诗之质直，流而为有韵之语录；元诗之缛艳，化而为对句之小

① 钱基博：《清代文学纲要》，《中国文学史》附录，上海古籍出版社2011年版，第862—863页。

词。王士祯崛起其间，独标神韵。”此语实则出自王士禛《精华录》提要[①]，语言几乎完全相同。第二，对王士禛于清初诗坛地位的判定。钱氏之“肇开有清一代之诗学”“清诗之有王士祯，如文之有方苞”与《总目》“国朝之有士禛，亦如宋有苏轼，元有虞集，明有高启”[②]所言相同，都将其视为开创清代诗风代表人物。钱氏评朱彝尊所引之“朱贪多，王爱好”见于朱彝尊《曝书亭集》提要[③]；宋荦诗尊苏轼，见于宋荦《西陂类稿》提要[④]；汪琬戒人勿效王士禛喜用僻事新字，见《精华录》提要；王士禛与赵执信诗歌之优劣，见于赵执信《因园集》提要[⑤]，话语亦与提要相同。虽然，钱基博对清初文学的论断大多出自《总目》，但在对明、清文学的整体论断与明清文学之间的关系方面双方却存在差异。首先，不同于《总目》对明代文学的激烈批判，钱氏对明代文学在中国文学史上的价值却有着深刻的认识，其言曰：“自来论文章者，多侈谈汉魏唐宋，而罕及明代。独会稽李慈铭极言明人诗文，超绝宋元恒蹊，而未有勘发。自我观之：中国文学之有明，其如欧洲中世纪之有文艺复兴乎？”[⑥] 钱氏一反《总目》之观点，高度肯定明代文学之价值。其次，在对明清文学关系的认识方面，不同于《总目》极力隔绝二者的联系，钱氏却认为清初诗家有声者“皆承明季之旧”，有着明显的承继性关系。

（二）遗民文学价值的重估

清初遗民不仅具有崇高的民族气节，也是清初文学的中坚力量之一。早在康熙年间，卓尔堪就已经关注到了遗民群体的存在，并辑《遗民诗》十二卷，收录明遗民三百余人，诗两千余首。明遗民诗的愁苦哀怨之音在清初得到广泛认同，黄宗羲就认为：“其疾恶思古，指事陈情，不异薰风之南来，履冰之中骨，怒则掣电流虹，哀则凄楚

① 纪昀等：《钦定四库全书总目》卷一七三，中华书局 1997 年版，第 2343 页。
② 纪昀等：《钦定四库全书总目》卷一七三，中华书局 1997 年版，第 2343 页。
③ 纪昀等：《钦定四库全书总目》卷一七三，中华书局 1997 年版，第 2345 页。
④ 纪昀等：《钦定四库全书总目》卷一七三，中华书局 1997 年版，第 2348 页。
⑤ 纪昀等：《钦定四库全书总目》卷一七三，中华书局 1997 年版，第 2350 页。
⑥ 钱基博：《中国文学史》，上海古籍出版社 2011 年版，第 775 页。

蕴结，激扬以抵和平，方可谓之温柔敦厚也。”① 宋荦在《遗民诗序》中说：“遗民大抵皆在凶荒丧乱亡国之余，而忠义牢骚者多出于其中。其歌也有思，其苦也有怀。孔子删《诗》，未尝尽存风雅之正而逸其变，又岂能使狂童怨女放士鲜民皆奏清庙之音而不为黍离板荡之咏也哉？是故人不一境，境不一诗，各自道其志之所感已尔。”② 《总目》在评价宋、元遗民诗风时，同样盛赞其“慷慨悲愤”的“变徵之音”③。然而在清别集提要中，所谓“温柔敦厚”是专指典雅平和之作而言的，明遗民的悲吟之作并不在其中。更重要的是，由于明遗民的著述中所存在的反清思想，使得他们的别集多被《总目》主观性“遗忘”甚至禁毁。

与馆臣对清初遗民文学的认识不同，民国以来的文学史书写者对其价值进行了重估，大都将遗民文学视为清初文学的开端。较早期的如曾毅所著《中国文学史》就说：“前清文学之盛，实由明季遗老开其源，而遗老中之以学问、文章津逮后人尤远者，莫如黄宗羲、顾炎武、王夫之，即世所称‘国初三先生’。”④ 认为他们是“开有清一代风气之先者也”⑤。到了胡怀琛《中国文学史略》则直接认为清初文人主体为遗民，他说：“清初文家，大抵皆明末遗民，其国家兴亡之感，时时寓之于文学。”⑥ 谢无量《中国大文学史》更是专列“清初遗臣文学”一章，详细阐释遗民在明清文学演进过程中的重要作用，指出：“明季公安、竟陵体盛行，而文体日就琐碎。及风气将变，而国祚旋移。故清初文学，实赖明遗臣为之藻饰。如侯方域、魏禧之于文，钱谦益、吴伟业之于诗，顾炎武、黄宗羲之博综众学，皆有明三百年文学之后劲，又同时振新朝文学之先声也。亦如元好问之于元，

① 黄宗羲：《万贞一诗序》，《黄宗羲全集》第 10 册，浙江古籍出版社 2005 年版，第 90 页。

② 卓尔堪辑：《遗民诗·序》，华东师范大学出版社 2012 年版，第 2 页。

③ 纪昀等：《钦定四库全书总目》卷一六五，中华书局 1997 年版，第 2195 页。

④ 曾毅：《中国文学史》，泰东图书局 1918 年版，第 288 页。

⑤ 曾毅：《中国文学史》，泰东图书局 1918 年版，第 291 页。

⑥ 胡怀琛：《中国文学史略》，上海梁溪图书馆 1924 年版，第 129 页。

杨维桢之于明，其关系于后来风气者极大。”① 相同的观点亦见于张宗祥《清代文学》，在他看来，遗民“入清之后，故国之念不绝于心，既不愿食周粟，遂乃潜心殚虑，治学殁世。故其人则明代之遗民，其实则清代文学开国之元勋也。当是时，湖广则有王船山，江浙则有顾亭林、黄梨洲，皆高尚其志，不事王侯；而应之者若关中李二曲，太原傅青主、阎百诗，浙东万氏兄弟，江西魏氏兄弟；其不安于西山薇蕨者，复有若钱牧斋、吴梅村、侯朝宗；以视明代开国之际仅有刘诚意、宋学士、高青丘寥寥数人，盖大有间矣”②。民国时期的文学史作者们已经充分认识到了清初遗民在文学发展历程中所发挥的承前启后的作用。

民国以来诸文学史一方面极力弘扬清初遗民的民族气节，称他们为“爱国作家”。另一方面，除了总体肯定清初遗民在文学史上的地位外，对他们的诗文的内容、特色进行了更为细致深入的探究。具有代表性观点如袁行霈主编《中国文学史》中说：“富有民族精神和忠君思想的遗民诗人的沉痛作品，体现了那个时代的主旋律。”③“遗民诗人用血泪写成的诗篇，或悲思故国，或讴歌贞烈，或谴责清兵，或表白气节，具有抒发家国之悲和同情民生疾苦的共同主题，体验深切，感情真挚，反映易代之际惨痛的史实与民族共具的感情，笔力遒劲，沉痛悲壮，肇开清诗发展的新天地。”④

民国以来的各文学史大都认识到了清初遗民文学在文学史上重要意义，其价值得以重估。

（三）对钱谦益的“平反”

严迪昌论清初诗歌时曾说：“向来论清初诗史，必以‘江左三

① 谢无量：《中国大文学史》，《谢无量文集》第九卷，中国人民大学出版社 2011 年版，第 648 页。

② 张宗祥：《清代文学》，柳存仁等著《中国大文学史》，上海书店出版社 2001 年版，第 813 页。

③ 袁行霈主编：《中国文学史》（第四卷），高等教育出版社 2005 年版，第 210 页。

④ 袁行霈主编：《中国文学史》（第四卷），高等教育出版社 2005 年版，第 211 页。

大家'冠其端。"[①] 诚如其所言，"江左三大家"往往作为"清代文学史"之开端。然就文学成就而言，钱谦益、吴伟业实在龚鼎孳之上，故各文学史所述重点亦在二人。在对二人的评价方面，文学史几乎继承了馆臣对吴伟业的评价话语，对钱谦益则表现出了极大的差异。

早在《总目》之前，钱谦益在清初文学盟主的地位已经确立，不论是顾炎武、黄宗羲、傅山等遗民大家还是稍后的王士禛、沈德潜皆视之为"文章宗主"。黄宗羲在《钱宗伯牧斋》诗中有"四海宗盟五十年，心期末后与谁传"[②] 的说法，至今仍广泛流传。

造成馆臣与当今学界对钱谦益完全不同评价的根源在于钱的"失节"行为。基于此，乾隆帝对其可谓深恶痛绝，乾隆三十四年发布的上谕中称其为"有才无行之人""大节有亏，实不足齿于人类""夫钱谦益果终为明朝守死不变，即以笔墨腾谤，尚在情理之中；而伊既为本朝臣仆，岂得复以从前狂吠之语，列入集中？其意不过欲借以掩其失节之羞，尤为可鄙可耻！"乾隆三十五年读《初学集》后，乾隆帝题诗曰："平生谈节义，两姓事君王。进退都无据，文章那有光？"[③] 乾隆四十一年，正是《四库全书》纂修过程中，乾隆上谕明确要求禁毁钱氏著作，其言为："钱谦益在明已居大位，又复身事本朝……其人实不足齿，其书岂可复存！自应逐细查明，概行毁弃，以励臣节，而正人心。"[④] 历经清官方一次次诋毁，文学史中的钱谦益被迫沉寂，直到宣统二年其著作才得以重新刊刻。清官方的评价对后世也产生了影响，如游国恩等在20世纪60年代编著的文学史中对钱谦益的评价：

> 他以达官而兼作者，变节投降后，诗中常常故意表示怀念故

---

① 严迪昌：《清诗史》，人民文学出版社2011年版，第322页。

② 黄宗羲：《南雷诗历》，《黄宗羲全集》第11册，浙江古籍出版社1993年版，第261页。

③ 王锺翰点校：《清史列传》卷七九，中华书局1987年版，第6577—6578页。

④ 纪昀等：《钦定四库全书总目》卷首一《圣谕》，中华书局1997年版，第5页。

> 国，诋斥清朝，企图掩饰觍颜事敌的耻辱。他已经做了“贰臣”，剃发改服，却偏要说什么“莺断曲裳思旧树，鹤髡丹顶悔初衣”。晚年和杜甫《秋兴》，写了一百二十四首《后秋兴》诗，为《投笔集》，竭力表示恢复故国的愿望，并咒骂清朝和吴三桂，虽然好像很沉痛，但是民族叛徒的罪名是洗刷不了的。①

上述说法与乾隆上谕中对钱谦益的批判如出一辙，都采取了“以人废文”的批评方式来否定钱之诗文。民国以来的文学史开始对钱谦益进行“平反”，各文学史对钱谦益的批评主要集中在两个方面：

一是关于钱谦益降清的“失节”行为，不同于乾隆时期对钱谦益一味地诋毁，对其身处复杂多变历史环境下的命运更多的是给予同情之理解。文学史津津乐道的是其后期所作的以《有学集》《投笔集》为代表的书写家国兴亡之感的沉郁激楚诗文，学者大都认为这些作品是出于真情实感，而非乾隆所言欲借此“掩其失节之羞”，正如《剑桥中国文学史》所说：“讽刺的是，现代学者对钱谦益的‘平反’，正是以实证乾隆的论点为依归——即表明钱谦益确实有反清的颠覆性。重新诠释钱谦益的政治抉择，导致对其作品更高的评价。重建钱谦益的经典地位，乃是依靠那些界定他为隐埋、被曲解的‘私密遗民’的诗歌。”②

二是对其在清初诗坛地位的评价。先看当今主流文学史中对钱谦益的评价：（1）在明末清初诗坛上，钱谦益是影响最大的诗人。清代诗歌宗宋一派，即以钱氏为起点，明清诗的变化，亦以钱氏为一大转折。③（2）清初以钱谦益为代表的虞山派影响很大，该派反对复古，也抨击反复古派的流弊，主张性情优先于形式风格，强调变而存正，

---

① 游国恩等：《中国文学史》（四），人民文学出版社1964年版，第203页。

② 孙康宜、宇文所安主编：《剑桥中国文学史》（下卷），生活·读书·新知三联书店2013年版，第203页。

③ 章培恒、骆玉明主编：《中国文学史》（下卷），复旦大学出版社1997年版，第392、411页。

开创清诗风气。[①]（3）清诗的开山宗匠。[②]（4）钱谦益与吴伟业均居于诗坛领袖地位。钱宗宋诗，吴尊唐调，二人各立门户，都是清代首开风气的诗人，影响很大。以后清诗的许多流派，都不出宗唐、宗宋两途，都不出他们两人影响的笼罩。[③]（5）在明末清初，扭转明末诗坛风气，先后成为诗坛盟主的，有钱谦益和吴伟业。[④]（6）清初主盟诗坛的是被称为“江左三大家”的钱谦益、吴伟业和龚鼎孳。其中，钱谦益可谓清诗的开山宗将，主盟文坛达50年之久，为清诗开山立派的作用不可低估。[⑤]（7）转益多师，兼采唐宋，广收博取，推陈出新，对补救明七子模拟盛唐与公安、竟陵的粗疏草率、幽深孤峭，确立有清一代诗风，起了“导平先路”的作用。[⑥]（8）其为结明诗之局而实为清诗之先行者。[⑦]（9）他的诗，对于明清之际那段特殊历史来说具有“诗史”价值，对于诗人自身坎坷的人生行迹和复杂的情感心态来说则有“心史”的意义，突出体现了“诗史”与“心史”融为一体的特点。[⑧]

通过这九种文学史对钱谦益的评价来看：首先，《总目》对钱谦益的刻意诋毁状态已经不复存在，其明末清初文学盟主地位得到普遍认同。其次，对其在清初文学史上的意义，各文学史大都将其视为清诗风气的开创者，在明清诗歌发展史上具有承前启后之意义。最后，有的文学史更是将其诗歌视为易代之际史实与作者心灵的记录。

总之，乾隆以来备受贬抑的钱谦益得以“平反”，其清初文学宗主的地位在各文学史中得到重新确认，其诗文经典地位在当今各文学史中得到恢复。

---

① 游国恩等：《中国文学史》（四），人民文学出版社2002年版，第184页。

② 袁行霈主编：《中国文学史》（第四卷），高等教育出版社2005年版，第219页。

③ 马积高、黄钧主编：《中国古代文学史》（下），人民文学出版社2009年版，第566页。

④ 郭英德、过常宝：《中国古代文学史》（下），中国人民大学出版社2012年版，第873页。

⑤ 张炯主编：《中华文学发展史》（中世史），长江文艺出版社2003年版，第500页。

⑥ 袁行霈主编：《中国文学史》（第四卷），高等教育出版社2005年版，第218页。

⑦ 严迪昌：《清诗史》，人民文学出版社2011年版，第322页。

⑧ 陈洪、刘跃进主编：《中国古代文学史》（下），高等教育出版社2013年版，第349页。

（四）对汪琬文学成就的评价

并不是《总目》中所有的观点都能得到文学史书写者的认同，以清初另一个重要的作家汪琬为例，当今有些文学史的观点便与《总目》的认识产生了偏差。

《总目》在比较清初“古文三大家”文风时说：“琬与宁都魏禧、商丘侯方域称为最工。然禧才杂纵横，未归于纯粹。方域体兼华藻，稍涉于浮夸。惟琬学术既深，轨辙复正，其言大抵原本六经，与二家迥别。其气体浩瀚，疏通畅达，颇近南宋诸家，蹊径亦略不同。庐陵、南丰固未易言，要之接迹唐、归无愧色也。”① 刘大杰《中国文学发展史》对馆臣推崇汪琬之文的观点提出了不同意见。

> 在三家中，侯方域的散文，较富于现实意义，前人多尊汪琬，这是一种不足为信的正统看法。他们的散文成就虽不很高，但对于清初文坛，是起了一定影响的。《四库提要》云：“古文一脉……惟琬学术既深，轨辙复正，其言大抵原本六经，与二家迥别。其气体浩瀚，疏通畅达，颇近南宋诸家，蹊径亦略不同，庐陵、南丰固未易言，要之接迹唐、归，无愧色也。”文中一面指出他们的散文的历史意义，同时又评价他们的作品，只能接迹唐顺之、归有光，都很公允。至于以汪作原本六经，轨辙纯正，而就评为在侯、魏二家之上，就流于正统的偏见了。②

刘大杰从讲求文章的现实意义出发，认为侯方域散文成就胜过汪琬。清初“古文三大家”中以侯方域成就最高已成为各文学史的共识。章培恒、骆玉明主编《中国文学史》亦认为“三人中实以侯方域较有才华（要说‘大家’则一个也谈不上），馆臣却把能‘原本六经’为

① 永瑢等：《四库全书总目》卷一七三，中华书局1965年版，第1522页。
② 刘大杰：《中国文学发展史》，复旦大学出版社2006年版，第244页。

文的汪琬放在最高地位"[①]。袁行霈主编《中国文学史》也持此论：

> 写作文学散文的有被称为"清初三大家"的侯方域、魏禧和汪琬。魏以观点卓越、析理透辟见长，汪则写人状物笔墨生动，侯方域的影响最大，继承韩、欧传统，融入小说笔法，流畅恣肆，委曲详尽，推为第一。"三家"是桐城派的嚆矢。[②]

有些文学史指出汪琬散文的不足，如马积高、黄钧主编《中国文学史》就称"其文多本六经，思想陈腐，新意较少"[③]，认为最能代表其散文成就的并非《总目》所标榜的"原本六经"之文，而是像《江天一传》之类的碑传之文。张炯主编《中华文学发展史》虽认同馆臣对汪琬之文特点的评价，"以醇正有法见长""为文原本六经，力主纯正""文字朴实而雅正"，但缺点就在于"汪琬的文学意味是稍嫌淡薄的"[④]。

不可否认，在官学思想的影响下，《总目》不可避免地带有浓厚的政治色彩和存在各种缺失。但是文学批评与其所处的时代密不可分，作为乾嘉时期最高学术成就代表的《总目》，其对清初文学批评的许多观点历经时代的检验而为广大世人所接受，随着时代的发展和审美观念的变化，《总目》的缺失之处亦在不断得到修正。

---

① 章培恒、骆玉明主编：《中国文学史》（下卷），复旦大学出版社 1997 年版，第 434 页。
② 袁行霈主编：《中国文学史》（第四卷），高等教育出版社 2005 年版，第 215 页。
③ 马积高、黄钧主编：《中国古代文学史》（下），人民文学出版社 2009 年版，第 541 页。
④ 张炯主编：《中华文学发展史》（中世史），长江文艺出版社 2003 年版，第 510 页。

征引与参考文献

一　古籍文献

纪昀等总纂:《景印文渊阁四库全书》，台湾商务印书馆 1986 年版。

四库全书存目丛书编委会:《四库全书存目丛书》，齐鲁书社 1997 年版。

四库全书存目丛书编委会:《四库全书存目丛刊补编》，齐鲁书社 1998 年版。

四库禁毁书丛刊编委会:《四库禁毁书丛刊》，北京出版社 2000 年版。

续修四库全书委员会:《续修四库全书》，上海古籍出版社 2002 年版。

四库禁毁书丛刊编委会:《四库禁毁书丛刊补编》，北京出版社 2005 年版。

四库未收书辑刊编纂委员会:《四库未收书辑刊》，北京出版社 2005 年版。

《清代诗文集汇编》编纂委员会:《清代诗文集汇编》，上海古籍出版社 2010 年版。

《四库提要著录丛书》编委会:《四库提要著录丛书》，北京出版社 2015 年版。

吴蔚祖校订:《四库采进书目》，商务印书馆 1960 年版。

(清) 永瑢等:《四库全书总目》，中华书局 1965 年版。

(清) 纪昀等:《钦定四库全书总目》，中华书局 1997 年版。

(清) 翁方纲撰、吴格整理:《翁方纲纂四库提要稿》，上海科学技术文献出版社 2005 年版。

（清）翁方纲等：《四库提要分纂稿》，上海书店出版社 2006 年版。
张升编：《〈四库全书〉提要稿辑存》，北京图书馆出版社 2006 年版。
《四库全书》出版工作委员会：《文津阁四库全书提要汇编》，商务印书馆 2006 年版。
杜泽逊：《四库存目标注》，上海古籍出版社 2007 年版。
（清）永瑢、纪昀等撰：《纪晓岚删定〈四库全书总目〉稿本》，国家图书馆出版社 2011 年版。
江庆柏等：《四库全书荟要总目提要》，人民文学出版社 2011 年版。
（清）永瑢编：《四库全书简明目录》，华东师范大学出版社 2012 年版。
金毓黻等：《文溯阁四库全书提要》，中华书局 2014 年版。
江庆柏等整理：《四库全书初次进呈存目》，人民文学出版社 2015 年版。
中国第一历史档案馆编：《四库全书纂修档案》，上海古籍出版社 1997 年版。
（清）清圣祖：《圣祖仁皇帝御制文集》，文渊阁《四库全书》本。
（清）清世宗：《世宗宪皇帝御制文集》，文渊阁《四库全书》本。
（清）清高宗：《御制乐善堂文集》，文渊阁《四库全书》本。
（清）清高宗：《御制文集》，文渊阁《四库全书》本。
（清）清高宗：《御制诗集》，文渊阁《四库全书》本。
（清）吴伟业：《梅村集》，文渊阁《四库全书》本。
（清）汤斌：《汤子遗书》，文渊阁《四库全书》本。
（清）魏裔介：《兼济堂文集》，文渊阁《四库全书》本。
（清）施闰章：《学余堂集》，文渊阁《四库全书》本。
（清）范承谟：《忠贞集》，文渊阁《四库全书》本。
（清）吴绮：《林蕙堂集》，文渊阁《四库全书》本。
（清）王士禛：《精华录》，文渊阁《四库全书》本。
（清）汪琬：《尧峰文抄》，文渊阁《四库全书》本。
（清）陈廷敬：《午亭文编》，文渊阁《四库全书》本。

（清）叶方蔼：《读书斋偶存稿》，文渊阁《四库全书》本。
（清）彭孙遹：《松桂堂全集》，文渊阁《四库全书》本。
（清）朱彝尊：《曝书亭集》，文渊阁《四库全书》本。
（清）于成龙：《政书》，文渊阁《四库全书》本。
（清）朱鹤龄：《愚庵小集》，文渊阁《四库全书》本。
（清）嵇永仁：《抱犊山房集》，文渊阁《四库全书》本。
（清）张英：《文端集》，文渊阁《四库全书》本。
（清）毛奇龄：《西河文集》，文渊阁《四库全书》本。
（清）陈维崧：《陈检讨四六》，文渊阁《四库全书》本。
（清）吴雯：《莲洋诗抄》，文渊阁《四库全书》本。
（清）张玉书：《张文贞集》，文渊阁《四库全书》本。
（清）宋荦：《西陂类稿》，文渊阁《四库全书》本。
（清）潘天成：《铁庐集》，文渊阁《四库全书》本。
（清）姜宸英：《湛园集》，文渊阁《四库全书》本。
（清）田雯：《古欢堂集》，文渊阁《四库全书》本。
（清）李光地：《榕村集》，文渊阁《四库全书》本。
（清）陆陇其：《三鱼堂文集》，文渊阁《四库全书》本。
（清）赵执信：《因园集》，文渊阁《四库全书》本。
（清）汤右曾：《怀清堂集》，文渊阁《四库全书》本。
（清）蔡世远：《二希堂文集》，文渊阁《四库全书》本。
（清）查慎行：《敬业堂诗集》，文渊阁《四库全书》本。
（清）方苞：《望溪集》，文渊阁《四库全书》本。
（清）储大文：《存砚楼文集》，文渊阁《四库全书》本。
（清）黄之隽：《香屑集》，文渊阁《四库全书》本。
（清）蓝鼎元：《鹿洲初集》，文渊阁《四库全书》本。
（清）厉鹗：《樊榭山房集》，文渊阁《四库全书》本。
（清）沈彤：《果堂集》，文渊阁《四库全书》本。
（清）汪由敦：《松泉集》，文渊阁《四库全书》本。
（清）李元鼎：《石园全集》，《四库全书存目丛书》本。

（清）胡世安：《秀岩集》，《四库全书存目丛书》本。
（清）薛所蕴：《澹友轩文集》，《四库全书存目丛书》本。
（清）薛所蕴：《桴庵集》，《四库全书存目丛书》本。
（清）彭宾：《搜遗稿》，《四库全书存目丛书》本。
（清）程正揆：《青溪遗稿》，《四库全书存目丛书》本。
（清）陈之遴：《浮云集》，《四库全书存目丛书》本。
（清）曹溶：《静惕堂诗集》，《四库全书存目丛书》本。
（清）范士楫：《橘洲诗集》，《四库全书存目丛书》本。
（清）易学实：《犀崖文集》，《四库全书存目丛书》本。
（清）王岱：《了庵文集》，《四库全书存目丛书》本。
（清）汤来贺：《内省斋文集》，《四库全书存目丛书》本。
（清）彭而述：《读史亭诗集》，《四库全书存目丛书》本。
（清）陈轼：《道山堂集》，《四库全书存目丛书》本。
（清）梁清标：《蕉林诗集》，《四库全书存目丛书》本。
（清）白胤谦：《东谷集诗》，《四库全书存目丛书》本。
（清）李确：《九山游草》，《四库全书存目丛书》本。
（清）李确：《梅花百咏》，《四库全书存目丛书》本。
（清）王翃：《二槐草存》，《四库全书存目丛书》本。
（清）释本昼：《直木堂诗集》，《四库全书存目丛书》本。
（清）顾景星：《白茅堂集》，《四库全书存目丛书》本。
（清）孙枝蔚：《溉堂集》，《四库全书存目丛书》本。
（清）王余佑：《五公山人集》，《四库全书存目丛书》本。
（清）李颙：《二曲集》，《四库全书存目丛书》本。
（清）申涵光：《聪山集》，《四库全书存目丛书》本。
（清）张尔岐：《蒿庵集》，《四库全书存目丛书》本。
（清）贺贻孙：《水田居文集》，《四库全书存目丛书》本。
（清）张仁熙：《藕湾诗集》，《四库全书存目丛书》本。
（清）刘醇骥：《芝在堂文集》，《四库全书存目丛书》本。
（清）李焕章：《织水斋集》，《四库全书存目丛书》本。

（清）谢文洊：《谢程山集》，《四库全书存目丛书》本。
（清）刘命清：《虎溪渔叟集》，《四库全书存目丛书》本。
（清）彭师度：《彭省庐先生文集》，《四库全书存目丛书》本。
（清）韩纯玉：《蘧庐诗》，《四库全书存目丛书》本。
（清）毛先舒：《东苑文抄》，《四库全书存目丛书》本。
（清）毛先舒：《蕊云集》，《四库全书存目丛书》本。
（清）徐世溥：《榆墩集选》，《四库全书存目丛书》本。
（清）安致远：《安静子集》，《四库全书存目丛书》本。
（清）释元璟：《完玉堂诗集》，《四库全书存目丛书》本。
（清）释通复：《冬关诗钞》，《四库全书存目丛书》本。
（清）毕振姬：《西北文集》，《四库全书存目丛书》本。
（清）李霨：《心远堂诗集》，《四库全书存目丛书》本。
（清）魏象枢：《寒松堂全集》，《四库全书存目丛书》本。
（清）杨思圣：《且亭诗集》，《四库全书存目丛书》本。
（清）王熙：《王文靖集》，《四库全书存目丛书》本。
（清）冯溥：《佳山堂集》，《四库全书存目丛书》本。
（清）佘一元：《潜沧集》，《四库全书存目丛书》本。
（清）唐宇昭：《拟故宫词》，《四库全书存目丛书》本。
（清）刘子壮：《屺思堂文集》，《四库全书存目丛书》本。
（清）熊伯龙：《熊学士诗文集》，《四库全书存目丛书》本。
（清）唐梦赉：《志壑堂诗集》，《四库全书存目丛书》本。
（清）许缵曾：《宝纶堂集》，《四库全书存目丛书》本。
（清）许虬：《万山楼诗集》，《四库全书存目丛书》本。
（清）赵吉士：《万青阁全集》，《四库全书存目丛书》本。
（清）范承谟：《画壁遗稿》，《四库全书存目丛书》本。
（清）梅清：《天延阁诗集》，《四库全书存目丛书》本。
（清）姚夔：《饮和堂集》，《四库全书存目丛书》本。
（清）王命岳：《耻躬堂文集》，《四库全书存目丛书》本。
（清）宋荦：《绵津山人诗集》，《四库全书存目丛书》本。

（清）王士禧：《抱山集选》，《四库全书存目丛书》本。
（清）汪琬：《钝翁前后类稿》，《四库全书存目丛书》本。
（清）计东：《改亭文集》，《四库全书存目丛书》本。
（清）张贞生：《庸书》，《四库全书存目丛书》本。
（清）毛际可：《会侯先生文钞》，《四库全书存目丛书》本。
（清）宋振麟：《中岩文介先生文集》，《四库全书存目丛书》本。
（清）刘逢源：《积书岩诗集》，《四库全书存目丛书》本。
（清）陈祚明：《稽留山人集》，《四库全书存目丛书》本。
（清）张实居：《萧亭诗选》，《四库全书存目丛书》本。
（清）李嶟瑞：《后圃编年稿》，《四库全书存目丛书》本。
（清）李邺嗣：《杲堂文钞》，《四库全书存目丛书》本。
（清）汤之锜：《偶然云》，《四库全书存目丛书》本。
（清）李绳远：《寻壑外言》，《四库全书存目丛书》本。
（清）陈炳：《阳山诗集》，《四库全书存目丛书》本。
（清）邵远平：《戒山文存》，《四库全书存目丛书》本。
（清）方象瑛：《健松斋集》，《四库全书存目丛书》本。
（清）范鄗鼎：《五经堂文集》，《四库全书存目丛书》本。
（清）嵇宗孟：《立命堂二集》，《四库全书存目丛书》本。
（清）王奂曾：《旭华堂文集》，《四库全书存目丛书》本。
（清）李澄中：《白云村文集》，《四库全书存目丛书》本。
（清）李良年：《秋锦山房集》，《四库全书存目丛书》本。
（清）邵廷采：《思复堂文集》，《四库全书存目丛书》本。
（清）汪晋征：《双溪草堂诗集》，《四库全书存目丛书》本。
（清）金德嘉：《居业斋诗钞》，《四库全书存目丛书》本。
（清）许汝霖：《德星堂文集》，《四库全书存目丛书》本。
（清）金张：《岕老编年诗钞》，《四库全书存目丛书》本。
（清）王沛恂：《匡山集》，《四库全书存目丛书》本。
（清）沈季友：《学古堂诗集》，《四库全书存目丛书》本。
（清）郑梁：《寒村诗文选》，《四库全书存目丛书》本。

（清）许尚质：《酿川集》，《四库全书存目丛书》本。
（清）陶季：《舟车集》，《四库全书存目丛书》本。
（清）朱经：《燕堂诗钞》，《四库全书存目丛书》本。
（清）朱樟：《观树堂诗集》，《四库全书存目丛书》本。
（清）陈鹏年：《陈恪勤集》，《四库全书存目丛书》本。
（清）高孝本：《固哉叟诗钞》，《四库全书存目丛书》本。
（清）怀应聘：《冰斋文集》，《四库全书存目丛书》本。
（清）沈岸登：《黑蝶斋诗钞》，《四库全书存目丛书》本。
（清）蒋锡震：《青溪诗偶存》，《四库全书存目丛书》本。
（清）吕谦恒：《青要集》，《四库全书存目丛书》本。
（清）王懋竑：《白田草堂存稿》，《四库全书存目丛书》本。
（清）施瑮：《随村先生遗集》，《四库全书存目丛书》本。
（清）朱缃：《云根清壑山房诗》，《四库全书存目丛书》本。
（清）帅念祖：《树人堂诗》，《四库全书存目丛书》本。
（清）徐以升：《南陔堂诗集》，《四库全书存目丛书》本。
（清）金志章：《江声草堂诗集》，《四库全书存目丛书》本。
（清）倪国琏：《春及堂诗集》，《四库全书存目丛书》本。
（清）曹一士：《四焉斋诗集》，《四库全书存目丛书》本。
（清）张映斗：《秋水斋诗》，《四库全书存目丛书》本。
（清）姚培谦：《松桂读书堂集》，《四库全书存目丛书》本。
（清）汤斯祚：《亦庐诗集》，《四库全书存目丛书》本。
（清）刘青霞：《慎独轩文集》，《四库全书存目丛书》本。
（清）姚世钰：《孱守斋遗稿》，《四库全书存目丛书》本。
（清）仲昰保：《翰村诗稿》，《四库全书存目丛书》本。
（清）吴燏文：《朴庭诗稿》，《四库全书存目丛书》本。
（清）方观承：《薇香集》，《四库全书存目丛书》本。
（清）曹锡淑：《晚晴楼诗草》，《四库全书存目丛书》本。
（清）边连宝《随园诗集》，《四库全书存目丛书》本。
（清）凌树屏《瓠息斋前集》，《四库全书存目丛书》本。

（清）万光泰《柘坡居士集》，《四库全书存目丛书》本。
（清）金农《冬心集》，《四库全书存目丛书》本。
（清）李锴：《睫巢集》《四库全书存目丛书》本。
（清）郭振遐：《郭中州禹门集》，《四库全书存目丛书》本。
（清）林蒨：《偶存草诗集》，《四库全书存目丛书》本。
杨伯峻译注：《论语译注》，中华书局 1980 年版。
（三国魏）曹丕著、魏宏灿校注：《曹丕集校注》，安徽大学出版社 2009 年版。
（宋）陆游著、钱仲联注：《剑南诗稿校注》，上海古籍出版社 1985 年版。
（明）李东阳：《李东阳集》，岳麓书社 1985 年版。
（明）陈子龙著、王英志辑校：《陈子龙全集》，人民文学出版社 2010 年版。
（清）章学诚：《章学诚遗书》，文物出版社 1985 年版。
（清）查慎行：《敬业堂诗集》，上海古籍出版社 1986 年版。
（清）钱大昕：《潜研堂集》，上海古籍出版社 1989 年版。
（清）吴伟业：《吴梅村全集》，上海古籍出版社 1990 年版。
（清）纪昀：《纪晓岚文集》，河北教育出版社 1991 年版。
（清）姚鼐：《惜抱轩全集》，中国书店 1991 年版。
（清）厉鹗：《樊榭山房集》，上海古籍出版社 1992 年版。
（清）赵执信：《赵执信全集》，齐鲁书社 1993 年版。
（清）纪昀：《纪晓岚诗文集》，江苏广陵古籍刻印社 1997 年版。
（清）全祖望撰、朱铸禹汇校集注：《全祖望集汇校集注》，上海古籍出版社 2000 年版。
（清）洪亮吉：《洪亮吉集》，中华书局 2001 年版。
（清）翁方纲撰、沈津辑：《翁方纲题跋手札集录》，广西师范大学出版社 2002 年版。
（清）魏裔介著、魏连科点校：《兼济堂文集》，中华书局 2007 年版。
（清）王士禛：《王士禛全集》，齐鲁书社 2007 年版。

（清）吴兆骞撰、马守中点校：《秋笳集》，上海古籍出版社2009年版。
（清）方苞：《方苞集》，上海古籍出版社2009年版。
（清）朱鹤龄撰、虞思徵点校：《愚庵小集》，华东师范大学出版社2010年版。
（清）汪琬撰、李圣华校笺：《汪琬全集校笺》，人民文学出版社2010年版。
（清）陈维崧：《陈维崧集》，上海古籍出版社2010年版。
（清）沈德潜：《沈德潜诗文集》，人民文学出版社2011年版。
（清）王士禛：《渔洋山人感旧集》，上海古籍出版社2014年版。
（清）姚鼐：《惜抱轩尺牍》，安徽大学出版社2014年版。
（清）翁方纲：《复初斋文集》，《清代诗文集汇编》本。
（清）余集：《秋室学古录》，《清代诗文集汇编》本。
（清）秦瀛：《小岘山人诗文集》，《续修四库全书》本。
（清）刘毓崧：《通义堂文集》，《续修四库全书》本。
（清）李元度：《天岳山馆文钞》，《续修四库全书》本。
（清）缪荃孙：《艺风堂文续集》，《续修四库全书》本。
（南朝梁）刘勰著、范文澜注：《文心雕龙注》，人民文学出版社1958年版。
（宋）吴沆：《环溪诗话》，中华书局1985年版。
（明）胡震亨：《唐音癸籤》，古典文学出版社1957年版。
（明）谢榛、王夫之：《四溟诗话·姜斋诗话》，人民文学出版社1961年版。
（清）薛雪：《一瓢诗话》，人民文学出版社1979年版。
（清）沈德潜：《明诗别裁集》，上海古籍出版社1979年版。
（清）赵执信、翁方纲：《谈龙录·石洲诗话》，人民文学出版社1981年版。
（清）袁枚：《随园诗话》，人民文学出版社1982年版。
（清）朱彝尊：《静志居诗话》，人民文学出版社1990年版。

（清）洪亮吉：《北江诗话》，人民文学出版社 1998 年版。
（清）张维屏撰、陈永正点校：《国朝诗人征略》，中山大学出版社 2004 年版。
（清）李慈铭：《越缦堂诗话》，《中国诗话珍本丛刊》本，北京图书馆出版社 2004 年版。
（清）赵翼：《瓯北诗话》，人民文学出版社 2006 年版。
（清）朱彝尊：《明诗综》，中华书局 2007 年版。
（清）刘熙载撰、袁津琥校注：《艺概注稿》，中华书局 2009 年版。
（清）周中孚：《郑堂读书记》，上海书店出版社 2009 年版。
（清）张之洞著、司马朝军详注：《輶轩语详注》，华东师范大学出版社 2010 年版。
（清）卓尔堪编：《遗民诗》，华东师范大学出版社 2012 年版。
（清）沈德潜：《清诗别裁集》，上海古籍出版社 2013 年版。
（清）阮元：《两浙輶轩录》，《续修四库全书》本。
（清）陶元藻编、俞志慧点校：《全浙诗话》，中华书局 2013 年版。
（清）王夫之等撰、丁保福辑：《清诗话》，上海古籍出版社 2015 年版。
郭绍虞编选、富寿荪校点：《清诗话续编》，上海古籍出版社 1983 年版。
张寅彭主编：《清诗话三编》，上海古籍出版社 2015 年版。
（清）乾隆敕撰：《皇朝文献通考》，文渊阁《四库全书》本。
（清）姚覲元编、孙殿起辑：《清代禁毁书目（补遗）·清代禁书知见录》，商务印书馆 1957 年版。
（清）沈复粲编、潘景郑校订：《鸣野山房书目》，上海古籍出版社 2005 年版。
（清）张廷玉等：《明史》，中华书局 1974 年版。
赵尔巽等：《清史稿》，中华书局 1977 年版。
王锺翰点校：《清史列传》，中华书局 1987 年版。
《清实录》，中华书局 1985 年版。

(清) 李元度辑:《国朝先正事略》,《续修四库全书》本。
(清) 王鸣盛:《十七史商榷》,上海书店出版社 2005 年版。
上海书店出版社编:《清代文字狱档》(增订本),上海书店出版社 2011 年版。
(清) 赵宏恩等监修、黄之隽等编纂:《江南通志》,文渊阁《四库全书》本。
(清) 觉罗石麟等监修、储大文等编纂:《山西通志》,文渊阁《四库全书》本。
(清) 孙和相修、戴震纂:乾隆《汾州府志》,《续修四库全书》本。
(清) 卞赛第、李瀚章等修:光绪《湖南通志》,《续修四库全书》本。
民国《宝应县志》,《中国地方志集成·江苏府县志辑》本,江苏古籍出版社 1991 年版。
道光《上元县志》,《中国地方志集成·江苏府县志辑》本,江苏古籍出版社 1991 年版。
道光《通江县志》,《中国地方志集成·四川府县志辑》本,巴蜀书社 1992 年版。
民国《杭州府志》,《中国地方志集成·浙江府县志辑》本,上海书店出版社 1993 年版。
乾隆《福州府志》,《中国地方志集成·福建府县志辑》本,上海书店出版社 2000 年版。
乾隆《黄冈县志》,《中国地方志集成·湖北府县志辑》本,江苏古籍出版社 2001 年版。
民国《新城县志》,《中国地方志集成·山东府县志辑》本,凤凰出版社 2004 年版。
民国《临清县志》,《中国地方志集成·山东府县志辑》本,凤凰出版社 2004 年版。
民国《寿光县志》,《中国地方志集成·山东府县志辑》本,凤凰出版社 2004 年版。

光绪《青浦县志》，《中国地方志集成·上海府县志辑》本，上海书店出版社 2010 年版。
（清）徐鼒：《小腆纪传》，中华书局 1958 年版。
（清）昭梿：《啸亭杂录》，中华书局 1980 年版。
（清）陈康祺：《郎潜纪闻初编》，中华书局 1984 年版。
周骏富辑：《清代传记丛刊》，明文书局 1985 年版。
（清）于敏中：《于文襄公（敏中）手札》，《近代中国史料丛刊》第二十二辑，文海出版社 1987 年版。
（清）顾炎武著，黄汝成集释：《日知录集释》，花山文艺出版社 1990 年版。
谢正光、范金民编：《明遗民录汇辑》，南京大学出版社 1995 年版。
（清）刘廷玑：《在园杂志》，中华书局 2005 年版。
（清）皮锡瑞著、周予同注释：《经学历史》，中华书局 2011 年版。
（清）王晫：《今世说》，上海古籍出版社 2012 年版。
（清）江藩纂、漆永祥笺释：《汉学师承记笺释》，上海古籍出版社 2013 年版。
（清）王际华著、张升整理：《王际华日记》，凤凰出版社 2021 年版。
（清）于敏中撰、张晓芝笺证：《四库全书馆密函——于敏中致陆锡熊手札笺证》，中华书局 2023 年版。
（清）孙诒让：《籀庼述林》，《续修四库全书》本。
（清）叶昌炽：《缘督庐日记钞》，《续修四库全书》本。

二 今人著作

曹之：《中国古籍版本学》，武汉大学出版社 2002 年版。
陈洪：《古代文学基础》，北京大学出版社 2008 年版。
陈洪、刘跃进主编：《中国古代文学史》，高等教育出版社 2013 年版。
陈文新主编：《中国古代文学》，北京大学出版社 2010 年版。
陈晓华：《〈四库全书〉与十八世纪的中国知识分子》，社会科学文献出版社 2009 年版。

陈晓华：《“四库总目学”史研究》，商务印书馆2008年版。
陈垣著、陈智超编：《陈垣四库学论著》，商务印书馆2012年版。
陈祖武：《清代学术源流》，北京师范大学出版社2012年版。
陈祖武、朱彤窗：《乾嘉学派研究》，河北人民出版社2007年版。
陈祖武、朱彤窗：《乾嘉学术编年》，河北人民出版社2005年版。
程永明：《清代前期的政治认同与历史书写》，上海古籍出版社2011年版。
崔富章：《四库提要补正》，杭州大学出版社1990年版。
存萃学社编：《〈四库全书〉之纂修研究》，大东图书公司1980年版。
戴燕：《文学史的权力》，北京大学出版社2002年版。
邓之诚：《清诗纪事初编》，上海古籍出版社2012年版。
龚诗尧：《〈四库全书总目〉之文学批评研究》，花木兰文化工作坊2005年版。
龚书铎主编：《清代理学史》，广东教育出版社2007年版。
郭伯恭：《四库全书纂修考》，岳麓书社2010年版。
郭英德、过常宝：《中国古代文学史》，中国人民大学出版社2012年版。
郭预衡：《中国古代文学史》，上海古籍出版社1998年版。
何新文：《中国文学目录学通论》，江苏教育出版社2001年版。
何宗美、刘敬：《明代文学还原研究——以〈四库总目〉明人别集提要为中心》，人民出版社2014年版。
何宗美、张晓芝：《〈四库全书总目〉的官学约束与学术缺失》，人民文学出版社2017年版。
洪湛侯：《中国文献学要籍解题》，杭州大学出版社1997年版。
胡怀琛：《中国文学史略》，上海梁溪图书馆1924年版。
胡行之：《中国文学史讲话》，光华书局1932年版。
胡玉缙撰、王欣夫辑：《四库全书总目提要补正》，上海书店出版社1998年版。
黄爱平：《四库全书纂修研究》，中国人民大学出版社1989年版。

黄建军：《康熙与清初文坛》，中华书局 2011 年版。
黄永年：《古籍版本学》，江苏教育出版社 2009 年版。
江庆柏：《清朝进士题名录》，中华书局 2007 年版。
江庆柏：《清代人物生卒年表》，人民文学出版社 2005 年版。
江庆柏：《〈四库全书荟要〉研究》，凤凰出版社 2018 年版。
江曦：《清代版本学史》，中国社会科学出版社 2013 年版。
姜书阁：《中国文学史纲要》，浙江大学出版社 2006 年版。
蒋寅：《清代诗学史》（第二卷），中国社会科学出版社 2019 年版。
蒋寅：《清代诗学史》（第一卷），中国社会科学出版社 2012 年版。
蒋寅：《王渔洋与康熙诗坛》，凤凰出版社 2013 年版。
柯愈春：《清人诗文集总目提要》，北京古籍出版社 2001 年版。
来新夏：《古典目录学》，中华书局 1991 年版。
雷梦辰：《清代各省禁书汇考》，北京图书馆出版社 1997 年版。
李常庆：《〈四库全书〉出版研究》，中州古籍出版社 2008 年版。
李坚怀：《四库提要小传斠补》，上海古籍出版社 2020 年版。
李灵年、杨忠主编：《清人别集总目》，安徽教育出版社 2000 年版。
李圣华：《晚明诗歌研究》，人民文学出版社 2002 年版。
李学勤、吕文郁主编：《四库大辞典》，吉林大学出版社 1996 年版。
李裕民：《四库提要订误》（增订本），中华书局 2005 年版。
李正民主编：《陈廷敬诗学研究》，山西人民出版社 2009 年版。
李忠智编著：《纪晓岚与四库全书：附纪晓岚乌鲁木齐杂诗详注》，现代教育出版社 2010 年版。
梁启超：《中国近三百年学术史》，岳麓书社 2009 年版。
梁启超撰、朱维铮导读：《清代学术概论》，上海古籍出版社 2011 年版。
刘大杰：《中国文学发展史》，复旦大学出版社 2006 年版。
刘凤强：《四库全书馆发微》，兰州大学出版社 2015 年版。
刘世南：《清诗流派史》，人民文学出版社 2011 年版。
刘奕：《乾嘉经学家文学思想研究》，上海古籍出版社 2012 年版。

刘玉珺：《四库唐人文集研究》，巴蜀书社 2010 年版。
柳存仁等：《中国大文学史》，上海书店出版社 2001 年版。
柳燕：《〈四库全书总目〉集部研究》，湖北人民出版社 2013 年版。
罗宗强：《明代文学思想史》，中华书局 2013 年版。
马积高、黄钧主编：《中国古代文学史》，人民文学出版社 2009 年版。
缪钺：《诗词散论》，陕西师范大学出版社 2008 年版。
宁侠：《四库禁书研究》，商务印书馆 2018 年版。
彭林编：《清代经学与文化》，北京大学出版社 2005 年版。
漆永祥：《乾嘉考据学研究》，中国社会科学出版社 1998 年版。
齐治平：《唐宋诗之争概述》，岳麓书社 1984 年版。
钱基博：《中国文学史》，上海古籍出版社 2011 年版。
钱锺书：《谈艺录》，生活·读书·新知三联书店 2007 年版。
钱仲联主编：《历代别集序跋综录》，江苏教育出版社 2005 年版。
钱仲联主编：《清诗纪事》，江苏古籍出版社 1987 年版。
青木正儿：《清代文学评论史》，中国社会科学出版社 1988 年版。
任松如：《四库全书答问》，巴蜀书社 1988 年版。
尚学锋等：《中国古代文学接受史》，山东教育出版社 2000 年版。
司马朝军：《〈四库全书总目〉编纂考》，武汉大学出版社 2005 年版。
司马朝军：《〈四库全书总目〉研究》，社会科学文献出版社 2004 年版。
孙纪文：《王士禛诗学研究》，宁夏人民出版社 2008 年版。
孙康宜、宇文所安主编：《剑桥中国文学史》，生活·读书·新知三联书店 2013 年版。
孙立：《明末清初诗论研究》，广东高等教育出版社 2011 年版。
孙彦、王姿怡、李晓明选编：《四库全书研究》，国家图书馆出版社 2010 年版。
孙之梅：《钱谦益与明末清初文学》，山东大学出版社 2010 年版。
王兵：《清人选清诗与清代诗学》，中国社会科学出版社 2011 年版。
王汎森：《权力的毛细管作用——清代的思想、学术与心态》，北京大学出版社 2015 年版。

王小舒：《中国诗歌通史》，人民文学出版社 2012 年版。
王新芳：《查慎行诗歌批评研究》，人民出版社 2015 年版。
王英志：《清代唐宋诗之争流变史》，人民文学出版社 2012 年版。
王英志：《清人诗论研究》，江苏古籍出版社 1986 年版。
王勇：《四库提要丛订》，齐鲁书社 2018 年版。
王运熙、顾易生：《中国文学批评史新编》，复旦大学出版社 2007 年版。
魏小虎：《四库全书总目汇订》，上海古籍出版社 2012 年版。
吴承学：《中国古代文体学研究》，人民出版社 2011 年版。
吴承学：《中国古典文学风格学》，北京大学出版社 2011 年版。
吴哲夫：《清代禁毁书目研究》，嘉新水泥公司文化基金会 1969 年版。
吴哲夫：《四库全书纂修之研究》，台湾“国立故宫博物院”1990 年版。
夏长朴：《四库全书总目发微》，中华书局 2020 年版。
谢海林：《清代宋诗选本研究》，上海古籍出版社 2011 年版。
谢无量：《中国大文学史》，中国人民大学出版社 2011 年版。
徐亮：《〈四库全书〉著者籍贯问题辨证》，人民日报出版社 2018 年版。
严迪昌：《清词史》，人民文学出版社 2019 年版。
严迪昌：《清诗史》，人民文学出版社 2011 年版。
严佐之：《古籍版本学概论》，华东师范大学出版社 1989 年版。
杨武泉：《四库全书总目辨误》，上海古籍出版社 2001 年版。
游国恩等：《中国文学史》，人民文学出版社 1964 年版。
余嘉锡：《四库提要辨证》，中华书局 2007 年版。
袁行霈主编：《中国文学史》，高等教育出版社 2005 年版。
袁行云：《清人诗集叙录》，文化艺术出版社 1994 年版。
曾守正：《权力、知识与批评史图像——〈四库全书总目〉“诗文评类”的文学思想》，学生书局 2008 年版。

曾毅：《中国文学史》，泰东图书局 1918 年版。
张伯伟：《中国古代文学批评方法研究》，中华书局 2002 年版。
张传峰：《〈四库全书总目〉学术思想研究》，学林出版社 2007 年版。
张健：《清代诗学研究》，北京大学出版社 1999 年版。
张炯主编：《中华文学发展史》，长江文艺出版社 2003 年版。
张仁青：《中国骈文发展史》，浙江大学出版社 2009 年版。
张升：《四库全书馆研究》，北京师范大学出版社 2012 年版。
张舜徽：《清人文集别录》，华中师范大学出版社 2004 年版。
张舜徽：《四库提要叙讲疏》，学生书局 2002 年版。
张晓芝：《〈四库全书总目〉明人别集提要研究》，吉林人民出版社 2018 年版。
张仲谋：《清代文化与浙派诗》，东方出版社 1997 年版。
章培恒、骆玉明主编：《中国文学史》，复旦大学出版社 1997 年版。
赵景深：《中国文学小史》，山西人民出版社 2014 年版。
赵涛：《〈四库全书总目〉学术思想与方法论研究》，中国社会科学出版社 2016 年版。
赵园：《明清之际士大夫研究》，北京大学出版社 1999 年版。
中国古籍善本书目编辑委员会编：《中国古籍善本书目》，上海古籍出版社 1998 年版。
周积明：《文化视野下的〈四库全书总目〉》，中国青年出版社 2001 年版。
周积明、朱仁天：《〈四库全书总目〉：前世与今生》，国家图书馆出版社 2017 年版。
周录祥：《〈四库全书〉书前提要综合研究》，广陵书社 2022 年版。
朱则杰：《清诗史》，江苏古籍出版社 2000 年版。
朱自清：《语文零拾》，岳麓书社 2011 年版。
[美] 盖博坚：《皇帝的四库：乾隆晚期的学者与国家》，郑云艳译，中国人民大学出版社 2019 年版。

三 期刊论文

陈圣争：《乾隆诗论与乾隆朝诗风》，《中国文学研究》2020 年第 1 期。
付星星：《〈四库全书总目〉对清代文学之批评》，《图书馆理论与实践》2012 年第 8 期。
巩本栋：《〈宋诗钞〉的编纂及其诗学史意义》，《南京大学学报》2015 年第 3 期。
郭英德：《论〈四库全书总目〉的古文观》，《文艺研究》2020 年第 2 期。
郭英德：《唐宋古文典型在清初的重构》，《中国社会科学》2021 年第 5 期。
何宗美：《帝王之学：〈四库全书〉及〈钦定四库全书总目〉的清代官学建构》，《武汉大学学报》2023 年第 1 期。
何宗美：《〈四库全书〉体系中欧阳修"褒贬"问题揭析》，《文学遗产》2019 年第 1 期。
何宗美：《〈四库全书总目〉的文学批评》，《中南大学学报》2020 年第 1 期。
何宗美：《〈四库全书总目〉王士禛批评舛误辨证——兼析馆臣提要撰写体例及主观缺失》，《文学遗产》2015 年第 6 期。
何宗美：《四库学建构的思考》，《苏州大学学报》2017 年第 1 期。
江庆柏：《〈四库全书总目〉所收卒年最晚作者考》，《图书情报知识》2006 年第 1 期。
蒋寅：《清初诗坛对明代诗学的反思》，《文学遗产》2006 年第 2 期。
蒋勇：《唐宋之争与〈四库全书总目〉唐宋诗文批评》，《贵州文史丛刊》2020 年第 3 期。
莫砺锋：《论〈唐宋诗醇〉的编选宗旨与诗学思想》，《南京大学学报》2002 年第 3 期。
潘务正、吴伟：《"清真雅正"衡文标准与清代文风的官方建构》，《湖南师范大学社会科学学报》2022 年第 4 期。

孙纪文:《〈四库全书总目〉对本朝诗歌的批评》,《宁夏社会科学》2005 年第 3 期。
孙纪文:《〈四库全书总目〉对历代诗歌的批评》,《内蒙古社会科学》2005 年第 5 期。
孙纪文:《〈四库全书总目〉文学批评的话语分析》,《江西社会科学》2007 年第 7 期。
孙纪文:《〈四库全书总目〉在诗歌批评史上的价值》,《固原师专学报》2005 年第 5 期。
谢海林:《王朝文治与清代御定宋诗选——以康熙〈御选宋诗〉、乾隆〈御选唐宋诗醇〉的编撰为中心》,《武汉大学学报》2015 年第 3 期。
薛新力:《清代汉学思潮对〈四库全书总目〉之影响》,《图书馆论坛》2002 年第 4 期。
杨晋龙:《王士禛在〈四库全书总目〉中的地位初探》,《中国文学研究》1993 年第 5 期。
杨有山:《诗论〈四库全书总目〉的文学批评观念》,《江汉论坛》2003 年第 4 期。
杨有山:《试论〈四库全书总目〉的文学史研究》,《信阳师范学院学报》2003 年第 4 期。
张兵:《清初泰州遗民诗群的社会结构与创作特征》,《西北师大学报》2005 年第 5 期。
张传峰:《〈四库全书总目〉诗学批评与纪昀诗学》,《北方论丛》2006 年第 6 期。
张传峰:《〈四库全书总目〉诗学批评与王渔洋诗学》,《苏州大学学报》2007 年第 2 期。
郑明璋:《论〈四库全书总目提要〉的文学批评学》,《唐都学刊》2005 年第 3 期。
周金标:《从〈愚庵小集〉看〈四库全书〉对清初别集的著录标准》,《图书馆工作与研究》2009 年第 10 期。

四　学位论文

陈恒舒：《四库全书清人别集纂修研究》，博士学位论文，北京大学，2013 年。
冯英华：《〈四库全书总目〉明清诗文评提要及其理论批评研究》，博士学位论文，西南大学，2023 年。
顾怡：《〈四库全书总目〉明清别集类存目辨证》，硕士学位论文，南京师范大学，2015 年。
何素婷：《〈四库全书总目〉元别集提要研究》，博士学位论文，西南大学，2018 年。
蒋勇：《〈四库全书总目〉唐别集提要研究》，博士学位论文，西南大学，2020 年。
刘敏敏：《〈总目〉清初宗宋诗风批评研究》，硕士学位论文，西南大学，2013 年。
刘倚：《四库馆臣删存清集序跋研究》，硕士学位论文，四川外国语大学，2022 年。
吴亚娜：《〈四库全书总目〉宋代文学批评研究——以宋人别集与词集提要为中心》，博士学位论文，西南大学，2017 年。
伍斯琦：《〈四库全书总目提要〉阁本与定本清人别集提要比较研究》，硕士学位论文，四川外国语大学，2021 年。
杨明：《〈四库全书总目〉宋元诗文评提要及其理论批评研究》，博士学位论文，西南大学，2022 年。
张金锋：《〈四库全书总目〉宋总集提要及其文学批评研究》，博士学位论文，西南大学，2022 年。
周美：《〈四库全书总目提要〉稿本系统对清初诗文的批评研究》，硕士学位论文，四川外国语大学，2020 年。

后　记

《四库全书总目》以目录提要形式呈现了先秦至清中期中国古典学术的源流演变进程，卷帙浩博而体系严密，代表着清中叶中国古典学术的最高水平。时至今日，《四库全书总目》对中国优秀传统文化的传承、对经史子集各部学术史的书写、对中国特色学术话语体系的建构等依然有着重要的借鉴意义。

能够以《四库全书总目》清别集提要为研究对象，得益于业师何宗美教授的鼓励与支持。

求学道路上能得先生指导教诲，实乃我人生之幸事。2009 年我考入西南大学成为何门硕士研究生，2013 年又有幸跟随先生攻读博士学位，在先生引导下，我以《四库全书总目》清别集提要为博士学位论文选题，从对清别集提要的诸篇考证开始，以文献考证为基础，进而再对提要中的文学观念进行探究。这部书稿正是在我博士学位论文的基础上修改而成的，博士学位论文的写作倾注了先生太多的心血与智慧，大到论文选题、文献资料收集、框架结构的确立，小至字句、句读，无不包含着先生的辛苦付出。先生治学严谨精实，我自知文中内容尚显浅薄，研究不够细致深入，与先生期许相差甚远，每每念及于此，心中惭愧不已。

距离博士毕业倏忽已过数年，这期间一大批包括《四库全书总目》清别集提要在内相关的学术论文、著作陆续发表或出版，进一步显示出“四库学”“总目学”的蓬勃发展态势。这次出版主要是对文中相关文献进行了再次核实，并对提要中版本信息、作者小传、援引文献等考辨部分进行了进一步的完善。由于本人版本视域、文献功底、理论学识等诸方面能力有限，提要中部分著述至今尚未能查证其版本真实面貌，故而文中不论是考证部分还是文学批评研究部分皆难免存在疏漏之处，但这部小书毕竟是我蹒跚学术道路上结出的小小果实，不免敝帚自珍。

感谢我的父母家人在我求学道路上坚定不移的支持，没有他们的含辛茹苦，我今天也不可能登上三尺讲坛！这本小书算是对他们辛苦付出的点滴回报。

本人学识浅薄，书中不足之处，尚祈方家指正。

王美伟

癸卯暮春识于聊城徒骇河畔寓所